Letters to Auntie Fori: The 5,000-Year History of the Jewish People and Their Faith
by Martin Gilbert

上海市版权局著作权合同登记 图字：09-2008-268

五千年犹太文明史

[英] 马丁·吉尔伯特 著

蔡永良 袁冰洁 译

上海三联书店

Letters to Auntie Fori

The 5,000-Year History of
the Jewish People and Their Faith

Martin Gilbert

序

　　《五千年犹太文明史》中文版终于问世了,我十分高兴,应作者之约为中文版作序。下文我称作者为"马丁",而不是"吉尔伯特爵士",因为我们在来往的邮件中已经习惯于这一称呼。

　　这是一本奇特的史书。马丁以写信的形式写历史,特别是写一个具有5000年文明的伟大民族的历史,在史学领域可能是绝无仅有的,至少也是十分罕见的。全书由141封信组成,描述了犹太民族发展的全过程,具有另辟蹊径、令人耳目一新的特色。

　　一是通俗易懂,深入浅出。马丁自始至终在讲故事,用最为通俗的语言娓娓道来。尽管其中一些内容离我们十分遥远,如圣经时代的历史,但在他笔下都易于理解。虽然他是在给一位老人讲故事,但读者无论老幼,无论什么文化程度和职业,都会渐渐被他的讲述所吸引,情不自禁地在他引领下沿着犹太人走过的上下五千年历程慢慢前行。

　　二是内容细微,资料翔实。马丁虽然是在讲故事,但没有任何胡编乱造,讲到的历史事实均经过了作者的严谨考证。其中有许多十分具体的细节,是我们这些研究犹太历史的人都不太搞得清的,还有一些书中披露的史实,也是以前不为人们所知的。如作者花了大量笔墨详细讲述与弗丽大婶密切相关的匈牙利犹太人和印度犹太人的历史,就使用了一些自己发掘的珍贵史料。

　　三是涵盖古今,全面系统。马丁从五千年前犹太民族的起源一直讲到二十世纪与 21 世纪之交犹太民族和文明的最新发展,真正涵盖了犹太民族从古至今的全部历史轨迹。同时,作者不仅叙述文化、宗教的发展,而且教察政治、经济的演进,特别是细述犹太人在整个人类发展进程中发挥的重要作用,全书具有相当的系统性,完全可以作为一本犹太史教材。

四是画龙点睛,评论精彩。用通俗语言讲述观点要比用学术语言谈论看法难得多,但是马丁在本书中十分成功地做到了这一点。他在讲故事过程中经常作出非常精彩的点评,往往起到了画龙点睛的作用。从这个角度讲,这本书虽然具有通俗性,但其学术水准和学术价值也是很高的。

特别要提一下的是,本书中最为精彩的当属对 20 世纪犹太人发展史的述评,如关于两次世界大战中的犹太人,西班牙内战中的犹太人等内容,都精彩纷呈,引人入胜。这是与马丁长期研究二十世纪史,在这个领域具有扎实的功底密不可分的。

马丁长期任教于牛津大学,虽当代英国,也是当代世界杰出的史学家之一。他已写了八十多本书,仍在史学园地辛勤耕耘。他以研究欧洲史为主,最具影响的著作是《丘吉尔传》和《二十世纪史》。同时,在他的诸多著述中,犹太史和大屠杀研究又是一个突出的亮点。通过对这一领域孜孜不倦的研究,他努力揭示犹太民族"在生存和发展过程中所体现的坚韧和不挠的性格",展现"他们的社会生活和创造力"。他还特别善于使用地图来说史,推出了几本精彩的图史专著,受到大众的欢迎。由于成果卓著,马丁获得了诸多奖项和荣誉,并被授予"爵士"的头衔。

我与马丁见面不多,但通信频繁。他特别喜欢写信,也特别善于写信,所以以书信形式推出这本史书也非偶然。几年前,他到我们上海犹太研究中心访问,提出希望将本书翻译成中文出版,随即我们就开始为此努力。在上海三联书店的大力支持下,特别是经过姚望星责任编辑几年来的辛勤工作,终于大功告成。

本书已翻译成多种文字在世界各地出版,希望中文版的问世能使国人更深刻地了解犹太民族,并推动中国犹太学研究的进一步发展。

潘光
于上海犹太研究中心
上海社会科学院淮海中路院部大楼
2010 年 2 月 23 日

中文版序

——致中国读者

能够为中国读者写上几句话,我深感荣幸。每年一度,我来到喜马拉雅山的希瓦利克山脚下,拜访弗丽大婶,常常坐在她家庭院里那棵葱郁粗壮的杏树下,向北眺望那起伏叠撞的山峦。若碰上一个特别晴朗的日子,喜马拉雅山的雪峰就会映入眼帘,这是一道来自遥远天际的神奇景观。从弗丽大婶家阳台到那些山峦,对飞鸟而言,只有110英里远,而那些山峦那边就是中国!我常常坐在那里,凝视着那些山峦,沉浸在无限遐想之中。当然,那并不是一段步行所能及的距离,但是有许多次当弗丽大婶陪伴在我身边的时候,我的思绪飞到了山峦那边。因此,当我想到这本书正在穿越这些山峦,喜悦之情,无以言表。

八十年之前,温斯顿·丘吉尔用轻蔑的口吻把中国人描述成"麻木、原始、没有成熟的"人群。四年前,我有幸第一次去中国访问。所见所闻,印象深刻,这确实是一个不同凡响、了不起的国家。这次旅行,我去了上海和北京等地,首次亲自见闻了我长期以来一直为之着迷、并且在我的历史著作中写到的景象。每当我开始写作时,我总是要决定留出适当的篇幅,描写中国,这就是我给弗丽大婶的信中有一封是专门写中国犹太人的原因。

在我起初的童年记忆中,我记得,第二次世界大战期间,我跟随其他孩子被疏散到加拿大,一天我们被带到电影院,观看一个儿童片。正片开始前,放映了一段新闻纪录片,展示了日本人轰炸一座中国城市的场面。我幼小的心灵被中国人四处逃命的景象而震撼。新闻讲解员说在他们四处逃命的时候,遭到飞机上机枪的扫射。一个孩子没有忘记这样的景象！也许正是他们,在 20 年之后当我开始撰写世界历史、我的姐妹篇《第二次世界大战史》和《二十世纪的历史》的时候,让我决心一定要使 20 世纪中国人的遭遇成为这段历史不可或缺的组成部分。

弗丽大婶鼓励我写犹太人的历史。让我着手开始这项任务的时候,她刚刚庆祝完她的九十大寿,让我惊喜的是,这本中文版的著作将在她 100 年诞辰之前出版,能赶上为她祝寿。她依然住在喜马拉雅山麓脊梁上的一片松柏林中。当我把此书第一本中文版拷贝,如我期望的那样,送到她手上之时,她会无比激动:她寄偎的著作现已译成地球上人口最多、文明最古老的语言。

犹太民族的历史跨越几千年,遍及世界各大陆。这是一个弱小、但十分坚强的民族的故事,在他们经历的所有流散、迁徙、移居过程中,他们从未丧失民族精神。关于犹太人,能写成千上万本书,现在已经有成千上万本书。这本书要把一个跌宕起伏、激动人心、非凡卓越的故事介绍给中国读者,这是我的愿望。

目　　录

活动:出生、成年、结婚与离婚、死亡与安葬——宗教象征与
艺术品——宗教改革运动——安息日——阿拉斯加犹太
人——最后的信

引　言

　　1957 年夏天,我来到传说中的伊甸园。完成两年国民义务兵役离开军队之后,我开始南游,穿过巴尔干各国,到达土耳其,在此期间,我一边教英文聊补旅途费用,一边继续向南旅行。在安那托里亚中南部行进了一个月后,我到达了土耳其的最东端。这里离伊斯坦布尔将近 1000 英里。站在那儿,我能眺望亚拉腊山海拔 15500 英尺高的圆锥形山顶,上面覆盖着皑皑白雪,相传大洪水退去后,挪亚方舟就停泊在这个山峰上。

　　我脚下的高原是四条河流的发源地:幼发拉底河,底格里斯河,乔鲁赫河和阿拉斯河。《圣经》里是这样说的:“一条河流过伊甸,灌溉着园子。这条河从那里分成四条支流流出去。”《圣经》把这四条支流叫作幼发拉底河、比逊河、基训河、西结河。西结河“向南流经亚述东部”,就是今天说的底格里斯河。

　　此刻,我就在伊甸园里,站在阿拉斯河河畔上,这儿距离幼发拉底河上游只有 12 英里。旁边有两个赶骆驼的库尔德人。凝视这一与世隔绝、庄严肃穆的景象,我感到这大概就是此路的尽头,它那最遥远、最惊险之端吧!这时候,远处有一辆小汽车沿着崎岖的路朝我驶来,停在我的旁边,从车里面走出来两个德国学生,其中一个指着这条路延伸的方向——东方,问我道:“这条路是通向印度的吗?”我当时心里真是羞愧难当,如果有人想去印度的话,这条路就是通向印度的路,只要顺着这条路再向东走2000英里就可以到达那里;而我坐在伊甸园那儿就想着我已经到了路的尽头,就没有想到这仅仅是这条路上的一个小站。在那一刻我就下决心，总有一天我要沿着这条路一直向东走，直到印度。

在我回英国的路上，途经雅典，在那里我遇到了一个与我同岁的年轻人——尼尔·马尔科姆，他也正打算去牛津。我就向他讲述了我在伊甸园的经历，他同意来年夏天和我一块儿回印度，努力到达我坐过的、从那里能够眺望亚拉腊山的那块土地，并要顺着那条路向前走，直到印度。无论道路多么艰难，多么漫长，不管要经过多少河流，沙漠，也不管要跨过多少边境，我们都要到达印度。1958年初夏，当我和尼尔踏上从英国前往法国的渡轮开始行程的时候，我们两人手上都已经有几封我们在大学中认识的印度同学的来信。其中一封信来自我的朋友阿述克，他在信里说："如果你到了德里，请你一定要去找我妈妈。"

年轻的学生总是认为即使没有让别人父母帮忙的介绍信也能游遍全世界。但是在离德里还有很远时，我和尼尔·马尔科姆（Neil Malcolm）都病倒了，并且病得很重。在德黑兰医院有一个叫乔特的美国护士，给我们提供了一种很有效的高岭土吗啡合剂，这种合剂帮我们度过了最难熬的一段时光。据说这名美国护士曾经护理过伊朗国王。但是她的这剂特效药在我们离开阿富汗，穿越开伯尔山口时就已经吃完了。在开伯尔山口我们坐火车穿过巴基斯坦，到了拉合尔，然后前往德里。在德里，我和尼尔朝不同的方向出发，出发之前约定在孟买会合，然后再乘海轮回英国。我们后来就是按照这一约定的路线和方式回去的。43年后，当我打电话准备告诉尼尔凝结着我们很久之前的那次印度之旅的最终成果——一本书时，却得知他于3个月前已经离开人世了。我十分震惊，他是我的同龄人，也是我的好朋友。

当时我们分开后，尼尔去了印度的另一些城市，我去德里找阿述克的母亲。她热情欢迎我，就好像我是她的亲生儿子一样，她把我介绍给她的两个小儿子，阿迪亚和阿尼尔，并且还把我介绍给她极其英俊的丈夫。她丈夫的名字叫布拉吉·库马·尼赫鲁，平时他们都叫他比克,亲昵的称呼是比吉。他是时任印度总理贾瓦哈拉尔·尼赫鲁的一个堂弟。

比克的妻子,尼赫鲁夫人,她一直坚持让我喊她弗丽大婶,她照顾护理我,直到我恢复健康。刚到她家门口时,我病得很重,可以毫不犹豫地说,是她救了我的命。她给我的药不再是德黑兰乔特护士的那种高领土吗啡混合剂,而是有同样特效的米饭加酸奶调和成的食物。一个星期后,我不再虚弱,也不再整天呻吟。两个星期后我就可以沿宽敞的新德里大街骑自行车,甚至可以在旧德里的迷宫里自由穿梭了。一天早上,我去了红堡前面宽敞的空地,和大约 100 万印度人一起聆听贾瓦哈拉尔·尼赫鲁的讲演。民众安静地听着讲演,那么多人,好像是一片白色的海洋,一望无际。当天正是印度独立 11 周年纪念日。

我刚刚完全恢复,弗丽大婶就把她的介绍信给了我,并帮我整理行李,把我送上火车,前往印度圣城贝拿勒斯,我在那里住了一段时间,并在孤儿院里工作。回牛津后,我和弗丽大婶仍然保持联系,或寄信,或寄明信片。20 世纪 60 年代,我还去华盛顿拜访了她,当时比吉(他让我喊他比吉大叔)是印度驻华盛顿领事馆的大使。后来,当比吉大叔担任印度驻伦敦高级公署专员时,我们彼此还见了好多次面。

弗丽大婶是一个非常热心的印度女人,披上莎丽,非常漂亮,她还十分关心印度的福利事业。在比吉大叔被派往伦敦之前,弗丽大婶在他的身边,比吉大叔是印度最东边那个地区的行政长官。那个地区一直延伸至中国、缅甸的边境,号称"七姐妹",包括阿萨姆、那加兰、曼尼普尔、特里普拉、米佐拉姆、梅加拉亚以及东北边境特区。离开伦敦后,比吉大叔的事业还是十分辉煌,首先是查谟和克什米尔的地方长官,后来又担任古吉拉特的地方长官。他还但任过联合国投资委员会主席,甚至一度被提名为联合国的下一届秘书长。在他 82 岁高龄时,还被邀请担任印度的外交部长。"接到邀请我真的非常激动",他在回忆录里写道,"但是,我一定得拒绝这个邀请，因为我很明白自己年事已高，担当不了此任。"

自 1958 年起，我和弗丽大婶一直通信，我的一个大箱子装满了她的来信。但是 70 年代中期以来，我们彼此就再也没有见过面，至今已经有 20 多年。1998 年，弗丽大婶和比吉大叔都已 90 高龄，我的儿子大卫也有 21 岁了，像他这个年龄时，我就去了印度。他和我一起又去了印度，这次我们不是坐汽车，也不是坐火车，而是乘飞机去的。伊朗和阿富汗对我们这些旅游者不再具有它们昔日的那种吸引力了，我只是想让我的儿子见见两位 90 多岁的老人，他们在 40 年前待我那样友好。

那是 12 月份，在我们的一次谈话中，弗丽大婶问我是否有适合她读的关于犹太历史的书。她说："我对犹太历史和犹太人的生活一点都不了解，这是真的。"但是她为什么想读这样的书呢？她向我诉说了她的故事。她根本就不是印度人，只是经过了那么长的时间，她对印度人民非常热爱，爱这个国家，爱比克和孩子们，爱庞大的尼赫鲁家族。她是犹太人，来自匈牙利。她的父母，弗里德曼夫妇，以及她本人，都出生在奥匈帝国。他们都是布达佩斯犹太社区的成员。她父亲在多哈尼大街犹太教堂中有一个席位。这是欧洲最大的犹太教堂。1928 年，在弗丽 20 岁的时候，她申请入布达佩斯大学深造，但是遭到拒绝，因为当时有对犹太学生非常严格的名额分配，也就是臭名昭著的"名额限制条例"。她的父母亲先把她送到法国学习，然后又送到了英国。

1930 年，弗丽大婶在英国遇到了比克，当时比克还是一个学生，正在准备印度政府官员考试，并打算投身于印度的福利事业。他们就要结婚了，但是弗丽的父母亲担心的是，用彼克的话说，"他是黑皮肤的人。"并且更令他们害怕的是，用彼克的话说，"他的堂兄，贾瓦哈拉尔·尼赫鲁是一个惯犯。"英国当局已经逮捕他不止一次了，以后还会逮捕他很多次。

"不仅我母亲所属的匈牙利家庭担心这个黑皮肤的印度王子"，当我和阿述克谈论他父母的恋爱结婚时，他说道，"我父亲的印度家庭也同样担心——担心带走他们心爱儿子的姑娘是谁?"然而,他们之间真挚的爱情最终取得了胜利。弗丽大婶去了印度,尼赫鲁家庭马上喜欢上了她。她和比克于 1935 年结婚,两年后我的朋友阿述克出世,接下来的五年里,阿迪亚和阿尼尔也相继出生。根据犹太宗教律法,因为他们的母亲是犹太人,三个儿子都应该是犹太人。按照以色列 1950 年颁布的《归籍法》,三个儿子,当然还有他们的母亲,当踏上以色列国土,申请入籍,他们就有权获得以色列国籍。当我把这一情况告诉弗丽大婶时,她的回答竟然是"我从来就不知道"。

弗丽大婶想要了解她所隶属的那个民族的历史,而她在 67 年前已经离开了这个民族,投身于又热、又脏、充满严峻考验的印度。我跟她说,我一回到英国,就以写信的形式,告诉她关于犹太人的历史,每星期一小段,从亚伯拉罕开始,或许从亚当开始。此后经过两年半时间,我终于把最后一封信投进邮箱。此时弗丽大婶已经 92 岁了。尽管犹太故事中有时会有悲伤,有内部分裂,有战争,有苦难——有时甚至是重大的灾难,但是我仍然希望这些故事能揭示出她的民族在生存和发展过程中所体现的坚韧和不屈不挠的性格,揭示他们的社会生活和创造力,包括世世代代都在尽力遵循着由摩西传达的上帝赐予以色列子民的圣谕。这些圣谕在《申命记》中有记载:"我今天把生死祸福都摆在你们面前,而你要选择生命,使你们和你们的后代都能生存下去。""选择生命"的训谕成为犹太人的宗教、社会和国民诫命。这些写给我印度大婶的信件追述了犹太人上下五千年的历史进程。

写于牛津大学默顿学院

2001 年 8 月 14 日

第一部分　圣经时代

第一封信

亲爱的弗丽大婶：

现在您 91 岁了，这是个了不起的极好年龄。犹太民族——您也属于其中的一分子——距今已经有 5500 多年的历史。根据犹太历法——世界上最古老的历法——的记载，今年已经是 5759 年了。

《摩西五经》是《犹太圣经》的核心部分，它的开篇故事是基于《圣经》记述的创世故事。根据犹太正教教民的计算，创世的故事发生于大约 5759 年以前。那个讲述是以最详细的方式开始的，这足以让任何历史学家赞叹。（我在这些信中引用的版本是 17 世纪詹姆士国王版本。在半个世纪前的英国，所有的学生，当然包括我在内，都用这个版本。）"太初，上帝创造了天地。"《圣经》中继续说道，创造世间万物花费了上帝六天的时间。在这六天里，他创造了昼和夜、地和水、草和树、太阳和月亮，"巨大的海兽、各种各样的水生动物和各种各样的飞鸟"，包括牲畜，还有人类。

"上帝按照自己的形象创造了人类，有男人，也有女人。"然后上帝又赐福给这些男人和女人，并告诉他们说，"你们要生养众多的儿女。"《创世记》第一章第 28 节记载的这些内容是上帝对男人和女人的第一个命令。然后上帝又告诉他们："让他们遍布全世界,统治全世界,管理海中的鱼、空中的鸟以及大地上的所有走兽。"接下来,上帝又把地上所有的菜蔬和所有树上结的果实赐给他们当食物。

"上帝看着他所创造的一切,觉得很好。"

从开始创造万物,六天已经过去了。在第七天,上帝完成了"他所有创世的工作",休息了。上帝休息的这一天就是安息日的来源,安息日是大约公元前1250年摩西出埃及的时候确定的。在一年中的每个星期,他们生命中的每一年,犹太人从星期五的日落到星期六的日落也是要休息的。犹太人在这一天不做任何工作,不驾车、不带钱、不做生意、不开灯、甚至不做饭,因为所有这些事情中都包含劳动。

在开始创造世界的六天里,上帝创造男人和女人的故事是《圣经》的开篇,这在《创世记》第一章的第26、27节中有记载。然而,《圣经》继续讲述了故事另一个说法。根据这一个说法,上帝创世工作完成,过了休息日以后,地球上便有了草木,可是它们还没有开始生长,因为还没有雨水降落。

这一故事说,"上帝之所以没有降雨在地上是因为地上还没有人耕作。"根据《创世记》第二章第7节的记载,就是从那时起,上帝开始创造人类,"用地上的尘土造了一个'人',然后,把生命之气吹入他的鼻孔,人就成了有生命的生物。"

创造了人之后——根据第二个圣经故事的讲述,当时还没有女人——上帝让"雾气从地面升起",为人间带来了雨水,滋润大地,接着,上帝创造了一个乐园,即伊甸园。在希伯来语中,"伊甸"这一词的意思就是"丰收的、令人愉快的"。然后,上帝就把他所造的人安置在那个园子里。"上帝让地上长出各种各样美丽的树木,树上还结着美味可口的果子。生命之树和能使人分辨善恶的智慧之树长在园子的中间。"

世间第一个人的名字叫亚当,上帝告诫他说,他可以随便吃园中所有树上的果子,但决不可以吃能辨别善恶的智慧之树的果子。

上帝解释说："一旦吃了你必死无疑。"然后，上帝又造了"各种各样的飞禽走兽"，亚当给这些飞禽走兽一一起名。可是，亚当很孤独，神奇的万物之间唯独一人。看到这，上帝说："一个人独居不好，我要给他造个帮手作伴。"于是上帝使亚当沉沉入睡，当他熟睡的时候，"取下他的一根肋骨"，造了一个女人。

为男人造一个女伴的结果就非常清楚地显现出来了："因此，男人要离开自己的父母，与妻子相结合，成为一体。"种族的延续和永存是最重要的。

犹太教传统信仰和祈祷文中，"伊甸园"占据重要角色。婚礼祝福词中有一句话就是要求新郎和新娘使彼此幸福，"要让在伊甸园中上帝为你创造的伴侣快乐，一直到老。"在为死者的祈祷文中，也会请求让死者的灵魂在伊甸园中安息。亲爱的弗丽大婶，在您出生的第二年就去世的巴格达的约瑟·海姆拉比（Rabbi Yosef Hayyim），他也相信伊甸园是一个真实存在的地方，尽管探险家还没有发现这个地方。犹太教思想录中最核心的几部书之一，《祖训录》编辑了耶稣以后 200 年的历史，此书中说生前非常虔诚的人死后会到伊甸园去，而那些不知羞耻的人死后将到另一个地方受折磨，这个地方在希伯来语里叫做"火焚谷"（Gehinnom）。据说在异教徒时代，这个山谷中埋有很多孩子的尸体，这些孩子是被崇拜摩洛神的父母用火化献祭给摩洛神的。

亚当和夏娃居住在伊甸园中，赤身裸体却不感到羞耻，直到一条蛇引诱夏娃吃了能辨别善恶的智慧之树的禁果。这棵树长在园子的中央。夏娃吃了禁果，但《圣经》上并没有说这禁果是什么果实。犹太传说称它是葡萄，或许它含有醉人的酒。后来基督教作家和画家都把它说成是苹果。接着夏娃也给亚当吃了一些禁果。突然，他们意识到自己赤身裸体，非常难为情，便拿无花果树的叶子编做衣服。

亚当和夏娃违背了上帝的命令，上帝极为失望，他便向夏娃说了这样做的三个后果，这好像是为天下所有女人的一生事先设计好的后果。上帝"大大增加"了她的痛苦,使她"分娩时伴随剧烈的疼痛!"她恋慕她的丈夫,而她的丈夫要管辖着她。

至于亚当,他必须辛苦劳动才能从地里获得粮食,"你要汗流满面地劳作才能吃上饭"。亚当将不再长生不老(夏娃也当如此),"因为你本来就是由尘土做成的,所以你最终还要归于尘土"。在希伯来语中,"男人"和"土地"有着同样的词根:"adam"和"adamah",在希伯来现代口语中,"ha-adam"的意思就是"人",如同"正在和我谈话中的那个人"这句话中的"人"一样。

亚当和夏娃被送出了伊甸园(《圣经》中说是被赶出去的),并且不得不在别的地里辛苦劳动。不久上帝"用兽皮做成衣服,让亚当和他的妻子穿"。至于人类的未来,上帝还说道,"人类已经变得像我们一样能辨别善恶真假了"。根据犹太传统信仰,上帝为人类制定的第一批法令先给了亚当,后来又传给了挪亚。

第二封信

亲爱的弗丽大婶:

亚当和夏娃被赶出伊甸园之后,他们生了两个孩子。亚当和夏娃就是人类的第一个父亲和母亲。弗丽大婶,从这一点上说,他们也是你我的祖先啊!他们的第一个孩子叫该隐,第二个叫亚伯。亚伯献给上帝的祭物是"一些头胎生的羊的肥嫩的部位",而该隐的祭物是"土产",上帝喜欢亚伯的祭物,却不喜欢该隐祭物,于是,该隐嫉恨亚伯,并把亚伯杀了。上帝明明知道是该隐杀了亚伯,他故意问他亚伯在哪里,该隐反问上帝:"难道我是负责照看我弟弟的吗?"根据犹太教传说,《圣经》后面的部分是讲述上帝尽力强调这个问题的答案是肯定的,告诉我们每个人对其他的人都是负有责任的。

对于该隐的弑兄,上帝非常生气,就诅咒他,使他"无家可归,到处流浪",但是他也给该隐作了一个保护的记号"这样,遇到该隐的人就不会再杀他了"。并且他警告谁杀该隐,"谁就要赔上七条命"。由此看来,即使是被流放者也是受保护的。

该隐和亚伯致命的争吵是犹太拉比教义录的一个主题。有人把它看作是关于土地的争议,其中一个兄弟占了所有土地,并命令另一个离开土地,要他在空中飞翔。还有人说这是关于女人的争吵,是因为亚伯已宣布他的两个姐妹都归他所有。还有一种说法是,他们的争吵是围绕圣殿建在什么地方。每个人都想把圣殿建在自己的土地上。

还有许多其他的说法。犹太人喜欢渲染黑暗的东西,在简陋杂乱之处建造华丽宫殿。根据犹太教神秘主义传统(卡巴拉教派),该隐的灵魂属于人类灵魂中邪恶的一面。亚伯的灵魂又来到了地球上,是以摩西的灵魂而存在的。这不就是印度教转世投胎的一种吗?另一个传说再一次讲述了该隐变成魔鬼的故事,传说该隐的后代是被放在阴间地狱里的双头怪物。也有评注犹太教的学者指出,该隐对什么叫作死亡与杀害,它们是什么样子,都没有体会和经验,亚伯的死是记载的第一件死亡事件,也是第一件谋杀事件,当然,这种说法是解释该隐弑兄的行为特征,而不是为他辩护。

该隐后来结了婚。不过《圣经》并没有告诉我们亚当有女儿,也没有告诉我们该隐的妻子是怎样出现的。《圣经》说该隐和他的妻子生了一个儿子,叫以诺。后来该隐还"造了一座城",并用他儿子以诺的名字给城命名。以诺是被记载的第一座城市,尽管它的所在地仍然不得而知,正如伊甸园一样,至今仍然没有被发现。

第三封信

亲爱的弗丽大婶:

在亚伯被杀之后,亚当和夏娃又有了第三个儿子,取名叫塞特。根据犹太教的一种传说,塞特继承了上帝为亚当做的衣服。另一个传说则坚持说塞特是在耶稣复活之后,为救世主提建议的七个牧羊人之一。塞特也是穆斯林传说中的一个重要的人物:阿拉伯宗谱学家通过他来追溯人类的血系,同时认为他的名字的意思就是"阿拉的礼物",塞特是在亚伯死后,上帝给亚当的礼物,是使人类永存的礼物。

塞特的所有后代在《圣经》中都被命了名,其中包括玛士撒拉。《圣经》中说玛士撒拉活到 969 岁,是有史记载的活得最长的人。

怎样解释玛士撒拉的长寿呢?《诗篇》的主要作者,玛士撒拉的后裔大卫王指出:一千年在上帝眼中就是一天("在你眼中,千年如已过的昨日,又如夜间的一更。")。因此,尽管玛士撒拉长寿,但他还没有活到一整天——要是活到一整天的话,他得活 1000 岁。希伯来犹太教则说玛士撒拉之所以没有活到1000岁,是上帝有意安排的,是为了打击异教徒的观念,因为异教徒认为人只要长寿,就可以成为神了。

玛士撒拉的后代包括他的孙子挪亚,是亚当的直系后代。在大洪水淹没大地之前,上帝曾经晓谕挪亚造一艘方舟,让他把地上各种动物雌雄成双各带一对,有些各带七对到方舟里,并要挪亚同他的妻子和三个儿子(闪、含、雅弗)以及儿媳们一起进入方舟。洪水是上帝对人类罪恶的惩罚,因为"他们心怀的每一个动机总是邪恶的"。然而,挪亚"受到上帝的垂爱,上帝决定要拯救他"。上帝就给挪亚详细描述了怎样造方舟,具体规定长、宽、高(分三层)、所用木料种类等等,后来证明这种方舟适航性很好。

大雨下了 40 个昼夜。当雨停的时候,洪水泛滥大地,地上所有的生灵和造物全被淹死了。"大地上的一切血肉之躯,飞鸟、牲畜、野兽、爬虫以及人类全都死掉了,陆地上所有有气息的生灵都死掉了。"

　　只有方舟漂浮着,只有挪亚和他带进方舟里的家人和动物活了下来。7个月又17天以后,洪水开始退去,方舟停在了亚拉腊山上——正是那座山,其冰雪覆盖着的圆锥形山顶,我已经见过两次,第一次是1957年我去土耳其旅行时看到的,另一次就是一年后在我去印度的路上看到的。

　　洪水淹死了地上的所有的动物,而挪亚方舟里的生灵存活了下来,他们繁衍生息,遍及世界。一条彩虹出现在天边,上帝解释说这是作为"我与世界立约的标记",不会再有如此大的洪水。接着上帝承诺说,只要大地存在一天,"就一定有播种和收获,寒暑和冬夏;日夜交替,永不停息。"

　　上帝于是赐福给挪亚和他的儿子们,对他们说:"你们要生育许多后代,遍布世界。"他们确实做到了,《圣经》中列出了挪亚一代又一代的男性后裔,其中一个是他拉,也就是亚伯拉罕的父亲。关于亚伯拉罕,我在下一封信中再给您说。

　　上帝已经给了亚当一系列律法,现在亚当又把这些律法交给了挪亚。总共有七条,这就是著名的挪亚律法。其中六条都是禁诫:不许拜像,不许亵渎上帝,不许杀人,不许不贞与乱伦(二可合一),不许食用从活着的动物身上割下来的肉。还有一条是立训:建立法庭以伸张公义。当然这些不是以色列律法或犹太律法,既然上帝还得"拣选"亚伯拉罕担当创建一个民族的特殊任务,这些律法自然是针对地上所有人类的。在希伯来语中,"挪亚的儿子"就是给所有非犹太人的名字。遵守挪亚律法的非犹太人被看作是"世界各民族的正人君子",都是能够分享未来世界的正直人士。

　　巴比伦人在他们自己的传说中也详述了洪水的故事,事实上,大约在公元前3000年确实有一场大洪水。然而巴比伦洪水中的传奇英雄,尤特-纳皮士提,最后成了神,而挪亚仍然是凡人,上帝拯救他是因为他为人正直,但并没有把他从凡界提升到神界。

第四封信

亲爱的弗丽大姊：

根据《圣经》年代计算法，他拉的儿子亚伯兰（后来被称为亚伯拉罕）大约 4000 年前出生于美索不达米亚。他的出生地是幼发拉底河河边的吾珥城，这离波斯湾的源头不到 200 英里，处在肥沃的新月湾东端，这一区域一直延伸到地中海的迦南地区。从《创世记》描述的社会体制来看，学者推断出亚伯拉罕的故事发生在大约公元前 2000 年。我顺便说一下，BC — AD 纪年是从基督教来的，全称分别是耶稣纪元前和耶稣纪元，基督之年。近年来，越来越多的犹太人喜欢用 BCE 和 CE 来表示公元前和公元。

亚伯拉罕年轻时，就反对他所在的部落崇拜神像。他的部落仅仅是农夫和牧羊人组成的小型社会中几十个部落中的一个。根据犹太传统教义，当亚伯拉罕单独和他父亲的那些神像待在一起时，他就拿起斧子把所有的神像都砸坏了，只剩下一个最大的，然后把斧子轻蔑地放在那个大神像的手臂上。

当亚伯拉罕的父亲看到那些被破坏的神像时，非常悲伤。怎么回事？他问道。亚伯拉罕回答说，那个大神像（手臂上还隔着那把斧子）砸坏了其他所有神像，"如果你不相信我的话，你去问问它啊！"

"你撒谎，"亚伯拉罕的父亲说道，"他们都是我自己用木头和石头做成的。"针对这句话，亚伯拉罕说道，"对这些没有任何能力的神像，你崇拜它又有什么用呢？"

后来，亚伯拉罕听到了更大的神，也是唯一的神的话，成了理解和相信一神教的第一人。根据《圣经》记载，上帝对亚伯拉罕说"你要离开你的家乡、亲族和你父亲的家，到我所指示的地方去。"听从上帝的吩咐，亚伯拉罕带着家人，赶着羊群，离开了肥沃的美索不达米亚。他的父亲也和他一块走了。他们向北行进，然后向西走,沿着肥沃的幼发拉底河河谷,朝着上帝向亚伯拉罕后代承诺的地方走去,那就是迦南,后来被称为巴勒斯坦。

在去迦南的途中,亚伯拉罕的父亲去世了。亚伯拉罕继续南行。"我要使你成为一个大国",根据《圣经》记载,上帝告诉他,"还要赐福给你,使你名声昭著,受人敬重;人们将因你而得福。我要赐福给那些祝福你的人;我要诅咒那污蔑你的人;世上万民都要因你而得福。"

亚伯拉罕仍然沿着肥沃新月湾走,到了迦南的伯特利城,他在那里为上帝建了一座祭坛。但是由于当时迦南闹饥荒,于是亚伯拉罕决定继续前进,举家南行,进了埃及,这一行程超过了150英里。他们在那里住了几年,直到"拥有许多牲畜和金银财宝"时他才回到伯特利城,那时迦南的饥荒也过去了。

亚伯拉罕回到伯特利城之后,上帝对他说:"看吧,从你站着的地方向东、南、西、北极目远望,你目光所及之处我都要永久地赐给你和你的子孙后代。"上帝继续承诺:"我要使你的子孙多得像地上的灰尘,谁能数得清地上的尘粒,谁才能数得清他们。去吧!你去走遍整片土地,纵横往来;我要把这地全都赐给你。"

亚伯拉罕向南行进,到达了希布伦城,也就是现在阿拉伯人和犹太人经常发生冲突的地方,在那里他为上帝建造了另一座祭坛。上帝对于他们子孙后代的承诺怎么实现呢?亚伯拉罕和他的妻子撒莱都非常迷惑,因为他们没有孩子,况且撒莱已经过了生育年龄。撒莱向亚伯拉罕建议,他可以和她的埃及侍女,夏甲,生个孩子。但是关于这个将取名为以实玛利的孩子,上帝的使者告诉夏甲:"你的儿子将像一头野驴,他敌视所有的人,所有的人也都与他为敌。"

上帝然后又对亚伯拉罕说,再次告诉他:"你将成为万国之父。"并且他的名字以后将是亚伯拉罕,不再是亚伯兰——"因为我已经立你为万国之父。"接下来,上帝又重复了一遍他的承诺:"我将使你子孙昌盛,国度由你而立,君王由你而出。"这不仅仅是上帝关于子孙的诺言，而且这将是上帝与亚伯拉罕后代的直接联系。上帝继续对亚伯拉罕解释道："我要与你和你的子孙万代立约——一个永世长存的约……"作为这个约的记号和提示，所有的男子，在生下来第八日都要行割礼。

上帝还解释说，他的立约不适用于夏甲的儿子以实玛利的子孙后代，以实玛利已经 13 岁了，而只适用于撒莱的后代。上了年纪的亚伯拉罕将信将疑地问上帝，"100 岁的老人还能有孩子吗？撒莱已经 90 岁了，还能生孩子吗？"

按照上帝的预言，他们的儿子以撒出生了。以撒出生后。以实玛利便被赶进了沙漠。在沙漠里，他躺在地上快渴死的时候，上帝对他的母亲夏甲说："起来！把孩子抱起来，紧紧地搂在怀里，我将使他的后代成为大国。"于是她睁开了双眼，看到了"一口水井"。以实玛利喝了井里的水，活了下来。后来，他娶了一位埃及女子为妻。他们就这样在沙漠里安了家。

现在的阿拉伯人声称自己是以实玛利的后代，并以以实玛利是亚伯拉罕的第一个儿子为荣。根据穆斯林传说，亚伯拉罕曾穿过阿拉伯半岛的沙漠去看望以实玛利。当时以实玛利在麦加，于是他们就在麦加一起建了一座朝觐圣地，后来这就成了每年朝觐一次的穆斯林朝圣中心——哈吉。我的拉比，雨果·格林（Hugo Gryn），他是一位犹太—穆斯林教会对话的领导人，也常常谈起这个穆斯林传说。

第五封信

亲爱的弗丽大婶：

现在我们已经讲到了上帝决定毁掉在死海旁边两座城市的时刻，也就是所多玛城和蛾摩拉城，"因为他们真是恶贯满盈。"亚伯拉罕是一个非常仁慈的人，对此感到十分不安，就问上帝："您真的要把正直的人和有罪的人一起消灭吗？"并请求上帝，只要城中有正直的人，不管有几个，就宽恕这两座城吧。亚伯拉罕请求道，即使城中有 50 个正直的人，或者 40 个，或者 30 个，或者 20 个，哪怕只有 10 个正直的人，上帝就不要毁灭这两座城。上帝被亚伯拉罕的这种对正直的人生命的关心而感动，他同意即使只能找到 10 个好人，他就宽恕这两座城市。但是数目就这么小的好人，还是没有找到。

亚伯拉罕的侄子罗得，他住在所多玛城。曾经有两个天使，乔装打扮去拜访他，所多玛城居民有着很强的肉欲，差点伤害了天使，是罗得保护了他们。于是在毁城之前，天使让罗得带着妻子和女儿提前离开。天使告诉他们不要往后看，不要看城毁掉的情景，但是他的妻子忍不住往后看了一眼。她立即就变成了一个盐柱。

所多玛城和蛾摩拉城被完全毁灭了。没有一人幸免于难："这时，主使燃烧的硫黄和火从天而降，落到所多玛城和蛾摩拉城。就这样，主毁灭了这两个城市和整个谷地，包括城中的所有居民和地上生长的一切。"亚伯拉罕从远处看到了城的毁灭。"亚伯拉罕清早起来……俯视所多玛城和蛾摩拉城及整个平原；地面上烟雾升腾，好像是从大火炉里冒出来的烟。"他想挽救两个城市的请求失败了，这不是他的失误，而是因为缺少正直的好人。

第六封信

亲爱的弗丽大婶：

上一星期我写到了关于所多玛城和蛾摩拉城的毁灭，以及亚伯拉罕的仁慈。这一星期，亚伯拉罕的故事有一个戏剧性的转折。这个故事虽然很小，却蕴含着决定性的意义。当以撒还很小的时候，上帝晓谕一向十分敬畏上帝的亚伯拉罕，要他把儿子拉到山顶上杀掉，献为祭品。至那时，牺牲孩子仍是使神愉悦并安抚神的公认礼节。因此亚伯拉罕听从了上帝的旨意。他做好了一切准备工作，已经按照命令把儿子带到了山顶，并捆绑起来，当他正准备杀死儿子的时候，天空中传来了一个让他停止的声音。

此时，一个新的道德标准即将被创立。那个声音是从一位神那里传来的，他不想让孩子作为他的子民祭神的牺牲品，这个神是所有时代唯一的上帝。他出面干预，终止了一个到那时一直被公认的做法。

上帝给亚伯拉罕的话是："现在我知道你是敬畏上帝的，你没有把自己的独生儿子留着不给我。"于是上帝又重复了一遍他对亚伯拉罕子孙后代所发的誓言："主说：我指着我名起誓：由于没有留下自己的独生子不给我，我一定要赐福给你，使你的子孙后代多得像天上的星星和海边的沙粒，他们将征服和占领敌人的城邑……"

以撒险些被杀的这个故事成为并一直被当作犹太教教义的一个诠释。每年犹太人在犹太教堂都要详细讲述这个故事，不仅是每个礼拜《圣经》咏诵的一部分，而且还是犹太新年岁首节第二天祈祷的核心内容。每当此时，犹太人都会感到他们正处在一个决定性的时刻。上帝要求的是绝对服从，一种犹太传统信仰把"捆绑缚以撒"看作是犹太人愿意放弃自己的生命以保全上帝英名的第一个例证。

岁首节不仅仅是犹太人的新年，而且还是"审判日"。每年的这一天，犹太教堂里的犹太人就会请求上帝记住亚伯拉罕是怎样"以一颗至善的心为遵守你的意愿，克制他的同情和怜悯。愿你的同情与怜悯超越你对我们的愤恨；愿你的仁慈替代你的狂怒，沐浴你的子民、你的城邑以及你所赐给我们的一切。"

以撒活了下来，他的后代成了历史上的犹太人，而他的同父异母的兄弟，以实玛利的后代就成了现在的阿拉伯人，对他们而言，那时伊斯兰教将必定成为他们的主要宗教。"亚伯拉罕的儿子"就是现在的犹太人和阿拉伯人。还有另一条血统，撒拉死后，亚伯拉罕又娶了基土拉为妻，基土拉又为他生了六个孩子。亚伯拉罕已将"他所有的家产"都给了以撒。他也把一些财产分给了基土拉生的六个孩子,并"打发这些儿子去了东方,远远地离开了他的儿子以撒……一直到东边国家"。亚伯拉罕只是不想让他的这六个孩子与他的继承人以撒之间有冲突。

在以后的岁月里,许多地方的人们,包括阿拉伯半岛南部的人都声称自己是亚伯拉罕的后代,他们是由基土拉生的六个孩子及其后代的后代,六个孩子所生的孩子中有十个在《圣经》中都有名字。

亚伯拉罕在希伯伦逝世。葬礼上,以撒和以实玛利在一起。亚伯拉罕的墓地在希伯伦的麦比拉洞,撒拉被埋葬在那里,据传说,亚当和夏娃也被埋葬在那里,那块墓地是犹太人和穆斯林教徒的圣地。在 21 世纪的今天,也就是亚伯拉罕死后四千多年后的今天,这一圣地仍然目睹着持续不断的抗争与冲突,有肉体的,也有精神的。

根据犹太传统教义,亚伯拉罕是一个极其敬畏上帝的人,没有很大的抱负,没有辉煌的成就。在一个很老的犹太故事里,有人说他不必让他的儿子非常有名,仅仅"做一个像我们的祖先亚伯拉罕一样的人"就行了。总之,亚伯拉罕是一个十分友善好客的典范,就像您——弗丽大婶。

《圣经》还描述了另一个故事:那时正是一天中最热的时候,亚伯拉罕坐在帐篷门口,这时有三个人正在走来。亚伯拉罕邀请他们坐下休息,自己去拿水帮他们洗脚。并让撒拉给他们做一些饼,还为他们准备了一顿饭:奶油、牛奶和肥嫩的小牛肉:"他们吃喝的时候,亚拉伯罕就站在他们旁边的树下。"一百年甚至更久以前,在东欧犹太中心地带,有一座房子就以它的好客而闻名,这座房子叫做"亚伯拉罕门之屋"。

当描述到三个人拜访的时候,《圣经》里先用单数,后来变成了复数。这就导致了后来的犹太教说法:那三个人其实就是上帝自己。著名犹太思想家,亚历山大城的斐洛(卒于大约公元 50 年),曾说那三个客人是上帝和他的另外两个神,仁慈之神和正义之神。

第七封信

亲爱的弗丽大婶：

上一封信我说到了亚伯拉罕。他是犹太教徒、基督教徒和伊斯兰教徒都非常尊崇的祖先。他的儿子以撒娶了侄孙女利百加为妻。当利百加离家前去与以撒会第一面时，母亲和哥哥为她祝福："我们的小妹妹啊，愿你成为万民之母！愿你的子孙后代征服仇敌的城邑！"当利百加第一次看到以撒时，她用纱蒙住了自己的脸。这成了犹太婚礼的传统仪式，婚礼前，新娘的家人用上面的几句话向她祝福，新郎用面纱蒙住新娘的脸。

以撒和利百加生了一对双胞胎儿子，以扫和雅各。利百加问上帝，孩子出生之前为什么"在她腹中彼此相争"，上帝说："两国在你的腹中，两族在你的腹中就彼此敌对，"上帝还说："一族比另一族更强悍，将来大族要臣服小族。"

以扫是长子。随着两个孩子慢慢长大，以扫成了"技艺娴熟的猎人，喜欢在田野里奔跑"。雅各则相反，是"一个好静的人，喜欢待在帐篷里"。一天，以扫从田野里回来，快要饿晕了，就请求雅各给他一些吃的。雅各没有立刻同意，而是向以扫提出了苛刻的要求，让他把长子权卖给自己。以扫同意了，对他说："好啦！我都快饿死了，要这长子权还有什么用！"于是雅各就把饼子和红豆汤给了以扫，以扫吃喝过后，起身走了。

以扫后来娶了两个赫人女子为妻，以扫的两个妻子常使以撒和利百加"心中愁烦"。后来，以撒年老了，"两眼昏花，看不见东西"，就把他的长子以扫叫到跟前，要给他祝福。在利百加的怂恿之下，雅各设计欺骗以撒，让父亲给他自己祝福，而不给以扫祝福。"愿万民服侍于你，万国朝拜于你，愿你凌驾于众兄弟之上，愿你母亲的儿子都俯伏在你的脚下。凡诅咒你的，必受诅咒；凡祝福你的，必定得福。"

　　当以扫发现了这个骗局之后,雅各立刻从父亲家里逃走了,去和利百加的哥哥,他的舅舅拉班一起住。拉班有两个女儿:利亚和拉结,后来都嫁给了雅各。她们是四位犹太女祖先中的第三和第四位,第一位是撒拉,第二位是利百加。雅各还有两个妾,辟拉和悉帕,这四个女人一共给他生了 12 个儿子。

　　拉结被犹太人称为"拉结尔—伊梅努"(Rahel Imenu),意思是我们的母亲拉结。她是"充满忧伤的母亲",在祈祷中她为犹太人伤心,哭泣。她在为雅各生便雅悯时难产死去了,葬在从耶路撒冷通往伯利恒的路旁,她的坟墓是犹太教徒、基督教徒和伊斯兰教徒的朝圣地。用先知耶利米的话说:"主说:在拉玛传出悲切的哭声,那是拉结在哭她的儿女;她听不进安慰的话,因为孩子们都死了。"犹太人相信,由于拉结的仁慈,上帝为犹太人,尤其是犹太女人,做了很多事情。从拜占庭时代直到现代,那些不能生孩子的女人及饱受痛苦和悲伤的女人就会拉着红线沿着拉结的坟墓绕一圈,然后把红线绑在手臂上或脖子上,以求拉结的仁慈和坟墓的神圣能渗透到她们的生命里和灵魂里。

　　亚伯拉罕的孙子雅各继续生活在上帝向亚伯拉罕承诺过的迦南地区。对于雅各的子孙后代,上帝对雅各又做了进一步的承诺:"你将创造一个国家,你的子孙将创造众多的国家,你将是众多君王的祖先。我要把赐给亚伯拉罕和以撒的土地赐给你。"

　　上帝还对雅各说:"你现在叫雅各,今后你不要叫雅各,要叫以色列。"这一个使犹太人名闻天下的名字就这样诞生了。雅各 12 个儿子的子孙后代衍生出了以色列十二支派,他们都叫以色列人,是构成以色列世族的成员。迦南地区的名字也就改成了以色列王国。1948 年,以色列成了犹太人自己国家的名字。

　　雅各 12 个儿子的名字是世世代代最受欢迎的犹太男孩的名字。第一个妻子利亚为他生的儿子分别是:流便、西缅、利未、犹大、以萨迦和西布伦。利亚的侍女悉帕为他生的儿子是：迦得和亚设。第二个妻子拉结为他生的儿子是：约瑟和便雅悯。拉结的侍女辟拉为他生的儿子是：但和拿弗他利。雅各 12 个儿子繁衍下来的每一个部落都得到了上帝所赐土地的一部分，唯有利未的后代没有得到，因为利未的后代都被委派去服侍上帝，并教人们学习犹太教宗旨。

第八封信

亲爱的弗丽大婶：

我在上一封信中写了雅各怎样得到了 12 个儿子。在他们中间，父亲最喜欢约瑟，这使其他兄弟们十分嫉妒，据《圣经》说，"他们对他又忌又恨，冷言恶语"。约瑟告诉哥哥们自己做的一个梦，说他们总有一天会向他下拜，臣服于他，"惹得他们更加恨他。"他又告诉了他们另一个梦，说不但哥哥们要向他下拜，父母亲也会向他下拜。这甚至激怒了他的父亲，父亲问他："难道我和你妈妈，还有你的兄弟们，都要伏在地上向你下拜吗？"

兄长们决定杀害约瑟，把他的尸体丢在一个井里。但是大哥吕便说，他们不必动手害他的性命，把他丢在井里等死就行了。于是他们就把他扔进了一口枯井里，然后在离井不远的地方坐下来吃饭。约瑟很幸运——可以说犹太历史很幸运——就在此时，一队以实玛利的商人路过，其实都是他们的堂兄弟，因为这些人是亚伯拉罕兄弟的后代。犹大建议道，与其把约瑟丢在井里等死，还不如把他卖给人家当奴仆。于是他们就以"20 块碎银"的身价把他卖掉了。

当时约瑟 17 岁。他的兄长们回去告诉父亲说约瑟被野兽吃掉了。为了证明这一点，他们把山羊的血涂在了约瑟漂亮的外衣上，带给雅各看。这件衣服是雅各送给他小儿子的礼物，曾经令其他的儿子非常嫉妒。

那些把约瑟买去做奴仆的人带他去了埃及。到了埃及，又把他转卖给别人。这次买他的是法老的内臣，侍卫长波提乏。约瑟勤劳能干，并且"事事顺利"，于是主人就派约瑟管理家务。但是灾难也就从此开始了。波提乏的妻子让他与她同房，约瑟拒绝了。有一次她扯住约瑟的衣服，祈求道"跟我同房吧"，约瑟挣脱了她，跑到外面，衣服却被女主人抓在手中。那个妇人就诬告约瑟对她非礼，于是波提乏把约瑟关进了王室的监狱。由于约瑟顶住了波提乏妻子一次又一次的勾引，拉比称他为"正义之人"。

坐牢期间，上帝赐福予约瑟，"使监狱长很喜欢他"，委派他管理监狱的犯人。有两个犯人是法老的酒政和膳长。约瑟为他们解梦：酒政三天之后将被释放，膳长将被吊死。然后他对酒政说："你出狱后请记得我，帮我个忙，请在王的面前替我讲讲情，放我出这狱。我实在是从希伯来人的地方被拐来的，在这儿也没做过什么坏事该受罚坐牢。"

那个酒政确实被释放了，并重新被安排在法老的宫殿里。那个膳长却被吊死了。对于约瑟请求酒政在法老面前提及自己的事情，《圣经》简单地提了一下，说酒政没有想起他，"把他忘了"。两年后，法老自己做了一个令人不安的梦——七穗细弱的玉米吃掉了七穗肥大饱满的玉米，身边没有一人能解此梦，术师和占星家也没能解开。这时那个酒政想起了约瑟和他在监狱为自己成功解梦的情景，于是就告诉了法老，法老就派人去叫约瑟，"人们急忙带他出狱，约瑟修了脸、换了衣服，前来谒见王。"

于是约瑟解释了这个王者之梦，这个梦的意思是七个丰年之后将会有七个荒年，并建议法老把七个丰年中多余的粮食都聚积起来为七个荒年做准备，"免得埃及被饥荒所灭"。法老深深被他打动了，当即命他管理整个埃及，对他说："我将委派你掌管国政，凡我臣民都要听从你的调遣，你的权力仅仅在我之下。"自此以后，约瑟出行,乘坐王室的副车,仅次于法老。根据《圣经》记载,约瑟乘车经过,埃及人民便"向他欢呼,向他下拜"。

约瑟娶了一位埃及祭司的女儿为妻,生了两个儿子:玛拿西(因为他说,"上帝使我忘记了所有的苦难")和以法莲(因为他说,"上帝使我在困苦之地子孙昌盛")。几千年来,每逢安息日,每一个父亲就会把手放在儿子的头上说:"愿你像以法莲和玛拿西一样。"——就是说,希望你是父亲的福分。作为雅各的孙子,以法莲和玛拿西是在迦南以外的地区出生的第一批犹太人,他们两个也是第一批散居在海外的犹太人。首先是一个家庭的离散,其次是一个部落的离散,最后是一个民族的离散,这是迄今为止犹太历史的特征。

正如约瑟所说,七年后饥荒到来了,波及整个地区,包括迦南。雅各的 10 个儿子前往埃及买粮食。便雅悯没有去,和父亲待在一起。约瑟的哥哥们不知道约瑟还活着,更不用说身居如此高位。约瑟仍然担任埃及首相,他谨慎小心,积极储藏粮食,使埃及渡过了饥荒难关。他的权利很大,哥哥们来找他请求买粮,没有认出他来。约瑟也隐藏了自己的身份,通过翻译与他们交流,指责他们是探子,并把其中一个——他的哥哥西缅——关了起来,让其他人带着粮食回迦南,并说只有当便雅悯和他们一块再来的时候,方可释放西缅。

他们回去后,带上便雅悯,又来到埃及,这次约瑟让他们带了更多的粮食,并送他们上路,但他把自己的银杯子放进了便雅悯的背袋,为此他的哥哥们又被带了回来。他指控便雅悯偷了杯子。犹大仍然没有认出约瑟就是自己的弟弟,向他祈求道,便雅悯绝对不可能偷杯子。约瑟决定结束对他们的折磨,就说出了自己的身份,这令他们大为惊讶。约瑟对他们说:"上帝差遣我先到这里来,为的是拯救大家的性命"。因此,他们不再为把约瑟卖到埃及做奴仆而生气了。约瑟得知父亲雅各仍然健在,感到莫大的安慰。

他的父亲和兄弟们听从约瑟的建议携全家老少迁往埃及。"你不要害怕到埃及去,"上帝对雅各说,"我将使你的子孙后代在那里成为大国。"法老热情地接纳了这些新来的客人,他对约瑟说,"埃及的土地都在你面前,你只管让你父亲和兄弟住在国中最好的土地上。"

许多年以来,犹太人整整三代都住在埃及,他们住在尼罗河三角洲的歌珊,生活非常愉快。"他们的后代繁衍众多,民力强盛,遍及埃及全国"。这本应该就是故事的结尾了,就地理和犹太人的子孙后代来说,上帝为以色列人准备的将来也不过如此。

可是我的下一封信中将有一个别样的故事。

第九封信

亲爱的弗丽大婶:

上一星期,我们首先谈到了约瑟深得埃及法老的喜欢,然后又提到了犹太人在埃及繁衍昌盛,生活美满。但是,《圣经》说,后来"埃及一个新王即位,他对约瑟的事迹一无所知"。他对埃及人说:"看啊!以色列人的数量和力量都胜过了我们"。为此,他感到非常不安。这位新王,可能是拉美西斯二世(公元前1290～1223),他强迫以色列人服苦役,让他们为埃及建两座城:比东和兰塞。然而,埃及人越是虐待以色列人,"以色列人的人口增加得就越快,他们的人数越来越多"。

希伯来语有一个词,哈比鲁(Habiru),指的是一种奴隶。法老莫内普塔赫(公元前1223～1214)发布的一条埃及命令说:"哈比鲁人,为建造伟大的兰塞城塔门搬运石头"。许多学者认为这或许就是"希伯来"一词的来历。

《圣经》叙述了埃及人怎样使犹太人觉得"因服苦役而生活艰难",无论是建房垒屋还是田间劳作,"都十分严酷"。然而,埃及新王决定还要采取极端措施,减少犹太人的人口,杀掉每一个刚刚出生的犹太男婴,使这个种族绝灭。他的命令非常简洁:"希伯来人新生的男婴必须扔到尼罗河里去,只准女婴活着。"

犹太母亲们千方百计保护新生的婴儿,躲避这一严酷法令的伤害。有一个犹太男婴出生后,他的母亲约基别把他藏了三个月。他是雅各的孙子,是雅各的第三个儿子利未生的。"到了实在藏不下去的时候,她就拿了一个蒲草篮子,涂上沥青和柏油,把孩子放在里面,然后把篮子放在尼罗河边的芦苇丛里。"

这个婴儿就是摩西。孩子的姐姐,米里亚姆,远远地站着,要看看会有什么事发生。她看到国王的女儿来到河边洗澡。那位公主看见了篮子,就叫宫女把它捞上来。"她打开篮子,看见一个婴儿在哭,顿生怜悯之心,说:这一定是个希伯来人的婴儿。"

小米里亚姆就跑上前来,问法老的女儿要不要找一个希伯来女人做他的奶妈。法老的女儿同意了,米里亚姆就跑回去把摩西的妈妈带了过来。"公主对她说,你把这孩子抱去,替我喂养,我会付你工钱。"于是,摩西的妈妈就把摩西抱回去抚养。孩子断奶后,母亲把他抱进宫里,交给了公主,公主把他收养做自己的儿子,取名叫摩西——这是埃及语词,意思是"儿子"。

这个在法老的淫威之下侥幸存活的孩子成了历史上的一个伟大人物,他就是犹太人家喻户晓的摩西拉比——我们的祖师摩西。现代希伯来语中瓢虫一词"*parat Moshe Rabbenu*"意思是"我们的祖师摩西的牛",是对可爱的小动物的一种昵称。这是犹太作家孟德利·莫奇·斯福林(Mendele Mocher Sforim)于 100 年前传播开来的一个名称。说到这些,有点离题了。

摩西九死一生,他获救之后生活在法老女儿的宫殿里,成了埃及王子。他长大之后"常去探望他的以色列同胞,了解他们的艰难境遇"。一次,他看到一个埃及人在殴打一个他的希伯来同胞并想要杀害他,于是他就下手杀了那个埃及人,把尸体埋在沙土里。国王闻报此事,欲杀摩西,摩西成功逃离埃及,来到遥远的米甸。在那里,他挺身保护了米甸祭司流珥的七个女儿,当时她们把父亲的羊群赶到井边饮水,一群牧人过来要把她们从井边赶走,摩西站出来帮助了她们。那位祭司把其中一个女儿西坡拉许配给了摩西。她为他生了一个儿子,取名叫"革舜",意思是"客居异乡的陌生人"。

那个埃及王死了,然而,他的继任,可能是莫内普塔赫,统治埃及之后,犹太人仍旧在奴役的重负下艰难度日。摩西仍在米甸,有一天他看见"一团火焰"在荆棘丛中燃烧,荆棘着火,却没有被烧毁。在荆棘丛中,上帝晓谕摩西,他知道犹太人在埃及所受的苦难,并对他说:"我下来是要把他们从埃及人的枷锁下面解救出来,把他们领到那流奶和蜜的宽阔富饶之地去"。上帝让摩西为他完成此事,"我要派你去见埃及王,把我的子民——以色列人从埃及领出来。"

摩西并不情愿,说自己不善言辞,"我一向不会说话,就是主对我这个奴仆讲话以后也没有改变。我是个笨口拙舌的人。"有人说,从这段话可以知道摩西患有口吃,但更有可能这句话的意思是说他不是个能言善辩的人。不过,他在旷野里向以色列子民传达上帝的旨意,还是说了很长一段话。

上帝建议摩西去找他的哥哥亚伦帮忙,"他的口才很好"。当时摩西已经 80 岁了,亚伦 83 岁。上帝对摩西说:"你一定要明白,我将使你在国王的面前如同神明,而让你的哥哥亚伦做你的先知"。这可不是一项简单的任务。同亚伦说完之后,摩西就对法老说"放我的子民走",但是法老不同意。上帝另有计划,告诉摩西说:"当我伸手惩罚埃及人的时候……,他们就会知道我是主"。

摩西和亚伦在埃及国王面前行神迹,第一次体现了神明的威力:亚伦把仗扔在国王的面前,那根仗变成了一条蛇;法老的术士们也把各自的杖扔在地上,那些杖也都变成了蛇,但是亚伦的杖吞吃了他们的杖,法老深感震惊,但是上帝又使他变得执迷不悟,心如顽石,还是不让以色列人走。上帝想要向他显示更多"神迹和神力"。有些现代学者认为这些"神迹和神力"便是瘟疫,这些瘟疫很可能是由于尼罗河的一次严重的洪灾造成的。第一次瘟疫把埃及所有的河水都变成血,"河里的鱼死了,河水变得腥臭,埃及人无法再喝河里的水。"而《圣经》里说,这是摩西和亚伦的神杖所为,举杖击打河水,河水立刻变成血水。埃及法老的术士们也行使法术重演了一遍,但国王仍然执迷不悟,心如顽石。

尽管一个瘟疫接着一个瘟疫,国王仍然不让以色列人离开。亚伦使用神仗,造了青蛙之灾、虱子之灾、苍蝇之灾,随后又让埃及所有的羊群、牛群、马群和骆驼都得了瘟疫,而以色列的牲畜却安然无恙。然后,他们又让所有埃及人和牲畜得了疱疮,接着降下雷霆与冰雹,"冰雹中闪电络绎不断"。随后又是蝗虫之灾,蝗虫吃光了"田里所有的树木,吃光了冰雹没有毁掉的所有东西"。接着他们使黑暗笼罩了整个埃及整整三天——"惟有以色列人的住处有光亮"。每一次瘟疫过后,埃及国王先是下令让以色列人离开,但随后就改变了主意。

犹太人的故事本应又该结束了,一个执迷不悟的国王,一个无法摆脱奴役命运的民族,僵持不下。但是,在下一星期的信里,还有最后一场更加凶猛的瘟疫,连这位最为刚烈的埃及王,也招架不住了。

第十封信

亲爱的弗丽大婶:

连续九次瘟疫都未奏效,最后一场瘟疫到来了:所有埃及人家的长子都要死。在死亡发生之前,以防国王再次改变主意,不让他们离开,以色列人就提前作好突然离开的准备。没有时间烤面包,就准备了无酵饼:扁平的干饼,后来叫做逾越节薄饼,以色列人要连续吃七天这样的薄饼,纪念逾越节。弗丽大婶,想必您一定记得您小时候吃过的这种薄饼吧?

上帝告诉以色列人把羔羊血涂在门楣和门框上,这样,死神就必逾越他们家,他们的长子也就不会被击杀。于是这就成了一个节日,取名逾越节:"当我降祸于埃及时,我将越过你们的家,使你们免遭毁灭。

最后一场瘟疫即将降临,以色列人整装待发,上帝晓谕摩西和亚伦:"这天将作为你们的纪念日,你们要在这天为主守节;这要立为永远的规例,世世代代流传下去。"

将要被击杀的成千上万埃及长子中,也包括国王自己的大儿子。国王非常害怕,就把摩西和亚伦召来,对他们说:"快走吧! 你们,还有那些以色列人,快离开我们吧! 按你们的要求去敬拜主吧!"并让他们带着自己的牲畜,"走吧! 也请你们为我祝福"。

摩西于是领着以色列人向东走了五六十英里,朝红海而去。不过大多数人认为是里德海,一条大约 5 到 10 英里宽的咸水带,被一道 30 英里长的沙坡与地中海隔开,离今天的苏伊士运河不远。犹太人到达海边时,埃及王再次改变主意,派出 600 辆战车去追他们。当埃及人追上犹太人时,摩西"伸杖指向大海",海水向两旁分开,以色列人沿着海底出现的一条干燥的通道走进海中,海水像两堵墙壁竖立在他们的两旁。

根据第二世纪塔珥芬拉比的犹太传说,尽管大海分开是上帝干预的结果,但是在大海分开之前,率先接受摩西命令,跳进海里的是一个犹太凡人,拿顺,他是一个犹大部落的首领,接下来他的整个部落都跳了进去。另一个传说与之大相径庭:便雅悯的部落首先跳进海里,犹大的部落被此举激怒,就投石块攻击他们。

以色列人全部穿过大海之后,海水仍然分开,于是随之而来的埃及军队就跟着全部下了海。摩西再次伸杖,指向大海,海水恢复原样,于是埃及人全部被淹没在大海之中。《圣经》详细描述了犹太人"目睹埃及人横尸岸边"。以色列人怎样逃离埃及,怎样穿过红海的故事,每年的逾越节上,每一个以色列家庭都要讲述一遍,这是决定犹太民族自由的关键,也是上帝关怀以色列人的证明。以后,我将给您专门写一封信,讲述逾越节的故事。

把红海分开的故事是在逾越节的第七天讲述的,一些极为虔诚的犹太人在这一天甚至要把水泼在自己家的地板上,然后从上面走过,作为对逾越节最后一件奇迹的再现。在犹太教堂,摩西凯旋之歌在吟唱,《圣经》里犹太人用歌表达感情,有许多次,第一次就是这首《摩西之歌》:

> 我要歌颂主!
> 他至高至尊,他把战马和骑士一齐抛进海中。
> 主是我的力量,是我讴歌的主题,
> 是他赐予我救恩。
> ……
> 主是战士,他的名字是耶和华。
> 他把埃及王的战车和军队抛进海中,精兵猛将一齐葬身于红海。
> 深沉的海水吞没了他们,他们像石头一样沉下海底。
> ……
> 你以不变的爱引导你所拯救的子民,
> 以你的大能把他们领到你的圣地。
> ……
> 你把你的子民领到你自己的山上,把他们安置在那里。
> 主啊,那是你为自己营造的起居之地,
> 是你亲手创立的圣所。
> 主啊,你永永远远是王!

这里,"圣所"指的是教堂,"住处"指的是耶路撒冷。但是,那将是一段漫长的旅程。

第十一封信

亲爱的弗丽大婶：

摩西在他80多岁时带领以色列子民在荒凉的西奈沙漠行走了40年，终于穿过沙漠，想象一下，这是多么非凡卓绝的伟大事业啊！如果说有一套历法中指的40年比其他历法的40年长的话，那么这里一定指的是这较长的40年。他们可能是离开红海后沿着西奈半岛的西海岸往下游走（即今埃及石油城——阿布茹德斯），然后又沿着东海岸向上游走，就这样从一个绿洲到达另一个绿洲。

在行程初期，一些犹太人就开始抱怨——"小声嘀咕发泄对摩西的不满"——刚开始是因为有一个绿洲的水太苦不能喝而向摩西抱怨。摩西向上帝呼求，上帝指示给他一段木头，摩西就把木头往水里一扔，那水立刻有了甜味。然后上帝又承诺说：只要犹太人做他认为"正确的事"，他就不把"降于埃及人的灾病"降在他们的身上，因为"我是医治你们的主"。

不过到下一个绿洲时，却有更多的抱怨，以色列人以各种各样的条件向摩西和亚伦一遍又一遍地发怨言，说："我们还不如在埃及死在上帝的手里，那时候我们生活安定，还能放开肚皮吃肉和饼，你们把我们领到这旷野里，是要把我们都饿死啊！"上帝再次帮助摩西解了围，黄昏时给以色列子民从天上降下肉，早上降下面包，以此"考验他们是否遵行我的律例"。肉就是鹌鹑，面包是吗哪——"像芫荽子，呈白色，很好吃，如同掺蜜的薄饼"。

来到另一个绿洲时，人们又开始抗议，这次抗议发生在西奈半岛东北部，当地没有水源可供饮用。上帝晓谕摩西对着磐石说话，就会有水流出来。但是摩西一时性急，击打了磐石，没有按照上帝的吩咐行事。虽然水流出来了，但是上帝并没有忘记摩西的失信，所以后来上帝没有让摩西进入他所赐的土地。在摩西击打磐石时，亚玛力人就开始攻击以色列人。约书亚被推选出来，指挥对亚玛力人作战。摩西站在山顶上，亚伦和一个叫户珥的以色列人分别站在摩西一边，来协助摩西。摩西举起手，就为以色列人带来胜利。胜利后上帝对摩西说："你要把这次胜利记录下来，以备不忘……我要彻底毁灭亚玛力人。"

上帝向以色列人许诺，也就是确定以色列人与自己永久关系的时候来到了。以色列离开尼罗河三角洲三个月后到达了西奈半岛。上帝就让摩西晓谕以色列子民："你们已经亲眼看见我怎样对待埃及人了，我背着你们，就像母鹰把小鹰背在翅膀上一样，领你们离开埃及来到我这里。如果你们真心服从我，守我的约，就要在万民中作属我的子民……"

说完这些话，上帝就让以色列人做了他的"选民"，并且还讨论了关于"选"字意味着什么。是选出来服侍神？还是选出来去征服其他人？还是选出来作为其他人行善和公平处事的榜样？选出来去统治还是选出来去服侍？史评家告诉我们不仅仅是服侍，并且还要把这种服侍——服侍上帝、服侍人类——看作是一种特权。

以特殊的方式——实际上是唯一的方式——服侍上帝的概念在摩西站在西奈山顶上时就开始了，上帝给了他两块石板：上面写着十条诫命。这两块石板上刻着犹太人道德规范的基本信条。然而当摩西拿着石板从山上下来的时候，他却发现以色列人正在拜金牛像。

异教金牛是以人类的金饰品而流传下来的，他们也影响到了摩西的哥哥亚伦。趁着摩西在山上，亚伦就帮助他们收集金块。看到这些偶像崇拜，摩西非常愤怒，他打碎了石板，毁掉了金牛像——把金牛像烧了，并碾成碎末，撒在了西奈山上流下来的小溪里。

摩西想到上帝可能会发怒，非常害怕，于是就斋戒了 40 个昼夜。"我不吃不喝"，摩西在临死前回忆说，"因为你们犯了罪，做了主认为邪恶的事，激怒了主。"

上帝还想毁了亚伦，但是摩西替他的哥哥成功阻止了他。摩西40天后又回到山上，做了两块新的石板，上帝重新在上面刻了十条诫命。这些石板保存在摩西再次上山之前造的方舟里，并为人们所接受。这些诫命中还包括神的训喻："除我以外，你们不可信仰别的神明"，也不可滥用上帝的名字。

上帝还告诫犹太人要纪念安息日，把它奉为神圣的日子，工作六天，在第七日休息；"要孝敬父母，这样，才能在我——你的上帝赐给你的土地上福寿绵长。"每一条诫命都试图改变古时候流行的道德规范："不可杀人；不可奸淫；不可偷窃；不可作假证陷害他人；不可贪图别人的家产，也不可贪恋别人的妻子……"

这十条诫命将被确定为世世代代犹太人追求的道德标准。关于个人行为及部落行为规范其他的100多条律法都是由摩西传给了犹太人，这些律法在《出埃及记》一书中可以找到125条。直至今日，这些法规是供教堂里行安息日礼拜时查阅的犹太圣经周刊读物的一部分。犹太人遵守的613条律法的其他部分都是从《利未记》和《申命记》中传下来的"后摩西"律法。

关于摩西从西奈山上下来的描述，《圣经》摩西故事里有一个非常奇妙的传说。据《圣经》记载，因为摩西与上帝说过话，于是他的脸"发光"。"发光"一词在希伯来语中是 *karan*，在基督教11世纪的拉丁文《圣经》版本中被误译成了意思是角的 *keren*，这就误导了基督教对摩西的描述：有角，是丑陋、邪恶的象征，后来整个犹太民族都是这样描述摩西。当然，在罗马温克利圣彼得大教堂里米开朗琪罗带角的《摩西》雕塑是一尊杰出的大作。

随着以色列人在旷野中继续行走，那些认为自己背上负担过重的人也渐渐滋生了对摩西的不满。人们抱怨说摩西和亚伦两个人一样，都非常自负，"凌驾于主的会众之上"。可拉是利未部落的成员，当他率先起来反对摩西的时候，有250名"由会众从以色列人中推选出来的知名首领"一同起来响应。他们主要抱怨说摩西带领他们"离开了那流奶与蜜之地"，就是"要让我们死在这旷野里"。他既没有把他们带到那流着奶与蜜的地方,"也没有给我们田地和葡萄园作产业"。

摩西极其愤怒,上帝也十分生气。于是,不满者及其家人被召集在一起,那些人脚下的"地就突然裂开,把他们和他们的一切吞了下去……他们就从会众眼前消失了。"许多以色列人抗议摩西和亚伦说:"你们杀了主的子民了!"就是因为这一次抗议,瘟疫"就在以色列人中蔓延开来",瘟疫结束之前,一共死了14700人——这一数字是《圣经》记载的。于是,一段时间内没有发生任何反抗。

在以色列人在旷野跋涉时,还有一件事情体现了上帝的惩罚意识,这也是我的拉比,雨果·格林用他带有讽刺的幽默经常提及的。在行程中,摩西娶了一个来自埃塞俄比亚的黑人女子为妻。米里亚姆和亚伦都不同意弟弟这桩婚事。上帝惩罚了米里亚姆,使她的皮肤变得非常白,"看到米里亚姆得了大麻风,皮肤像雪那样白"。一连七天,她只能待在以色列人帐篷的外边,只有当摩西为她祈祷时,她才痊愈。

上帝的约柜随以色列人一起在旷野里行走。根据公元二世纪阿拉姆语《圣经》译本——the Onkeles——约柜是上帝的居所,也就是上帝神圣的存在。单词"上帝的居所"来自于希伯来语中的动词 shakhan,居住的意思。上帝曾告诉摩西:"让他们为我造圣所,使我可以住在他们中间"。在这座圣所里,埃及人带来了他们的感恩贡品,包括"金、银、铜,蓝色、紫色、朱红色线、细麻、山羊毛、染红的公羊皮……"还有油和香料,还要做圣幕。就是在这个垂挂圣幕的圣堂里,摩西任命亚伦为大祭司,让他和其他祭司一起开始他们的礼拜仪式。

亚伦的四个儿子终身都是祭司。但是其中两个儿子,拿答和亚比户因在圣堂里的不端行为而被神力所杀。他们由于擅自进入圣堂,并把火和香——根据《圣经》记载——放在父亲神圣的香坛中,激起了上帝的愤怒。

40年之后,以色列子民到达了约旦河东岸的摩押平原,这块平原正对着上帝已许诺给亚伯拉罕及其子孙后代的土地。在这块神圣的土地上,摩押王让异教先知巴兰诅咒他们,而巴兰却为他们祝福。"这是独居的民族,"他说,"不把自己列在万民之中";上帝"没有发现雅各的子孙中有罪责,他也没有看见以色列人中有奸恶"。然后巴兰宣布:"祝福你的人必蒙福,诅咒你的人必遭祸",在以后的岁月里,每个犹太人在进入教堂的时候都会说巴兰的这些话,或者回家时在家门口摸门柱圣卷时说:"雅各的子孙啊,你的帐篷多么壮观;以色列的子孙啊,你的帐幕多么华美!"巴兰还继续预言以色列的成功未来:"必有明星从雅各升起,必有君王从以色列兴起,他将击败摩押的首领,打碎塞特之子的头盖骨。以色列将扬威四方;以东的土地将成为他们的产业……"

整个行程中,摩西一直在督促以色列人遵守上帝的训诫,不要弃义,不要背信,不要丢弃在上帝所赐之地上的信条。他们把十条诚命保存在约柜里随他们一起从西奈向前进发。最后他们来到了一个能俯瞰死海的山坡,从那里向西可以看到朱迪亚山,也就是很多年前亚伯拉罕生活过,死后埋葬的地方——希伯伦周围的山丘。

在旷野漫游的最后一年里,亚伦死了,享年 123 岁。

上面已经说过,亚伦的两个儿子,拿答和亚比户,由于激起了上帝的愤怒而已经被杀死。他的另外两个儿子,以利亚撒和以他玛,在圣堂里供职端庄,成功地继承了祭司的职位,亚伦死后,以利亚撒成为大祭司。

根据犹太传统教义,祭司职位是由亚伦的后代,科哈尼姆(the Cohanim),即祭司,传到今天的。不仅教堂里的礼仪道德是由祭司们从圣经时代传下来的,而且最近的 DNA 研究表明当今 70%的祭司——从亚伦开始至今已有 2500 年的历史——都有一个相同的基因。并且科恩这一名称演变成了许多拼法不同的名字,如:Cohen(科恩),Kahan(科罕),Kagan(科根),Kohn(科翰),Kun(库恩)等——就像 1919 年领导匈牙利共产主义革命的贝拉·库恩名字中的库恩。这一位犹太人十分努力,要在多瑙河附近实行共产主义。弗丽大婶，1919 年当时您还非常小吧！不知道您对布达佩斯那些震荡的日子是否有印象。

第十二封信

亲爱的弗丽大婶：

我上一封信中提到以色列子民在非常荒凉的旷野中行进了 40 年之后，终于到达了死海的东海岸。

在 40 多年以前，当时犹太人还没有出埃及，摩西已经娶了一位米甸女子为妻。随着以色列人离上帝所赐之地越来越近，有一些人与米甸女子私通。上帝让摩西采取措施，此后，上帝晓谕摩西："做完这件事后，你就要离开人世，归回你的祖先"。

于是摩西就派了一支从 12 个支派、每个支派选出 1000 人组成的以色列军队，并派亚伦的孙子非尼哈祭司一起出征，非尼哈"随军带着圣物和发布信号的银号"。这支队伍杀死了米甸的所有成年男子，其中包括五个米甸王，并烧了所有米甸的城邑，以色列人"带着战利品，包括人和牲畜"回到摩西那里。《圣经》中列出战利品，包括 675000 只羊。然后摩西命令军队"你们要杀掉所有的男孩和所有与男人性交过的女人"，至于年轻的女人，你们"可以为你们留下所有的处女"。

在旷野漫游期间的最后战斗结束了。看着地球上海拔最低的地方（低于海平面 1000 多英尺，《圣经》记载的数据和当今的数据一样），上帝要摩西晓谕以色列子民。

下面是上帝的话："当你们渡过约旦河进入迦南地区之后，要赶走当地的居民，要毁掉他们的一切石雕和铸造的偶像，要夷平他们的丘坛。然后，你们要占领那里，在那里定居下来，因为我已经把那里赐给了你们。你们要按照家族的大小拈阄分地。"

然后摩西又重复了一遍那十条诫命，所用的词语是现在的每个犹太人祈祷时常用的词语，也是每一个虔诚的犹太人每天都要咏诵好几遍的词语,"以色列人哪,你们听着(希伯来语 *Shema Yisroel*)!主是我们的上帝,是至高者!你们要尽心、尽情、尽力爱主——我们的上帝。"

在和以色列子民讲话的最后,摩西详细宣布了他们要遵守的法度,不过这些律法仅仅是重复并巩固了他们在西奈荒漠上已接受的诫命,其中包括了许多训诫,使得可以在那个充满暴力且没有法律可遵守的时代建立一个新的道德标准。这些法律包括:"凡故意领盲人走错路的人,必受诅咒"和"凡收受贿赂杀害无辜的人,必受诅咒"等。

摩西明白不能把人们愿意遵守书面法律认为是理所当然的,"因为我知道你们是顽固的和叛逆的民众",摩西吩咐负责抬约柜的利未人,"我还活着和你们在一起,你们就不断背叛主了!我死后,你们肯定会更叛逆。"摩西非常悲观地告诉他们:"我知道我死后你们会彻底堕落,绝不会按照我吩咐你们的方式生活,将来,灾难必定落在你们的身上,因为你们必定会做主所憎恶的事,并因此而触怒主。"

摩西最后请求以色列子民要服侍上帝,并遵守上帝的诫命,告诉他们上帝是他们的救世主,"以色列啊,你是幸福的!谁能比得上你这蒙主拯救的民族?主是保护你的盾……"

然后摩西就离开了摩押平原,去了能俯瞰上帝应许之地的山顶。在那高高的山峰上,上帝把整个地区都指给摩西看,从约旦河向西延伸直到 60 英里以外的地中海,向北几英里,穿过约旦河再向下很远的地方就是耶利哥城,即"棕树城"。然后上帝对摩西说:"这就是我向亚伯拉罕、以撒、雅各应许的土地。我说过,我要这块地赐给你们的子孙"。至于摩西自己,上帝告诉他说:"现在我已让你亲眼看见了这块土地,但你不能到那里去"。

后来,摩西离开了人世,他活了 120 岁。现在,当犹太人希望某个人长寿时,他们就会说:"愿你活到 120 岁"。所以,弗丽大婶,您至少还可以再活 30 年呢——或者对像您一样值得尊敬的人,犹太人也会说："愿您活着，直到救世主弥赛亚到来"。

第十三封信

亲爱的弗丽大婶：

这封信是关于一个漂泊的部落停止漂泊的故事，以色列人找到了一块立足之地，这块土地比今天英国的威尔士或美国的马萨诸塞州大不了多少。他们可以在这块土地上建立一个国家，从圣经时代开始，一直持续到未来很长一段时间，直至在你我的有生之年。

摩西的死并没有阻碍这个民族前进的步伐，尽管他的死对于他带着坚定的信心领导了这么长时间的犹太民族来说是一个很大的打击。《圣经》记载道，以色列人在摩押平原上"为摩西举哀"三十日。因此，当一个犹太人死时，三十天就是服丧期。在圣经时代以及其后出现的所有伟大人物中，摩西是最受尊敬的也是最杰出的领袖。犹太人把他们的男孩起名为摩西（摩谢 Moshe，摩伊谢 Moishe，摩伊斯 Moise），都是希望他们在为他人服务的同时能有一个快乐的生活。

为摩西哀痛并没有推迟即将到来的犹太历史的变化——即寻求民族生存及其迅速发展。摩西逝世后不久，犹太人在约书亚的领导下很快就进入了上帝应许之地。

上帝向以色列子民应许的土地上，生活着许多部落，他们都试图阻止犹太人进入这一地区。其中有亚摩利人，亚扪人，耶布斯人和迦南人。以色列人征服的第一座城市是耶利哥古城。从公元前1250年至公元前1000年经过了200年左右的时间，经过多次战争，整个迦南地区渐渐地陷入以色列部落的统治之下。

尽管在征服迦南的过程中不乏凶残的战争，犹太人最终还是定居了下来，过上了田园般的生活，牧羊耕种，惬意满足，并希望与邻邦部落和睦相处。他们与周边部落的区别在于他们信仰一神教,这种信仰一直在支撑着他们度过那些走出埃及的漫长岁月。在他们漫游于荒漠中的四十多年里,这种信仰进一步得到了加强。摩西律法是他们的指导准则,出埃及的故事一直鼓舞着他们,安息日是他们集中祈祷以及休息放松的日子,约柜是他们宗教崇拜的核心。他们几百年来一直信仰着一神教。周边地区中有更大更强的部落鼓吹多神教,并有供奉在豪华寺院里的大量诱人的金铸像,引起了犹太人的好奇心。

第十四封信

亲爱的弗丽大婶:

200 年来,一直居住在迦南地区的犹太人——不像他们的邻居那样——被军队或国王领导着,而是由 12 个部落中选出来的士师统治着。《圣经》中记述了其中一个士师——他的名字叫睚珥——他有"30 个儿子,他们骑着 30 匹驴,他们有 30 座城"。睚珥统治了 22 年,还有一个士师是个女先知,名叫底波拉。

士师时代以色列人的生活经常受到居住在周围的部落的威胁。其中之一就是迦南王耶宾。底波拉命令以色列士兵将领之一巴拉——现任以色列首相和首席大法官的名字也都叫巴拉——去同耶宾的将军西西拉作战。巴拉同意去作战,但是条件是底波拉必须与他一起出征。

于是底波拉就向巴拉发出了攻击的决定性命令,督促他:"进攻吧! 主已经把西西拉交在你的手里"。西西拉的军队有铁车900 辆,而巴拉的军队一辆也没有。然而,底波拉注意到附近的基训河正在泛滥,于是她就改动了一下战斗计划,把西西拉的军队全部引到水里去,于是西西拉战败了。然后,底波拉和巴拉唱起了凯旋之歌,重述战争的经过:"流星从天上参战,掠过天空攻击西西拉。基训古河把敌人冲没……"

这一次战争大获全胜:"西西拉全军覆没,无一幸免"。西西拉独自逃生,来到一位名叫雅亿的当地基尼妇女的帐篷里避难。经过激烈的战斗和仓皇撤逃,西西拉渴坏了,向雅亿要水喝。《圣经》中描述道:"雅亿打开盛奶的皮袋,让他喝奶,还用珍贵的盘子给他奶油"。然后,西西拉倒头就沉沉入睡了,"这时雅亿拿了一个钉帐篷的木橛子和一把锤子,悄悄地走到西西拉的身边,把木橛子打进他的太阳穴,一直钉到地上,西西拉就这样死了"。

在他们胜利的歌声中,底波拉和巴拉描述了雅亿杀死西西拉的每一个细节,包括最后一节:"她猛击西西拉,打碎了他的头,穿透了他的太阳穴"。赞歌的结尾是:"主啊,愿你的仇敌都像这一样被灭亡。愿爱你的人如旭日初升,充满生机"。对以色列子民来说,战败西西拉之后,迎来了40年和平。

战争与和平互为交替,此起彼伏,日复一日,成为以色列人生活的模式,一如战争与和平两者的交替组成今谓中东的所有国家部落的生活模式。战争是残酷的,只有当战争到来时,才觉得和平是非常值得珍惜的财富。

第十五封信

亲爱的弗丽大婶:

在上一封信中,我提到了以色列人拥有了自己的土地,生活处于和平时期。成群的绵羊,成行的树木,果园,蔬菜,玉米,泉水,城邑——比起我们居住的大城市来,更像今天法国和意大利的小山村——对于神教的崇拜将城邑联系在一起,这一个神就是祈祷文中提到的亚伯拉罕、以撒和雅各所崇拜的上帝。

生活在这么多处于交战状态且相互竞争的国家中,生活极其不安定,再加上以色列的上帝赏罚非常分明。根据《圣经》讲述,当以色列子民再次做了"主认为邪恶的事情"时,他们被非利士人统治,长达40年之久。非利士人擅长航海而且好战,居住在地中海沿岸地区,加沙是他们的主要城市。在非利士人"统治以色列"期间,有一个年轻的以色列人,参孙,试图光复以色列,获得独立。

参孙的第一次军事行动是针对非利士的海滨城市,亚实基伦,他杀死了那里的 30 个非利士士兵。在随后他领导的战争里,参孙"用驴腮骨"武装自己,杀了 1000 人。但是他被一个非利士女子出卖了,这名女子叫大利拉,参孙已经爱上了她。由于她的请求,参孙告诉她自己有那么大力气的秘密:他的长头发,那长长的七条发绺;如果他的头发被剪掉了,他的力量也就随之消失了。于是等到参孙睡着的时候,大利拉就叫人剪掉他的七条长长的发绺,19 世纪圣桑以大利拉的背叛为题材而创作的话剧中也作了如此描述。

非利士人将参孙抓住,把他的两只眼睛挖了出来,将他解往加萨,"用铜链锁住他,让他在监狱里推磨"。为了让参孙耍把戏,非利士人把他绑在房子的两个柱子中间。所有的非利士首领都来观看这种戏耍场面,"房顶上还有大约三千名男女,观看参孙耍把戏"。他们没有想到参孙的头发又长了出来,他的力量也开始恢复。

参孙向上帝祈求让他报剜目之仇,于是他用尽全身的力量,拉倒了柱子,"大衮庙倒塌了,非利士的首领们和庙内众人与参孙一起,全被压死在里面。就这样,参孙死时所杀的非利士人比他一生所杀的还要多"。

以色列人打破了非利士人的束缚,获得了自由,但是后来他们却在残酷的内战中互相残杀。根据《圣经》记载,在其中一次暴力冲突中,便雅悯部落中有 25000 多人被杀。后来,非利士人再一次袭击了以色列人,他们乘胜追击,夺去了约柜,把它带回到他们的另一个海滨城市,阿什杜德。

非利士人把这个约柜保存了七个多月。在此期间,成千上万的非利士男子患上了一种病——《圣经》中对此疾病毫不隐讳——痔疮。数百人死于这一疾病。为了试图摆脱掉这可恶的疾病,非利士人曾将约柜移到另一个城市,迦特。然而在那里仍有成百上千的人患上疾病,仍旧是痔疮,也有很多人死掉。

绝望之际,非利士人把约柜还给了以色列人。而以色列人由于失去了主权、在非利士人沉重压迫之下变得十分沮丧,他们开始崇拜起另外的神——这是之前大约 200 年在西奈山脚下崇拜金牛石像的再现。为了督促他们重新回到一神信仰上来,先知撒母耳把他们召集到撒马利亚山上的米斯巴,告诉他们:"如果你们真心想回到主的身边,专心只侍奉主,主会把你们从非利士人的手中解救出来"。

撒母耳的祈求十分成功。当非利士人袭击聚集在一起的以色列会众的时候,他们就"乱作一团,不得不从以色列人面前败退"。以色列人冲出米斯巴追击非利士人,沿路击杀他们,最终击败了他们。"至撒母耳寿终,主一直跟非利士人作对"。

撒母耳年老了,立他的两个儿子作以色列的士师。然而,他的儿子远离父亲做事的规则,智慧也远不及父亲,他们"不按父亲的榜样办事,只顾贪图不义之财,索要贿赂,不主持正义"。

那是一段以色列人不景气的日子。为了寻求好一些的统治制度,他们请求撒母耳撤销统治很长时间的士师制度,想立一个国王取而代之,"就像其他国家一样,有王治理我们,统率我们出征作战"。

撒母耳不愿意册立新王:传统一直认为上帝是以色列人唯一的王。没有哪一个人能够取代这一位置。但是公众压力也必须考虑:王权很明显在周边所有民族组成的国家中是一个核心要素,犹太人也想建立一个国家,不想仅仅是部落的联盟。

最后,撒母耳顺从了公众压力。便雅悯支派中的一个成员,扫罗被选为第一个王。撒母耳把油涂在扫罗的头上,"亲吻他,对他说,这不正是主膏立你做他子民的王吗?"

在未来的年代里,对于崇拜基督教三位一体的信徒们,以及圣经时代尚未存在的国家,包括法国和英国来说,"君王神权"的承继是经过类似的步骤完成的,就是按照撒母耳的做法册立新王。

第十六封信

亲爱的弗丽大婶：

我在上一封信已经说到，以色列人册立了一个王，同时以色列也就进入了犹太王国时代。扫罗的统治始于公元前大约1029年，他为以色列带来了极大的繁荣。但是与周边的非利士人和亚玛力人的战争也是他统治期间的主要任务。在抓住亚玛力王亚甲之后，扫罗与撒母耳还发生了纠葛。

撒母耳听从上帝的命令，要把亚玛力人斩尽杀绝，他坚持说不但亚甲要杀，连亚玛力的牛羊牲畜都要杀。扫罗想要赦免俘虏的生命，也不要杀亚玛力的牲畜。对于扫罗不顺从自己的意愿，撒母耳非常生气，就把亚甲唤来，准备杀死他。

亚甲向撒母耳祈求饶命，问道："这下肯定不会死了"，但是撒母耳回答说："你的剑曾使许多母亲丧失儿女，所以，你的母亲也要成为她们之中的一个"。说完这些之后，撒母耳亲自"处死了亚甲王"。

从此撒母耳再也不见扫罗这个他亲自册立为"以色列王"的人，因为正像撒母耳自己解释的那样，"违命跟占卦一样有罪，顽固和随心所欲同膜拜偶像一样有罪。"

甚至在更早的时期，在摩西的带领他们出埃及在旷野中漫游的危险时期，以色列人就体现了顽固和叛逆的性格。这些性格并不是很容易就能消除掉。

在扫罗王的宫廷中有一个牧羊童，同时也是一个音乐大家，名叫大卫，是犹大支派的成员。他出生于伯利恒，他的故事构成了犹太历史上特殊的一部分。事实上，当他还在牧羊的时候，撒母耳就册立他为扫罗王将来的接班人。在王宫里，当扫罗王遭受周期性抑郁症病魔的折磨时，他就为他演奏音乐。

在一次战斗中，大卫杀死了非利士巨人歌利亚，从此他便成了为扫罗拿兵器的人，后来他又成了一名将领。大卫娶了扫罗的女儿米甲，并和扫罗的儿子约拿单的关系非常好。但是扫罗的心里越来越不平衡，他就想杀了大卫，尝试了很多次要取他的性命。

为了保全自己的性命，大卫从王宫中逃了出来，逃离了以色列领土，在非利士人中间避难。在那里，他甚至主动提出参加非利士攻击扫罗的战斗，但是非利士人没有轻易相信他的帮助，让他远离开战场。

在扫罗统治的第二十一年，扫罗在战场上被杀，之前他还目睹了三个儿子死亡的情景，其中包括约拿单。"第二天，非利士人来剥战死者的衣服，发现扫罗和三个儿子躺在基利波山上。他们割下扫罗的头，剥下他的甲胄，派人到非利士各地遍告民众和庙里的偶像。"

扫罗的尸体及其儿子的尸体"悬挂在"伯珊城的城墙上。当附近一个城镇里的以色列人听说了此事，他们连夜赶过去，把尸体取下来，并带了回去，葬在一棵树下，并禁食了七天。《圣经》称他们为"勇士"。

听到扫罗及其儿子死亡的消息，尽管扫罗生前几次欲取他的生命，大卫还是非常悲痛，他为扫罗和约拿单作了一首挽歌（《圣经》又一首精美绝伦的叙事诗歌）：

> 以色列啊，
> 你的荣耀长眠在你的高山之上。英勇的战士竟倒下了！
> 不要告诉迦特，不要让这消息在亚实基伦的街市上传告；不要让非利士人兴高采烈。
> ……
> 扫罗和约拿单啊，活着，他们受人敬爱；死了，他们也不分开。他们比鹰更迅猛，比狮子更强壮。
> 以色列的女儿啊，你们要为扫罗哀哭，他曾使你们穿红挂紫，他曾使你们金银满身。

英勇的战士竟倒在战场上；

……

英雄竟倒下了！

战场上从此没有勇士了！

扫罗死后，大卫做了王。此故事告一段落，下一封信将会有其他的故事。

第十七封信

亲爱的弗丽大婶：

我们该怎样去描写大卫王呢？他是犹太史上的巨人之一，是圣经时代的一个伟大人物，然而对以色列人来说，他也是一个有血有肉的普通人，有感情，有理性——然而还有不少缺点。

起初并不是所有的人都愿意接受大卫作为他们的统治者，经过一段时间，大卫王室和扫罗王室的内战爆发了。"大卫家族越来越强大，而扫罗家族日渐衰落"。经过一段时间的杀戮及流血冲突之后，大卫取得了胜利。在希伯伦，大卫被以色列的长辈们册立为王。那一年大约是公元前 1005 年，当时大卫年方三十。

从其统治一开始，大卫的成功就非常引人注目。他建立一个公平有效的管理体系，"以公正和正义治理人民"，重建军队，并引进新的武器。根据一个传说，这批新武器中包括防身盔甲。在士兵眼前，他把非利士人赶出了以色列领土，并打败了东边的摩押人。

与亚兰人的战争更为漫长。在他统治早期，大卫在大马士革消灭了 22000 个亚兰人，"亚兰人被迫向大卫称臣进贡"。后来他们再次与大卫征战，但是这第二次战争的结果是决定性的："大卫击溃了亚兰人，杀死了七百名车兵和四万名骑兵"。亚兰军队的统帅也被当场击毙。

大卫不仅统治了大马士革,而且后来他还把权力向东扩张到幼发拉底河,这离他的祖先,即犹太人的始祖,亚伯拉罕开始犹太历史上第一次旅行时的地方就不远了。

七年来,大卫一直统治着希伯伦,亚伯拉罕就埋葬在这座城里。接着,他占领了耶布斯人的耶布斯城。自从征服迦南以来,耶布斯城一直是处于以色列领地内独立的耶布斯城市。后来他把这个城市命名为耶路撒冷(意为和平城市)作为他的新首都。耶路撒冷地处一个小山上,四周群山环绕。从远处看不到城市踪影,只有走近了才能见其真面目。这个城市后来被称为大卫的城市,它的东面是幽深的汲沦峡谷,西南面是欣嫩峡谷——古代,甚至大卫时代——是时常把孩子献祭给上帝的地方,故俗称第一个"地狱"。耶路撒冷依仗地理优势,成为一道天然的屏障。

大卫把约柜带到耶路撒冷,并宣布耶路撒冷永远属于犹太12个支派之外的城邦,不属于任何一个,它将从支派边界中分离出来,作为一个独立的首都一如美国的华盛顿特区,澳大利亚的堪培拉,巴基斯坦的伊斯兰堡,与它们没有什么不一样。

大卫投入极大的精力,开始加固耶路撒冷的城墙,并在城墙内建造坚固的房子。他还从一名耶布斯女子手中买了一块禾场,这块场地处于这个城市的最高点,大卫就设计在这个地方建一座圣殿,作为神圣约柜的存放地,同时作为犹太人崇拜的中心。

作为帝王,大卫统治以色列长达40年,在他统治刚开始的几个星期里,他的同盟国纷纷给他送来了很多礼物:处于黎巴嫩沿海的推罗王希兰,给他送来了许多香柏木,还有很多木匠。这些木匠为他建造了一座房子。作为战士,他已经把自己的疆土扩展到了大马士革和幼发拉底河,他是一名成功的统治者。而且,他还是一位诗人,他所作的圣歌给后人留下了丰富的诗歌遗产。在犹太人中有一句广为流传的话,是为失意者提的建议:"忘掉奇迹,咏诵圣歌吧!"

安纳托利·夏兰斯基(Anatoly Shcharansky)在20世纪70年

代被囚禁于苏联监狱,他渴望居住在以色列,这导致了他被囚禁在军事监狱许多年,并且还引起整个犹太国家为他的释放进行了游行活动。尽管关押他的苏联当局表现得非常不耐烦,他还是从一直随身携带的一本《圣歌》小书中找到了慰藉。

当大卫的士兵正忙于与亚扪人争战的时候,大卫爱上了有夫之妇拔示巴。一天晚上,当大卫看到她以后,就再也无法入睡。《圣经》中记载道,从他宫殿屋顶的平台上,"望见一个女人正在沐浴,那女人十分美丽"。

经过查问,大卫得知那个女人叫拔示巴,是赫人乌利亚的妻子。尽管如此,大卫仍旧跟她上床睡了觉。不久,那女人给大卫捎去口信说"我怀孕了"。于是,大卫就把乌利亚送到了与亚扪人打战的前线,并写信告诉军队的将领约押说:"把乌利亚派到前线战斗最激烈的地方去,然后,你们撤退,让他战死!"

约押并没有按照大卫信中说的那样去做,但他确实把乌利亚派到"敌军兵力最强的"地方,于是,大卫的一些部下战死了,乌利亚也在其中。后来大卫就娶了拔示巴为妻。大卫的奸诈得到了应有的报应,他与拔示巴生的第一个儿子在出生刚刚七天的时候就夭折了。他自己也受到了上帝的惩罚,杀戮永远伴随大卫的家族。

这种惩罚很快到来了,大卫上一次婚姻留下的大儿子押沙龙起兵造反,反抗自己的父亲。约押率领大卫的军队,费了很大力气才把造反镇压了下去。押沙龙被杀死——当他骑驴逃走的时候,他的头撞到了橡树干上。他的尸体被扔到了一个深坑里,上面由石头盖着。得知这个消息时,大卫悲痛欲绝,希望被杀的不是他的儿子而是他自己。"我儿押沙龙啊,我的儿子,我儿押沙龙啊,"他恸哭道,"我恨不得替你死!押沙龙啊,我的孩子,我的孩子!"

大卫明白了生命的脆弱。他自己死之前,向上帝说了下面一段话,这段话引起了犹太几代人的反响,"我和我的人民算什么,在你的面前,我们是匆匆过客,像我们的祖先一样;在世的日子如影如烟,谁都逃脱不了死亡的命运。"

押沙龙死后,大卫的另一个儿子亚多尼雅被他的母亲哈及推上王位继承人的宝座,哈及依靠军队将领约押和大祭司亚比亚他的帮助。但是亚多尼雅受到了大卫和拔示巴的第二个儿子所罗门的挑战,所罗门依靠的是先知拿单的帮助。在继承人争斗中——当时大卫还活着,不过已经年迈多病——所罗门获得胜利。于是,他与父亲共同管理国家。

大卫死于大约公元前 965 年。他死后,所罗门被册立为王。听从父亲临终时的遗言,他对早期企图夺取王位的人予以迅速报复,将约押和亚多尼雅杀死,将亚比亚他流放。

那是残酷无情的年代,不过朝代王权的继承终于延续了下来——这对将来的时代确实意义深远。在以后的年代里,当犹太人被其他民族奴役的时候——也就是巴比伦人、希腊人和罗马人——他们期待着上帝能够给他们送来一个弥赛亚:这个词对犹太人来说就是册立一个新王的意思,把他们从水深火热之中拯救出来,他们还相信这个将来的弥赛亚会是大卫王的后代。《新约全书》的作者很明白这一点,就强调说耶稣就是大卫王的直系后代。甚至维多利亚女王——就是“你们”尼赫鲁家族鼎盛时所处时代的兼任印度女皇的英国女王——也向人展示了一个图表,显示她的血统可以直接追溯到大卫王。

第十八封信

亲爱的弗丽大婶:

大卫王死后,所有未来的一代又一代以色列人对他的记忆就是“以色列受人爱戴的歌者”。在他的儿子所罗门的统治之下,以色列帝国一直维持下来,疆域从加沙——原本是非利士人的首都,今巴勒斯坦解放阵线的主要城市——延伸到叙利亚的东部边界幼发拉底河,当时大卫王已经征服了叙利亚。所罗门在战争中征服了许多王国,“终所罗门一生,这些王国始终向他称臣进贡”。他还跟埃及法老签订盟约,娶法老的女儿为妻,"把她接进大卫城"。法老给女儿的嫁妆是先前的非利士城市基色,它处于从耶路撒冷到海岸去的路上。当法老征服这个城市的时候,他杀死了城里所有的居民。

所罗门的功绩是引人注目的。"主按照他的应许赐给所罗门智慧"。关于他的智慧有一个很著名的例子就是有一次两个女人站在他面前——《圣经》里说她们都是"妓女"——各自皆称自己是同一个孩子的母亲。所罗门听完她们各自的陈述,就让人拿来一把宝剑,说:"把活孩子劈成两半,给她们每人一半。"

其中一个妇人不同意这样做,说她宁愿不要这孩子,把他给那妇人,也不愿他被劈成两半。所罗门立刻确认她就是那孩子的真正的母亲,并命令把孩子归还给她。"以色列人听到王的判决,都对他敬畏有加,因为他们知道他主持正义,具有来自上帝的智慧。"

在他统治早期,所罗门建立了和平,并与北面的推罗王希兰结成了牢固的同盟。希兰给所罗门送来了许多木材,以供他用于建屋造房,当然主要是计划已久的圣殿建造。作为回馈,每年所罗门都要送给希兰大量的小麦和橄榄油。

所罗门为自己在耶路撒冷建造了一座豪华的宫殿,用的是从黎巴嫩运来的凿成一定规格的高品质石料和香柏木梁。宫殿内建了一个王座,为他施行判决之用。他还为这个城市修建了新的城墙。不过他最大的建筑成就是供奉上帝的圣殿:在许多年前他的父亲大卫买下的禾场上,所罗门建造了圣殿,并筑了一个高高的平台作为圣殿的基础。

圣殿的基础是由"一块又一块合乎规格昂贵的巨石"筑成,这些石块都是犹太劳工从黎巴嫩的山上开采下来的。圣殿从所罗门统治的第四年动工修建,当时离摩西带领以色列子民出埃及几乎有500年了(更确切地说是480年)。圣殿正在建造的时候,上帝晓谕所罗门:"只要你遵循我的律例,遵行我的规定,谨守我的所有诫命,我就一定藉你实现我对你父亲大卫的应许,住到以色列人中间,并且决不丢弃我的以色列子民"。

建成这一圣殿花费了所罗门七年的时间,圣殿所用的黄金,泥瓦工艺以及装饰都是十分了不起的。圣殿显著的特征中有四百个石雕石榴,十二头石雕牛,还有许多石雕百合花和石雕狮子。"我已经为你建造了一座宏伟的殿宇,"所罗门对上帝说,"作为你永久居住地场所。"圣殿正中央存放着神圣的约柜,即存放上帝通过摩西同以色列子民立下的圣约的"圣约柜子"。

所罗门还建立了一支强大的军队,不仅有步兵,还有骑兵和马力战车。20世纪60年代,在耶斯列平原边上的米吉多(即哈米吉多顿)出土了很多文物,其中有一个巨大的马厩,可以同时供养450匹马的马棚。所罗门还建立了一支海军,通过这支海军他开始从事兴旺发达的海上贸易。船只从地中海的港口出发,有时从所罗门统治区域的最南端城镇,埃齐翁吉伯港口出发,这个港口处于亚喀巴湾的源头,在现在的埃拉特东面几英里处。

所罗门船只上的船员都是由希兰提供的水手组成,这些船只从红海出发,驶向印度洋,与南阿拉伯半岛、东非,甚至与遥远的印度都做生意。这些船只从俄斐地区(可能是现在的埃塞俄比亚)为所罗门带来了大量的黄金。他用这些黄金打成金盾牌200面,用黄金包裹他的象牙宝座,并用金杯饮酒。他还从遥远的地方带来珍禽异兽。

示巴女王听到所罗门的盛名以及关于他的上帝的故事后,专程从遥远的示巴(可能是现在的南也门)赶来。"用难题考验所罗门。她带来大批扈从,一大队骆驼驮着香料、珠宝和大量黄金。"看到所罗门的王宫、他的智慧以及圣殿以后,女王感叹道:"你的妃嫔臣子多么有福气啊,他们可以经常在你的面前聆听你的智慧的训诲。"然后她就给所罗门香料,黄金和珠宝:"再也没有人像示巴女王那样赠给所罗门王如此之多的香料"。

"所罗门王是全世界最富有、最具智慧的君王"。十二个犹太支派过着田园式的生活,他们分别居住在约旦河的两侧,他们的城邑和宗教崇拜都由所罗门的财富和联盟保护着。以他的智慧和判决作为基础,所罗门订立了公正的法律。为了防范来自统治区域以外的任何可能的攻击,所罗门分别在夏锁,米吉多和基色修建了三座坚固的城堡。现在,城堡的断垣残壁还表明这些城墙当初是多么的坚固!

所罗门还修建了几座城市作为仓库,以及囤聚马车和骑兵之用。"在所罗门时代,银子在耶路撒冷像石头一样普通"。马匹和亚麻都是从埃及运来的。尽管北部的十个支派都十分怨恨所罗门强加于他们身上的税,农业亦十分兴旺发达。所罗门免征南部的两个支派的税赋,因为扫罗死的时候,他们选大卫为王,然而北部的那么多支派却选择扫罗的儿子以示巴力为王。直到以示巴力被谋杀之后,大卫统治的第七年里,北部支派的长者才邀请大卫做他们的王,统治他们。

所罗门还强加于所有居民身上一个重担,包括南方和北方所有的支派。为了负担所有的建筑项目费用,他要求每个以色列人拿出每年收入的三分之一作为王室使用。

对《圣经》的作者来说,还有一个更加严重的问题:"所罗门王宠爱许多异族女子"。他不仅娶了法老的女儿为妻,还娶了许多信奉异教的外邦女子,比如:摩押女子、亚扪女子、以东女子、西顿女子和赫人女子。《圣经》描述说:"所罗门与她们贪欢求爱,形影不离"。

所罗门一共有 700 名出身皇族的妃子,还有 300 名侧妃。所罗门晚年的时候,他的妃嫔"诱惑他追随别的神"。这些异教神中有西顿人的女神亚斯他录、摩押人的神基抹、《圣经》中描述的"亚扪人可憎的神"米勒公等。所罗门为另一个异教神摩洛——"亚扪人可憎的神"——建造了一座邱坛。"也为那些向各自的神明烧香献祭的异族妃嫔建了邱坛。"

所罗门妃嫔的宫殿遗址在耶路撒冷南面三英里处名为雷切尔拉玛特的一座小山上。从废墟的屋顶花园处,他们可以从远处看到所罗门圣殿金光闪闪的建筑轮廓。1948 年这些废墟正是以色列新建军队与埃及军队之间激烈战斗的地方,他们将这些废墟作为阵地,顽强抵抗,从南方前来进攻以色列的埃及军队已经逼近耶路撒冷,却被阻挡在这片废墟中。

今天的那一方土地,松树伸展开友好的枝干,洒下欢迎的树阴,百花盛开的灌木丛散发出迷人香味,游客们可以在所罗门异教宫殿的废墟上欣然游荡,也可以到 20 世纪中期以色列士兵用于防御作战而挖的战壕里悠然漫步。

第十九封信

亲爱的弗丽大婶:

尽管所罗门晚年崇拜别的神明,激起了上帝唆使他的部下反抗他,但是《圣经》描述道:在他的统治下,以色列子民"多得像海滩上的沙子,他们吃喝不愁,非常快乐",商贸发达,国泰民安。尽管年迈的国王性格多变,难以捉摸,那一段时期却是犹太史上的黄金时代。

所罗门大约于公元前 933 年逝世,即在您结婚之前的 2863 年,在我出生之前的 2869 年!所罗门的王位由儿子罗波安继承,罗波安的母亲不是犹太支派的人,而是亚扪人。大卫王曾发动了激烈的战争攻打亚扪民族。罗波安的统治开始的时候很不顺利。罗波安前往耶路撒冷北面的示剑城,企图说服在北方居住的十个支派为他效忠时,他们向他提出"减轻"所罗门强加于他们的赋税的要求,作为认他为王的条件。

罗波安答应北方各支派三天后给他们答复。因为当时他有一些建筑计划和防御工事的计划需要资金,三天后他就宣布说,他将不会减轻他们的负担。事实上,他告诉他们:"我父亲加给你们重担,我加给你们负担还要重!他用皮鞭管教你们,我却要用蝎尾鞭管教你们!"

于是,北方的十个支派举兵起义。他们拥立以前所罗门手下的大臣,耶罗波安为他们的君王,指责罗波安说:"大卫跟我们有什么关系?"他们问道,然后毫不示弱地高呼:"以色列人哪,都回家去吧! 让大卫家族自己顾自己吧!"罗波安不顾危险,命令他的主征税官亚多兰去征收北方支派抗议拒缴的税。亚多兰便很快被他们用石头砸死。惧怕他们会加害于他,罗波安急忙上了战车,逃往耶路撒冷。

原来在大卫和所罗门统治之下统一的以色列王国突然间彻底分裂成了两个独立的王国。耶罗波安的王国取名叫"以色列王国":疆域包括撒玛利亚、加利利和地中海海岸。罗波安——大卫的孙子——继续统治南部地区,领土包括耶路撒冷和朱迪亚山区。南部王国取名叫"犹大王国",这是由于犹大支派一直保持对罗波安和大卫王室保持忠诚的缘故。

今天,罗波安和耶罗波安是大瓶红酒的名字———瓶罗波安红酒相当于六瓶普通的红酒,一瓶耶罗波安红酒相当于四瓶普通的红酒,一瓶"马格南"红酒仅仅相当于两瓶红酒。这是历史人物被人们记住的一种方式,罗波安和耶罗波安的名字广泛流传,被人们所记住,并不是因为他们自己有多少伟大之处,很可能因为他们俩体态都很肥大。

在我的下一封信中,我将给您讲述这个分裂王国的命运,同时也是这个分裂民族的命运。

第二十封信

亲爱的弗丽大婶:

我的这一封信将向您讲述犹太人之间的冲突,这种冲突不是第一次也不是最后一次。随着以色列王国分裂成两个对立且时常敌视的两个王国之后,那些居住在以色列王国的人仍然被称为以色列人,那些居住犹太王国的人被称作"犹太人",希伯来语

yehudim，"犹太"这个名字来自这一单词。

犹大王国罗波安王在位 17 年，期间，他的十八个正妃和 60 个侧妃为他生了 28 个儿子和 60 个女儿。用《圣经》中的话说，在他统治的 15 年里，他也"离弃了主的律法"。为了惩罚他，上帝派了一支埃及军队，同时联合了埃塞俄比亚和其他盟国的军队，一起攻打耶路撒冷。

耶路撒冷的犹太人感觉到了灾难的降临，他们在上帝面前"自认有罪"，甚至在埃及大军逼近的时刻他们仍很自卑。上帝接受了他们的忏悔，说："我就不再灭绝他们，相反，我要在不久的将来拯救他们"。

埃及人逼近耶路撒冷的郊区。为了向埃及进贡礼品让他们撤军，罗波安被迫把上帝圣殿和王宫里的宝物全部送给了埃及人，包括所罗门锻造的 200 面金盾牌。罗波安将铜盾换下了金盾。埃及军队逼近耶路撒冷郊外之前，摧毁了不少城市，其中包括所罗门一直与非洲和阿拉伯半岛做贸易的埃齐翁吉伯港。

随着罗波安和耶罗波安之间的战争继续进行，原来周围效忠所罗门王国的部落，看到犹太王国的分裂以及由此导致的军事衰弱，纷纷宣告独立。非利士人，摩押人，以东人和亚扪人纷纷抛弃他们先前接受的君授权位（罗波安的母亲是亚扪人）。所罗门统治期间，在一次反叛中大马士革也早已丢失，成了新建亚兰王国的一个主要城市，亚兰这一地区后来被称为叙利亚。为了保护日益缩小的王国，罗波安不得不修建了许多坚固的城邦。"罗波安与耶罗波安之间战事不断。"

罗波安死于公元前 917 年。他的王位由儿子亚比央继承，亚比央把恢复一个统一的犹太王国作为自己的使命，对北面发动了大规模的军事战争，宣称除了自己的大卫王室之外不存在任何其他的合法王权。这次军事行动是成功的，但是，亚比央不过征服了几个周边城市，包括伯特利，他没能征服整个北部王国。

耶罗波安又做了十年北方王国的君主，他决心削弱以色列人对耶路撒冷的忠诚。因此,他赋予他在遥远的北方城市但以及亚伯拉罕曾经生活过的伯特利建造的神殿王室地位,自从迦南征服之后,但支派犹太人一直在但城周围耕种土地。在这些神殿里,耶罗波安放置了许多金牛雕像,这一情景再现了当时从埃及出来之后亚伦对摩西的背叛。

耶罗波安海废除了利未人的宗教礼仪,利未人是为各大支派履行宗教职责的祭司,耶罗波安认为他们与耶路撒冷的关系太过密切。他在但和伯特利指定的祭司都是从其他支派中选出来的。耶罗波安于公元前 912 年逝世,他的儿子拿答继承了北方王国的王位,可是拿答当年就被来自以萨迦支派的军队将领巴沙杀死。巴沙夺得王位之后,立即就把耶罗波安后代中的男子全部处死。犹太人内部的互相残杀已经取代了所罗门的智慧。

当巴沙为以色列王国之君之际,大卫的直系后代,亚比央的儿子亚撒统治着犹大王国。在一次旨在恢复犹太信仰忠诚的行动中,亚撒“废掉了他父亲造的所有偶像”,甚至连他的家庭成员也不例外。他不仅贬黜了祖母——罗波安的遗孀——的太后头衔,因为她为异教生育女神造了一个偶像,而且“砍倒偶像,把它烧掉”。他的整个王国内的所有偶像全部被捣毁,并且卖淫也被禁止。

20 世纪有一位历史学家,琼·科梅(Joan Comay),她曾经驾车带我穿过撒玛利亚的山脉,强烈表达了她对圣经历史的热情,她评论道:“亚撒是《圣经》中由于虔诚而被称赞的为数不多的几个希伯来国王之一”。

亚撒也举兵抗击北方王国。“在亚撒王和以色列王巴沙执政期间,他们之间经常爆发战争”。在他们战争的早期,巴沙一直向南进攻,一直到离耶路撒冷仅有五英里的地方。由于缺少足够的部队来阻止巴沙进军,亚撒向大马士革王便哈达寻求帮助,并从所罗门圣殿里和自己的王宫里拿来金银送给大马士革王。便哈达看到亚兰王国可以在犹太王国内战中得益,便同意帮助亚撒。

便哈达和他的军队穿过戈兰高地——现代的以色列于 1967

年从叙利亚手中夺取了这一地区——到达了加利利海的海岸。大约 3000 年后，也就是公元 2000 年，叙利亚总统阿萨德宣布这个海岸是他领土的不可分割的一部分。

为了把北方的亚兰军队赶回去，巴沙被迫从耶路撒冷前线撤军。但是巴沙撤军以后，亚撒才发现自己正面临另外一个更加强大的敌人，就是由埃塞俄比亚的将军率领的埃及和利比亚联军。这支新的军队从南面进攻，但是亚撒再一次击败了那些试图消灭自己的敌人。

巴沙统治了北方王国 24 年，他死于公元前 888 年。13 年后亚撒相继逝世，他统治了南方王国 41 年。由于现在历史研究的周到和精细，《圣经》才得以算出他们的统治年数，为犹太人提供了一个详细的叙述，由此他们得以感受到他们与自己先祖们的征战、雄心以及成就之间的关联。

第二十一封信

亲爱的弗丽大婶：

我们已经深深地陷进希伯来国王的传奇故事中。亚撒的儿子约沙法是这些国王中最成功的一位。他统治了南方王国 25 年，为两个以色列王国都带来了一段时间的和平。他的长子同时也是继承人，约兰，娶了以色列王国的一位公主亚他利雅为妻。这两个王国甚至军事上有过联合，两次穿过约旦河进行联合军事行动，一次是进攻反抗犹太的王权地位的摩押人；另一次是进攻侵犯定居在约旦河东海岸的一些犹太支派领土的大马士革国王。

约沙法在扫除偶像崇拜方面继续了他父亲的工作。他也鼓励宗教法律教育和宗教传统教育。但是统一分裂的犹太领土，他却无能为力。他认为这种分裂的局面有可能会永久持续下去，因此，他在五个军事区域基础上建立了一个强有力的军事机构，进一步加强了已有的防范力量。他在一个更有效的基础上重新组织税收区。他向犹大各设防城邦委派了审判官，并以严格的规则规定他们的判决。约沙法亲自告诫们："你们宣判的时候要谨慎从事，因为你们不是代表世人，而是以主的名义宣判，当你们判决的时候，主始终与你们同在"。他还警告他们不得收受任何贿赂。

约沙法努力与北方王国修好，认为他们只有通过真正意义上的联盟，而不是永无止息地相互征战，才能最终保存实力对付虎视眈眈的周围世界。

约沙法死于公元前 851 年，他统治了犹大王国 25 年。他是一位明智的君王，政绩卓越，他的儿子约兰恰好相反。约兰统治了耶路撒冷八年，他在位的成就却是重新挑起了与北方的以色列王国的战争，让以东人脱离了犹大王国，还使耶路撒冷的居民和所犹大的民众趋于"堕落"。上帝采取了极端的措施，使非利士人和阿拉伯人来攻击犹大王国，"他们兴兵侵入犹大，掳走了约兰王的儿子们和妃嫔以及王宫里所有的财宝。"——除了他的小儿子之外，没有留下任何一个。约兰的痛苦还没有结束。"此后，主使约兰得了一种无法医治的肠病。"两年后，他在"极端痛苦中"死去，被葬于耶路撒冷，"但没有葬在王宫墓里"。

两个敌对的犹太王国之间的战火又重新燃起。在每一个王国内部，也有残酷的暴力发生。在北方的以色列王国里，巴沙的儿子以拉继承父亲的王位还不到两年就被他的骑兵将领心利所杀。心利的统治持续了仅仅一个星期，这次轮到他遭受另一位军事将领暗利的围攻。暗利本来正在围攻一个非利士城邑，但他突然反过来围攻心利的首都，得撒，并想逮捕心利。

被围困在城内的心利，不得已而放火烧了宫殿，自焚而死。暗利又打败了另一位觊觎王位的名叫提比尼的军事将领，在这之后，他的王位才得以巩固。暗利信心倍增，再一次将摩押人纳入以色列王国统治之下。同时，他通过与居住在地中海沿岸以北的腓尼基人——他们的首都在西顿港口——建立良好的关系，开始在整个地中海东部通商贸易。以色列王国可以再次出口粮食和橄榄油,木材,矿产和精细的装饰品。暗利为他的儿子亚哈娶了腓尼斯的一位公主,耶洗别:这是一个非常重要的两个王国间的王朝联姻。那是一段歌舞升平、繁荣昌盛的时期。

非常有趣的是,我们从《圣经》以外获得的描述以上事件的当代文学参考文献,不过是重复了《圣经》中关于暗利统治期间的日期记载(所罗门和大卫之后才仅仅 100 年)。从那时起,石片——古代世界中的"信件"和编年史——记载着以色列人,他们的国王以及他们的战争越来越多的参考资料。在亚述的编年史中,暗利代表了普通以色列国王的名字。

第二十二封信

亲爱的弗丽大婶:

国王暗利统治北方王国期间,贸易和商业兴盛发达。但是,暗利野心勃勃,想要建造一座城市,与耶路撒冷媲美。他把地址选在高高的山上,示剑以北八英里处的一个地方。他称那个地方为撒玛利亚,希伯来语 Shomrom,并且冠于豪华城堡之名。从那里可以眺望西面远在 20 英里处的地中海。

暗利不受任何宗教价值观念左右。《圣经》里说他"做了主认为邪恶的事,比他以前的以色列诸王为恶更甚"。他死于公元前869 年,掌权 12 年,死后被葬在他新建的首都。

他的儿子亚哈继承王位之后,为北方王国带来了进一步的繁荣兴旺。但是他的妻子耶洗别却信奉其他的异教神明,触犯了犹太宗教之忌。不但如此,她还试图用二神崇拜来取代一神崇拜,她所属的民族崇拜二神:大神巴力和生育女神亚舍拉。耶洗别在王宫的庭院里为巴力建造了一座神庙,并且为巴力神请来 450 个先知,为亚舍拉神请来 400 个女先知,并且她让这些人成为王室家庭的一部分并一直保持下去。

亚哈顺从了妻子的宗教信仰，更甚的是他为巴力在撒玛利亚城还建立了一座祭坛。无论他的父亲暗利曾经是多么不奉宗教，亚哈都比他父亲做得过分，这"比之前的以色列诸王走得更远"，激起了上帝更大的愤怒。上帝派来了先知以利亚，以这一具体形式表达他的愤怒。以利亚告诉亚哈以后地面上将不会降露，也不会下雨，直到所有的偶像崇拜都被废除为止。亚哈对此警告置之不理。随着以利亚代表上帝作了预言之后，为期两年的干旱开始了。

以利亚在上帝敦促之下，来到约旦河东面的一条荒凉的小溪边避难，逃避王室的报复。他饮用那条小溪里的水，然后有乌鸦为他带来食物。当这条小溪干涸的时候，他仍然害怕被抓到，于是就逃到了腓尼斯，继而又逃到了巴力崇拜的核心地区西顿。接近西顿的时候，他看见一个寡妇正在捡柴禾。这个妇女家住撒勒法城，以利亚就请求她给他一些食物和水。但是她一点食物都没有了，于是告诉他说："我没有饼，罐里只有一把面，瓶里只有一点油。瞧，我正要捡几根柴好回家给我自己和我的孩子烧顿饭。吃完了——我们就等死了！"只要她和她的孩子吃完了饼，他们就再也没有食物维持生活了，也只有死路一条了。

以利亚于是告诉这位寡妇——《圣经》中并没有告诉我们她的名字——说："别害怕。回去按你说的去做吧。但先要用你的油和面为我做一个小饼，拿来给我，然后再为你自己和你的孩子做。因为主——以色列的上帝是这样说的：'在主赐给这里雨水之前，罐里的面粉不会用尽，瓶里的油不会倒干'。"寡妇就按照以利亚指示的去做。他的预言果然应验了。她的小小坛子里的食物一直不断得到补充。

寡妇就让以利亚在她的家里避难。然而不久她的儿子病得都快要死了。以利亚从她怀中把快死的孩子接过来，把他抱到楼上自己的房间里，放在床上。

以利亚三次展身伏在孩子的身上，向主呼求："主啊，我的上帝，让这孩子的生命回到他的身体里来吧！"

主垂听以利亚的祈求，让孩子的呼吸回到他的身体里，孩子就活过来了。

以利亚将孩子从楼上抱下来，走进屋子，交给他的母亲，说："你看，你的儿子活了"。

800 年后，另一个犹太人，拿撒勒的耶稣也演示了同样的奇迹，包括面包和鱼的奇迹，一如那个撒勒法的寡妇和她儿子的食物不断得到补充，同样也从死神手中救活了拉撒路。事实上，在后来的犹太传说中，以利亚被认为是弥赛亚的先驱。对于弥赛亚，虔诚的犹太人在以后的 29 个世纪里仍然等待着他的到来。当每年一度庆祝出埃及这件大事的逾越节来临之际，庆祝节日的活动上埃及家庭总不会忘记为以利亚斟一杯酒放在桌子上，并且开着门，希望能像他们期待的那样，以利亚能够突然回来，宣布弥赛亚时代即将到来。

在西顿的这两件奇迹仅仅是一个开端。隐藏了三年之后，以利亚又回到了北部王国，再一次直接面对亚哈。"是不是你给以色列招来的灾难？"亚哈问他。先知回答道："我没有给以色列招灾，给以色列招灾的是你和你父亲一家。你们背离了主的告诫，转而去追随巴力。"——膜拜为巴力神树立的偶像。

以利亚让亚哈召集"全以色列的人"到地中海附近、靠近现代港口城市海法的迦密山上。他还让亚哈带上侍奉巴力的那 450 个先知，还有侍奉亚舍拉的那 400 个女先知。以利亚指出"主的先知只剩了我一个"，而巴力的先知却多达 450 人，以利亚向他们提出挑战："你们求告你们神的名字"以便能降下火来用于烤烧祭祀用的牛犊。他们从早上一直求告到中午，仍旧没有结果，于是以利亚讽刺嘲笑他们说："大声求告吧，他肯定是个真神！也许他是在沉思，也许是正在方便，也许正在路上，也有可能他是睡着了，你们得喊醒他。"

巴力神的先知们继续求告巴力神，一直到黄昏，可是依旧毫无动静。于是以利亚筑好祭坛，在上面浇上水，开始求告上帝降火点燃它。他的求告得到了回应。"民众看到这一切，一齐伏在地上高呼：'主是上帝！主是上帝！'"

以利亚获得了成功。他吩咐众人捉拿巴力的 450 个先知，"别让他们走掉一个"，然后令人把他们押到汲沦溪边杀掉。这一事件结束之后，以利亚仍然不得不逃避耶洗别的愤怒，他一直向南逃生，进入西奈荒漠，直到何烈山。在那里，上帝对他发话，用"轻微的耳语般的声音"告诉他，让他回到以色列王国，膏立他自己的弟子以利沙为先知，做他的继承人，还要他膏立耶户为以色列王，做亚哈的最终继承人。

回到以色列王国之后，以利亚发现耶洗别派人用石头砸死了拿伯，一个无辜的人，他们拿着耶洗别写的信，冒充是亚哈派来的。她的目的是让亚哈得到拿伯的葡萄园。以利亚再次去看亚哈，他问亚哈王："你岂不是谋财害命？"于是，以利亚预言了亚哈王朝即将结束，他的王位继承人也将英年早夭。

以利亚谢世的场面非常壮观。他正在和自己的继承人以利沙一边走着一边说话，此刻"忽然一辆火光笼罩的车和马出现了，把他们两人分开，以利亚在旋风中升天而去。"

根据犹太宗教传说，以利亚经过乔装后，以另外的身份，在需要的时刻回到人世帮助那些正直的人们，伸张正义。犹太教堂做礼拜，律法规定必需满十人才能进行，如果礼拜开始缺席一人，这时候出现一个陌生人，加入礼拜行列，使得礼拜能够顺利进行，那么，这个陌生人便是以利亚乔装的。

在犹太法律中，如果出现一个难以解决的问题，那么它就会被放在一边，一直等到以利亚回来——一个很多问题亟待解决的时刻，就像期待弥赛亚的传令官一样，人们期待着他的归来。

第二十三封信

亲爱的弗丽大婶：

现在我们说到了在这块上帝应许但饱受战争沧桑的土地上，犹太人经历痛苦和磨难的故事。在亚哈统治以色列王国期间，一股新的力量正在东部产生——亚述王国。

公元前 853 年，亚述王撒缦以色三世率领一支强大的军队从他的首都尼尼微出发，向地中海沿岸的几个王国发起进攻，其中包括两个以色列王国。亚哈和亚兰王便哈达原本是劲敌，此刻他们结成联盟，成为试图阻止撒缦以色进攻的大联盟的一部分。战争在亚兰北部奥伦特河边上的盖尔格尔开始，战场处在撒玛利亚和耶路撒冷北面二百多英里处。亚述军队在那里受到阻拦，不过仅仅停滞了五年的时间。

这一地区原来有不少小国家相互争战，现在成了少数几个大领主控制的区域，就像在内战中分裂的以色列王国和犹大王国一样，战场更加广阔。对犹太人的外部威胁产生的一个直接后果是，自从犹太王国分裂以来，犹大王约沙法第一次以君王身份对撒玛利亚进行访问，并在那里与亚哈进行会谈，以确定共同的战略。可是在他们刚开始对宿敌亚兰王便哈达进行联合作战的时候，亚哈王就在战场上被敌人杀死了。战争结束，太阳西下，犹太人两个王国的军中一片喊声，"各回各的城里去吧，各回各的老家去吧！"约沙法回到了耶路撒冷，亚哈的尸体也被运到了他的首都撒玛利亚。

耶户夺取了以色列王国的王位。他是通过一系列血腥事件爬上王位这一宝座的，同时也导致了整个亚哈王室的毁灭——应验了以利亚的预言——耶户告诉约兰王①说，只要他的母亲耶洗别

---

① 以色列王亚哈战死沙场之后，先由儿子亚哈谢继位，在位两年，后由约兰继位，在位 12 年，后由耶户用剑射死约兰王后称王（译者注）。

活着,天下就不会有太平,因为耶洗别"邪术那么多"。然后,耶户在进攻耶洗别的王宫耶斯列之前就朝着约兰的心脏射了一箭。

此刻,耶洗别已经梳妆描眉完毕,从窗户里往外看,辱骂刚刚将她儿子杀死的耶户。耶户抬头看着窗户,问道:

"谁服从我?谁?"

有两三个太监从窗户往下看着他,耶户就朝他们喊道"把她扔下来",他们就把耶洗别扔了下来,"她的血溅到墙上和马的身上,战马把她踩在蹄下。"

踏过死去的耶洗别,耶户进了她的王宫,"吃喝完毕"后,吩咐他的仆人去埋葬耶洗别。"人们去掩埋耶洗别,但是只找到头盖骨、双脚和双手"。后来他们想起了以利亚的话,"耶洗别的尸首将如同耶斯列田间的粪土,没有人能说出这里是埋耶洗别的地方。"

耶户决心剪除两个犹太王国里所有可能威胁或妨碍他统治的王室成员。在战争中被他打败的已故犹大王亚哈谢的亲戚,共 42人,前来悼念耶洗别一家,当他得知这一消息后,在他们来耶斯列的路上就把他们全部抓住并杀掉。在撒玛利亚,他把亚哈所有存活的亲属全部杀死。然后,他进了撒玛利亚城,毁掉了巴力神庙。

在这一系列的残酷行动之后,耶户统治了以色列王国 28 年,直到公元前 816 年。在他统治的第二年,亚述军队在撒缦以色三世带领下又回来了,扫荡了腓尼基,到达了迦密山。耶户跪倒在这位征服者的脚下,向他进贡,不仅向他卑躬屈膝,而且贡上黄金和白银。于是撒缦以色撤兵回到了亚述。但是亚兰(即今叙利亚)的君王哈薛看到耶户衰落的情景,就夺取了以色列今约旦王国的那部分领土,而且还夺去了以色列在加利利的部分领土。

耶户的儿子约哈斯统治期间,即公元前 816 年到公元前 800年,由于哈薛的征服,以色列不仅领土减小,而且,实际上,它已变成亚兰王国的一个附属,直接由亚兰首都大马士革统治。与此同时,在犹大王国,大卫家族的另一个成员约阿施在七岁时就登基称王。起初由他的母亲垂帘听政,不久就自己独立亲政,统治耶路撒冷达40年。他也向哈薛王进贡,把历代犹大国王献给圣殿的礼物全部送给了他,"以及自己献给圣殿的礼物以及圣殿和王宫库房里所有的金子都送给了亚兰王哈薛"。

亚述人自己再一次征服大马士革后,向海岸进发,一路上向当地被征服的君王征收贡品,南至非力士,这一局势消除了亚兰人对犹大王国和以色列王国的威胁,而且,他们还允许犹大王国和以色列王国独立自治,不受任何外来势力的威胁和骚扰。80年来,以色列王国外部一直保持和平,但是,在内部,敌对王权势力为了争夺王位,激烈的战争却此起彼伏,连绵不断。

以色列王国新王米拿现于公元前743年登上王位,他残酷地摧毁了他统治区域内的一座犹太城市,他普亚,原因是因为这个地方不肯接受他做国王,但是他又不得不向亚述王提革拉毗列色进献巨额贡品。他从王国内所有的富裕家庭中征收钱财,满足进贡需求。米拿现的儿子比加辖继承王位之后对亚述人也很顺从,他的统治在一次宫廷政变中被一位名叫比加的战士推翻,比加于公元前736年也登上了王位,以色列王国对亚述人逆来顺受、卑躬屈膝的境况宣告结束。

比加王和亚兰王一起,向亚述王提革拉毗列色再一次宣战。他号召犹大王也加入到他们的行列,以便形成一个更强有力的联盟,但是,犹大王亚哈斯拒绝入盟。他不想冒被强大的亚述人打败的危险。比加被他的拒绝激怒了,就先攻打犹大王国。亚哈斯王就向亚述人请求援助,并把在圣殿里和王宫里能找到的黄金都给他们送去了,以此作为给他们出兵援助的好处。先知以赛亚试图劝阻亚哈斯不要和亚述人结为联盟,亚哈斯却不以为然。

提革拉毗列色发兵攻击亚兰和以色列,继而攻克了这两个王国,几乎占领了整个犹太人北部王国的所有领土,包括加利利,耶斯列峡谷和海岸边的沙龙平原。米吉多和夏锁城堡也被摧毁。只有撒玛利亚城市和周围的山还在比加的统治之下。北部王国的其余部分成了亚述王国的一个省。

公元前 732 年,比加被刺身亡,何细亚登基为王。他连续八年向亚述人纳一种名为进贡税的税赋。之后,他领导北部王国残存的力量发动了反对亚述王国的起义,拒绝再向他们进贡。亚述人举兵反击,用了一年时间镇压了以色列王国的反抗。何细亚被抓,从此就消失得无影无踪。

伊拉克系犹太人是 20 世纪第一批流放海外的犹太人后代,根据他们十分推崇的一个传说,何细亚并没有留在亚述王国,而是被驱逐到了远东地区,远至今天的日本。(传说)他在那里成了第一个日本天皇,小尾——日本天皇皇室之先父。

撒玛利亚城又抵抗了两年亚述人的攻击。但是,正如我下一封信中将要说的,在不断的杀戮中,他们没有存活的真正机会。

第二十四封信

亲爱的弗丽大婶:

我的上一封信说到,以色列北部王国的首都,处在高高的山脊上的撒玛利亚——从那里能够看到遥远的地中海——正在抵御着亚述王提革拉毗列色和他的军队,直到两年后才被提革拉毗列色的继承人撒珥根二世占领。

撒玛利亚不再是犹太人的首都,而是一座被占领的城市。整个北部王国成了亚述王国的附庸。更糟的是,亚述人集合了一大批北部王国的犹太人,包括所有的重要居民,把他们流放到底格里斯河西岸的一个地区,以及东面的麦迪亚地区——今伊朗部分。

在尼尼微撒珥根的宫殿上,刻着撒珥根王的一段铭文,非常确切地描述了这一次流放:铭文记载了犹太流放者的确切数字:27290。这是犹太人第一次大流散——一个民族被流放到已知世界的最偏远的角落。不久,犹大王国的犹太人又将经历一次类似的流散。在接下来的 2500 年里,这两次流散实际上把犹太人带到了世界上的每一个国家,这也让许多民族争着声称自己是这两个遗失部落的后代,包括你们的印度东北边境行政特区高山部落的一支,即 20 年前比吉大叔做行政长官的地方那里的一个部落。

以色列国家已经重新建立:在我写这封信的时候,它刚刚庆祝完第 52 个国庆纪念日。现在多达 500 万的犹太人居住在那里。不过世界上大部分的犹太人仍然散居在海外,您与我仅仅是大约 1000 万海外犹太人中两个而已。近千万散居在海外的犹太人,在每一个逾越节的祈祷文的最后都会说"明年回到耶路撒冷",可一年以后当他们再一次咏诵祈祷文时,他们几乎所有的人仍然卜居海外。尽管如此,如果他们希望回到以色列的话,他们随时可以去以色列旅游,甚至可以住在那里。

1950 年,以色列议会颁布的《回归法》表明:每一个犹太人,无论居住在世界何方,一旦到达以色列海岸(或机场)时,都有权拥有以色列国籍。我写这封信的时候,有 196000 名伦敦的以色列人拥有此项权利;当您是大使夫人时,华盛顿特区的 165000 名犹太人拥有此项权利;当您向我询问关于犹太历史,我许诺为您写一篇时,新德里的 200—300 名犹太人拥有此项权利。

第二十五封信

亲爱的弗丽大婶:

当北部王国的犹太人流散在离他们祖国东部十分遥远的一个地区时,犹太历史的另一个阶段开始了,这一阶段直到 1948 年犹太国家建立时方才结束——从亚述王赢得胜利起,整整过了 2670 年。但是亚述的征服并不代表犹太主权的结束。事实上,南部王国,也就是犹大王国又延续了 136 年。幸运的是,最伟大的国王希西家于公元前 720 年登上王位,统治了犹大王国 28 年。

希西家国王一边向亚述王每年一次进贡,使他们停留在海湾处,一边决心要使他的王国不仅在精神上还在军事上更加强大,以便继续生存下来。北方强大的亚述人以及对犹太北方王国的残酷占领和掠夺给被动和挨打的弱者发出了警示：北方王国的失败是因为宗教信仰的脆弱和军事力量的脆弱，一方面，他们又一次开始信奉异教，另一方面，他们缺乏足够的军事准备。

希西家的革新得到了希伯来最著名的先知以赛亚的帮助。以赛亚用最强有力的语言表达了他坚定的信念：犹太人的拯救只能来自上帝。至少可以说，他对以色列宗教信仰倒退的谴责非常坦率直言。"这罪人的国度"，他宣告说，"罪孽深重的民众，恶人的遗孽，败类的子孙；他们背弃主，藐视以色列的至圣者，他们已经完全异化了！"

以赛亚用的语言宛如诗歌一般美丽动人，但也十分辛辣尖锐：

……你们头脑有病，心里发昏！

你们从头到脚没有一处完整。到处伤痕累累，血迹斑斑，既没有包扎，也没有膏油滋润。

你们的土地一片荒凉；你们的城市被火焚毁；你们眼睁睁看着异族踩蹣你们的土地，使它沦为废墟。

幸存的只有耶路撒冷，而它也被仇敌团团围住，就像葡萄园中守园人用树枝搭成的草棚，又像瓜田里守夜的茅屋。

如果不是全能的主当初留下我们一些遗民，我们早已像所多玛和蛾摩拉人一样毁灭净尽，荡然无存。

多玛和蛾摩拉人的毁灭发生在亚伯拉罕时期，由于他们作恶多端，上帝毁掉了他们地处黑海旁边的所多玛城和蛾摩拉城。以赛亚告诉他的以色列同胞，只有通过回归上帝，才能使"你不再被称为'上帝的弃妇'，你的国土也不再叫做'荒芜之地'"。

希西家和以赛亚合作的事业留下了十分深刻的印象。他们恢复了圣殿，修理了圣殿的大门和大灯，从公众的捐赠中筹集到了以供将来圣殿保养用的经费。为了恢复犹太宗教信仰，打击开始在以色列人中广泛蔓延的异教倾向，希西家决定在耶路撒冷举办一次特殊的逾越节庆祝会。他发出邀请,不仅向他自己王国内部的许多重要人物和知名人物发出邀请,而且还通过特殊的信件方式向在亚述人统治下的北部王国残留的犹太人发出邀请。

邀请函起草毫无疑问有以赛亚的功劳,其中包含了强烈的谴责:

> 以色列的子孙们,你们要皈依主——你们的祖先亚伯拉罕、以撒和雅各的上帝,他会接纳你们这些在亚述王手下侥幸逃生的人。
>
> 不要效法你们那些不忠于主的父兄;你们都已经看见,主怎样严厉地惩罚了他们。
>
> 不要像你们的祖先那样愚顽;要顺从主,到主的圣殿来吧,主已经使这殿永远归圣。要侍奉主——你们的上帝;这样,他的烈怒才不会临到你们。

并不是所有的人都欢迎这个令人敬畏的邀请。《圣经》中记载道,当信使来到以前的北部王国,从一座城市到另一座城市散发邀请时,那里的人们却"嘲笑他们,侮辱他们"。然而,也有一些接到邀请的人感到"谦恭自卑,来到耶路撒冷"。

在希西家的要求下,举办了一场盛宴,上帝原谅了那些迄今为止忽视宗教信仰的人。随着节筵的继续,利未人和祭司们"每天都向主唱赞美诗,用响亮的乐声赞美主"。盛宴耗用了许多食物,2000头牛和17000只羊。整个节筵持续了七天,然后又延续了七天,"人们欢宴了整整七天"。谁也没有想到"耶路撒冷城一片欢腾"——按照《圣经》上说,五千年前的所罗门王时代以后,耶路撒冷还从没有过这样的盛事狂欢。

我将在这看起来是一个非常幸福的时刻给此信画上句号。

第二十六封信

亲爱的弗丽大婶：

上一封信我们说到了耶路撒冷盛宴的欢乐。但是，在吃喝歌舞结束之后，希西家还作出了一些重大决定。庆典一结束，他们便捣毁了王国里所有小山坡上的祭坛和与异教崇拜有关的众多邱坛，包括耶路撒冷街头出现的许多祭坛也被摧毁，因为它们业已变成异教崇拜的据点。他们改变了所有的一切，因为先知以赛亚的预言已经向他们发出警告，如果他们的宗教信仰一旦出现倒退，可怕的后果将会降临到他们的身上。

以赛亚警告说，耶路撒冷将会被"摧毁"。上帝借以赛亚的话曾经说过，"因为锡安的女子狂傲，她们挺着脖子走路，卖弄眼目，踏着碎步疾行，故意弄得脚镯叮当作响。因此，我必使她们的头上生疮……"而且，除此之外，还有很多惩罚，此后的时间里"腐臭烂将取代馨香"，光秃将取代美发，以及"羞辱将取代美丽"，对女人是如此。然而，对男人亦然，"你们的男子将死于刀下，你们的勇士都要命丧疆场"，耶路撒冷的城门前"将是一片哭声和悲戚，耶路撒冷将像个强盗劫掠后一无所有的女人，坐在地上哀哭"。

然而，犹太人一旦悔过自新，改邪归正，上帝就会马上前来拯救他们。"主要再度显示对雅各的爱，他将再次拣选以色列人，他要把他们安置在他们自己的土地上……"就目前而言，要捍卫那块领土，还得依赖于国王。希西家意识到，要做到这一点，有一支强大的军队和良好的防护是最基本的。于是他在耶路撒冷周围建立了更为坚固的护城塔楼。他还完善了供水系统，穿过深挖在岩石中的长达 1800 英尺的隧道，把汲沦溪的水引到城市的最中心。这将保证居民们在较长时间的围攻中有充沛的水源。

不仅仅是由于防御心理，希西家才加固了首都，巩固了军队。在公元前 705 年，他还加入了几个小国家组织的反对亚述人统治的起义。在反抗的民族中有居住在亚述南边、幼发拉底河和底格里斯河边上的巴比伦人。埃及法老急于看到亚述这一强大对手受到挫败，因此他支持反抗者。巴比伦的国王巴拉但听说希西家病了，就送去礼物和使节。希西家向使节们展示了自己宝库里的所有宝物——"金银、香料、贵重的膏油、武库中军备"，王室和全国各地的库藏都领他们看了个遍。但是，以赛亚强烈建议希西家不要和巴比伦人掺在一起，并用先知的严肃语言警告希西家王，主是这样说的："时候快要到了，你王宫里的每一样东西和你祖先传留至今的每一件东西都将被搬到巴比伦去，一件也剩不下……"

希西家决定和新的联盟军一起继续反抗亚述王国，对于以赛亚的警告，他用一个反问（一个典型的犹太人的争论方式）来回答："如果太平和真理在我这一时代产生，岂不是更好？"

他们继续反叛亚述王国。作为第一步，希西家停止了对亚述每年一次的进贡，这是明确的蔑视行为。地中海沿岸也有两个城邦参加了反叛：腓尼基的推罗城（现在的黎巴嫩部分）和非力士的亚实基伦城（现在的以色列巨大的海岸城市）。参加反抗的巴比伦最后被凶猛的塞纳克瑞布领导的亚述人所镇压。

公元前701年，亚述王西拿基立镇压了巴比伦的反叛后，又把注意力转移到西部的反叛者身上。推罗王被废黜，试图阻止亚述人前进的一支埃及军队也被打败，亚实基伦城沦陷。然后西拿基立就穿过朱迪亚山山脚朝耶路撒冷进军。42个村庄沦陷，大部分的居民被放逐到亚述。处于低地的坚固城市拉吉城，希西家曾经下令无论如何也要守住它，但是经过一段时间的围攻之后，西拿基立还是占领了这座城市。

几年前，我去过拉吉城的废墟，一个很大的土堆，由于考古挖掘和发现，它的高度和古老程度还是让人记忆深刻。废墟有2700多年的历史了。在挖掘期间，还找到了1500个尸骨的残骸。从这些尸骨可以看出，他们死的时候是被埋在了一个巨大的坑中的。

亚述人对拉吉城的占领在西拿基立刻在墙上的得意洋洋的言

语中也有所记载。这些字是在他的尼尼微王宫中刻下的,用以显示亚述的实力和他自己的英武勇敢。19世纪有一位英国考古学家发现了这些雕刻,并把它带回了英国。现在它是英国博物馆中的一件珍藏品。因此当我有兴趣时,我也可以坐公交车,大概二十多分钟就到达市中心,在那里可以看到希西家败落的文字描述。它和现在任何一件历史文献一样,非常逼真。

西拿基立在拉吉城挥师向耶路撒冷进发,将它围攻。洋洋得意的西拿基立在他对战争的叙述中写道,"在他的耶路撒冷的王宫里,我擒住了他,就像是笼中的一只小鸟"。希西家屈服了,只要能说服西拿基立撤出耶路撒冷,回到亚述,他愿意献上任何东西。他对西拿基立的表示非常直白、简洁、明了:"我有罪了!请撤兵,我愿答应你的一切要求。"

西拿基立就要求很多金子和银子,希西家不得不把自己王宫里和圣殿里的所有财宝都给了他。甚至圣殿大门上和柱子上的金子——希西家放在上面用作装饰的金子——也不得不刮下来作为赔偿的一部分送了出去。

西拿基立还是不满足。于是他就派三名大将军,由亚述王宫总管拉伯沙基带领,来到耶路撒冷的城墙外,命令他们放弃这座城。这个命令是拉伯沙基用希伯来语下达的,而不是用亚述语,这更加令人感到耻辱,因为当时官方谈判的语言是亚拉姆语。他是蔑视希西家反抗的能力,提出向这位犹太人的君王提供2000匹马——"只要你们有人能骑它们!"

以赛亚督促希西家不要进一步地妥协,不要放弃了耶路撒冷城。先知记着上帝的话,就告诉希西家王不要害怕西拿基立,"我要差遣精灵降在他的身上,他必得到传报而返回本国。我要使他在自己的国内被杀。"

就在那天晚上,许多亚述士兵都死掉了。犹太人把这归结于是由于上帝的干预。后来的宗教评论有这样的说法,当时淋巴腺鼠疫传遍了亚述军营,迫使西拿基立的军队撤离了战场。耶路撒冷仍然作为犹大王国的首都幸存了下来,犹大王国仍然保持独立,犹太人的主权,几经威胁,最后还是在又一次的危机中得以幸存。但是亚述王国的历史资料表明希西家由此回到了附属国的地位,向亚述进贡巨额财富。

第二十七封信

亲爱的弗丽大婶:

您在我的上一封信中也看到了,亚述人威胁了耶路撒冷之后,又回到了他们自己的领土,犹大王国得以幸存。接着,希西家 12 岁的儿子玛拿西继承了王位,在位 45 年。为了继续将亚述人阻挡在海湾边,玛拿西按照父亲的做法,每年向亚述人进贡一次。在亚述王亚述巴尼波统治期间,他甚至加入亚述人的行列,一起反击埃及。

信奉异教的许多现象又重新抬头,从亚述引进的占星术和巫术也流行起来,犹太的宗教信仰受到其他形式信仰的挑战,那些信仰是虔诚的犹太人的禁忌。关于玛拿西,《圣经》中说:"他又筑坛拜巴力……崇拜天上的星辰诸象,向它们顶礼膜拜",还在圣殿两院中为异教筑坛占星。

有一宗教传说说,甚至用孩童作为牺牲品的祭祀重现欣嫩峡谷,那里离圣殿山仅仅就几百码远。进行孩童牺牲祭祀的神庙就处于欣嫩峡谷的低脊处。传说,玛拿西自己在那里也牺牲了自己的一个儿子。《圣经》中描述道:"他把自己的亲生儿子当作祭物投入火中;他信奉占卜、巫术,求问邪法和亡灵,做了主极为憎恶的事,激怒了主。"

表达上帝的愤怒的语言听起来让人害怕,《列王记》中记载道:"我要像擦盘子一样洁净耶路撒冷,就像人擦净盘子再把它倒扣过来一样。"玛拿西在屈辱中结束了他的统治,他得罪了亚述人,亚述人把他用锁链绑走。他的儿子亚们继承了他的王位,在圣殿内立马和马车的雕像,并膜拜亚述的太阳神。

仅仅在两年后,亚们王宫里的臣仆就把他杀了,这些臣仆后来也被抓住并被杀掉了。新的国王是亚们八岁大的儿子,约西亚。具有讽刺意义的是,同时也没有什么奇怪的是,在约西亚祖父的偶像崇拜统治以及他的父亲继续偶像崇拜统治之后,约西亚在他31年的统治中获得了很好的名声:他被认为是所有的希伯来国王中,包括他的曾祖父希西家,最正义的君王。

第二十八封信

亲爱的弗丽大婶:

这封信开始之际,希伯来国王的传奇即将进入尾声。公元前627年,当约西亚18岁的时候,他就开始修理并清扫圣殿,一如80年前他的曾祖父希西家所作所为。他拆毁了重新开始用孩童祭祀的欣嫩峡谷里的所有神坛,并且推倒了他的祖父和父亲崇拜的异教神像,把它们砸得粉碎,将残砖碎片都"扔进了"汲沦溪谷里。

约西亚统治期间最重要的事件发生在重修所罗门圣殿期间,据说,他们发现了古代律法书和经文,并将它们转抄翻译,特别是《出埃及记》中记载的125条诫命之外的那些戒律。它们形成了《申命记》的基础,申命记一词是为《摩西五经》中第三部分命名的一个希腊名词,意思是"第二部律法",这一部律法是迄今为止一直指导犹太人的613条戒律中除上述125条诫命之外的其他部分,其中还包括《利未记》(即"神圣之书")中的戒律。就是在这里,他们首次发现了犹太人是上帝的"拣选之民"这一概念,我在前面的信中已经提及此事,并首次提到耶路撒冷圣殿确立为唯一能够举行牺牲祭祀的地方,以便防止其他异教牺牲祭祀场所的滋生。

尽管在约西亚统治结束后不久犹大王国就覆灭了,那些《申命记》和《利未记》手抄本随经书抄写人员流浪至巴比伦,在那里的犹太人间流传,然后于公元前458年又被以斯拉带回到耶路撒冷,规范虔诚的犹太人的生活,在以后的信中,我将给您描写以斯拉的情况。

一位名叫户勒大的女先知曾经警告约西亚说,因为耶路撒冷的罪恶,上帝将毁掉这个城市。然而,她说,在他统治期间将不会有这种事情发生。约西亚在位期间,亚述王巴尼波逝世,亚述势力随之迅速瓦解。而巴比伦现在却强大了起来,如大约一个世纪前以赛亚警告的那样。

犹大王国时代,希西家的权力曾经极其强大,并且他的宗教信仰非常虔诚,约西亚一直在努力恢复到那种程度,但是犹大王国的寿数已尽,日子屈指可数。强势已去的亚述人和埃及达成了同盟。埃及人举兵进犯犹大王国,约西亚领兵迎战,在米吉多(《圣经》里说的哈米吉多顿)的一次战斗中,犹大王国的军队被打败,约西亚被箭射死。

此刻的犹大王国处于最危险的境地,它变成了埃及的一个附属国。埃及人首先允许约西亚的儿子约哈斯当国王,但是,仅仅三个月之后就把他囚禁起来。他们允许他的弟弟约雅敬接替他哥哥当国王,但是被迫缴纳大量的金银给埃及作贡品。同时,一股新的势力正在幼发拉底河河岸崛起——巴比伦王国。公元前605年,在幼发拉底河上游的迦基米施城,巴比伦国王尼布甲尼撒打败了试图进入巴比伦的亚述人和埃及人组成的联军。尼布甲尼撒依靠英勇的反攻击战征服了远到加沙的整个地中海东海岸地区。

犹大王国是否要举兵反抗任何直接的巴比伦进攻争论很大。认为犹大王国什么都不要做的主要人物是先知耶利米。他的观点是,巴比伦是上帝的工具,上帝指使着他们向前进,以惩罚犹太人宗教信仰的懈怠。约雅敬王极其生气,就把耶利米的先知书全部埋在王宫里。耶利米向抄录员巴鲁克又口述了一遍,巴鲁克就在圣殿前大声诵读先知书。

巴比伦控制了与犹大王国接壤的三个国家:摩押、亚扪和亚兰。公元前600年,他们开始从北部和东部发动攻击。两年后,尼布甲尼撒王平定了一些内部叛乱已作为准备亲自参加攻击犹大王国的战斗。当他的军队靠近犹大王国时,约雅敬死了,他 18 岁的儿子约雅斤继承王位。埃及人承诺派出援军支持犹大王国抵抗巴比伦人的入侵,但是未能兑现。

经过三个月的抵抗,犹太人被迫投降。新国王沦为囚犯被解往巴比伦。巴比伦人还把国王的母亲以及其他家眷和他的军士一起押送到了巴比伦。所有这些人都沦为阶下囚。

巴比伦人获得胜利后,开始洗劫耶路撒冷城,捣毁所罗门圣殿。关于尼布甲尼撒征服耶路撒冷,《圣经》中有一段文字描述:

> 运走了圣殿和王宫里的所有珍宝,把以色列王所罗门为圣殿制造的金器都砍成碎片,这一切都是主事先宣布过的。
>
> 尼布甲尼撒王掳走了所有的耶路撒冷人,包括全体官员、军士、艺人和工匠,共一万人。只有极贫穷的人被留了下来。

更糟的是,尼布甲尼撒为耶路撒冷册立了一位新王——西底家,约雅斤的叔叔。不过西底家作为尼布甲尼撒的臣属,向巴比伦进很多的贡品,在位四年后,最后他决定反叛。在这次冒险行动中,西底家和沿海边的推罗和西顿还有内地的摩押和以东的统治者结成了联盟。只有先知先耶利米公然反对反叛。他脖子上戴着木枷锁,在耶路撒冷周围走来走去,以上帝的名义晓谕西底家和犹大王国的民众:

> 向巴比伦王称臣吧,去服侍他和他的人民吧,那样你就能生存下去。
>
> 你和你的人民为什么要⋯⋯死于战乱、饥荒和瘟疫呢?
>
> 去服侍巴比伦王吧,那样你们就能生存;何必让这城变成一片废墟?

西底家把自己反叛的计划暂时放在一边，派使节前往巴比伦向尼布甲尼撒保证他的忠诚。但是五年之后，于公元前589年西底家王改变了主意，与推罗和埃及结成同盟，举起了反叛大旗，但是，徒劳无益。尼布甲尼撒领兵赶来，耶路撒冷再次被围。同时，先前作为西底家潜在同盟的以东人却乘着巴比伦的进攻，从南面攻击犹大王国。

之后的两年之中，尼布甲尼撒和他的军队切断了耶路撒冷的所有外界援助，直到"城内的饥荒已经十分严重，人们没有一点东西吃"。巴比伦的"攻城引擎"，巨大的石头吊到高空的巨型石弩和重型攻城槌，在城墙上打出了一个大窟窿，耶路撒冷城北攻陷。入城之后，巴比伦士兵挨家挨户地掠夺洗劫，捣毁了他们遇到的所有东西。就在巴比伦人攻进城里的那天夜里，西底家逃出城外。国王带领尾随而来的数名士兵、王宫卫士以及家眷一行向南走到耶利哥平原，那里低于海平面一千多英尺。不过巴比伦士兵还是追上了他们，打败了他的士兵，将国王和他的儿子擒获。

西底家和他的儿子被押解到亚兰北部的尼布甲尼撒在利比拉的指挥中心。在那里可怕命运正等着他。"人们当着他的面处死了他的儿子，又挖出了他的眼睛，用铜链锁住他，把他带往巴比伦。"

然后，尼布甲尼撒的王室近臣护卫长尼布撒拉旦来到耶路撒冷，用火焚烧了圣殿和王宫，"和耶路撒冷的所有的房屋，所有的高大建筑都起了火"。然后，他拆毁了耶路撒冷的城墙。他们在城里逮捕了60个犹太士兵，一名王室书记和五名西底家王宫近臣，也都一一押送到了利比拉的尼布甲尼撒那里，并在那里被全部处死。然后，尼布撒拉旦就带着耶路撒冷所有活着的犹太人，总共4600人[①]，

---

① 根据《圣经·耶利米书52:28—30》，犹太人被掳不是一次，而是数次："以下是尼布甲尼撒掳去的犹太人数目：尼布甲尼撒七年，掳去三千零二十三名；尼布甲尼撒十八年，从耶路撒冷掳去八百三十二人；尼布甲尼撒二十三年，护卫长尼布撒拉旦掳去七百四十五名；共四千六百人（译者注）。

回到巴比伦。"就这样，犹太人成了俘虏，被迫离开了自己的国家，走上了流亡之路。"

再一次，只有最穷的人留了下来，让他们耕种田地，管理葡萄园，以备征服者之用。犹太国家就这样突然间完全覆灭了。

第二十九封信

亲爱的弗丽大婶：

犹大王国是两个犹太王国中存留到公元前七世纪的唯一的一个王国，犹大王国覆灭之后，这一南部王国中犹太人承受了巨大的痛苦。他们过上了一百多年的独立生活，突然间被异邦征服，经受他们严酷的统治。《圣经》记载下了他们痛苦的呻吟：

> 我们祖传的产业落入异族人手中，
> 我们的房屋被陌生人侵占。
> 我们成了没有父亲的孤儿，
> 我们的母亲成了寡妇。
> 我们被赶到了死亡的边缘，
> 劳碌疲乏，不得休息。

这第二次大流散仍然被海外犹太人用悲伤的歌曲进行哀悼，《诗篇》第137篇就是在新的散居中心为那些流亡而来的人歌唱的：

> 坐在巴比伦河畔，我们想起锡安，禁不住泪流满面。
> 我们把竖琴挂在河边的柳树上，因为俘虏我们的人要我们唱歌；这些掳掠夺我们的人要听歌行乐，他们说："给我们唱一曲锡安的歌吧！"
> 身在异国，我们怎能唱主的歌？

耶路撒冷啊，要是我忘了你，就让我的右手不能再弹琴！

要是我不纪念你，不以耶路撒冷为我最大的快乐，就让我的舌头和嘴粘在一起！

犹大王国的最后一位享有独立的国王约雅斤被关在巴比伦监狱里长达 37 年。尼布甲尼撒的继承者把他放了出来，包括他的五个儿子，并且为约雅斤设立了一个位置"使他的地位高于同在巴比伦的国王"。这些国王可能是从其他的战败国中掳来的皇室成员。巴比伦王还让他能够饱食"终生……日赐一份，天天不断，直到他死的日子。"

亚述人和巴比伦人的征服都导致了犹太人的流散和放逐。一些犹太人逃回到埃及，其中大部分住在港口城市亚历山大。西底家军队里幸存一小组军士，他们试图继续进行武装抵抗，却徒然无功。耶利米和他们一起在埃及尼罗河三角洲的东边界的答比匿寻求避难。甚至在放逐期间，耶利米仍然继续督促犹太人不要放弃上帝的戒律。身边有忠诚的抄录员陪伴着他，当他在埃及看到信奉古老的肥沃女神时，他向散居在那里的犹太人发出了严肃的警告。

在埃及流放期间，耶利米还为耶路撒冷唱了一首悲壮的哀歌：

从前人烟稠密的城，现今竟孤零零地独坐；从前是列国的尊者，现今像寡妇一样寂寞；从前是诸省的贵妇，现今竟沦为奴婢，受人冷落。

她在夜间痛哭，泪流满面，昔日爱她的人们没有一个人来安慰她；她的朋友都出卖了她，成了她的仇敌。

犹大历尽了苦难和劳役……

耶利米在埃及度过了晚年，并在那里逝世。其他的流放者继续北行，到了现在的土耳其地区。但是很多流浪者回到了美索不达米亚（也就是亚伯拉罕的出生地），还到了幼发拉底河和底格里斯河两峡谷之间的城市。

放逐使犹太人只剩下一个支离破碎的民族，散居在整个地中海东部，有些甚至到了波斯地区。在波斯，犹太人王后以斯帖凭着自己的勇气阻止了王宫首领哈曼企图对犹太人进行的大屠杀。这个故事是犹太人普林节的核心，在我以后给您写关于犹太的斋戒和节日时，普林节将是其中的一个节日。

尽管迫害和危险处处存在，一如以斯帖故事里的描述，犹太人常能化险为夷，不管犹太人被迫走到哪里，不得不在某一个城市的某一角落脚谋生，他们总能为自己建立了尽量最好的生活和生机。他们按照古老的传统，维护着正常的家庭生活和宗教信仰，信奉着他们的一神教，保存着团结的思想以及和世界各地的犹太同胞同出一根的观念。他们流散时间越久，他们彼此在地理上就离得越远，甚至他们彼此再也无法相见，再也无法访问彼此散居之地。

无论犹太人生活在什么地方，犹太教始终是他们联系和团结的强有力的纽带，使他们经受住战争、征服、占领、暴政、分离和流散的压力。一如犹大王国时期的犹太经文书记员记下了犹太民族过去的历史：《约书亚记》、《士师记》、《撒母耳记》、《列王纪》，在波斯统治之下的其他书记员也记下了《历代志》、《以斯拉记》、《尼希米书》。不管他们生活在什么地方，犹太人都有自己的历史，并且以此作为自己的民族认同，书中记载的是他们每天的心得和灵感。同时，他们养成了一个习俗，把《圣经》经文护符盒（经匣）常戴在前额或小手臂上，把门柱圣卷盒——一种装有《圣经》经文的小盒子——系在家家户户的门柱上。他们把按照每年的日历庆祝丰收的节日，如，逾越节、五旬节、住棚节，当作纪念犹太历史的朝圣日，期间他们从四面八方来到耶路撒冷或圣殿，庆祝这些节日。关于这些节日，我会逐个地给您介绍。犹太人的赎罪日——即忏悔日——已被列入每年的崇拜仪式的内容。关于这个节日，我以后也会给您介绍。总之，犹太人的上帝在崇拜多神的人们中间不再是犹太人的"唯一"的一位部落之神，而是在犹太人的观念中唯一的上帝。

在公元前 539 年波斯人征服了巴比伦之后，他们允许犹太人从巴比伦的囚禁中回到耶路撒冷或朱迪亚。尽管朱迪亚还在波斯人的统治之下，但是波斯人允许他们实施广泛的自治。耶路撒冷的城墙在尼希米的领导下得以重新修建，尼希米本身是一位犹太裔的波斯军士，以前曾经是亚达薛西王一世的酒政，后来被亚达薛西王任命为朱迪亚的行政长官。传说修建城墙的工作在 52 天内就完成了。为了使这个城市人口重新密集起来，尼希米把朱迪亚地区犹太人口的十分之一安排到这个地区来住。他还取消了穷人的债务。同时，从巴比伦流放回到耶路撒冷的以斯拉劝服犹太人做一个新的约柜，这一次不再放在上帝那里，而是放在大家中间，用以加强他们的犹太身份，以便与外邦人区分开来。

被称为"律法学者以斯拉"的以斯拉有一本属于自己的《圣经》书。希伯来的资料中把他与摩西同等看待；如果律法没有授给摩西的话，他们说，将会授给以斯拉。17 世纪犹太哲学家斯宾诺莎是《圣经》批评学的先驱，他走得如此之深以至于认为以斯拉就是《摩西五经》的真正编纂者。

从《以斯拉书》可以清楚地看到，从巴比伦流放中回来的以斯拉决定使犹太人作为唯一的民族过自己的生活。他反对犹太男人和非犹太女人结婚：事实上，他把这样的犹太男人和他们的孩子都赶出了犹太社会。他对众人说的话丝毫没有妥协，《圣经》中记载道："你们娶了异族女子，这是背信的行为，加重了以色列人的罪恶。现在，你们要向主——你们祖先的上帝认罪，按照他的意志，把你们自己同这些当地人及你们的异族妻子分离开来。全体会众大声应答：'遵命！我们一定按你说的去办。'"

尼希米还担当起了净化犹太教的使者，尤其是监督施行完全丧失多年的圣殿礼拜。"就这样，我把以色列人从异族的一切事物中分离出来，洁净了他们"，紧接《以斯拉书》的《尼希米书》中这样写道:"派定了祭司和利未人的职责,使他们各司其职,又派定百姓按期献上木柴和初熟的土产。我的上帝啊,求你按你的美意记念我所做的这一切。"

尼希米的关于一个人做了好事就求神纪念他的祈祷以及让神做善良行为的裁定者的祈祷已经变成了犹太人的日常用语。过新年时,犹太人最常用的祝福语就是:"希望您新的一年里做了好事而被纪念"。

第三十封信

亲爱的弗丽大婶:

尽管被放逐在广大的区域,犹太人却从来没有放弃过他们在物质或精神上与犹太本土的联系。甚至当犹太本土处于亚述人和巴比伦人统治之下时,或者在接踵而至的犹如波斯之类的帝国铁蹄下面,犹太社会仍然存留在巴勒斯坦领土上。耶路撒冷一直以来都是犹太人活动中心,尤其是在朝圣节欢腾的时刻,因为此时各地的犹太人都会来到这个地方,朝觐圣殿——或者,在圣殿被毁的日子里,他们就来到圣殿遗址。拥有连绵山脉和肥沃峡谷的加利利是一块特别适合犹太人居住的地方。

在海外流散地,一如犹太本土,犹太人试图达成和保持顺从和屈服之间的平衡以及接受外邦统治和拒绝暴力和羞辱之间的平衡。公元前338年在波斯地区有一场犹太人反抗波斯人统治的惨烈起义。这次起义被镇压后,犹太人再次向东行进,寻求避难,并在里海海边和印度的西海岸找到了一块新的地方居住。随着犹太社区建立在离耶路撒冷越来越远的地方,犹太人就想到了先知耶利米的话:"要为我放逐你们去的那座城寻求繁荣,要为它向主祈祷,只有它繁荣了,你们才会兴盛。"

耶路撒冷一个城就经历了几个征服者,变成了几个大帝国的附属城市:首先是巴比伦,接着是波斯帝国,然后是亚历山大帝国——

亚历山大大帝在去印度的途中征服了耶路撒冷。他是一千年以来唯一一位没有下令将城市毁掉便征服耶路撒冷的征服者,为了记住这一点,一些犹太人将他们的第三个儿子命名为亚历山大。

于公元前323年亚历山大大帝死后,他的帝国就在他的将领之间分裂了。其中一个将领托勒密在埃及建立了一个王朝。另外一个将领塞琉古,统治了现在的叙利亚的地区。朱迪亚的小块地区处在他们两个首都之间的交通要道上,因此成了双方的战场,在公元前332年与公元前302年之间,这一地区就在双方争夺之间易手7次。在接下来的几百年里它被埃及统治。然后,在公元前198年,安条克三世为塞琉西帝国征服了朱迪亚。犹太人就成了帝国争夺中的抵押品。

第三十一封信

亲爱的弗丽大婶:

朱迪亚的统治者亚历山大大帝,以及他之后的托勒密和塞琉古,成了后来希腊文化的承载者和传播者。在朱迪亚,以及在亚兰和埃及,希腊语成了官方语言和文学语言。

希腊的名字,希腊的服饰以及希腊的礼节影响了许多犹太人。在埃及,公元前三世纪期间希伯来语版本的《圣经》被翻译成希腊语,——译本被称为希腊文《旧约圣经》——以便在说希腊语的犹太社区使用。年代好转,和平得以维护。首先是埃及人,然后是塞琉西帝王的安条克三世给予犹太人自由,让他们去崇拜自己的上帝。得到亚历山大大帝允许,矗立在耶路撒冷城里的圣殿仍然是犹太人崇拜的中心。

公元前175年,安条克三世的儿子安条克四世继承了父亲的王位。自此以后,所有的宽容宣告结束。对于新王来说,希腊风格不再是一种生活方式,而是唯一的生活方式。在耶路撒冷,被同化的并且非常有钱的少数希腊犹太人也都支持他。犹太世界就这样又一次分裂了,这样的情况不是第一次也不是最后一次。希腊的犹太人鼓励新王废掉极其虔诚的大祭司奥尼阿三世。他是一个庞大的祭司世家的成员之一,并让他的弟弟代替了他——他的弟弟想借以成名的希腊名字是耶孙,希伯来名字是约书亚。

耶孙大祭司对犹太教传统不如奥尼阿虔诚,他对于在朱迪亚甚至在耶路撒冷的希腊化以及犹太同化没有做任何挑战。甚至他还是犹太阴谋活动的受害者。因此被犹太希腊化运动的世俗领导墨涅拉奥斯取代了大祭司之位。墨涅拉奥斯给了安条克一些从圣殿拿出来的黄金器皿,并且不顾一切地试图证明他自己的合法性,为此还谋害了前任大祭司奥尼阿。

虔诚的犹太人开始离耶路撒冷而去,与他们同去的有一名祭司玛他提亚。他的故事以及他的家庭哈斯摩年王朝的故事将会改变朱迪亚的状况,挽回犹太人的自尊心。和他一起,我们走过了圣经时代,"古老的时代"仍然还在前面,真是个奇怪的想法! 从今以后,我们将学习我们的祖父们,不是从圣经时代学,而是从数量越来越多的文字记载中学习。因为这些文字记载中包含有每一代拉比、云游者及犹太教律法学者的信息、论辩和观念。

第二部分　历史时期

第三十二封信

亲爱的弗丽大婶：

　　当我们进入历史时期，展现在我们眼前的是一个充满抗争的时代，也是一个犹太人重整民族的时代。塞琉西王国统治着朱迪亚，国王安条克四世决意向日益强大的罗马权势挑战。他向罗马人在埃及刚建立的兵营发起攻击，却兵败而归。失败之后，国王将耻辱转变成对耶路撒冷的复仇。他的对手是担任过犹太教大祭司的耶逊，耶逊曾领导犹太人抵御希腊文化的凶猛入侵，指责异教徒的行为和希腊人的生活方式破坏了犹太人的团结统一。

　　安条克国王控制耶路撒冷之后，开始着手迫害犹太人的宗教信仰，命令他们祭拜希腊诸神并亵渎安息日。新生男婴的割礼被禁止，有两位妇女违背了这一禁令，被塞琉西人抓了起来，在耶路撒冷游街示众，然后与她们的儿子一起被他们从城墙上抛下摔死。

　　犹太人不畏强暴，继续反抗。以利亚撒是一位德高望重的犹太贤哲和教士，《圣经》中亚伦有几个虔诚的儿子，其中一个也叫以利亚撒。塞琉西人命令他吃掉祭拜希腊主神宙斯的猪肉，被他拒绝了。安条克四世想亲自规劝这位受人尊敬的长者带头服从命令，作为他瓦解犹太人抵抗的筹码。当着一群被带到现场的犹太教民的面，国王对以利亚撒说：

　　在我给你上酷刑之前，白胡子老头，我给你一个忠告，把
猪肉吃下去，你就可以活命。你年事已高，白发苍苍，我尊重
你，但是你这么一把年纪仍然抱着犹太人的宗教不放，我觉得
你不是个聪明人。大自然赐给我们如此美味绝伦的活物之
肉，为什么你要厌恶而不想吃它？

　　以利亚撒毫不犹豫地回答，他不愿越轨违背他的宗教法则，即
便在很小的事情上，他对国王说："违法就是违法，无论事大事小都
一样，都是对律法的违背。"于是塞琉西人对他严刑拷打，残酷折
磨。国王手下一位朝臣建议他吃一块他的宗教允许吃的肉，救他
一命，但要假装是猪肉，好让国王有个说法，以利亚撒回绝了他的
建议。他说他已经 90 岁了，怎么能欺骗虔诚的信徒？于是塞琉西
人继续残酷地折磨他，直到他死去。

　　被迫目睹这一惨状的人群中有一个犹太妇人，名叫哈拿，她的
7 个儿子也都在场。以利亚撒被折磨死以后，塞琉西人又强迫他
们选择吃祭拜宙斯的猪还是去死。其中一个儿子马上回答说，令
人尊敬的以利亚撒，他们的老师，可以为信仰就义，他们同样可以
为信仰而牺牲。塞琉西人立刻抓住了他，割下了他的舌头，砍掉了
他的双手和双脚，把他抛进了火堆里。他的兄弟们一一被迫在违
背宗教法则和死亡之间作选择，他们也都一一选择了死亡，他们的
母亲也接受了同样的命运。

　　他们大义凛然、视死如归的精神对后世产生了巨大的影响，基
督教盛行的中世纪欧洲将他们 7 位"马加比烈士"——虽然他们并
不是马加比家族的后代——视为英雄，封为圣人，加以纪念。他们
成了"激进派教会"的象征，而迫害他们的塞琉西人成了"反基督"
的象征。在法国里昂城里"马加比七圣教堂"被封为神圣的教堂；
日内瓦"圣皮埃尔大教堂"里至今还有专门纪念他们的礼拜堂，在
那里虔诚的罗马天主教徒点燃蜡烛，或许愿祈祷，或还愿感恩。在
中世纪的油画中，母亲哈拿出现在圣母玛丽亚的身旁，儿子被画成

具有许多手，握着 7 把剑的天使。

上一封信中提到，为抵制希腊文化的侵袭，玛他提亚带领哈斯莫尼家族离开了耶路撒冷。玛他提亚有个儿子叫犹大，绰号"马加比"，意思是"榔头"，因此人们也就把他们叫作马加比家族。他们来到原以色列王国和犹大王国的边境乡镇莫迪因（Modi'in），在那里住了下来，从事传播犹太教的事业。20 世纪的最后十年里，莫迪因从一个以色列小乡镇发展成为一座繁华热闹的大都市。城市坐落在丘陵上，西面 15 英里处就是地中海，那时，就像现在，从城里高低起伏的地面，能够眺望那条纤细的沙滩，和熠熠闪烁的海浪。

玛他提亚下定决心，坚决抵抗安条克四世对犹太宗教信仰的持续迫害。公元前 166 年，国王手下一位军官带领一队塞琉西士兵来到莫迪因，颁布了一条在其他所有犹太城镇乡村反复颁布的命令，强迫犹太人杀猪祭拜宙斯，而且在祭拜结束后，他们还得吃一块猪身上的肉，这是犹太教律法所不允许的。据犹太教圣传记载，那位塞琉西军官自己也为他不得不发布此项命令而感到十分不愉快。当村民们战战兢兢地听着命令时，玛他提亚和他的 5 个儿子站在人群的前头，眼光充满蔑视，拒绝走向军官为他们设立的祭坛。军官看出玛他提亚祭司是一位立场坚定又有权威的人，便对他说：

> 你是一位领袖，在这座城里，你很伟大，受人尊敬，又有儿子和兄弟的支持。来吧，带个头，按国王的要求，祭拜宙斯吧，就像所有的非犹太人、所有的犹大王国的人们、所有留在耶路撒冷的人们那样。然后，你和你的儿子就可以成为塞琉西王国的朋友，得到金银礼物，享受荣华富贵。

玛他提亚毫不犹豫地回答："我们是不会服从国王命令的，去背离我们的宗教，随风倒向右边或者左边。"但是有一位村民，惧怕国王的淫威,决定服从国王的命令。当他从人群中挤向祭坛时,玛他提亚亲手拿起祭神用的刀子,刺死了那人,然后他转向那位塞琉西军官,把他也刺死了。接着他踢翻祭坛,和儿子一起抓住士兵,起义就这样开始了。躲到山里后,敢于反抗的马加比一家号召所有的犹太人加入他们的行列,拿起武器,与统治者斗争。

玛他提亚在一年后来的一次战斗中被杀害了。他的 5 个儿子继续战斗。大儿子犹大·马加比代替父亲成为武装起义的领袖。就是他首次在战斗中击败了塞琉西人,攻克了耶路撒冷,开始在那里重建圣殿。他采取了一项大胆的外交和军事行动,与当时正在地中海中部地区崛起的罗马人联盟。可是在他继续把塞琉西人赶回亚兰的一次战斗中阵亡了,一如他父亲五年前血洒疆场。他另一个兄弟,以利亚撒,也死于沙场,他是被一头他刚杀死的大象倒下碾死的。

哈斯莫尼王朝的统治始于公元前 166 年,终于公元前 37 年,期间,犹大·马加比的两个兄弟,约拿单和西缅大大扩展了犹太人控制的领地。他们成功地占领了地处沿海平原的吕达(Lydda),(后来,来自英格兰的十字军东征的骑士在那里发现了圣乔治和他的龙的传说,并把圣乔治当作英格兰的纹章)约拿单和西缅到达并占领了雅法港,雅法虽然不是一个自然港口,但是一个能在海岛和海岸之间为船只提供自然庇护的地方,是这条海岸很少有的几处有利地形之一。

哈斯莫尼王朝统治期间,祭司和大祭司的权威得到重新确立。约拿单成为大祭司,约拿单死后,大祭司之位由兄弟西缅继承,西缅死后由儿子约翰·希尔琪一世继任,时值犹太王国独立后的第七年。希尔琪一世上任之后,他着手继续推进王国的疆界,收复600 年前被亚述人从以色列人手中夺走的撒马利亚地区,征服朱迪亚以南的独立王国以土买(原称以东),并以武力强迫那里的人民皈依犹太教。这些皈依犹太教的人中间有一个安提帕特家族,其后代成员中有一位叫希律的人,后来成了犹太统治者中间最伟大、也是争论最大的君王之一。

钱币是古代王国独立的重要标记,几乎毫无疑问,约翰·希尔琪是哈斯莫尼王朝第一位铸制硬币的君王。罗马—犹太历史学家约瑟夫斯(Jesophus)称希尔琪统治时期为"快乐时光",经济十分繁荣。但是数百年、甚至千年之后的犹太儿童所学习和仰慕的却是这一段历史中军事征服的勇猛和无畏。其中为人自豪的是犹太人和埃及人联合在一起击败了由托勒密率领的罗马军队,保卫了哈斯莫尼王国。埃及军队中有两位犹太将军。

第三十三封信

亲爱的弗丽大婶:

哈斯莫尼王朝一共统治了 129 年。在以后的数百年里,每逢漂泊海外的犹太人身陷囹圄,时世艰难之时,这一段 129 年的时光虽然离他们越来越遥远,却始终会清晰地提醒他们:犹太人曾经在自己的土地上拥有主权,即便在巴比伦人摧毁犹大王国之后,还是如此。哈斯莫尼王国还在民族势力逐渐强大、边境不断划定这样一个世界中确立了一神教的生存地位。公元前 139 年,也就是这一新的犹太王国建立 26 年之后的那一年,罗马长老会承认了犹太王国的独立。与此同时,哈斯莫尼王室寻求比大祭司更大的权力。约翰·希尔琪的儿子,王位继承人阿里斯托布鲁斯,宣布自己为国王,这是哈斯莫尼王朝首次要求并使用这一王者称号。

阿里斯托布鲁斯继续推行领土扩张和强迫邻邦民族皈依犹太教的政策。在位期间,他征服了以土拉亚人(Ituraeans),并强迫他们皈依了犹太教。公元前 103 年,阿里斯托布鲁斯的兄弟亚历山大·亚奈(Alexander Yannai)继承王位,在位 27 年,领土进一步得到扩展。亚历山大·亚奈统治哈斯莫尼王朝期间,其领土最为辽阔,面积超过当今的以色列。他所征服的领土包括西奈海岸北部地区,直至莱茵诺科拉那(Rhinocorana)这一现代埃及港口和埃尔阿里士(El Arish)淡水绿洲地区,俯瞰现代城市海法、气势雄伟的芒特卡梅尔山脉也在亚奈的征服之内。

然而,一如 600 年前被亚述人征服南国犹大前夕,犹太人中间又一次出现内讧,并演变成一场内战。哈斯莫尼人与法利赛人之间发生了宗教分歧。对四个主要问题的不同看法把他们分成两派。亚历山大·亚奈为希腊文化某一些方面所吸引,而这些方面正是法利赛人所抵制的。法利赛人对王权与神权集于一身提出挑战,尤其是向哈斯莫尼家族所拥有的神权提出质疑,指出虽然他们是祭司家族,但并不是大祭司家族。法利赛人反对哈斯莫尼王朝领土扩张的政策,他们迫使亚奈放弃义务兵役制,转而依靠外族雇佣军。在宗教信仰方面,法利赛人发展了一种口传律法,是一些宗教学者对传统教义所作的诠释弥撒,他们认为这是规范行为举止的法则;而亚历山大·亚奈和他的祭司们认为唯有书面律法,《摩西五经》(the Five Books of Moses)中规定的律法,才是规范人们行为的法则(他们觉得书面律法给他们接受希腊文化提供了某种机动性和灵活性)。

作为一位大祭司,亚历山大·亚奈遭到法利赛人的反对。于是,暴力之火开始燃烧。直到公元前 76 年,亚历山大·亚奈的妻子撒罗米·亚历山大继承王位之后,双方才达成谅解,各自让步。但好景不长,女王逝世之后,两个儿子争夺王位,前朝老臣安提帕特召来罗马人进行裁决。安提帕特与长兄,即后来的希尔琪二世,站在一边,派军队赶走弟弟阿里斯托布鲁斯,并废除了哈斯莫尼君主制。希尔琪二世于是成了"总督",仅为整个罗马帝国犹太人的"代表",而安提帕特却因此而受到罗马人的嘉奖,被任命为朱迪亚的摄政王。

在上一封信中提到"马加比烈士"是如何成为基督教圣传中一个亮点,但是马加比对犹太人来说才是最重要的。"马加比烈士"被写入了犹太教的祈祷文,在每年纪念罗马人摧毁圣殿——发生在马加比英雄传奇两个世纪之后——的节日上,"哈拿的故事"世世代代为整个中东、北非乃至东方的波斯妇女所咏诵。

直至今日,犹太作家、画家、作曲家分别在他们的史书、文学、艺术、音乐作品中不断描述哈斯莫尼王朝的故事。1875年在柏林首演的安东·鲁宾斯坦的歌剧《马加比人》(*Die Makkabaeer*)使19世纪末东欧犹太人深受鼓舞。1948年,以色列重新获得独立,那一年,美国作家霍华德·法斯特出版了小说《我的光荣兄弟》。1954年,新的以色列国成立了六年,以色列作家摩施·沙弥尔出版了小说《血肉之王》,这是一部根据亚历山大·亚奈生平写成的小说。

哈斯莫尼王国被罗马人征服25年之后,起义大旗再次举起。领导这次起义的是亚历山大·亚奈的孙子,安提贡内斯·玛他提亚,他是在公元前40年接任大祭司之位的。他说服帕提亚人东进与他会合攻打罗马军队,但遭受失败。随这一次军事失利,哈斯莫尼王朝宣告覆灭。虽然安提贡内斯·玛他提亚的侄女马里亚米后来嫁给希律国王为妻,但无论是王权还是神权,这一王朝已不复存在。希律是犹太人,但他是在罗马人打败最后一位哈斯莫尼大祭司后任命的国王,时值公元前37年。

然而,那是另外一个故事,当然我将在另外一封信里写它。

第三十四封信

亲爱的弗丽大婶:

朱迪亚统治者希律的出现让我们碰到了犹太史上最了不起的人物之一。公元前44年,离他登基为王还有7年的时候,他已经显露出非凡之相,行事坚定果断。那一年,哈斯莫尼王室任命他为加利利地区的总督之后,他武装镇压了那里的反叛,打败了叛乱分子。他竟然未经审判就把叛乱头领杀掉了。

耶路撒冷教会法庭——犹太教公会命他到庭说明真相,如果证明他仅仅以他自己的世俗权力对叛乱头领执行死刑有罪的话,他将面临死刑。希律带了一队士兵来到法庭，全副武装，咄咄逼人。此刻哈斯莫尼国王，希尔琪二世，中止了法庭程序，让希律逃出城外。出城后，他向北去了亚兰，当时亚兰是罗马帝国的一个省份。在那里，罗马统治者任命他担任科埃里亚兰（Coele Syria）省的总督。科埃里亚兰虽然很小但很重要，首府在曾经被亚述人征服的以色列王国的首都撒玛利亚。

希律是犹太人，他祖父是以东人，在一个世纪之前被迫皈依犹太教，他的父亲就是那位招来罗马人后受到嘉奖被他们任命为朱迪亚摄政王的安提帕特。希律将他的赌注全部押在罗马人身上。当哈斯莫尼国王希尔琪二世侵略加利利时，是希律领军打败了他，中止了犹太人领土继续向北的扩张。

为了实现统治朱迪亚的野心，希律与罗马统帅马克·安东尼修好，赠予钱财。公元前40年，安东尼任命他为国王，但是他用了三年时间赶跑了哈斯莫尼王朝及其保王分子，最终在耶路撒冷站住脚跟。犹太人曾组成两个大代表团到马克·安东尼帐前恳求他不要任命希律为王，马克·安东尼把他们关了起来，然后把他们一一处死。公元前37年，在罗马军队的支持下，希律的军队来到耶路撒冷城下，经过五个月的围攻，希律攻克了耶路撒冷。

自公元前37年到他逝世的33年中间，希律统治犹太王国没有经受挑战。为了维护他的统治，他决不容忍任何对手的存在，包括他王室的任何成员。被他杀害的人中间有他的妻子，哈斯莫尼王室成员，马里亚米、他的岳母（也是哈斯莫尼王室成员）、他的两个儿子，以及许多血亲。罗马官员参加了将他两个儿子处死的审判。他下令将他妻子的兄弟、哈斯莫尼王位的继承人，阿里斯托布鲁斯溺死于耶利哥的游水池里。他把曾经帮助他逃脱犹太教公会惩罚的哈斯莫尼国王希尔琪二世处以极刑，然后下令将指控他谋杀罪的犹太教公会45名成员一一处死。作为立法机构支撑哈斯莫尼王朝的犹太教公会从此失去了所有权威和影响。

当他的保护人马克·安东尼失势之后，希律立刻转向安东尼的仇敌屋大维。他把屋大维接到托勒密（现在的港口城市阿克），寻欢作乐，他又特地赶往埃及为屋大维庆祝安东尼的死亡。屋大维成为罗马帝国皇帝，立帝号为奥古斯都之后，把朱迪亚以北地区的土地给了希律，嘉奖他改换门庭与他结盟的功劳，加强了他在朱迪亚的统治力量。希律以支援屋大维女婿阿格里帕的军事行动作为报答，亲自率领一支海上远征军打着阿格里帕的旗号进入黑海。

由于希律为罗马帝国效劳，把犹太人、希腊人以及叙利亚人控制在各自境内并迫使他们效忠罗马人等有功，他得到了"大人物"头衔，和"罗马人民的盟友国王"的官方称号。虽然没有权力实施独立的外交政策，但他每年向罗马进贡之后，享有统治朱迪亚所有权力，包括行政、经济、宗教等。朱迪亚是一个王国，包括原来是圣经时代以色列北部王国的撒玛利亚，原来是以东、希律家族的故乡，南边的以土买、现名戈兰高地的高兰尼提斯（Gaulanitis）、屋大维赐给他的班尼亚斯（Banias），以及原来由马克·安东尼赐予克娄帕特拉的耶利哥等地区。

希律在杀害哈斯莫尼妻子马里亚米和他的两个儿子之前，就已经取了第二个妻子，耶路撒冷人，名叫多利斯，与她生了一个儿子。杀害马里亚米之后，他结了8次婚，又生了14个子女。所有这些子女都生存了下来，一如他的兄弟，未曾加害于他们，看起来他对他的兄弟还有几分亲情。

希律十分用心地建立自己的军队，用非常少的犹太人，而从很远的地方，如色雷斯，甚至法兰西，招徕雇佣兵。他同时建立了一个庞大的"告密者"系统，加强他的统治，他的国家与千年之后人们所熟知的"警察国家"十分相似。大祭司授位出于冲动，革除职位又事出无因。哈斯莫尼时期推崇备至的所有犹太自治制度都被废除。《圣经·新约》中《屠杀无辜者》的故事描写了希律众所周知的残忍和凶狠。然而，他在饥荒年代为他的臣民努力并成功地找到粮食；他使手无寸土的犹太农民有地可种；他在耶利哥建造水利工程，使那里变成沙漠里的耕作天堂；他曾两次减低税赋——虽然这些税赋也是他所强加的；他也采取有力的措施，打击拦路抢劫，特别是地处戈兰高地以东特拉霍尼提斯（Trachonitis）沙漠地区通往大马士革道路上十分猖獗的抢劫，有效遏止了这一人人诅咒的时弊。

在犹太人眼里，希律还有一项值得称道的行为是关系到朱迪亚以外的犹太人。流散在海外的犹太人群体遭到当地统治者的欺凌，希律多次为他们出面干预。当小亚细亚希腊城市里的犹太人被剥夺公民权时，希律干预了这一事件，并成功地恢复了他们的公民权。

虽然他是犹太人，希律努力促进希腊文化。犹太人真正意义上的希腊化是从希律执政时期开始的，这是他们经历的第一次有效的同化。在当今美国，犹太人的希腊化导致了将近一半的犹太婚姻为异族通婚。他在耶路撒冷建立的希腊文化机构中有一所剧院和一个赛马场。他甚至捐给希腊一笔可观的资金，赞助他们的奥林匹亚竞技会，为此他被授予奥林匹亚竞技会终身荣誉主席。他还设立运动项目，向奥古斯都表示敬意，并把许多幸存下来的儿子送到罗马接受教育。

希律大兴土木，而正是这些建筑物成了他最牢固和最久远的标记。他积极努力并精心设计建造和扩展城市。他的城市规划中印象最深刻的两个例子是地中海海边的恺撒利亚（Caesarea）城和撒玛利亚山里的塞巴斯蒂（Sebaste）城。甚至在2000年后的今天，它们的断梁残壁还是那样撼人心魄。另外一些建筑物既体现了他对大型建筑的钟爱，又体现了他同朱迪亚以前的统治者一样对金汤之固的渴求。耶路撒冷城里的安东尼亚城堡、朱迪亚沙漠里一座山顶上的希律城堡宫殿（离耶路撒冷数英里）、靠近耶利哥的塞浦洛斯①城堡宫殿是他的三项宏伟工程。而他最伟大的建筑成就

---

① "Cypros"，有别于国名塞浦路斯"Cypus"。（译者注）

是马萨达城堡宫殿，它耸立在峭壁悬崖上，俯瞰死海之南端。宫殿的供水系统、蓄水池以及悬宫堪称建筑奇迹。

希律还是一位成功的企业家。他从奥古斯都手中租下塞浦路斯铜矿，通过收税，获得了丰厚的利润，铜矿的一半收入进了他个人的腰包。对犹太教徒而言，希律的最大成就在于耶路撒冷圣殿的重建。他拓宽了圣殿原有基础，建造了丰碑似的坚固墙壁，圣殿之美，有口皆碑。有一万民众和一千祭司用了九年时间完成了此项工程。新圣殿被命名为"第二希律圣殿"，有一说法：没有参观过这一圣殿的人"此生从未见到过美丽的建筑"。但是希律在圣殿正面安上了咄咄逼人的罗马老鹰作装饰用，使犹太教民们大为不满。圣殿是用希律风格的大石块垒造的，尤其是圣殿西面高大坚固的护垣，这成了圣殿卓越的特征。直至今日，这道叫做"哭墙"的墙壁仍然巍然屹立，接见络绎不绝的来访者。

最近有一位来访者是罗马教皇保罗二世，2000 年 3 月 26 日，他在两块希律巨石之间留下了一句话："我们父辈的上帝，你选择了亚伯拉罕和他的子孙把你的威名带给世间各个民族，我们为那些在历史的进程中让你的子民受苦受难的行为深感悲痛，我们请求你的宽恕，向你承诺，与你立约的子民将以真正的同胞兄弟相待。"就这样，希律时代过去 2000 年后的今天，罗马天主教的领袖向上帝的立约子民——犹太人伸出了和好之手。

第三十五封信

亲爱的弗丽大婶：

我们仍处在希律统治时期。在他行将就木之际，他发现他与多利斯所生的儿子安提帕特阴谋篡夺他的王位，便立刻开庭审判，罗马亚兰总督到庭检审，法庭判处安提帕特死刑。执行之前最后一道手续是征得罗马的同意，即奥古斯都皇帝的亲自批准。奥古斯都批准了判决，但加了一句批语："我情愿做希律的猪而不愿做他的儿子。"

处死儿子五天后,希律寿终正寝。就是在这短短的五天内,他还颁布了两道执行死刑的命令。有两位法利赛术士煽动一些犹太人把希律装饰在圣殿正面的罗马金鹰雕像拉了下来,希律下令将它重新装好,并下令将肇事者逮捕,焚烧致死。这是他临终前的最后一道命令。

第二圣殿比希律的寿命长得多,成为当时的一个奇迹。有许多先知在那里向世人传授教义,其中有一位是希勒尔,他是犹太史上一位伟大的人物,据说是大卫王家族的后代。与许多在耶路撒冷传教的拉比一样,他也出生于巴比伦,是一个三百多年前四处流浪的犹太人的子孙,并且,还是一个年轻小伙时就长途跋涉来到耶路撒冷。来到耶路撒冷,也叫"上"耶路撒冷,希伯来语里称:aliyah,这是因为耶路撒冷城建于朱迪亚山脉的高处,海拔约 2000 米,最高处可以俯视地中海和死海。"上耶路撒冷"是朝圣节期间所有犹太朝圣者的目标。

公元前 30 年,即希律登基七年后,希勒尔被任命为"哈纳西",即犹太教公会首脑——犹太人的精神领袖,执掌此位达 40 年,直到公元十年为止。他和同僚犹太教公会二把手沙马伊围绕他们之间存在的六个问题和他们各自门徒之间的三百多个问题一直争论不休。后来他们之间的分歧变得简单了,希勒尔和他的追随者代表穷人,而沙马伊和他的门徒代表富人,几乎可以肯定,这一简单化夸大了事实。希勒尔对犹太律法的解释总体而言要比沙马伊的宽容。比如,据说沙马伊试图限制宗教学校入学的门槛,只收富家子弟和上层社会家庭子弟,而希勒尔坚持宗教学校的大门应该对所有人敞开,不论社会背景如何,人人可以入学。

希勒尔与沙马伊之间有一个分歧引发了一个故事,成为犹太教活动的中心内容。据说有一位外乡人去见沙马伊,对他说他想一条腿站着学完犹太教所有的东西。沙马伊把他赶走了;《托拉》这部如此巨大的犹太律法大全怎么能在这么短的时间内解释完?

但当这位外乡人带着同一个问题去见希勒尔时,据说希勒尔回答很简单:"己所不欲,勿施于人,此乃《托拉》之全义,余者,诠释也。"

"己所不欲,勿施于人……"多么希望人们能够遵循这一法则,尤其是当今世界各地那些迫害和折磨同类的人们。顺便提一下,虽然沙马伊以严厉著称,但是他教导他的弟子说:"常习《托拉》,寡言多劳,悦颜待人。"弗丽大婶,长期以来你就是遵循这一律法为人为事之人。希勒尔还就什么是犹太哲学的核心问道:"若我非为我,何人为我?若我只为我,我乃何物?若非今日,更待何时?"

第三十六封信

亲爱的弗丽大婶:

很可能是公元前 12 年,希律仍旧是犹太国王,一位犹太人——耶稣降生了。那一年,罗马人进行人口普查,强迫耶稣的父母亲从他们的居住地加利利回到故乡去登记,他们便回到了他们的故乡伯利恒。耶稣就出生在那里。他的名字是希伯来名字 Joshua 普通的希腊说法。他的母亲马利亚,希伯来语中称 Miriam。基督教义中说,按他母亲的脉系,耶稣是大卫王的直系后裔;犹太教义中说,弥赛亚①将成为大卫王的后代。

耶稣在朱迪亚度过了他的青年时期以及成年初期。像所有犹太男婴一样,他在出生后八天时行了割礼。他在拿撒勒渐渐长大,希律逝世的时候,大约八岁。据说,小时候有一次他同父母去耶路撒冷,朝拜大圣殿,他专心致志,一路神往,父母亲用了很大劲才把他从那里带回了家。

耶稣成了教士,那时候拉比这一概念还未形成。他主要在加利利一带讲道。那时,他开始从事一项对一位犹太人而言是革命

---

① 弥赛亚(The Messiah)是指犹太人盼望的复国救主。(译者注)

性的事业。预言上帝最后审判日和弥撒亚诞生的先知、耶稣的表兄施洗者约翰为他在约旦河举行了洗礼。他创造奇迹、讲述寓言，被他的追随者称为救世主。"Jesus Christ"这一名字的意思是"救世主耶稣"。他开始称呼自己为"人子"。虽然耶稣常用第三人称指代人子——即将诞生的那一人，并不一定指他本人，但当时这一称呼就是指弥撒亚。

希伯兰《圣经·但以理书》中说，人子是但以理在梦中所见的最后审判日长得与人相同的审判官："……我看见一位仿佛人子的形象驾云而来……他被授予权威、荣耀和无上的能力，所有的民族、国家和操各种语言的人都崇拜他。他的权柄永世长存，他的王国永不破败。"

耶稣视贫穷为美德，斥暴力为不义。本质上他是一位和平主义者，他告诫他的信徒说："不要与罪恶之人抗争。"安息日那天，耶稣违背犹太教传统，医好了一个邪灵附身了 18 年的妇人。路迦福音告诉我们："会堂的主事却因为耶稣是在安息日给人治病，感到很气愤，他对人们说：'一周有六天是工作的日子，所以你们在那几天里来看病，不要在安息日里来看病！'"耶稣回答他道："你们这些虚伪的家伙！你们中哪一个不是在安息日把你们的牛和驴赶出圈，引到别处去喝水的呢？这个女人是亚伯拉罕的后代，她被撒旦束缚了 18 年之久，难道就不应该在安息日里把她解救出来吗？"

在前往耶路撒冷的旅程中，也就是他生命的最后几天里，耶稣批评了那些利用圣殿周围有利地区做买卖的人们，并预言圣殿的毁灭。他参加了一次后来被一些学者称作逾越节餐的餐宴，餐宴上，他对他的 12 使徒说："我一直想在我受难之前和你们一起吃逾越节羔羊。"

据基督教《圣经·新约》记载，耶稣是被他的一个叫做犹大的使徒出卖的，圣殿卫兵将他逮捕，押送到大祭司该亚法府邸。由该亚法主持的犹太教公会会议审讯了耶稣，他们试图陷害耶稣，让他发表亵渎上帝的言论，比如承认他曾宣布是上帝之子等。接着犹太教公会会议把耶稣移交给罗马总督本丢·彼拉多。罗马人将耶稣钉死在十字架上，在十字架上写上取笑他为"拿撒勒的耶稣：犹太之王"的缩写字母"INRI"。

为人们普遍接受的耶稣十字架受难日期在公元 30 年到公元 35 年之间（彼拉多于公元 27 年至 36 年担任罗马总督）。根据基督教教义，耶稣十字架受难之后，他作为上帝之子和弥撒亚升入了天堂。但是犹太教传统认为，救世主弥撒亚并不是神灵的化身，也不能死后复生。就是这两个新的信念，致使基督教这一新生的宗教与犹太教分道扬镳，殊途而去。

在十字架上，耶稣这位虔诚的犹太人临终前痛苦地大声喊道："我的上帝！我的上帝！你为什么离弃我"（《赞美诗 22》），在这之前数分钟，耶稣说："我把我的生命交在你的手里"（《赞美诗 31》）。许多犹太人面临严峻的危险时都要咏吟《赞美诗》中的这两句话。

在耶路撒冷，耶稣的兄弟雅各成了基督教教会的首领。公元 62 年，即耶稣受难约 30 年后的一年，他被乱石击毙，据说这是犹太大祭司的命令，因为雅各继续传播他兄弟耶稣是神灵的说教。耶稣另一个兄弟犹大的孙子们活到罗马图拉真皇帝（公元 98 年登基）统治时期，他们成了加利利基督教教会的领袖。

耶稣十字架受难之后第一位伟大的基督教传教士是扫罗，他是一位流亡犹太人，便雅悯支派的后代，后来因与以色列王国第一位国王扫罗同名而更名为保罗。保罗出生于现在土耳其南部的大数，根据《圣经·新约》，即将成为基督教领袖的保罗曾师从犹太圣哲拉班·迦马列一世。

保罗在前往大马士革的路上见到了异象，之后，他游遍地中海东部地区，从一个犹太教会到另一个犹太教会，颂扬耶稣，传播基督教，很大程度上，他是在创造基督教信念。在保罗时代之前，人们可以成为"犹太基督徒"，视耶稣为伟大的教士、先知、敏锐聪慧的犹太人，但并非神灵。

保罗云游四方，传教十年，皈依者甚众。他到过塞浦路斯、小亚细亚、希腊城邦萨洛尼卡和哥林多①等地，所有这些地方都是众多犹太人集居之地。罗马是他最后一次游行目的地，在那里罗马人将他逮捕，而且将他杀害，他很有可能是在公元 64 年尼禄皇帝迫害基督教期间被杀害的。

在罗马献身的还有西门。他有一个希腊名字彼得和一个希伯兰名字矶法，两个名字的意思均为"磐石"。彼得是加利利的一个犹太渔夫，后来不仅成为耶稣的 12 使徒之一，而且还是耶稣选定的建立他教会的"基石"："你是彼得，我要把我的教会建立在这块磐石上……"

首先，彼得在耶路撒冷领导皈依基督教的犹太人，接着，一如保罗，他云游四方，讲道传教，到过朱迪亚、亚兰等地。犹太教有一宗传统是这样说的，彼得是一位虔诚的犹太人，是一位自愿致力向外邦人传教、为犹太人解除重负、使他们皈依基督教的法利赛人，他是犹太教祈祷文主要祷告文之一 *nishmai kol hai*（《生灵万物之魂》）的作者。这是感恩的祷告文，在安息日和其他节日早晨咏吟，赞美上帝的伟大，人们无论如何赞美他也不够。

可以肯定的是，经过一段时间明显的犹豫彷徨之后，彼得支持保罗的基督教传播运动，将它传播给非犹太人，即外邦人，但并不要求他们首先行割礼。第一位接受彼得洗礼、皈依基督教的非犹太人是驻扎在海港城市盖撒利亚的罗马军人，他的名字叫哥尼流。彼得死后在罗马的埋葬之地，即现在的圣彼得教堂，成了罗马天主教以及教皇任职的中心。

到了公元 300 年，耶路撒冷、朱迪亚、亚兰、小亚细亚、希腊、克里特岛、罗得岛、塞浦路斯岛以及北非等地有成千上万的犹太人和非犹太人皈依了基督教。那些没有皈依基督教的犹太人面临他人的敌视，耶稣受难日 1000 年后，对没有皈依基督教的犹太人的敌

———————

① 又译科林斯。（译者注）

视十分剧烈,他们被描绘成"杀害基督的刽子手"。

罗马教皇约翰二十三世曾经在第二次世界大战期间作为驻土耳其的罗马教皇的使节成功地请求保加利亚政府不要把那里的犹太人驱逐出境送往德国占领地波兰的死亡集中营。1959 年,他发布命令删除耶稣受难节祷告文中反犹太人的章节,包括把犹太人说成背信弃义的描述,以为犹太人祈祷的文字取而代之。于是基督教反犹太人的传统有了一位坚定的反对者,这位反对者位居罗马天主教会最高职位——罗马教皇,是接圣·彼得衣钵权杖的传人。

第三十七封信

亲爱的弗丽大婶:

希律统治时期的朱迪亚,始终小心翼翼,不敢冒犯罗马,保持那些罗马人允许的自治领地,虽然地域很广。公元前 4 年希律逝世之后,罗马人恢复了对朱迪亚的全面统治。往后的几个世纪中,犹太人被沦为罗马帝国的子民,直到罗马势力崩溃。从公元前 4 年起,能否保证犹太人自治,依赖于罗马皇帝的政策变化或随心所欲。

公元 40 年,犹太人的领袖、罗马公民阿格利帕王一世致函罗马皇帝卡利古拉,陈述了后来几个世纪中成为犹太民族特征的主旨。之前,卡利古拉下了一道皇令,命罗马帝国管辖范围内所有圣殿神庙,包括耶路撒冷的圣殿都要树立卡利古拉他自己的塑像。由于此项法令违背了犹太教律法,犹太人起来反抗,宣称他们宁死不从。当时阿格利帕正在罗马,便写信给卡利古拉,阐述犹太人最广泛意义上的立场:"皇帝陛下,爱国乃人之本性,人皆如此,喜好本族习惯与律法,亦然。"

这位犹太王继续道:"如陛下所知,我是犹太人,耶路撒冷是我的国家。"他还勇敢自豪地宣称:"无论是祷告还是供奉,我们的民族并不亚于亚洲、欧洲任何一个民族。"阿格利帕向卡利古拉指出，耶路撒冷并不仅仅是朱迪亚一国的圣都，而且是罗马帝国统治的世界里里外外凡有犹太人生活的"一万个"城邦、城镇和乡村的圣都。他写道："这不仅包括那些有众多犹太人居住地的大陆，而且还有所有最著名的岛屿"，它们中有克里特岛、塞浦路斯岛、罗得岛、马尔他岛、西西里岛和撒丁岛等等，耶路撒冷也是这些岛屿的圣都。

尽管卡利古拉下命令惩罚暴动者，阿格利帕的呼吁获得了成功。然而，命令还未执行，卡利古拉就遭遇暗杀身亡。在耶路撒冷，阿格利帕把卡利古拉赠予他的谢恩礼物金链献给了圣殿，并且在圣殿里咏吟《圣经》训喻："你们要从自己的同胞中选立君王，决不可立外族人。"他的行为深深地打动了犹太人，赢得了他们的爱戴。

在罗马帝国的统治下，一如罗马臣民，犹太人不得不过着屈从的生活，不过还算平静，有时甚至比较富庶。然而，即便如此，民族天性的显示仍然十分强烈，罗马人任何不公正或暴虐行为就会触发强烈的反抗。公元66年，在杰拉德人①的领导下，爆发了一场犹太人暴动。许多犹太人反对这场暴动，但是杰拉德人还是控制了耶路撒冷、加利利大部分地区以及部分沿海地区。随着杰拉德人在戈兰高地的迦姆拉城堡的沦陷，罗马人在一年时间里收复了加利利。然而他们用了四年时间，公元70年，在罗马皇帝儿子提图斯元帅的领导下，攻克耶路撒冷，摧毁了第二圣殿，并将大批俘虏押送到罗马。圣殿的圣杯包括伟大的多连灯烛台也被掳掠到了罗马。耶路撒冷有12000名犹太人遭到屠杀，圣殿里犹太教士拒绝中断礼拜仪式而被杀害于神坛旁边。城市夷为平地，洋洋得意的罗马人铸币加以庆祝，硬币上刻着"*Judaea capta*"（被奴役的朱迪

---

① 公元6—70年间反抗罗马统治的犹太教派中的狂热派人士。（译者注）

亚)字样。

从迄至仍然屹立在罗马城边的提图斯凯旋门上可以看到圣殿宝物被胜利者掳掠到帝国首都的情景。在几个月前,我带儿子大卫——您90大寿过后不久在德里非常高兴地遇见的那位——去观看了这些情景。

第三十八封信

亲爱的弗丽大婶:

反抗罗马统治的斗争在圣殿被毁之后延续了一年。他们的反抗体现了犹太人与罗马其他"受庇护"民族有所不同的独立精神。温顺服从从来不是犹太人的品质。无论是民族团结统一的理念还是宗教生活的内在力量都没有让他们完全接受罗马人的生活方式和道德标准,他们没有接受罗马人的多神、多神坛的异教道德。当时,"我是罗马公民"是能够带来安全和荣耀、十分普遍的罗马情结,从不列颠北部的哈德良城墙,到多瑙河平原,再到尼罗河三角洲,那里隶属罗马统治的民族均为拥有罗马公民地位而感到光荣,可是犹太人没有这样的情结。

犹太人的抵抗运动并不完全依靠本地的力量,在反抗罗马人的斗争中,他们得到了罗马统治区域之外的犹太人的支持,如波斯、巴比伦等。犹太人对同胞有普遍的责任感。

杰拉德人在俯瞰死海全景的沙漠要塞梅察达古堡进行了最后的顽强抵抗,直至公元73年,才被罗马人镇压,最后的守城者手刃自己的妻子儿女之后,饮剑自尽,宁死不当俘虏。

约瑟夫斯生动有力地描述了犹太人梅察达古堡抵抗最后几天的事迹。约瑟夫斯原来是反罗马大起义的犹太军事长官,后投降罗马人,他描写当时历史的《犹太战争史》一书是历代伟大的叙述历史佳作之一,他是真正的第一位犹太历史学家。1890年后伊杰尔·亚丁(Yigeal Yadin)的考古发现证实了约瑟夫斯关于梅察达古堡最后抵抗的大部分描述。亚丁在古堡南侧峭壁小山洞里的一堆泥土中发现了 25 具骷髅，有男人的，也有女人和孩子的。他还发现了 11 片破损的小陶瓷片，每一陶瓷片上都有一个名字，书写同出一人之手。约瑟夫斯描述中有一情节是罗马攻陷要塞后，最后还有十位犹太幸存者，他们以抽签的方式决定由其中一位先把其余九位杀掉，然后自尽。上述这些发现与此描述几乎完全吻合。

反罗马大起义被镇压以后，罗马统治出现了一个新的变化，他们把犹太人分散在巴勒斯坦各地，以此孤立耶路撒冷，强迫犹太人居住在人口主要是非犹太人的沿海城市，如阿什杜德、雅卜奈等。然而，即便这样的敌视行为仍然导致了正面的决定性结果，犹太人第二圣殿时期伟大的贤哲之一约翰·本·撒该劝说罗马人不要毁掉雅卜奈的书院，以便贤哲们可以继续在那里从教，继续"遵守训诫，研究托拉"。关于训诫，即圣律，我在往后的信中再给你写。

犹太人尽管失去了圣殿，但是由于罗马人并没有取缔雅卜奈的书院，他们的宗教生活仍然在以色列大地上继续发挥核心作用。

在雅卜奈，拉班·迦马列二世是首席教士，神学体系得以创立，并取代了圣殿献祭体系，从而削弱了祭司自古以来的核心作用。知识渊博的新人被授予圣职，赋予"拉比"这一首次被应用的称号。享有这一称号的贤哲也是重组后的犹太教公会这一犹太教最高司法机构的成员，并能以这一机构的名义行使权力。圣殿时期，人们所犯的罪孽是以牺牲牲畜的方式来救赎的。圣殿被毁后的今天，出现了新的赎罪方式，人们问约翰·本·撒该："新的赎罪方式是什么？"他回答道："是仁爱和善行。"

并不是所有的犹太贤哲都支持雅卜奈的试验。但是，自公元80 年至公元 110 年一直主持雅卜奈犹太教公会的迦马列奔走亚兰和罗马两地，寻求对雅卜奈更大的支持，此举十分成功。宗教问题被递交到雅卜奈，传教士被派往各地，有些由迦马列亲自带领，争取海外犹太人的资助和支持，加强以色列本土的宗教势力。这些使命都很成功，流散各地的犹太人慷慨解囊，犹太教会组织无论数量还是权威日益壮大，并且在本地犹太人与海外犹太人之间建立了纽带，共同面对问题与困难。

迦马列对犹太宗教仪式进行了改革，这些改革对犹太人宗教信仰的影响一直延续至今。他重新规定了逾越节晚宴的仪式程序（我答应过您将为您专门写一封关于逾越节的信）；将立祷词确定为犹太教会仪式的核心祷告文；废除了强调社会等级的丧葬礼仪等。总之，迦马列为犹太教的一统天下带来了不同流派（简言之，它们有时候的特征是严密和开明）。

第三十九封信

亲爱的弗丽大婶：

公元 115 年，即巴勒斯坦杰拉德人反罗马大起义 45 年后，生活在埃及和昔来尼加（今利比亚）的犹太人揭竿而起，反对他们的罗马统治者。有一位罗马作家描述道：他们"好像着了魔一般"。罗马人用了两年的时间才把起义镇压下去。这一消息传遍了整个犹太世界。塞浦路斯岛上，犹太人起义反抗希腊人的统治，但是被罗马军队所镇压，并被驱逐出岛。在美索不达米亚，一支犹太人起义队伍驱逐了当地的罗马官员，可是不久罗马人就收复了失地。17 年后，即公元 132 年，朱迪亚的犹太人在西门·巴尔·科克巴的领导下举行了最后一次反抗罗马人的起义。他们的故事数百年来一直激励着犹太人。

起义最初几个月里，巴尔·科克巴把罗马人赶出了耶路撒冷，他在那里铸造钱币，刻上"耶路撒冷之解放"和"以色列之拯救"等文字，并把公元 132 年定为"开元之年"。罗马人的统治十分残酷，巴尔·科克巴的统治也不仁慈。他执意要求毫无疑义的绝对服从。有一种传说：每一个参加他起义军的人必须首先砍掉一个手指，以示坚定的决心。据基督教会教父圣·哲罗姆所言，巴尔·科克巴嘴里常常衔着一根点燃的稻草叶片，给人以口喷火焰之感。

巴尔·科克巴十分自信。每当人们与他打招呼,用常用的一句话:"上帝将会帮助你",他总是这样回答:"上帝不会帮助我,也不会阻碍我。"哈德良皇帝派遣一支由 35000 人组成的罗马大军,前来剿灭起义军。数以万计的犹太人战死沙场,有的记载说是几十万。巴尔·科克巴被赶出耶路撒冷,进入耶路撒冷山里,最后在守卫贝塔一个据点的战斗中牺牲了,时值公元 125 年。巴尔·科克巴牺牲的日子在希伯来语中是"*Av,Tisha b'Av* 9 日",这个日子正好就是第一圣殿和第二圣殿被毁的纪念日。今天,由奥斯曼土耳其人于 1892 年建造、英国人 20 世纪 20 年代扩建的特拉维夫至耶路撒冷的铁道线穿越贝塔战场下面的深谷。

作为对犹太人叛乱的惩罚,哈德良采取严厉的处罚措施镇压犹太人的宗教活动,把耶路撒冷变成一座异教徒的城市,并更名为埃利亚卡皮托利纳,关闭了雅卜奈书院,并把几乎所有的犹太人从他们自摩西逝世以来世世代代居住的家园犹大地赶了出去,甚至连犹大地这个名也抹掉了,给这一地区起了一个新名字:"叙利亚—巴勒斯坦",就这样罗马人把犹大地变成了亚兰的一部分。

第四十封信

亲爱的弗丽大婶:

此信将讲述一位著名人物,他的名字叫阿吉瓦·本·约瑟拉比,一般人都知道他叫阿吉瓦拉比。据说,很早以前他的祖先皈依了犹太教。有一犹太教传说,他是征服朱迪亚的亚述国王辛那赫里布[1]的后代,这一传说试图说明,即便是以色列人最恨的仇敌,这也不能阻止他的后代成为犹太人。另一位著名的拉比,阿吉瓦的学生梅伊尔,他是尼禄的后代。

---

[1]《圣经》译西拿基立。(译者注)

阿吉瓦年轻时为人牧羊,雇用他的人是一位富裕的地主,后来他娶了这位地主的女儿为妻。据说他离开妻子儿女,进入当时拉比长老们主办的书院学习,24 年后才回到妻子身边,伴他重归故里的还有他几千个门徒。他在布奈布拉克创办的宗教书院成为当时学习和研究犹太教的中心,培养了整整一代拉比。现在,这一书院是极端正统派的外围组织,坐落在特拉维夫郊区。

公元 95 年,阿吉瓦去了罗马,说服皇帝废除反犹太人的律法。在布奈布拉克,阿吉瓦颁布了根据口传教义写成的宗教和个人行为准则。有犹太谚语说:"摩西没有得到启示的部分被阿吉瓦发现了。"

根据一个几乎完全可以肯定是想象出来的传说,巴尔·科克巴起义爆发时,已经是 90 岁的阿吉瓦——弗丽大婶,如您一般高龄——欢呼巴尔·科克巴为救主弥撒亚。据说他还以他的威望支持起义,说巴尔·科克巴是从雅各身体里升起来的一颗星星,把巴尔·科克巴的名字"星星之子"与《民数记》中"一颗星星会从雅各的体内升起"这一句话联系起来。当时藏在山洞里幸存下来的书简显示他原来名叫本·科塞瓦或巴尔·科塞巴。

巴尔·科克巴起义失败之后,据说阿吉瓦拒绝接受罗马人关于终止一切宗教活动与研究的禁令。他被捕入狱后,却仍通过买通狱卒继续给他的门徒和随从传递信息。罗马人宣判了他死刑。罗马士兵用铁梳子把他身上的肉一块一块地撕下来,作为可怕的行刑前奏。他继续祈祷,背诵《施玛篇》(Shema)祷文:"以色列请听!"这是每一个犹太人都喜欢的祈祷文,他们向上帝祈祷"尽心,尽性,尽力,尽意"。罗马人问他为何在如此痛苦中还能继续祷告,他回答道:"我一生追求侍奉上帝,尽我心,尽我性,尽我力。如今上帝将要把我的生命拿去,我才意识到侍奉上帝"尽我性"的意义。

阿吉瓦在痛苦的折磨中死去。此后,背诵舍玛祷告成了每一个犹太人临终前传统的最后信仰声明。阿吉瓦逝世后将近 2000 年后的希特勒犹太人大屠杀期间,数以百万的犹太人在被屠杀前的最后时刻,"以色列,请听!"这句话以及祷告者侍奉上帝的信仰声明是他们最后的祈祷,正是阿吉瓦烈士的信仰激励了他们。

2000年前,有一个拉比故事说,摩西奇迹般地来到阿吉瓦的教室,听了老师和学生的讨论,他不懂阿吉瓦所教的是什么,很是担心。于是,有位学生问阿吉瓦他是怎样知道刚才讲给学生听的事情的,阿吉瓦回答道:"从我们的先师摩西那里传下来的。"摩西听后,便放下心来。

第四十一封信

亲爱的弗丽大婶:

早期基督教教徒几乎都是犹太人,比如耶稣和他的使徒,他们的传教努力和吸引力都很大,尽管如此,身处基督教统治地区的犹太人顽强地维护着他们与《圣经》及其希伯来语之间的纽带,即便他们接受了当地的语言、服饰以及习惯,依然如此。整个大流散期间,整个日益壮大的基督教世界里,《圣经》希伯来语始终是犹太人在他们的教会祈祷与诵吟每周《圣经》部分的语言。

每当新的一代长大成人,他们的经历与记忆中越来越多的是他们流散之地的东西,常常与以色列王国的东西相距很远,比如风景、气候、果实和季节等。然而他们的《圣经》故事及其语言、祷告文、圣诗圣歌、传统与节日向他们讲述了那块土地:美丽的景色、高山与大川、祖先与先知、士师与国王、英雄与贤哲以及上帝的承诺:他们必将回到那一块"以色列圣地"。

流散四处的犹太人坚守回归故里的理想不仅体现于《圣经》,也体现于他们日复一日的祈祷。很久之前就没有可能让所有的犹太人前往耶路撒冷出席朝圣节,能去的仅仅是少数,他们每年上耶路撒冷朝圣,坚守着"明年再来耶路撒冷"这一希望,直至今天。这句话也是逾越节活动结束时祷告的最后一句话,由所有出席节日活动的人一起朗诵。理想与希望变成了维护犹太特质与认同的强有力的因素,"弥赛亚最终会来"的信念起到了同样的作用。犹太人有一祈祷文,他们声称:"我完全坚信弥赛亚将会降临人间。"大屠杀期间,那些即将被处死的犹太人,常常咏诵这一祈祷文。

犹太传统得以延续的另一强有力因素是以色列圣地上始终存在犹太人。尽管罗马人对犹太人的残酷迫害登峰造极,其中包括整个耶路撒冷被彻底摧毁,然而,犹太人从未全部被驱逐出他们的土地。自罗马征服至当今时代,犹太社会、家庭以及个人始终不断保持了"上帝选民"与应许之地的联系——上帝选定他们不是为了统治他人,而是执行上帝的训诫。

罗马人摧毁圣殿之前,24个祭司家族负责圣殿的祭祀仪式。圣殿被毁之后,这24个家族继续留在以色列圣地,生活在加利利的城镇与乡村。其他一些犹太家庭则居住在加利利东部现在被称作戈兰高地的庇护高地,远离驻扎在耶路撒冷或恺撒利亚的罗马军团。

公元135年,巴尔·科克巴起义被镇压后,犹太人团结在一起,如一个社区一般。大约五年后,罗马人同意重新开设一个书院,或曰犹太教法庭(律法院),但地点并不在起义期间书院所在地雅卜奈,而是在耶斯列山谷中的贝特舍阿里姆。大约70年之后,书院迁至加利利的西弗里斯(Sepphoris),最后于大约公元240年时迁至太巴列。加利利北部山区替代了沿海地区成为犹太人生活的中心,包括宗教生活和世俗生活。农耕复苏,教会重建,宗教言论得以收集与诠释。甚至当时作为大流散时期犹太人宗教中心的巴比伦尼亚的拉比首脑们也被说服,服从以色列圣地贤哲的宗教权威。

虽然犹太人成了罗马省份"亚兰巴勒斯坦纳"的一部分,完全处于罗马帝国的统治之下,但是,公元200年,罗马人允许他们拥立自己的首脑,官方称呼"哈—纳西"(ha-Nasi),即总统。他的权力覆盖犹太人生活的宗教和民事等方面的事项。犹太人甚至重新获得了拥有自己土地的权利。更重要的是,他们的宗教生活也繁荣了起来。这一宗教繁荣发展时期的中心人物是犹大·哈—纳西,以极其虔诚和正直而被称"哈—卡杜什拉比"(*Rabbenu ha-Kadosh*)。我们的圣师称拉比,即教师。犹大哈—纳西是原雅卜奈犹太教公会会长拉班·迦马列的孙子,深受祖父讲道之影响。公元200年,在加利利业已著名的犹大哈—纳西确立了一个主要目标,维护以色列圣地犹太人的生存与团结。为实现这一目标,他鼓励人们广泛学习《托拉》,全社会各阶层人民共同履行宗教与社会的准则。最重要的是,他努力维护犹太教的团结统一,避免犹太世界的分裂。

是犹大哈—纳西确保了希伯来语继续作为祷告语言。事实上,虽然犹大哈—纳西所在的整个地区的日常用语是阿拉姆语,但是他与家人与朋友交谈始终坚持只说希伯来语。他的同代人说:"自摩西时代至拉比时代,《托拉》与伟大从未如此集中于一人。"了不起的口传律法集辑《密西拿》是犹太人行为的基本准则,也是将来一代代人理解与发展犹太律法的基础。《密西拿》本身是部巨著,每一部分的书面讨论后来形成了《塔木德》的一部分。《塔木德》是虔诚和守法的犹太人日常讨论与智慧的最高书面形式,有许多卷。

到目前为止,用文字记载《托拉》的诠释的行为被视为不虔诚,因为这样做把人类的诠释与神圣的文本放在同一水平上。因此对《托拉》的诠释只能用心记忆。到犹大哈—纳西那时候,犹太学者遭受太多的迫害,以致人们觉得有必要用文字记载下诠释,以免失传。从那时起,口传律法不再口传了。

犹太教发生了另一个变化。直到《密西拿》时期,犹太教是一种主要围绕圣殿和大祭司智慧的宗教。从犹大哈—纳西时期起,犹太教的内在争辩和演变开始围绕《密西拿》记载的以及《塔木德》所讨论的犹太律法而展开。

犹大哈—纳西死后葬于贝特舍阿里姆。他的智慧如同谚语,众所周知。他有一句名言:"我的学问,我师予我甚多,同僚予我更甚,学生予我最甚。"他另一句名言道:"观察光亮如同要律,须一丝不苟,因为不知其相应结果。"这一句名言与大约 400 年前塞琉西复仇中献身的以利扎的谚语有相似之处。

第四十二封信

亲爱的弗丽大婶:

20 世纪 20 年代,大约是您离开布达佩斯去伦敦,并进入印度生活圈子的时候,有一群住在巴勒斯坦最美丽的耶斯列山谷基布兹小镇的犹太农民来到耶路撒冷。他们此行的使命十分奇特。他们来自故址贝特阿勒法的基布兹小镇,要见著名的考古学家苏肯尼克教授(另一位著名考古学家伊杰尔·亚丁将军的父亲)。在苏肯尼克教授书房里坐下来之后,农民们告诉他说,在他们为建造新猪舍挖地基的时候,挖到了看似古代马赛克的东西。

农民发现马赛克之后的第一个想法是把它重新埋好,不要告诉任何人。发展基布兹、开发山谷、养活委托巴勒斯坦管理的日益增加的犹太人口毕竟是他们的使命。而在他们那里考古发现只能影响他们有限的土地面积,土地将被围起来,不能再进行开发。

然而,他们马上意识到这幅马赛克具有特殊的意义。他们知道这必定十分重要。因此他们来到了耶路撒冷。正如苏肯尼克教授马上意识到的那样,这确实很重要,它不仅是一件十分迷人的古代文物,而且是一件物证,能够证明在罗马人摧毁圣殿、镇压犹太人政治运动之后被人们遗忘的数百年"黑暗时期"犹太人居住在耶斯列山谷的史实。

苏肯尼克教授立即赶往北方亲自察看马赛克,证实它是古代犹太教会中央的地面,地面大部分基础仍然清晰可见。挖掘开始后,发现的一行题词显示了马赛克是罗马皇帝查士丁一世(公元518—527 年)时期的作品。考古学家们断言:马赛克简明强烈的风格代表了当时加利利犹太村落中发展起来的一种民间艺术。

就这样,农民铁锹边的偶然发现,为自梅察达陷落至 20 世纪

"重归故里"的18个世纪中以色列圣地犹太人丰富的生活和持续不断的繁衍，提供了另一个新的证据。1922年波兰考古开拓者发现的贝特阿勒法基布特茨也回到了故地。

18个世纪的故事是一次又一次不断抵抗外敌、谋求生存的故事。罗马人摧毁圣殿，犹如砍去了犹太人在以色列圣地的宗教生活与政治活动的首级。他们试图赶尽杀绝大卫家族的后代，让大卫王国无法复苏。他们没收犹太人的农场，比如在耶路撒冷郊外的摩特扎（Motza）村，他们把没收来的农场分给罗马士兵，以此激励他们的士气。在整个征服区域中，长期驻扎着战斗前线与犹太人交锋的罗马第十军团，是罗马统治的象征。最近，在当今耶路撒冷城的入口处发现了一处罗马军营的遗址，这是在举办过无数次活动——包括耶路撒冷书展以及欧洲电视网络歌唱大赛——的耶路撒冷会议中心建筑工地上发现的。

尽管罗马人的统治极其残酷，许多犹太人仍坚持留在故乡，忍受千辛万苦。成千上万的犹太人忍受与同胞亲戚骨肉分离的痛苦，他们中的一部分被罗马人抓去了罗马，另外一些被驱散到了罗马世界的四面八方，从西班牙到克里米亚。

罗马人让许多留下来的犹太人继续耕种他们的土地——如被剥夺地产的摩特扎农民，但他们不再是土地的主人，而是佃农，常常面临被驱逐的危险，罗马主人一不高兴便会毫无道理地把人突然赶走。

罗马人向巴勒斯坦尼亚犹太人征收的税几乎比罗马帝国任何地方的税收都苛刻。他们对犹太人实行双税制，即征收个人税（即人头税）和征收产品税。罗马人还强迫犹太人无偿劳动，强迫他们修建道路，以便罗马征服者更加便捷地到达征服区域偏远的村落或据点。

尽管时世十分艰难，而且罗马统治似乎看不到尽头，但是以色列本土的犹太人与流散四处的犹太人之间保持着牢固的联系。事实上，早期就有犹太人回归故里的运动，并且每一代犹太人中间不乏将重归故里作为生活的主要目标的犹太个人和组织。拿但拉比就是这样一个人。他父亲是一位巴比伦具有重要影响的学者，他回到以色列圣地，投到迦马列之子西门的门下，后来传说他受到先知以利亚本人的启迪，以讲道、诠释律法而著名。

拿但拉比规定丧葬仪式收受的钱财其多余部分要用于"在墓地建造一座纪念堂"。作为大流散后回归故里最早的犹太人之一，他声称："世间没有比对《托拉》之爱更伟大，没有智慧能及以色列圣地的智慧，没有地方能与耶路撒冷媲美。"

加利利的犹太人仍然视耶路撒冷为他们首要的宗教中心。早期阻止他们回耶路撒冷的规定没有维持多久。上一封信中写到的迦马列的孙子犹大哈—纳西，他一生从事《密西拿》这部犹太口传律法浩瀚巨著的编辑工作，在罗马统帅塞珀提莫斯·塞维鲁与仇视犹太人的亚兰总督佩斯塞纽斯·尼格尔的争斗中，犹大哈—纳西支持了塞维鲁，因此在塞维鲁击败尼格尔之后，解除了对犹太人的禁令。他后来的一位继承人亚历山大·塞维鲁（于公元 222 年登上皇位）允许犹太人管理自己宗教的所有事务。

塞维鲁时代的"黄金时期"，犹太宗教领袖纳西可以征收犹太人的税金，用于内部管理，可以审理民事与刑事案件，并可以对犯罪一方执行判决。据说犹大哈—纳西本人也得到了罗马人不少好处，其中包括耶斯列山谷以及加利利海以东现在称作戈兰高地的土地等。

犹太人争取到的这一新的有利条件甚至影响到他们进入耶路撒冷。虽然罗马人禁止犹太人在城市居住的官方法令继续生效，但实际上这一法令已被忽视。耶路撒冷开始形成了犹太人的"神圣社会"。其他城市也开始鼓励犹太人在日益壮大的城市里居住，如贝特古布林（Beit Guvrin）和里达（Lydda）。各处建造了更多的犹太教堂。甚至在 21 世纪的今天，巴兰（Baram）和迦百农（Kfar Nahum——《圣经·新约》和耶稣说教里称 Capernaum——两地的犹太教堂废墟依然清晰可见，依然摄人心魄。不仅仅是个别犹太人,整个犹太家庭和整个犹太群体都从巴比伦或其他流散地回迁耶路撒冷。纳西的宫廷富丽堂皇,皇帝亚历山大·塞维鲁对犹太人恩宠有加,以至于他的政敌称他为"犹太教公会大长老"——犹太教公会的首脑。

公元 284 年,皇帝戴克里先即位,罗马统治又开始严酷起来,在位的 20 年间,他成为了犹太人与基督徒"大迫害"的罪魁祸首。犹太人与基督教徒都拒绝崇拜皇帝。在巴勒斯坦,犹太信仰与学问在斗争中顽强生存,同时,罗马士兵袭击犹太农民,烧杀抢掠。公元 313 年,君士坦丁大帝开始促进基督教,大灾难再一次降临到巴勒斯坦(被重新命名为"巴勒斯坦一省"与"巴勒斯坦二省")犹太人的身上。其中就有基督教,在后来的数百年历史中,基督教如一团黑云压在犹太人的头上。我将在下面的信中讲述这一点。

第四十三封信

亲爱的弗丽大婶:

很显然,尽管民族起义和反抗罗马人的地区性斗争均以失败告终,但是犹太人是不会轻易消失的。事实上,他们在罗马统治的铁蹄下不仅人数倍增,繁荣兴旺,而且一次又一次地体现了他们能够在十分艰辛的日常生活中把自豪的独立精神与虔诚的宗教信仰完美地结合在一起。从西班牙大西洋海岸的加的斯,到黑海海岸及以远区域,再到高加索山脉深处,犹太人认为,与他们一起生活的人们同样认为,他们是一个民族。在失败与流散中,他们获得了伟大的内在力量。他们信仰他们唯一的上帝,上帝的训诫使他们团结在一起,激励他们生存繁衍。他们的节日,包括他们的自由节日逾越节,他们每天用祈祷方式将毫无血脉关系的人群联系在一起。

罗马时代犹太生活的许多方面为后来的 2000 年确立了方式。圣经时代的犹太农民和牧民在罗马统治下成为同样适合城市生活、沿海贸易以及商业等竞争激烈的生存的人。在西班牙和非洲北部,他们学会了种植橄榄和酿酒;在意大利,当今的记录显示,他们是纺织、制衣、烘烤面包、航运商贸、戏剧表演的能手;在2000年之前就犹太人预演了当今伦敦或纽约多姿多彩的生活。

当罗马帝国向东北挺进,征服莱茵河、多瑙河流域诸部落,或向西进入法兰西城市马赛、波尔多、图卢兹、里昂以及奥尔良,罗马军队所到之处,处处都有犹太商人。甚至在罗马统治区域之外的地方也有犹太人生存繁衍。他们在底格里斯河与幼发拉底河一带耕种庄稼、放牛牧羊,在高加索山里酿制红酒,在黑海海岸从事航运贸易。

其实,并不是每一个时期都充满苦难与迫害,即便在罗马统治时期,生活有时也能生活正常而充满机会。到了公元300年,在罗马帝国,犹太人的信仰自由得到了保障,免除了义务兵役,并且获得了允许实行犹太律法解决犹太人之间的争端的权利,作为一个独立的民族,他们既能保持本民族的宗教传统,又能同时参与周围的日常生活。

第四十四封信

亲爱的弗丽大婶:

犹太人作为一个独立的民族得以生存下来的原因之一是他们能够在流亡中重建、保存和发展他们的宗教生活。幼发拉底河岸的苏拉书院和彭姆贝蒂塔书院这两个伟大的巴比伦宗教书院的例子尤为显著。当庞大的罗马帝国步入缓慢但不可逆转的衰败时,巴比伦犹太拉比研究却日益走向繁荣,其中以公元500年完成《巴比伦塔木德》为巅峰。《巴比伦塔木德》是一部长达30卷、5900页、250多万字,评注《圣经》叙述的巨著,是终身研究与学问,最重要的是,它是日常宗教活动的文献材料。

《巴比伦塔木德》与其姐妹篇,先于100年完成的《耶路撒冷塔木德》为《圣经》提供了评注的基础,它把同样的论辩与诠释带给每一个犹太社区,无论他们流散在天涯海角。

苏拉书院和彭姆贝蒂塔书院,依照《犹太教百科全书》的说法,成了"犹太世界的中心",它们的重要影响一直延续至穆斯林时代。曾经有人认为,如果没有巴比伦犹太人的努力,犹太教就不可能生存下来,因为即便是在狄奥多西一世(379~395)统治下的犹太人昌盛时期,基督教最后被宣布为全罗马帝国唯一允许的宗教,410年罗马帝国为野蛮人所灭后,统治巴勒斯坦的东罗马(拜占庭)帝国继续迫害犹太人,狄奥多西二世统治期间的425年,这一迫害达到高峰。从那时起,巴比伦书院不得不擎起传承犹太教的火炬。

第四十五封信

亲爱的弗丽大婶:

由于在4世纪时基督教的传播越来越广泛,以色列圣地的犹太人发觉他们的圣城耶路撒冷以及他们主要定居地加利利都成了基督教渴望得到的目标。在类似提比略斯、迦百农、拿撒勒等以犹太人为主要人口的城镇,基督教建造了教堂与修道院,以满足来自希腊、意大利及巴尔干诸国日益扩大的朝圣者队伍的需要。除却那些坚定的朝圣者,许多当地的没有一神教传统的非犹太人也纷纷皈依基督教。有证据表明一些犹太人已接受皈依。

基督教针对巴勒斯坦犹太人残酷的暴力事件时有发生。5世纪初,一位来自亚兰北方的基督教修道士巴尔·索马(Bar Sauma),带领一帮志同道合的狂热之徒横扫巴勒斯坦,捣毁犹太教会。在另一起事件中,基督教徒在二十多个城市袭击了犹太人。然而,尽管经受了这些挫折,纳西的权威仍然保存了下来,甚至在某些皇帝统治的朝代里还得到了强化。

在基督教内部矛盾重重、纷争不断的数十年里,巴勒斯坦犹太人过了上了无人干扰的安宁日子。查士丁尼皇帝统治时期,修建犹太教堂再次出现高潮。本次高潮中修建的教堂遍及杰里科、加沙、阿什克伦以及戈兰高地底下雅穆克河峡处的哈马特—迦得（Hammath-Gader）温泉等地。然而，在查士丁尼时期，宗教迫害再次上演。由于基督教本身在壮大，新的教堂不断被建立，他们越来越觉得有必要把犹太人作为真诚信仰的敌人，更有甚者建造犹太教堂也突然被禁，犹太教法庭越来越多的自治权被剥夺。

　　尽管屡受阻拦与迫害，犹太人仍然生活在沿海平原、朱迪亚与撒玛利亚、约旦河谷以及加利利这一最重要的地方。他们顽强地坚守在他们古老的土地上，坚持他们向往耶路撒冷的信仰。残暴的罗马统治和狂热的基督教均未能把他们赶走。犹太教文稿越来越多，犹太教祈祷文依旧是他们父辈留下的这块土地的核心。他们把这块土地称作"以色列圣地"（*Eretz Yisrael*），在这块土地上，他们仍然耕种作物、经商贸易、崇拜上帝，盼望弥赛亚到来的那一天。

第四十六封信

亲爱的弗丽大婶：

　　公元 614 年，拜占庭帝国的敌人波斯人征讨罗马统治者，巴勒斯坦犹太人站在波斯人一边，协助他们讨伐罗马人。当波斯军队临近以色列圣地开进耶路撒冷时，犹太人匆忙集合队伍，加入了他们的行列。波斯人拥立尼希米·本·户谢（Nehemiah ben Hushiel）为犹太人领袖，统治犹太事务。许多基督教徒被赶出耶路撒冷，交通被关闭。可是，这一段犹太人自治的时间很短。三年后，波斯人转而支持基督教徒，倒戈指向尼希米，并将他杀害。

　　波斯人统治五年后，巴勒斯坦犹太人似乎又有了新的希望。一支由希拉客略皇帝带领的拜占庭军队重新攻克了耶路撒冷。当拜占庭军队逼近加利利时，富裕的犹太领袖，提比利亚斯的本雅悯开门迎接，把罗马皇帝安置在自己的家里，为军队供应食物与军

饷,甚至与他们一起进军耶路撒冷。因此皇帝答应不计前嫌,原谅
犹太人曾协助波斯人之过。

但是这些恩惠与保证并未兑现。希拉克略一进城就屈服于当
地基督教的利益,立即颁布帝国法令驱逐城内的犹太人。许多拒
绝执行法令的犹太人被杀害了,另外一些人受到法庭的审判。数
以百计,也许数以千计的犹太人被迫皈依基督教。

基督教激进分子重新占领了耶路撒冷以及大片地中海地
区,距罗马人摧毁希律时代的第二圣殿,已经过了五百多年的时
间。后来的 1000 年,以色列圣地将经历新的统治者压迫和新的
宗教的挑战。新的统治者将是阿拉伯人,新的宗教将是伊斯
兰教。

第四十七封信

亲爱的弗丽大婶:

公元 622 年,穆罕默德 50 岁,就是在那一年,他被阿拉伯人驱
逐出麦加。穆罕默德坚持认为,安拉并非众神之一,亦非众神之
首,而是唯一的神,因此招至阿拉伯人的忌恨。他逃亡到了亚特里
波(Yathrib)镇,小镇由种植枣子的犹太人所建,那里有一个人丁
兴旺的犹太社区。犹太人知道小镇的希伯兰名字,麦地那,意思是
城市,或州。

在麦地那开始的两年里,穆罕默德赢得了当地的阿拉伯部落
的信任,使他们转而相信一神教。当然犹太人早已相信只有一个
上帝。这两年,穆罕默德的主要成就是转变了当地犹太人和阿拉
伯人,使他们形成"一个社区",把那些仍然相信多神的人们排除在
外。根据他们签订的一项战争协议,这一社区的成员同意互相帮
助和互相保护。犹太教和伊斯兰教似乎注定要成为同盟,和平
共处。

伊斯兰一词的字面意思是臣服,即臣服上帝。穆罕默德把伊

斯兰教许多感悟建立在犹太教的基础上。

穆罕默德的宗教信仰似乎与犹太教相像,只要犹太人承认他是最后一位犹太先知即可。犹太人不愿这样做,最后一位犹太先知玛拉基比穆罕默德早一千多年,此后不久《塔纳克》,即犹太《圣经》三书:《摩西五经》、《先知书》及《圣书录》已告完成。此外,《古兰经》里源于希伯来《圣经》的故事,许多细节地方出现了变化,这些变化对犹太人而言是不可接受的。他们认为,《圣经》的记载构成来自上苍的教诲(*Torah Min-Hashamayim*),即来自上帝的教诲。

同样不能接受的是,穆罕默德反对基督教关于耶稣是神的宣称,他视耶稣为先知,如他立志要成为先知一样。令犹太人难以接受《古兰经》的另一个因素是语言,伊斯兰教圣书《古兰经》是以阿拉伯语写成的,而他们的《圣经》用的是希伯来语。当然,犹太人并不是不可能接受阿拉伯语,在往后的数百年间伊斯兰教统治的土地上,许多犹太教会长老说话、写作乃至思想都用阿拉伯语。

穆罕默德开始批判犹太教。他首先陈述犹太教,包括基督教,包含了许多不是亚伯拉罕简单信仰的附加部分,穆斯林视亚伯拉罕为伊斯兰信仰的始祖,相信他们就是亚伯拉罕的后代。624 年,穆罕默德教导他的弟子面朝麦加祈祷,而不是耶路撒冷。

军事上,穆罕默德日益壮大。630 年,他与他的追随者攻克麦加,八年前,他从那里被驱逐出来。伊斯兰教有了一个新的中心;犹太教则多了一个新的敌手。两年后,即 632 年,穆罕默德逝世。之后的四年中,他的门徒攻克了巴勒斯坦和亚兰。十年中,他们成了埃及、美索不达米亚以及波斯的主人。他们从埃及出发,穿越北非,到达大西洋,并于 711 年进入西班牙。每攻陷一处,那里的犹太人便沦为他们的新臣民。

下一封信的主题是犹太人与伊斯兰人。

第四十八封信

亲爱的弗丽大婶：

古代与中世纪之间没有明确的分界线。至于巴勒斯坦犹太人，公元 636 年伊斯兰的到来是一个转折点。两年之后，耶路撒冷被攻陷，罗马的统治与基督教的优势全部结束。

没有简要的概括能够描绘出伊斯兰时期巴勒斯坦犹太人的生活特征。每一世纪均有新的转折与拐点。开始的 50 年间，他们十分兴旺。九年前，拜占庭最后一位皇帝，基督教徒希拉克略一世把耶路撒冷城内的犹太人驱逐了出去，九年后，首任穆斯林元首哈里发的奥马尔一世允许他们回归故里，并赐予他们宗教信仰自由与权利，他也赐予基督教徒同样的自由与权利。但是，他驱逐了沿海地区希贾兹（今沙特阿拉伯的一部分），包括麦加和麦地那城里所有的非穆斯林，包括犹太人。

奥马尔二世时期（717～720），从波斯湾到今摩洛哥大西洋沿海地区，整个犹太人，一如基督教徒，成为"受庇护"的人群，但是他们所受的限制和责任是他们成为"二等公民"。最重要的是他们必须交纳一种特别税，交税时，他们必须向税务官员低头鞠躬，表示臣服，同时还要象征性地，有时候是真的，扇自己的耳光。

侮辱蹂躏，司空见惯。犹太人（和基督徒）的商店必须低于街道，然而，在基督教统治下的欧洲，犹太人是不允许拥有土地的，也不允许加入贸易行会。甚至犹太人可以同穆斯林合作，成为他们的商业合作伙伴，这一点在当时基督教欧洲是不可想象的。

在美索不达米亚，穆斯林统治者尊重巴比伦犹太社区长老们的权威，他们这些流亡长老声称是大卫王的后代，征收税赋，委任士师，如王者一般生活。穆斯林也没有干扰犹太教士的活动与权威，他们称自己为"Geonim"，维护着具有四百多年历史的苏拉书院和彭姆贝蒂特书院悠久的巴比伦犹太宗教传统和学术成就。

当哈里发将庞大的伊斯兰帝国首都于 762 年移至底格里斯河畔的巴格达时，邻近巴格达城的犹太教书院的权威得到了加强。苏拉书院的长老拉维·阿姆兰，卒于 874 年，写出祷告书（*siddur*），成了整个犹太世界的标准祷告文献（我将在关于犹太信仰的信中给您讲述）。这是关于一年中每一祈祷日期所用祈祷文的具体安排和安息日以及其他节日所要遵循规则的第一本书。具有讽刺意义的是，这本书是为指导远在巴塞罗那的犹太社区履行日常祈祷而写的书。此书将成为巴比伦系犹太人（后为西班牙系犹太人）宗教典礼的标准，并且至少自 11 世纪起，成为欧洲犹太人（德系犹太人）宗教礼仪的典范。

萨阿迪亚加昂①882 年生于埃及，年轻时移居巴勒斯坦，后来定居巴比伦尼亚。他与巴比伦书院的同事一起为希伯来语介绍了书面元音，以便确定希伯来语的发音。他们还确定了《圣经》中的词、句、段落之间的界限。

萨阿迪亚自己编著了第一本希伯兰语法，编撰了希伯来韵文词典以及对《圣经》里只出现一次、其意义无法通过其他用法加以鉴别的词语进行了诠释。他在公共事业和知识界卓越的领导地位使他得到了"阿鲁夫"（王爷）的称号，今天，以色列现代希伯来语中，阿鲁夫用来称呼元帅的头衔。他把《圣经》翻译成阿拉伯语，今天生活在也门和以色列的也门系犹太人仍然使用这部阿拉伯语的《圣经》。12 世纪的迈蒙尼德（关于迈蒙尼德，我将在以后的信里给您讲述）评论他道："如果没有萨阿迪亚，《托拉》很有可能早已在犹太人中间失传。"

在 930 年发生的一次巴比伦系犹太人分裂运动中，萨阿迪亚加昂抨击了当任流亡长老大卫·本—扎凯的生活方式，指责他没有认真遵守宗教律法，利用职务中饱私囊。经过了许多宗教派七

---

① 加昂：希伯来文原意为"卓越"，是犹太教内一部分首脑的称号。（译者注）

年时间的艰苦努力,他们才重归于好,穆斯林哈里发主持了他们的和解仪式。

巴勒斯坦沿海地区,罗马拜占庭城市凯撒利亚的犹太为穆斯林解放者打开了大门。伊斯兰统治使他们,包括整个巴勒斯坦的犹太人摆脱了拜占庭统治的苦难,在往后的数百年间,地方经济得以繁荣,如纺织业、渔业、农业等,长期荒废的麦田恢复了生机。这一伊斯兰仁政时期,不仅出现了加利利、耶路撒冷、约旦河谷等地的犹太社会的复兴,而且出现了其他地方犹太人回归故里的现象。

10 世纪耶路撒冷有一犹太望族,居住在新建的岩顶圆顶寺附近,他们就是西方统治鼎盛时期从摩洛哥的非斯移居过来的。家族成员所罗门·本—犹大是耶路撒冷与拉姆拉拉比书院院长,他的使者远涉西班牙的塞维利亚以及亚兰的阿勒颇。

哈里发阿尔—哈基姆统治时期(996～1021),巴勒斯坦与埃及两地均出现过短暂但又广泛的捣毁犹太教堂与基督教堂的事件,同时加在非穆斯林人头上沉重的土地税迫使加利利更多的犹太人放弃了他们具有数百年传统的农业耕作。

巴勒斯坦(Filastin)与约旦(Urdunn)失去土地的犹太农民移居到了城市。在那里,他们通常从事贸易、制作皮革或染色等,重建他们的生机,顽强地坚持他们的信仰。在罗马人统治下,他们已经有很长时间不能自由地出入耶路撒冷,而现在他们可以自由地前往那里。最重要的是,穆斯林不像基督教徒那样因为"杀害耶稣的人"的指控对他们具有强烈的憎恨。伊斯兰世界也没有像基督教欧洲统治者那样把犹太人限制在犹太贫民居住区,人身攻击更为少见。

到达西班牙时,伊斯兰人被军队的刀剑挡了回来,如到达基督教王国领地一样。然而对犹太人而言,伊斯兰人不是敌人,而是救星。托莱多城里的犹太人如凯撒利亚城的犹太人一样打开城门迎接穆斯林骑兵。这些是犹太历史上值得纪念的年代。犹太作家、医生、金融能人以及外交好手受到青睐与重用,宗教研究繁荣兴旺,穆斯林格拉纳达军队的指挥官是一位犹太将帅,犹太诗人发展了新的优美文体。这是一个黄金时期。

第四十九封信

亲爱的弗丽大婶:

根据犹太传说,巴比伦书院派遣四位著名学者前往流散各地的犹太人社区为书院募集经费。横渡地中海时,他们被海盗截获,之后被带到不同的流散地换取赎金。其中一位在弗斯塔特(古开罗)建立了一个学术中心,另一位在伊斯兰圣城之一,突尼斯的凯鲁万建立了一个宗教研究的中心,第三位在法兰西南部城市纳尔榜建立了一所书院,第四位,摩西·本·沙努克,在穆斯林西班牙成了科尔多瓦犹太书院的院长。随着苏拉书院和彭姆贝蒂塔书院的影响逐渐衰落,地处西方的这四家犹太教中心赢得了权威,最为兴盛的是西班牙的那个中心。那里,伊斯兰统治者为犹太教的创新与繁荣提供了宽松的环境。

西班牙系犹太人的黄金时代是随穆斯林 775 年攻克西班牙、建立伍麦叶王国、定都科尔多瓦而到来的。整个伍麦叶统治期间,犹太人的农业、商业、手工业以及制药业都很兴旺。科尔多瓦南面的卢塞纳犹太书院从 9 世纪至 12 世纪,一直兴盛不衰。阿拉伯地理学家以为卢塞纳、格拉纳达以及塔拉戈纳是"犹太"城市。犹太宫廷医生希斯达伊·伊本·沙珀卢特(Hisdai ibn Shaprut)成了外贸与海关的首脑,并且代表伍麦叶哈里发政权与北方的基督教统治者谈判。犹太文学也十分繁荣。10 世纪语言学家和希伯来诗人杜拿什·本·拉布拉特(Dunash ben Labrat)(他曾经在巴格达萨迪亚加昂门下学习过)率先运用阿拉伯韵律创作希伯来诗歌,为中世纪的犹太诗歌奠定了基础。他的诗作之一《餐后感恩》是今天婚礼之后的祷告文。

犹太人为地理知识也作出了重要贡献:10 世纪西班牙地理学

家有一位杰出的人物是犹太人易卜拉希姆·伊本·耶古卜(Ibrahim ibn Yaqub),他长途跋涉,穿越欧洲东部和中部,于966年到达日尔曼奥托大帝一世的皇宫。他旅途见闻的记载中有一处描述了德意志境内一座犹太人开采的盐矿。西班牙系犹太人黄金时代另一位卓越的犹太人是以撒·伊本·雅述什(Isaac ibn Yashush,卒于1056年),他是沿海城镇德尼亚(Denia)的宫廷医生。伊本·雅述什是位才华横溢的语法家,他研究并撰写了希伯来语的曲折形式的著作,并批判性地评注了《圣经》,其方法与现代有惊人的相似之处。

西班牙系犹太人的黄金时代因柏柏人1086年和1146年两次征服而破灭。具有讽刺意义的是,那个黄金时代的某些方面在基督教势力征服西班牙南部之后在那里重新出现,而那个时候正是基督教统治下的欧洲驱逐迫害犹太人十分普遍的时期。西班牙王室试图保护犹太人,使他们免受来自基督教教会以及西班牙商人的反犹太浪潮的侵害。在卡斯蒂利亚,自1080年至1370年,这种来自王室的庇护很有效,在阿罗贡(Arogon),这一有效的庇护一直延续至1412年,犹太人被邀请到新近征服的阿罗贡居住,他们便移居到了那里。13世纪后半叶基督教统治下的西班牙首席天文学家是一位犹太人,以撒·伊本·赛义德(Isaac ibn Sa'id),他制作了一个演示天体运行的了不起的球体。犹太朝臣身居高位,地位显赫,荣华富贵,然而,一旦失宠,或过于奢华,就会难保性命。这一王室庇护在1492年大规模驱逐犹太人之前宣告结束。

第五十封信

亲爱的弗丽大婶:

伊斯兰比较宽容的统治期间,犹太人的旅游、贸易、宗教活动十分兴旺,不仅如此,他们在政治上也十分腾达,有些犹太人被晋升到政治意义非常重要的位子上。穆斯林时代早期,高加索由穆斯林统治,但由犹太人任总督。波斯湾西拉夫港(the Port of Siraf)一直由犹太人管理了好多年。在埃及,犹太人担任了税务大臣、财政大臣以及国务督察等重要职位。

每当一个地方的犹太人受到教友如此强有力的庇护时,他们的社区和生活就不会受到侵害。作为对生活安稳,免受迫害的回报,他们把技艺、能力以及繁荣带给他们居住并力求成为忠实和有益居民的城镇。

然而,即使处在伊斯兰宽容统治之下,宽容仍然会瞬间变脸,并且导致骇人听闻的后果。伊斯兰世界虽然能宽容地对待犹太人,但是,他们眼里的犹太人仍然是"*dhimmi*",即二等公民,无论犹太人是怎样成功或有用,有时甚至不可或缺,从未平等地对待过他们。当宽容翻脸变成严酷时,二等公民成为他们的负担和诅咒对象,就会引发反犹太暴力行动,攻击犹太社区与个人。

伊斯兰激进派的出现瞬间将希望变成了绝望。激进派一宗,阿尔莫哈迪斯(the Almohades),1033年在摩洛哥崛起,时值克努特国王统治英格兰,他们在非斯疯狂屠杀了6000多名犹太人,这是他们狂热行为的第一次行动。30年之后,时值1066年诺尔曼人征服英格兰,伊斯兰激进分子在西班牙的格拉纳达再次疯狂屠杀了5000多名犹太人。

阿拉伯帝国的各个地方不同时期均有迫害犹太人的事件爆发。从大西洋到波斯湾广袤无垠的区域里,每一个世纪都有税赋沉重、限制繁多、盗抢掳掠、驱逐出境、甚至强行皈依等记录。

虽然伊斯兰世界对犹太人的迫害很少有基督教势力那样漫长久远,但是常常十分猛烈。犹太人处在贫穷、恐惧、臣服的影子里生存,失去了前穆斯林时期那种富裕和尊严。事实上,阿拉伯土地上的犹太人别无选择,只能接受低人一等的社会地位,换来唯唯诺诺但相对长时间稳定、不受侵害的生活。

第五十一封信

亲爱的弗丽大婶：

到公元 1000 年时，日尔曼帝国的疆域辽阔，西起阿维尼翁，东至布拉格，北上科隆，南下罗马，德意志系犹太人在日尔曼帝国辽阔的领地内平安地生活。犹太学术活动十分兴旺，最了不起的是格尔绍姆·本·犹大的事业，他一生大部分时间都住在美因茨。他被称为"拉本努格尔绍姆"，即我们的导师格尔绍姆，他对犹太人当时所面临的苦难没有幻想，他写道："日复一日，我的苦难有增无减，今天比昨天更为困苦。"通过塔木德书院，他让莱茵兰犹太学生了解巴比伦与耶路撒冷贤哲的著说，确立了可靠的《塔木德》文本，根据自己能找到的最好的手稿，清晰地抄写下了整篇《密西拿》与《塔木德》。

1012 年美因茨爆发了疯狂的反犹太暴动，那时格尔绍姆 47 岁，但是他的工作并没有因此而中断。通过一系列问题的回答，他耐心地评判日常生活中无数琐碎的问题，他回答问题的方式受到拉比们的赞赏，被称作"回应"(responsa)。格尔绍姆回应的特点是思想开明。任何犹太社区里面，少数人必须接受多数人的意见，丈夫不可以违背妻子的意愿与她离婚，必须废除有些犹太社区仍然存在的一夫多妻制，禁止辱骂曾被迫改信其他宗教而恢复犹太教信仰的人，解除不可以同非犹太人建立贸易关系的禁令等等。格尔绍姆智慧对犹太人的影响如此之大，许多后来的决定为了使它们更具权威性而归于他的名下。

1096 年，反犹太暴力事件遍布莱茵兰。十字军东征把德系犹太人更加严格地隔离开来，数以千计的犹太人被这些狂热的"上帝之选民"杀害，对他们而言，犹太人是"杀害耶稣的刽子手"，罪该万死。逃离家园的犹太人赶着马车，行进在拥挤不堪的道路上，朝着德意志东部逃亡，寻找可以安身、重建商店和教堂的乡镇，有些则逃得更远。伴随他们一起流亡的是意第绪语,一种他们在居住地德意志城镇习得的语言,他们把这种语言当作自己的语言,把希伯来语作为宗教信仰和庆祝活动用语保存下来。

在一个长达400年的时期内,这些操意第绪语的犹太人缓慢东移,一代一代地被驱赶,越来越靠近一望无际、黑黝黝的森林地带和荒无人烟的普里皮亚特沼泽地。基督教复兴的不断传播扩张不断加深了对犹太人的仇视。

第五十二封信

亲爱的弗丽大婶:

中世纪初,西欧有两个地区出现了犹太人的繁荣,莱茵兰和普鲁旺斯。伟大的犹太学者拉希,1040年生于法兰西北部的特鲁瓦,年少时在莱茵兰小镇沃尔姆斯就读,25岁回到特鲁瓦。到他1105年逝世时,他是闻名整个西欧的《圣经》和《塔木德》评注家。他的名字拉希(Rashi)实际上是他姓名 Rabbi Shlomo Yitzhaki 的首字母缩写。他是一名犹太教士师,根据当时惯例,士师是没有收入的,据说他在自己的葡萄园里种植葡萄,以此为生。自19世纪80年代起,葡萄种植是巴勒斯坦犹太人得到罗思柴尔德资助的产业之一。

拉希对《圣经》所作的评注,从此成为宗教学生经典的希伯来文本,在13世纪被译成拉丁文,对基督教徒翻译《圣经》产生了重大影响,也是第一部有印刷年代的希伯来著作,出版日期为1475年。他对关于犹太律法问题的回答,一如他的前人拉本努格尔绍姆,具有开明的特征。拉希规定,根据《圣经》训喻:饭前须喂饱牲畜,人们可以在感恩祷告中途,停下来去喂他们的牲口。谦逊是他回应的另一特征。拉希有一次回答别人的问题时说:"有人已经问过这一问题,但是我已意识到我的回答是错误的,我欢迎这一改正我错误的机会。"试问,有多少作家与老师,包括我自己,愿意像他那样做？拉希有两句名言，本质上是《塔木德》警句，特别具有普救与人文主义色彩："不要在大庭广众中训斥羞辱同胞"；"由爱顺从胜于因惧顺从"。

巴比伦《塔木德》原先是以阿拉姆语写成的，到了拉希时代，已变得晦涩难解，拉希对此所作的评注使这一犹太口传律法的重要阐述能够再次进入普通德意志系犹太人的耳目。*Askennaz* 是希伯来文，意指德意志。后来德意志系犹太人流散到整个东欧，然后西欧，后来又到了美洲。

拉希到他逝世仍未完成评注，未竟事业由他的孙子撒母耳·本·迈耶(Samuel ben Meir)又称拉什巴姆(Rashbam)继续，拉什巴姆曾经是拉希生前的学生。拉希健在时就说有些评注是采纳了他孙子的评注写成的。一如拉希，撒母耳·本·迈耶以种植葡萄为生，同时也牧羊。

犹太学术的传播激起了基督教徒的嫉妒，他们没有多少学术论辩，其影响远不及他们的对手。在法兰西，犹太人屡屡遭受袭击和驱逐。1240 年，所有希伯来的书籍在巴黎被焚毁，犹太人被逐出巴黎，他们的书院与教堂被捣毁或被基督教势力所占用。1306年，犹太人被驱逐出法兰西北部。

犹太历史上常常有这种情况发生：一个地区的不幸会给另一地区带来好运。犹太人被逐出巴黎和法兰西北部，而在普罗旺斯他们却人丁兴旺，事业成功。整个法兰西南部百余座城镇与乡村，犹太人社区十分繁荣，马赛一地就有三所教堂。

1348 年，正值普罗旺斯犹太人最繁荣的时期，居住在那里的犹太人口竟达 15000 人。有些人从事当时犹太人传统的放贷生意，尽管当时普罗旺斯的贷款利率大大低于其他地方。另外有一些人则从事谷物与红酒贸易，然而更多的普罗旺斯犹太人耕种自己的土地，经营自己的商铺，或在自己的葡萄园种植葡萄。正如500 年前的查理曼大帝宫廷一样，普罗旺斯这一地区的名医大部分是犹太人，他们同时为基督教徒和犹太社区提供医疗服务。

虽然普罗旺斯的犹太人会受到基督教会的侵扰,但是他们受到国王的庇护,国王多次拒绝了基督教教会驱逐犹太人的上奏。然而,自 1341 年起,每一城镇的所有犹太人必须居住在与其他居民隔开的区域里,不准雇用基督教徒,被强迫戴上明确的徽章。

普罗旺斯也有反犹太人的暴力行为。有些是由基督教教会煽动起来的。1348 年源自黑死病的爆发的一次暴行最为惨烈。即便惟有当地的犹太医生能够为黑死病患者提供一些医疗,但对统治者而言,把犹太人当作这场令人恐怖的瘟疫的替罪羔羊既容易又策略。当黑死病夺取数以万计的生命之时,幸存的人们野蛮地扑向犹太人,在土伦,整个犹太社区的男女老少几乎全部惨遭屠杀。

犹太人继续在普罗旺斯生活了一个世纪,其中有几十年受到了统治者的庇护,尤其是约兰德女王,她拒绝允许任意抓捕犹太人的行为,还有"好国王"勒内,他让犹太人进入商业、贸易以及手工艺等各个领域。虽然他们仍然必须佩戴标示犹太人的徽章,但勒内让他们佩戴小一些的徽章。此外,中世纪西欧基督教社会常常强迫犹太人接受洗礼,这成为当时犹太人生活的普遍特征之一,对此,国王勒内持反对态度。

1481 年,普罗旺斯与法兰西合并,在之后的 20 年里,反犹太暴行泛滥成灾,犹太人生活在水深火热之中。1501 年,他们被驱逐出普鲁旺斯,就这样,一个具有一千多年历史的犹太社会从普罗旺斯连根拔掉,人们到处流亡,其中不少犹太人皈依了基督教才幸免于难。

第五十三封信

亲爱的弗丽大婶:

延续时间最长的犹太社区之一是巴利阿里群岛马霍卡岛上的犹太人居住区。那个地方对现代北欧人而言是一个阳光明媚的地中海度假胜地。

有历史记载,公元5世纪,巴利阿里群岛米诺卡岛上就有犹太人居住,那时该岛由汪达尔人统治。尽管他们的名字不同,汪达尔人似乎对犹太人并无恶意。可是当拜占庭统帅,一位虔诚的基督教徒,于公元543年攻占马霍卡岛之后,岛上的犹太人被他们所杀害。600年之后,即1135年,在仁慈的穆斯林统治下,岛上又出现了犹太人生活的记录。

在基督教阿拉贡国王们的统治下(始于1299年),马霍卡岛犹太人的生活状况比以前基督教势力统治时期有了较大改善,他们又有自己的土地,包括在主要城镇帕尔马的犹太人。阿拉贡国王詹姆斯一世攻占巴利阿里群岛,他的随从里有一些是犹太人。

这就是犹太人在基督教统治下的马霍卡岛上安定、不可多得的生活,他们是从马赛和其他法兰西南部城镇、从北非以及埃及的亚历山大移居到这里的。马霍卡岛上的犹太人,包括伊维萨岛、莫尼卡岛、富门特拉岛等岛上的犹太人,获准与当地的基督教徒进行纺织品、谷物、食油、亚麻以及藏红花等商品的交易,交易可以用赊欠方式进行。

1269年,在帕尔马,犹太人虽然不能靠近基督教徒居住,但他们被授予特权,可拥有自己的葡萄园。1290年,一条"犹太街"在帕尔马建立,四周用围墙围住,开设几道可供出入的大门。

1306年,法国犹太人被驱逐出法兰西,他们流亡到马霍卡岛,其中有重要学者拉比亚伦·哈—科罕(Aaron ha-Kohan)。三年后,岛上发生首次"人血诽谤"事件,基督教徒指控犹太人杀害了一名基督教民的孩子,目的是用他的血焙烤逾越节面包。犹太人遭到袭击,但是国王下令惩罚袭击犹太人的基督教徒,保护犹太人,避免继续受到基督教暴力的袭击。1331年国王詹姆斯三世不顾罗马教皇约翰十二世的反对,命令他的驻岛总督帮助犹太人在岛上修建了一座犹太教堂。

有位犹太炼金术师,人们只知道他的名,梅拿臣(Menachem),他是 1343 年攻占巴利阿里群岛的国王佩德罗四世的医生和占星术师。14 世纪 40 年代,犹太医生犹大·莫斯科尼(Judah Mosconi)从希腊流亡到群岛,住在马霍卡。

天文学家和地图绘制员在航海贸易与探险时代是至关重要的人物,群岛上有不少犹太天文学家和地图绘制员。地图绘制员中有一位名叫亚伯拉罕·克雷斯克(Abraham Cresques),他和他的儿子犹大是精确绘制地图的开创者。(弗丽大婶,您让我给您绘制一些地图,我希望能与克雷斯克父子那样给您绘制。)

当 1351 年水手们抓捕了一些犹太人,国王佩德罗下令支付小额赎金后将他们释放。20 年之后,黑死病疫情刚过去不久,那时,在整个基督教欧洲数以百计的城镇,犹太人被指控在井里下了毒,他们遭到疯狂的攻击,而佩德罗国王却保护了岛上的犹太人,使他们免受袭击。1381 年他授权犹太人所罗门·贝纳雷尔(Solomon Benallell)在马霍卡制作肥皂。那一年,阿拉贡国王把亚伯拉罕·克雷斯克绘制的世界地图作为礼物送给了法兰西国王。

1391 年,巴利阿里群岛上犹太人的安宁与繁荣戛然而止,反犹太思潮席卷整个西班牙,其毒焰势不可挡。每一座岛上,所有犹太社区均被毁灭干净,帕尔马的犹太教堂被关闭,犹太人被迫参加基督教牧师劝说他们改信的说教。

许多犹太人因拒绝接受洗礼而献出了生命,其中有著名的维塔尔·埃弗拉伊姆·杰隆迪(Vital Ephraim Gerondi)拉比。也有一些人接受了洗礼,包括犹大·克雷斯克(Judah Cresques),他把自己的名字改成杰梅·利贝斯(Jaime Ribes),后来为葡萄牙航海家亨利绘制地图。

有些犹太人成功地逃亡到了北非,其中有一位社区中最年长的成员,西缅·本·塞马·杜伦(Simeon ben Zemah Duran)在阿尔及利亚定居,皈依基督教的纳迦尔一家(the Najjars)也在那儿定居,接着他们就改信原来的犹太教。

反犹太狂潮过后,犹太人重振旗鼓,在岛上重新建立他们的生活。他们鼓励从葡萄牙流亡来岛上的犹太人定居下来。帕尔马的犹太教堂重新开张,犹太人获准不必参加基督教的布道。然而,不到十年,罗马天主教的反犹太浪潮卷土重来。1432 年"人血诽谤"事件导致了席卷整个马霍卡的严重暴乱,三年后,犹太人社区不复存在,200 人被强迫改信罗马天主教,其余的犹太人亡命北非。

皈依基督教的犹太人,西班牙语中称他们为"*conversos*",在马霍卡,他们被称为"*chuetas*",他们继续生活在岛上,大多数以制作银器为生,表面上像基督教徒,但在暗地里一个世纪又一个世纪秘密地坚持他们的犹太教活动。西班牙宗教法庭于 1488 年来到巴利阿里群岛,继续他们搜捕此类犹太人的行动。

晚至 1675 年、1677 年乃至 1691 年,大量此类"秘密藏匿"的犹太人被送上宗教法庭并被处决。直到 1782 年,袭击和迫害改信基督教的犹太人开始被视为违法行为,但是在 1856 年,再次发生袭击他们的疯狂暴动。仅仅在 100 年之后,一些马霍卡"秘密"犹太人移居以色列,希望能回到他们的宗教信仰(其主旨大部分已丢失)的怀抱,可是这一尝试不久因无法转换到以色列的国籍而宣告失败,他们只能回到马霍卡。

今天在马霍卡至少有 300 户"秘密"的犹太家庭,1500 年前,他们祖先第一次来到这一岛屿,而 1500 年后的今天,他们不再被迫秘密地生活了。

第五十四封信

亲爱的弗丽大婶:

此信将讲述中世纪最伟大的犹太思想家摩西·迈蒙尼德,1135 年,他生于西班牙城市科尔多瓦。

在犹太人中间,迈蒙尼德的名字叫"拉姆巴姆(Rambam)",取他希伯来名字 Moses ben Maimonde 的首字母缩写而成。他 13 岁时,穆斯林激进派攻占科尔多瓦,他逃亡至摩洛哥的非斯城。在那里他学习了神学和医术。当伊斯兰原教旨主义在非斯抬头时,他和他的家人逃到了巴勒斯坦,当时的巴勒斯坦处在基督教统治之下,时值 1165 年。他们先住在阿卡港,后来移居耶路撒冷,最后来到希伯伦,那里埋葬着亚伯拉罕、以撒和雅各的遗体。然而,基督教的压迫比伊斯兰教的压迫更胜一筹。不久他们一家又迁往开罗,在那里,迈蒙尼德度过了他的余生。

弗丽大婶,有一点关于印度的描述会使您感兴趣的。迈蒙尼德和他的兄弟大卫去做买卖,但大卫在一次贸易旅行穿越印度洋时不幸落水身亡,他们的全部家产,即运往印度的货物与他一起沉入海底。为此,迈蒙尼德放弃了买卖生意,开始以行医为生。后来他被指定为埃及大维齐尔①的侍从医师,与此同时,他成了埃及犹太人社区的宗教领袖,利用每一个安息日处理社区事务。他收集、整理和综合了散见于《摩西五经》的犹太律法,撰写成书,编撰了《密西拿》的评注,其中包括犹太信仰的精要。这是目前所知的制定犹太教法典最早的尝试。他还写过几本医学专著、系统整理出了 613 条训诫、为贸易以及教堂宗教信仰活动制定法典。他 1190 年完成的《迷途指津》②是一部集哲学与宗教智慧的伟大著作。译成拉丁文后,对当时基督教思想产生了很大影响。

迈蒙尼德的《迷途指津》以及他的评注是用阿拉伯文写成的,后来它们又被译成希伯来语。然而,他最重要的著作《密西拿托拉》(*Mishne Torah*《犹太律法回顾》)是用希伯来语写成的,这是全面、系统介绍《塔木德》律法的首次尝试。事实上,他用希伯来语写作对希伯来语的发展产生了重大影响。他的《回顾》目的在于把托拉的故事讲述和抽象讨论放置一旁,集中精力研究律法本身。

迈蒙尼德在序言中写道:"我着手撰写本书,意欲简明不当与可行之举,纯洁与污秽之别,明了《托拉》律法,言简意赅,风格从

---

① 维齐尔(vizier):伊斯兰国家尤其是奥斯曼帝国的高官或大臣。(译者注)

② 亦译《困惑指南》。(译者注)

素"。《犹太律法回顾》一共有厚厚的 5 册书,迈蒙尼德均实现了这一意愿。对所有对犹太教感兴趣的人来说,赫尔曼·沃克(Herman Wouk)1959 年出版的《这是我的上帝》一书是一部触发灵感的经典著作。我父亲彼得·吉尔伯特(Peter Gilbert)深受这一著作的影响,把它介绍了给我。沃克指出:迈蒙尼德"进行了一项百科全书工程,把 1000 年以来几百个贤哲一起写进一部著作里,没有遗漏任何重要的东西。而且他忙于行医,在摩尔人世界里成为最忙碌、医术最高明的医生,最后被聘为埃及苏丹王宫廷医生,他是在这样一个忙碌的过程中完成此项工程的"。

在他一封写给也门犹太人的最重要的宗教信函中,迈蒙尼德警告人们防止出现假弥赛亚和出现弥赛亚主义的倾向,造成只能带来失望和烦恼的期望。他的《信仰十三精要》第一精要是上帝的存在,他说:"上帝的存在本身是完美无缺的,上帝的存在是其他一切存在的原因。"

当迈蒙尼德 1204 年于福斯塔特(古开罗)逝世时,整个犹太世界为此哀悼。福斯塔特城的犹太人以及穆斯林为他的逝世哀悼了三天。他的遗体从福斯塔特运往加利利海上的太巴列安葬。至今那里一直是信徒朝圣之地。人们常常把他比作《圣经》时代的摩西。在他的墓碑上刻着这样的墓志铭:"从摩西到摩西,断无他人能及。"

亲爱的弗丽大婶,您会有兴趣知道迈蒙尼德关于健康进食的建议,因为您熟悉印度人注重饮食健康的。他有一个建议是吃一口东西要嚼 24 下。今天正要坐下来写这封信之前,我吃午饭时试验了一下他的建议,有一种不同寻常的感觉,但毫无疑问这对健康有益。

第五十五封信

亲爱的弗丽大婶:

给整个地区犹太人构成最严重的威胁的不是伊斯兰教而是基

督教。随着十字军东征,他们给犹太人造成了重大伤害。自从1095 年起,时断时续,直至 1250 年,基督教欧洲一共派出数万热情高涨的士兵,扛着十字大旗,试图从"异教徒"手中夺取圣地。他们获得了成功,占领了耶路撒冷 100 年,但最后被穆斯林勇士萨拉丁赶了出来。在进军莱茵兰以及欧洲中部的基督教城镇的一路上,他们常常偏离他们的宗教使命,攻击那里的犹太人。有记录的特别残暴的杀戮发生在施佩耶尔、沃尔姆斯、特里尔、科隆、雷根斯堡、梅斯和布拉格。在科隆,有许多犹太人被当地的主教分别藏在靠近城市的八个乡村里,可是十字军将士紧追不舍,将他们抓获并杀害。他们一共杀害了 5000 名犹太人。

大军到达贝鲁特后,十字军将士血洗了住在城里的 35 家犹太人家,演示了巴勒斯坦犹太人的悲惨命运。在海法,犹太人加入了穆斯林捍卫港口的战斗,但是十字军将他们一扫而光。在加利利、沿海平原、撒玛利亚以及朱迪亚,成千上万的犹太人惨遭杀害。幸免于难的犹太人一部分被卖到欧洲当奴隶,另一部分被埃及的犹太社区赎回。

1099 年至 1187 年,十字军统治耶路撒冷,他们把犹太人赶出犹太居住区,残暴地将他们从家里和街巷里撵走,引来约旦河东岸信封基督教的阿拉伯人在这里定居。然而,犹太人对以色列圣地的热爱是毁灭不了的。1210 年,十字军统治结束之后,300 多名拉比从东西佛兰德以及普鲁旺斯赶到巴勒斯坦帮助重建被十字军大量毁灭的犹太社区。

即使是在十字军残暴的统治之下,犹太人仍然如饥似渴地向往以色列圣地。生于西班牙的犹大·哈勒维(Judah Halevi)一首赞美耶路撒冷的诗表达了这种渴望:

美丽的高地,
世间的乐园,
伟大国王的城池,

是你让我心驰神往，
虽然身处遥远的西方。

当我想起过去，
你那流亡的故事，
你那被毁的圣殿，
我心中的遗憾油然而生。

我将珍惜你每一块石头，我要将他们亲吻，
你的泥土芳香无比，
要比蜂蜜更加甜蜜。

1140 年，犹大·哈勒维自己从西班牙出发前往以色列之地。根据传说，快到耶路撒冷城墙边时，一位阿拉伯骑兵把他踩死了，另一说，是十字军骑兵所为。在他躺在地上临终之际，据说他背诵了他最喜欢的诗《锡安①，是否我不该来找你？》

第五十六封信

亲爱的弗丽大婶：

犹太人总是欢迎辩论，即便他们不能取胜。1263 年，在基督教统治下的西班牙，69 岁高龄的学者与哲学家摩西·拿马尼德斯与基督教神学家、改信基督教的犹太人帕布罗·克里斯蒂安尼（Pablo Christiani）连续辩论了四天。辩论在巴塞罗那举行，西班牙国王到场督阵，保证拿马尼德斯的言论自由。克里斯蒂安尼坚

---

① Zion 一词有多种译法，如郇山、锡安山，原指耶路撒冷山名，古代大卫王及其子孙的宫殿所在地，引申意指耶路撒冷、以色列、天堂、天国等，这里为了语音节奏，译为锡安。（译者注）

持认为《塔木德》包含亵渎耶稣的言论，这是一种传统的指控。他还声称《塔木德》证实了基督教存在的合理性。拿马尼德斯在回答中向克里斯蒂安尼提出挑战，指出耶稣是"和平之王"而"自耶稣时期直至今日，世界充满了暴力和不义，基督教徒比所有其他民族让人流洒了更多的鲜血"。

辩论没有取得任何结果就被基督教教会中断，他们不喜欢拿马尼德斯为自己观点辩护的方式。西班牙国王对拉姆巴姆（拿马尼德斯另一个由首字母缩略而成的名字）说："我从未见过有人为错误的理由辩护得如此出色。"一个星期后，国王亲自来到犹太教堂，并作了讲话，此后，一位基督教托钵修士上台布道，力劝犹太人改信基督教，这次布道允许拿马尼德斯进行反驳。作为对他辩论才能的奖赏，国王赠送给拿马尼德斯一笔礼金。他回到了他的家乡赫罗纳，但是两年后，即 1265 年，因遭多明我会修道士指控亵渎耶稣而被迫离开西班牙。

拿马尼德斯开始向巴勒斯坦流亡，于 1267 年到达那里。这时，鞑靼人入侵中亚已有七年，数以千计的犹太人以及基督教徒遭到屠杀，耶路撒冷再次被毁。"我是一个流亡者，"他写道，"与朋友和亲人遥隔千山万水，相见甚难，但是，今天我漫步于你的宫廷，其欢愉之情补偿了痛失所有美好东西的悲伤。噢！耶路撒冷！上帝赐我机会，让我能亲吻你的石块，抚摸你的尘土，让我伏在你被毁的瓦砾上哭泣。我痛哭流涕，心中却感到甜蜜；我撕裂了我的衣衫，却得到了慰藉。"

拿马尼德斯从耶路撒冷写信给留在西班牙的儿子说：这座城市"没有主人，如果有人想要，他能占有这片废墟"。他开始工作，帮助重整被毁的社区，他向儿子解释道："我们从谢尘（Shechen）（今纳布卢斯）获得了鞑靼人入侵耶路撒冷时带到这里的律法卷文。我们要组织一个犹太教堂，可以在这里祈祷。人们从大马士革、阿勒颇以及耶路撒冷所有地区云集而至，观望这一被毁的圣地，为它哀悼。愿你，我的儿子和你的兄弟以及我所有家人看到耶路撒冷的救赎。"

第五十七封信

亲爱的弗丽大婶：

1492 年基督教徒将犹太人驱逐出西班牙五年后驱逐出葡萄牙,这对穆斯林世界而言则为它注入了一个聪明、足智多谋的民族。以撒·亚伯拉巴奈尔(Isaac Abrabanel)是西班牙杰出的拉比学者之一,国王费迪南德和女王伊莎贝拉的经济顾问,他就是被驱逐出西班牙的犹太人。他流亡来到那不勒斯,在那里完成了《列王纪》的评注。他在宫殿里的特权职位也没有使他免遭流放的命运。

1492 年,16 万犹太人被迫离开西班牙。西班牙在希伯来语中称"塞弗拉德"(*Sepharad*),这些西班牙系犹太人在整个他们所知晓的不断扩大的世界里到处流散。25000 多人到达荷兰,20000 人在摩洛哥安家,10000 人进入法国,10000 人进入意大利,另有5000 人横渡险恶的大西洋,来到荷兰人占据的南美洲沿海地区、加勒比以及北美洲等地谋生。

西班牙流放的最大的一群犹太人,总共有 90000 人,去了奥斯曼帝国繁华的城镇。穆斯林统治者穆罕默德二世(1451～1481),在 1453 年攻占康斯坦丁堡时就把犹太人从拜占庭手中解放了出来。他的继任巴亚兹德二世(Bayazid II)把来自西班牙的犹太难民迎进帝国的各个城市,欢迎他们进入康斯坦丁堡(土耳其人称伊斯坦布尔)、阿尔及尔、亚历山大利亚、大马士革、斯米尔纳以及萨洛尼卡,1512 年奥斯曼帝国攻克巴勒斯坦之后,他们又欢迎犹太人到地处巴勒斯坦的加利利定居。1498 年,萨费德已经有做买卖的犹太人,经营水果、蔬菜、奶酪、食油、香料等交易。在以后的一百年间,萨费德变成了犹太神秘主义和拉比学术的中心。

1512 年后进入巴勒斯坦的犹太人建立了一个小型但强有力的犹太社区,尽管自十字军东征失败、这一社区顽强地生存了下来。到马穆鲁克苏丹王统治埃及时期,即西班牙驱逐犹太人170年之前,犹太人回归本土才成气势,尽管他们多次遭受迫害。1322年,一位来自佛罗伦萨的犹太地理学家亚实托里·哈—巴里(Ashtory Ha-Pari)定居耶斯列谷,在那里他撰写了一部关于巴勒斯坦地貌的著作。萨费德、拉姆拉、加沙等地的犹太人被基督教徒推荐为理想的导游。基督教修士维罗纳的雅克(Jacques of Verona)1335年参观了圣地,不仅发现锡安山脚下居住着历史久远的犹太社区,而且感叹道:"朝圣者想要参观圣地古老的城堡与乡镇,如果没有熟悉这一地方的好导游或本地犹太人的话,连地方都找不到。犹太人能够向你讲述这些地方的历史,他们从前辈和智者那里承接了这些知识。因此,当我云游海外时常常能够在当地犹太人中间寻找到一个出色的导游。"

1491年,西班牙驱逐犹太人的前一年,一位来自波希米亚的基督教朝圣者马丁·卡布塔尼克(Martin Kabtanik)在他《耶路撒冷之行》一书中写道:"那里没有多少基督徒,但犹太人很多,他们遭受着各式各样的迫害。耶路撒冷街头的基督徒和犹太人的穿得像四处游荡的乞丐。犹太人心里想而且嘴上也说这是上帝应许他们的圣地,外地的犹太人把居住在这里的犹太人视为神圣,他们仍然拒绝离开这块神圣的土地。"

1512年奥斯曼土耳其征服巴勒斯坦后,恢复了宽容的统治,犹太人的生活又有了新的生机。奥斯曼宽容的统治吸引了基督教西班牙的犹太人,并为他们提供了许多机会。他们在那里从事果蔬、奶酪、香料和橄榄油的生意,也有些在纺织行业里成为佼佼者。他们在耶路撒冷建造了四所犹太教堂,从此以后,直到1948年以色列独立战争中被阿拉伯军团炮火摧毁之前,连续400年,这四所教堂目睹了人们对上帝的崇拜。

加利利太巴列和萨费德两地的犹太人社区十分兴旺。西班牙犹太学术中心垮掉之后,萨费德成了犹太学术的中心,一如以前西班牙接替美索不达米亚成为犹太学术中心。最重要的是,萨费德目睹了犹太神秘主义的兴旺发达。

15世纪巴勒斯坦的犹太人数量有所减少。犹太人继续回归。典型的有弗拉拉的以利亚，一位来自意大利的拉比，1438年，他成为耶路撒冷犹太社区的宗教领袖。另一典型是贝蒂诺罗的俄巴底亚，也是一位来自意大利的著名拉比学者，他于1488年定居耶路撒冷。对于基督教旁观者而言，他们继续为圣地的犹太人而感动。1486年，一位杰出的基督教朝圣者，美因兹大教堂（Mainz Cathedral）的教长伯纳德·布里顿巴赫（Bernhard Briedonback）写道：耶路撒冷和希伯伦的犹太人"待人真诚，在那些不信基督教的国度里，他们比任何人都要真诚"。

参观圣地的基督教徒看到加利利十分荒凉，但是犹太人并未因此而放弃回归故里的行动，尤其是那些欧洲东部的犹太人，他们流散地的形势无法满足他们社会与宗教的需求，而巴勒斯坦，虽然遥远，但是他们能够回归的故土，而且这是他们矢志不渝的追求。

加利利的犹太人不仅保存和发展了犹太神秘主义和拉比学术的传统，而且他们重新建立了犹太人与故土的联系。1574年，一位法国医生在他的游记中写道："我们向太巴列湖四周望去，看到贝特赛达村和克拉兹姆村。今天，犹太人居住在这些村庄里，他们重新建设了湖周围的一切，开始了养鱼业，并让荒凉的土地再次果实累累。"

第五十八封信

亲爱的弗丽大婶：

70年前，您第一次去印度时，大英帝国夸耀自己是日不落帝国，印度是大英帝国的一块瑰宝。这一夸耀是事实，但这一事实只延续了不到100年的时间。同样，这一夸耀可以用于犹太人大流散，而且历史长达1000多年。

所有流散在这一地球上，使这一"日不落国家"的夸耀成为事实的古老犹太社区中,有两个十分特别,一个是在印度,一个是在中国,这两个社区在 1000 多年之前查理曼统治欧洲时期都已经存在。

第一批犹太家庭很可能是在第二圣殿被毁后不到 200 年来到中国的。他们的子孙后代在中国留了下来,把他们是犹太人的知识一直保存到 20 世纪。他们的祖先已无可考证。第一批到中国的犹太人很可能是丝绸商,他们乘坐大篷车从撒马尔罕和中亚,或者甚至乘船从波斯湾越过海洋来到中国。

到公元 750 年,伊斯兰教势力攻占了从撒马尔罕到西班牙的大片土地,在耶路撒冷,继大烛台和十字符号之后,换上了新月符号。随着伊斯兰教这一新宗教的兴起,犹太商人找到了新的力量。因为正是在这一个基督教徒和穆斯林激烈冲突的时期,犹太人原来受到威胁的商路得以畅通,让亚洲两端珍贵的商品通行。

我们是通过 9 世纪阿拉伯和穆斯林作家那里了解犹太商人以及他们所使用的商贸通道是怎样将由查理曼子孙统治的法兰克王国与远在东方的中国联通的。

这些犹太商人把中国的丝绸和香料运到欧洲,然后把欧洲染过颜色的布匹以及玻璃制品运往中国。9 世纪阿拉伯作家伊本·库尔达德比(Ibn Khurdadhbih)为此提供了书面描述,他写道:

> 犹太商人的贸易通道叫作"拉达奈特"(Radanites),这些商人操阿拉伯语、波斯语、罗马语、法兰克语、安达卢西亚语以及斯拉夫语。他们从西方走到东方,有时经陆地,有时渡海洋。他们从西半岛出发,在法兰克上船,航行在西半球的海洋上,驶向法塔马(Fatama),然后,把货物装在骆驼背上,经陆地,到达科尔祖穆(Kolzum),在那里,他们又转而上船,驶向吉达,然后前往信德、印度、中国……

法塔马地处今苏伊士运河北端、苏伊士湾之首的科尔祖穆,1958

年,我经海上从印度回国作了一次反向旅行。

一千多年以前的同一时期,另一位穆斯林作家伊本·阿尔法克特(Ibn Al-Faqth)写道:犹太人把"锦缎、上好的海狸毛皮等物品"从欧洲运往中国,然后他们从中国带回"各种各样"的货物。

第三位穆斯林作家阿布·扎伊德(Abu Zaid),给我们留下了十世纪,约公元 877 到 878 年间犹太人生活在中国的使人兴奋的参考材料。阿布·扎伊德在描述庞勋起义中写道:30 年后,班书经过长时间的攻打,攻克康府城,"……他血洗了整个城市。参与屠杀康府城居民的人说除城里的中国人之外庞勋杀害了 12 万居住在康府城做生意的穆斯林、犹太人、基督教徒和波斯僧侣。"

阿布·扎伊德补充道,由于中国人是按人口多寡抽取税赋的,因此可以知道被杀害的四个不同四群的具体人数。书中没有说明犹太人的人数,但可以肯定,犹太人如果不是一个大社区,也是一个十分重要的社区。

虽然具体时间无法肯定,但是,早在 1000 多年之前,遥远的中华帝国的城镇就出现了犹太人从贸易转而定居的现象。中国开封城有一个 750 人组成的犹太人社区,1605 年,耶稣会会士利玛窦神父记载了他们的口传教义,他们的祖先是在 1127 年之前从波斯来到中国的。他们日常用的语言是波斯语。从那时候起,直至现在,犹太人在中国生存了下来,并捍卫了他们的宗教与传统。与此同时,由于他们与地中海以及欧洲完全隔绝达八百多年,经过缓慢但不可避免的通婚过程,他们逐渐获得了中国的民族特征。他们的服饰、外貌以及体态逐渐中国化了。到 19 世纪初,他们只会说他们居住地的方言。

他们完全融合于周围世界,然而,这并没有影响他们保留自己是犹太人的感情,也没有使他们停止坚持他们心目中犹太人的生活方式以及宗教信仰。

所以,17 世纪初耶稣会会士来到中国,发现了中国系犹太人,感到十分好奇,记下了他们能够找到的、厚厚的资料。我们对中国犹太人社区日常生活以及风俗习惯的了解就是从这些耶稣会传教士那里得到的。

巴黎耶稣会档案中有早期传教士从中国带回的丰富的资料,其中包括在开封建造一所犹太教堂的详细计划,1163 年始建,1279 年重建。档案中还有在开封城里发现的希伯来语的手稿,这些是经过了 800 年与犹太世界全然隔绝的时光幸存下来的手稿。此外,耶稣会传教士还带回了一系列用中文撰写的代表犹太人生活方方面面的著说,包括《律法卷》(有封面的)、《律法确定节》、《犹太教会长老》、《十二支派》、《拉比》、《祭司牺牲》、《崇法寺》、《以色列》,中文为《一簇咯夜》。

耶稣会关于中国犹太人的记录既全面又迷人。尽管受到中国八个世纪的影响,犹太人仍然保留了犹太人原貌,他们犹太人的特征仍然十分清晰。1605 年 7 月 26 日,神父利玛窦从北京致信道:"我们从一位犹太人那里了解到了开封城里的基督教徒的情况,他几天前来见我们……他的信仰、民族特征、外貌长相告诉我们他是个犹太人。他两个兄弟学习了希伯来语,很明显是犹太人社区的拉比……这个人不知道犹太人这一个词,只把自己叫作以色列人。"

利玛窦神父家里墙壁上挂着圣母与圣子和洗礼者约翰的画像。他在信中写道:"当这个犹太人看到画像时,他以为画像中的两个孩子是雅各和以扫,和利百加在一起。于是,他说:'虽然我并不崇拜这一画像,但我要对我最早的祖先表示尊敬。'因此,他跪了下来,崇拜了画像。"

接着神父利玛窦与那位开封的犹太人谈论了城里犹太人的生活情况:"……他承认在中国他们无法保存他们的律法,因为割礼、洁净礼、不吃猪肉以及其他一些礼仪影响他们与其他人的关系,尤其会妨碍那些想要做官的人。"利玛窦写道,那位犹太人"……讲述了许多《圣经·旧约》、《十二支派》以及摩西的故事,一直讲到亚伯拉罕、犹滴、末底改、以斯帖以及其他人的故事(虽发音有所不同),

但是他对犹太宗教以及《圣经·旧约》了解不多。"

另一位耶稣会传教士玛窦神父把他在开封犹太教堂里发现的希伯来语的书抄写了下来。教堂的拉比告诉玛窦神父说："1000年后弥撒亚会来到世间。"1621年，耶稣会另一位传教士写道："他们的宗教里渗合着异教成分……但他们比穆斯林受到的尊重要少。"

1642年，一场洪水淹没了开封城，几十万中国人丧命。犹太社区也遭受了重大灾难，但他们设法挽救了大部分律法卷和26种不同内容的希伯来文本。他们重新建造了一所犹太教堂，重新抄写律法卷，编写各种历史传统的故事，还编写了社区已故人员的名册及家谱，作为后人记念之用。这些故事和纪念册幸存至今。这些被18世纪初耶稣会传教士为后人所挽救下来的故事和纪念册是中国系犹太人历史的重要见证。

纪念册中记载的家谱追溯至公元1400年，那时候的名字清楚地表明了犹太特征：亚伯拉罕、以撒、撒母耳、奥巴代亚、以斯拉、埃尔卡纳和大卫。15世纪记载的名字，其犹太特征仍然十分明显，其中包括摩西、约瑟、海因姆、犹大、玛拿西、阿多尼亚、但以理和西布伦。但到了17世纪初，中国名字占据了多数：梅厄、伊利石、玛提特西亚、以撒玛尔、仲德、仲贵、秦、石、石英、永匡、一凡、信义和拉比阿吉巴等。

随最后一批耶稣会会士撤离中国，中国犹太人的记录就停止了。几乎可以肯定，自最后一位耶稣会传教士涉足那里的1723年至1850年间，没有任何欧洲人去过那里，这段时间里，那里的犹太人其犹太特征、对犹太宗教的了解几乎完全消失了。

1850年，英国一个传教组织争取同开封的犹太人取得了联系，他们得到了50多本希伯来手稿。开封的犹太人请传教士帮助他们重新学会希伯来语，给他们送宗教读本。一份日期为1850年8月20日的申请信写道：

"……过去的四五十年中，我们把我们的宗教传承了下来，但不完整。虽教规文献尚存,但无人能知其中一字。恰好幸存七旬年长老妪一位,记得其信仰之主旨。"

申请信继续写道:"我们这一地方的犹太教堂久缺祭司,大堂四壁已破败不堪。"

就这样,开封犹太人被欧洲人"发现"了。一群群参观者蜂拥而至。他们的生活方式成了好奇和评论的话题。但是帮助他们已为时过晚。与中国人的通婚已十分普遍,阅读希伯来读本的能力已经丧失,他们的体征外貌已完全像中国人,甚至他们已不再过安息日了。

到 1900 年,在开封大约只有 50 个犹太人继续保留着祖先遗留下来的姓氏,仍然认为自己与邻居不同。1923 年一位美国游客轻蔑地写道:"我看到的所有这些犹太人不像犹太人,更像中国人。"九年后,另一位美国犹太游客写道:"他们知道他们是犹太人,但是对犹太宗教一无所知。他们意识到他们是中国人,完全被同化了,但为自己是不同于开封其他中国人、来自一个古老的民族而感到骄傲。"

开封犹太人是中国系犹太人中的一支,他们的生活情况自耶稣会会士首次入开封以来得到几乎持续完整地记录。但是其他古老的犹太社区只有零星的记载。中世纪,北起北京,南至广东,中国有二十多个犹太社区,他们很有可能是九世纪从事丝绸贸易的犹太人的后代,零星繁衍生存至今。19 世纪 60 年代进入加利福尼亚州的中国苦力中间有七位犹太人。1854 年,一位中国犹太人社区之一汉口犹太人的后代被送往孟买行割礼,他在 1906 年所拍的照片显示他的外貌像中国人,一如开封的中国犹太人。

第五十九封信

亲爱的弗丽大婶:

这封信从地理上说比以往任何一封信要与您更加接近。本星期我想写关于印度犹太人的情况。历史告诉我们，印度犹太人与中国犹太人一样，祖先十分古老。他们十有八九也是在公元 72 年第二圣殿被毁之后的两个世纪内来到印度的。他们也是寻找永久天堂的商人和难民。他们也吸纳了部分他们周围的生活方式和身体特征。

然而，与中国犹太人所不同的是，他们并没有成为被遗忘的人们，也没有丢失犹太教的基本知识。相反他们每一代都充分保留了犹太教的各个部分，使他们能在这一国家建立世界上重要的犹太人社会。社区人数超过 30000，是一个十分活跃的犹太群体，1948 年后，成为新建以色列国"流亡回归"群体的一部分。

印度犹太人主要的两大群体是科钦犹太人和贝尼以色列人，他们的祖先是在后圣殿初期来到印度的，原先居住在今孟买以南沿海一带的孔坎乡村里。科钦犹太人拥有一份特许状，有效期限为公元 974 年至 1020 年，这是一份当地拉甲①颁发给约瑟·拉班以及随他而来的 72 个家庭的特许状，为他们提供保护，不仅让他们生存，而且让他们繁荣，如有一位历史学家所写的那样，"远离强盗帮主、传教士、十字军、宗教法庭审判官以及有着顽固种族偏见的人"，因此，他们能够集中在一个地区生存，他们的信仰没有受到挑战。

葡萄牙人于 1502 年占领科钦，1510 年占领果阿。在科钦，当地的拉甲保护了犹太人 150 年，直至 1662 年。葡荷战争期间，葡萄牙人屠杀了许多犹太人，迫使其他犹太人四处逃亡。当凡斯科德·伽马到达卡拉拉境内的卡里卡特后，他对当地首脑扎摩林②说："犹太人杀害了我们的救世主，所以杀掉他们。"扎摩林对他们实施了象征性的鞭刑，然后打发他们离开，并对他们说："等灾难过后，你们还可以回来。"

---

① 印度酋长。（译者注）
② 印度地方酋长的另一说法。（译者注）

葡萄牙统治下的果阿，犹太人没有得到保护，罗马天主教激进派要求他们皈依基督教。然而，1560年葡萄牙人发布命令让那里的罗马宗教法庭充分实施权力，开始火焚已经皈依基督教的犹太人。七年之前，克兰加诺尔港的穆斯林加入了血洗当地犹太社区（科钦犹太人的一个分支）的行列。

科钦犹太人是幸运的，他们马上得到了帮助。1663年，荷兰人将葡萄牙人赶出了科钦，并给犹太人提供了文明生活和信仰自由的保障。一百多年后，即1795年，英国在那里获得了最大的权势，他们对犹太人社区也给予了尊重，没有干扰他们的生活。

科钦犹太人在一个方面受到了印度教世界原教旨的影响，那就是种姓制。一段时间后，科钦犹太人明确而永久地分成了两个种姓群体，"黑皮肤"犹太人与"白皮肤"犹太人，分别拥有自己的教堂，而且确信"白皮肤"犹太人优于"黑皮肤"犹太人。然而，即使他们尊重印度的种姓制度，但是他们没有完全屈服于外部世界的压力和社会风俗习惯。1906年5月11日《犹太新闻》报刊登了埃尔坎·N.埃德勒尔（Elkan N. Aldler）一篇报道，报道中说："虽然白皮肤犹太人肤色较淡，他们中的有些肯定并不怎么白，黑皮肤犹太人的肤色也不是十分黑。"

贝尼以色列人基本的犹太生活方式经历了同样的挑战。他们相信自己是安条克四世（公元前175～163年）时期离开加利利来到印度的犹太人的后代，他们零星地保存了犹太教，但是，一如中国的开封犹太人，由于与其他犹太社区完全隔离达1000年之久，与任何犹太社区均无联系，也没有与大迁移、流散各地欧洲犹太人、北非犹太人以及中东犹太人任何联系，他们经受了很大的苦难。

1680年，一位贝尼以色列人雅各·塞马（Jacob Semah）在苏拉特建立了一个小型犹太殖民地，1613年，英国东印度公司在这里建立贸易站。18世纪后半叶，殖民地甚至移到了英国东印度公司更加重要的贸易站所在地孟买。他们在那里十分兴旺，不仅受到欧洲统治者的庇护,而且能与欧洲商人带来的犹太人世界重新接上关系。当开封犹太人世世代代顽强坚持下来的同犹太传统的联系最后消失的时候,孟买犹太人却重新汇入犹太生活的主流,欧洲势力以及大英帝国的强劲东移拯救了他们。

18 世纪中期,一位科钦犹太人大卫·拉哈比(David Rahabi),参观了贝尼犹太人。贝尼犹太人的传说把他参观贝尼犹太人的时间推到了"大约 1000 年"! 他报道说:犹太祈祷文舍玛开始一句铿锵有力的话:"以色列,请听!"是贝尼犹太人唯一能懂的希伯来文。他去那里时,所有犹太节日,他们都过,但均已改成印度风格的名称:赎罪日(the Day of Atonement)不再称作赎罪日(Yom Kippur),而是"闭门斋"(the Fast of Door Closing)。犹太饮食律法和割礼传统二者均幸存了下来。

大卫·拉哈比给自己确定了一项任务,把犹太信仰的细节内容重新教给贝尼犹太人,给他们介绍西班牙系犹太人的祷告礼仪,又给他们提供用他们自己语言,马拉地语,写成的祈祷文,并培养接班人,继续他的工作。

1783 年,英国人与提普·苏丹领导的印度人作战,有五个贝尼以色列兄弟加入英国军队的行列。其中之一撒母耳·埃塞吉尔·迪夫卡尔(Samuel Ezekiel Divekar)官至民军总指挥(苏贝达少校),后被提普·苏丹俘获,提普·苏丹母亲出面干预,请求儿子说,《古兰经》中提到贝尼以色列人,颇有美誉,因此而获释。迪夫卡尔发誓一旦具备能力,他将建造一所教堂感恩。他实现了他的誓言,于 1796 年在孟买出资建造了第一所贝尼以色列教堂。

19 世纪期间,贝尼以色列人获得了所在村落的姓氏。这些姓氏大多数以"卡尔"(-kar)结尾,如"吉拉德卡尔"等。但与西方犹太人重新接触后,他们又改用《圣经》中的姓氏,如亚伯拉罕先生、摩西先生或以利亚先生。

当他们的犹太特征复苏的时候,他们仍然坚持自己的种姓制度,白皮肤犹太人与黑皮肤犹太人之间的通婚仍然遭到疑义并常常被禁止。

尽管贝尼以色列人向他们的印度邻居的种姓制低头,但是他们没有真正认同包围在他们周边的印度信仰与习俗。雨果·格林拉比(Rabbi Hugo Gryn)是他们1957年至1960年孟买郊区比库拉的拉比,他评论道:"他们没有遭受歧视,也没有得到帮助。"因此,直到1948年以色列国的成立才给他们确定了作为犹太人的地理认同,之前他们没有这种认同。事实上,以色列为他们构筑了一座桥梁,他们可以通过这一桥梁与至今与他们最靠近的犹太世界,即孟加拉系犹太人,他们有点装模作样的傲气。

在以色列,他们碰到了不同的问题,包括肤色问题,但他们也享受到了从许多不同地区回归故里的犹太群体的基本"统一"好处。他们不再是贱民或异乡人。第二次世界大战结束时有24000名贝尼以色列人,其中一半定居以色列,其余去了不列颠、加拿大以及澳大利亚。

1947年印度独立之后,在印度公共生活领域里有许多印度犹太人身居高位。哈娜·森,弗丽大婶,您十分了解她,她是全印度妇女委员会主席,是捍卫印度妇女权益勇敢的战士。约书亚·M.便雅悯是印度政府的总建筑师,负责新德里国会大厦侧楼的建筑。以斯拉·科雷特(Ezra Kolet)曾经在比吉大叔手下的财政部工作,担任船运和交通部书记职务,负责为把食品运进印度的船只颁发特许证。科雷特是新德里犹太人福利协会的创始人之一,他还是一位富有才华的音乐家,并建立德里交响乐协会。

我与印度犹太人有三个私人关系。第一个关系的建立可追溯到1958年,当时我们初次见面,我还遇到了吉拉德兄妹,大卫和琼。他们出生在一个古老而有名望的印度—犹太家庭,他们的父亲以利亚·以弗林·吉拉德(Elijah Ephraim Jhirad)出生于奎达,是德里犹太人事务积极分子。他的职业是律师,1939年战争爆发时,他参加了印度皇家海军,独立之后,他出任海军军法署署长。

我在很早以前写下的日记中记录了多次与大卫和琼长谈至深夜的情况，我们谈及的当今问题有种姓制与阶级、富裕与贫穷、帝国主义与共产主义等理想主义年轻人热烈讨论的话题。琼在我心中留下了极其深刻的印象。我经常想念她境况如何。在我写这些信的时候才得知她长期患病，将近 20 年前就已病逝于伦敦，当时才不过四十多岁。大卫生活工作都在华盛顿。

我与印度犹太人的第二个关系来自我和撒母耳·所罗门的友谊。撒母耳·所罗门是居住在汉普斯特德的英国犹太人，他的女儿艾玛·克莱因（Emma Klein）后来成了英国犹太人的专题作家。事实上，撒母耳·所罗门是一位印度犹太人，弗丽大婶，他在您出生于布达佩斯四年前，即 1904 年，出生于加尔各答。他母亲的父亲，埃利亚·摩西·杜维克—科恩（Elias Moses Duveck-Cohen），在加尔各答拥有一家最大的剧院，他的家族原本来自叙利亚，他的兄弟（撒母耳的外舅公），大卫·以斯拉勋爵是加尔各答行政司法长官，与萨松家族有联姻关系。萨松家族是印度犹太人，家族成员之一维克多·萨松勋爵于 1922 年成为印度立法委员会的一名成员。

在印度上完学之后，撒母耳·所罗门继续在英国接受教育，然后回到印度，从事政府部门的公务工作。1927 年，担任地方行政官以及税收官员助理，这是他的第一个职位。接着他担任了调解委员会主任助理、地方部门法官和比哈尔市政府宣传署署长。1942 年，出任奥里萨邦政府发展部部长，受命负责接收日本侵略缅甸时逃出来的数千名难民，他们是在日本人炸沉了他们逃生的破船之后被海水冲到了奥里萨海滩上的，其中许多人被海水冲掉了所有衣着。

1947 年移居英国之后，撒母耳·所罗门帮助新生的以色列国募集资金。我是在 60 年代认识他的，是他在印度生活和工作的故事使我着迷。他有七个孙子和孙女，其中六个出生在以色列，他们现在仍然生活在那里，我有一次作过一个讲座："流动的犹太人"，这就是犹太人历史的本质。

　　我的第三个关系的建立,时间离现在比较近,那是在 1974年,来自我与雨果·格林的友谊。那时他担任西伦敦犹太教堂的高级拉比,是伦敦的一名改革派拉比。15 年之前,他以孟买为据点,游遍印度各地,在许多大学讲述犹太教和犹太历史。旅游途中,他在许多城市里遇到了犹太人,包括浦那、科钦、德里以及艾哈迈达巴德(在那里,他与比居大叔的侄子拉贾·哈奇幸结为朋友,哈奇幸是当地有名的商人,我曾经与他度过了欢愉的一天)。

　　虽然雨果原本是被派去管理孟买的贝尼以色列人的,他把工作范围扩展到了 19 世纪从伊拉克移民过来的巴格达犹太人以及欧洲来的犹太人,其中包括纳粹德国的犹太难民。在他们中间,他成了受人尊敬的领导人,鼓励许多人移居以色列。至今孟买犹太人以及科钦犹太人仍然亲切地记得他。他在印度经历的不同信仰激励了他自己内心对信仰的兴趣,这一兴趣成为他后来在英国产生重要影响的一个主要方面。1996 年他的逝世——年仅六十多岁——至今仍然被人们追悼。他是纳粹大屠杀的幸存者。1944 年他被驱逐出匈牙利占领的鲁塞尼亚,从贝雷格斯萨斯(Beregszasz)镇赶到奥斯奇维兹(Auschwitz),在那里,他的弟弟迦比被杀害了,当时迦比年仅十岁。

第六十封信

亲爱的弗丽大婶:

　　当我在 1958 年去印度看望您的时候,我的外祖母,我母亲的母亲,戈达·格林还健在。一如大部分不列颠系犹太人的祖辈或曾祖辈,她出生于距伦敦 1000 英里之外的俄国一个偏远地区,其中心是普利佩特沼泽地。

　　100 年前,有 700 多万犹太人居住在那个偏僻的地区,当时这

里属于沙皇俄国的"犹太人定居区"。虽然他们中间受教育最高的
人说俄语,他们的日常语言是繁荣兴旺的意第绪语。意第绪语是
他们用来表达欢乐与痛苦的语言,是他们生意买卖和文学作品的
语言,也是他们紧密团结的家庭生活的语言。

这些遍布各地的普利佩特沼泽地犹太人,西至华沙,北达维尔
纽斯,东接基辅,以及各地数百个村庄和茅舍,这些意第绪犹太人,
他们都说意第绪语,一种粗声粗气的日尔曼系语言,与周围斯拉夫
语系的俄语、波兰语和乌克兰语形成强烈的反差。那么,他们是从
哪个地方来到这里的呢? 1917 年,一位普利佩特沼泽地犹太人,
哈伊姆·魏茨曼(Chaim Weizmann)试图说服英国政府支持在巴
勒斯坦建立犹太人家园的观点。

俄国犹太人通过两条很不同的途径实现了他们的拥挤但稳定
的意第绪生活。毫无疑问,几千人,也许是几万人是在中世纪初从
黑海和里海地区以及广阔的哈扎尔王国来到这里的。哈扎尔人曾
经是游牧民族,后来成为中亚的一个具有蒙古人特征的部落,约公
元 700 年,部落首领们皈依了犹太教,之后,他们控制的领地便成
了当时整个拜占庭王国、巴尔干地区以及波斯南部数千名受到迫
害的"真正"犹太人的避难所。

这些希腊和波斯犹太人是在诺曼人征服英格兰之前 200 年的
时候来到哈扎尔王国的,在这 200 年间,他们播种水稻与谷物,种
植葡萄园,养蜂取蜜,生活比较安宁和繁荣。他们也有以放牧为
业,里海沿海一带的则以捕鱼为生。他们与遥远的西班牙以及北
非犹太同胞做买卖生意,同西班牙系犹太人保持联系,协助另一个
中亚部落,马扎尔人,攻克了今匈牙利(您祖先的故乡)的地区,有
些人甚至与马扎尔人一起在多瑙河一带定居下来。

1016 年,诺曼人征服英格兰之前 50 年,一支由俄国与拜占庭
联合组成的军队打败了已经日落西山的卡扎尔军队,那些"卡扎
尔"犹太人再次被迫流亡:犹太人流亡,这是世世代代伴随某些犹
太人的命运。这些犹太人已不再是来自希腊或波斯犹太难民纯粹

的后代了,与皈依犹太教的哈扎尔人通婚,使他们获得了中亚人的特征:高颧骨、黑眼睛。我记得,十年前在多伦多的一次犹太人聚会上,我被介绍认识一位名叫"哈扎尔先生"的犹太人,与他握手致意时,我惊奇地发现,在我眼里他是从中亚最遥远的大草原来的。

俄罗斯基辅人于公元 965 年击败哈扎尔人并于 1016 年最终摧毁哈扎尔王国,里海地区的哈扎尔,或蒙古犹太人随之而流离失所,无家可归。如《俄罗斯新闻》记载,早在 986 年,一些哈扎尔犹太人前往基辅面谒俄罗斯君主弗拉基米尔,甚至邀请他接受犹太教。

哈扎尔王国的覆灭导致一些犹太人回到了希腊和地中海地区,再次流亡异乡,但是有许多犹太人被俄罗斯征服者带回到了他们新近缓慢扩充进入版图的俄罗斯南部地区,如基辅和哈尔科夫等。

定居俄罗斯的哈扎尔犹太人并非为人喜爱或受人欢迎,例如,幸存的历史记载显示,他们到俄罗斯 100 年后,基辅一地就爆发过反犹太人的暴动,许多犹太人被杀害。然而,他们还是在那里寻求安稳的生活,维持他们的犹太教,经营买卖,养家糊口,繁衍生息。

尽管哈扎尔王国已经覆灭,哈扎尔犹太人却设法留在里海地区,从这一久远时期幸存下来的零星证据叙说了另一则影响他们的特别事件。在开罗犹太教堂一个藏有大量古代犹太人书信和文件的大贮藏室里发现的文件中间,有一份于 1920 年发表,原作时间可溯至 12 世纪,文中有下列句子:

> 哈扎尔王国的群山之中诞生了一位犹太人,他的名字叫所罗门·本—杜吉(Solomon ben-Dugi)。
>
> 他儿子的名字叫米拿现,和他们在一起的是耶路撒冷的以法莲·本—阿撒利亚,一位口才流利的人。
>
> 他们为他们周围远近所有的犹太人写信,他们说上帝把所有土地上的犹太人集合到圣城耶路撒冷的时刻已经来临,

他们还说所罗门·本—阿撒利亚是以利亚,他的儿子是弥撒亚。

几乎可以肯定这位假冒的弥撒亚米拿现·本—所罗门·本—杜吉,就是米拿现·本—所罗门·本—路希(Menachem ben-Solomon ben-Ruhi),他流传更广的名字叫大卫·埃尔鲁伊(David El Roi),他在库尔德斯坦领导了一场起义,于 1160 年正值他救世精神最为高涨的时候被害身亡。有位学者 A. N. 伯利亚克(A. N. Poliak)确信这位大卫·埃尔鲁伊是哈扎尔犹太人,是流亡犹太人的幸存者之一,他是在带领哈扎尔犹太人前往耶路撒冷的途中被害的。

于是,被击败的哈扎尔犹太人开始了 13 世纪蒙古人入侵后的第二次哈扎尔大流散,在俄罗斯南部寻找地方,建立新的家园,与此同时,另外一群数量大得多的犹太人在莱茵河一带被驱逐出家园。他们是在罗马帝国时期从地中海甚至巴勒斯坦来到罗马人控制的前哨基地定居,经营贸易。

犹太人是在 2000 年前随罗马军团到达西欧的。沿着几条大河,西班牙的埃布罗河、法兰西的罗纳河以及塞纳河、德国的莱茵河以及易北河,他们建立小型贸易站,给罗马军队以及当地居民供应物品。在罗马帝国的中心意大利犹太人数目巨大,生活红火。罗马帝国分裂、征服蛮夷、欧洲进入黑暗时期之后,他们仍然设法生存了下来。

沿"日尔曼尼亚"几条大河的许多小城镇和要塞为犹太人提供了可以谋生的地方,当罗马统治者被"蛮夷"所替代时,他们继续留在那里经营贸易或充当中介人,缓慢地扩散到后来成为查理曼以及法兰克人一统天下的每个角落。在查理曼所创造的欧洲帝国,犹太人享有完全的贸易自由,但是查理曼于公元 814 年逝世后,不仅他的帝国,而且与此相联的宽容政策被抛到了一片混乱之中。犹太人为争取公平交易和平等权利的斗争开始了,这场斗争将延续一千多年。

第六十一封信

亲爱的弗丽大婶：

波兰犹太人的历史被搞得一团糟，尤其是最近 100 年来波兰人反犹太主义浪潮在犹太人心目中留下了深刻的阴影，最近的例子是 20 世纪末揭露的 1941 年耶德瓦布尼（Jedwabne）村犹太人屠杀事件，刽子手并不是德国占领军，而是与他们住在一起的波兰村民。然而，早期波兰犹太历史有许多积极的方面，不仅仅是因为波兰人允许从德国流亡过来的犹太人在自己的土地上定居，他们甚至鼓励犹太人定居波兰。

早在 1170 年，首次被驱逐出德国后的 100 年，犹太人在波兰制作波兰钱币，在硬币上刻上了希伯来文字。40 年之后，波兰人允许犹太人在加利西亚拥有自己的土地。14 世纪，波兰人给犹太人颁发特许状，依法规定："假如犹太人走进基督教徒的家里，任何人均无权伤害他或使他不愉快。"接下来的几年里，立陶宛的犹太人被赋予相同的特权。犹太社区在一个个城镇里出现。大约 1234 年的一篇碑文中提到："克拉克夫的拉比雅各·撒弗拉……一位伟大的学者，对整部《塔木德》了如指掌"。

1264 年，卡利什国王博莱斯瓦夫五世颁布一项特许状，庇护犹太人，犹太人的生活出现了一个好的转折点。来自中亚的蒙古人入侵波兰时给波兰造成巨大的破坏，博莱斯瓦夫认识到犹太人有能力帮助他们恢复他国家的商贸繁荣。一个世纪过后的 1385 年，立陶宛大公国并入波兰，特许状范围扩展至立陶宛。

然而，如犹太历史上经常发生的那样，定居权和不受干扰的权利常常受到地方暴徒的挑衅，每当基督教徒觉得需要替罪羊的时候，就会滋事生非，煽动基督教狂热浪潮，践踏犹太人的这些权利。黑死病肆虐欧洲整个大陆期间，人们当时找不到其他解释，就把灾难归罪于犹太人,指责他们是瘟疫的传播者,到处都这样,波兰也不例外,1349年波兰有一份年鉴记载道:"所有犹太人……几乎整个波兰的犹太人都被杀害了。"

1399年,波兰西部一位拉比和13位年长的犹太人被指控破坏了基督教教堂的财物,他们受尽折磨,然后被活活烧死。1407年,克拉克夫发生反犹太人的暴乱,一位放高利贷的犹太人当众经受折磨和活活烧死。1490年,在波兰东面的莫斯科,犹太宫廷医师,马斯特·里昂(Master Leon)因未治愈大公爵儿子的病而被处死。1495年,犹太人被驱逐出为他们提供了200多年避难所的立陶宛。

波兰犹太人的生活中,各行各业都有出类拔萃的个人。波兰犹太人经营布料、染料、马匹和牛羊等生意,他们的货物远销威尼斯和克里米亚。国王拉迪斯拉斯二世于1425年颁布的一道涉及波兰边远地区加利西亚的法令中指出:"因为我们非常信任沃尔克那位犹太佃农的智慧、细致和远见……上述犹太佃农把上述不毛之地变成有人居住的村落之后,他有权拥有这一居住地,直到死去。"另一位犹太人拿可(Natko)也得到了国王的恩赐,国王卡齐米日·雅各罗把德霍别贝兹(Drohobycz)的盐矿赐予了他。

无论如何,波兰犹太人的安全似乎得到了保障。国王博莱斯瓦夫的特许状连续重申了几次,其中雅各罗王朝卡齐米日四世1453年的那一次重申力度最大。16世纪,摩西·以瑟勒斯拉比(Rabbi Moses Isserles,以缩写名利马闻名)指出:犹太人"住在波兰吃干面包,过太平日",比其他任何危险地方要好。以瑟勒斯为波兰造了一个希伯来字"Polin",并解释道:该词是由希伯来语中的"po"、"lin"(这里,他将得到安宁)两个词汇构成的。以瑟勒斯亲自在克拉克夫建立了一所拉比学院,并以自己的钱财资助学生学习。他是克拉科夫市拉比律法院的首脑,著作之中有一部是关于饮食律法的。他于1572年逝世。以瑟勒斯的名望很高,克拉科夫墓地仍然可以见到人们称赞他的墓志铭:"自摩西至摩西,无人能及摩西",也就是说,从摩西·迈蒙尼德到摩西·以瑟勒斯,之间没有出现能与《圣经》时代的摩西媲美的人。

1569 年,波兰攻克乌克兰,波兰统治下的犹太人数量增加很大。波兰贵族常常指派犹太人掌管他们从乌克兰人手中夺取的房地产。犹太人便出租这些房地产,多年上缴巨额租金后享受对佃农的无限权力。毫无疑问,乌克兰佃农厌恶犹太人:第一,他们是缺席的地主;第二,他们是外国统治,即波兰统治的工具。

犹太学术与文化得到了发展。16 世纪一份波兰年鉴中写道:"犹太人操希伯来语,研究科学和艺术,天文学和医学"。犹太学者和教士甚众。土地委员会是犹太人社区生活的中心,也是规范犹太人内部管理的核心。他们建造了雄伟壮观的教堂,包括克拉克夫的利马大会堂和利沃夫的犹太大教堂。

第六十二封信

亲爱的弗丽大姊:

整个 16 世纪,中欧与西欧犹太人的境遇始终处在连续不断地向东逃亡与迁徙之中,主要前往波兰。1500 年,犹太人被逐出莱茵兰,1541 年被逐出布拉格,1571 年被逐出柏林,他们继续向东迁徙。

基督教欧洲反犹太人浪潮在 16 世纪马丁·路德领导发动的宗教改革期间达到至关重要的高潮。1543 年,马丁·路德发表了一封题为《犹太人与他们的谎言》的公开信。路德在信中以自称"善言"相劝他的基督教同胞,本意对犹太人表示友好,希望如果不再受到迫害,他们会改信基督教。当犹太人没有改变其信仰,路德十分恼怒。他对基督教同胞的规劝分七个部分,每一部分充满激烈的言辞和狂暴的憎恨,言辞之激烈、憎恨之强烈,竭马丁·路德之能。

第一部分直言不讳地宣称犹太教堂"必须焚毁,任何未毁之物必须用尘土覆盖,以免让人目睹其一木一石。如此行为是为维护上帝及基督教之尊严,让上帝见证,我等乃基督圣徒,未曾故意容忍或认可此等弥天大谎,亦未故意容忍或认可予于圣子与圣徒之诅咒与亵渎。"

路德的建议不少,小册子继续道:

> 第二,必须同时破坏和摧毁他们的家园。因为他们在那里经营教堂里相同的勾当。为此,他们必须被安置于一所房子或马厩,一如吉普赛人,以便使他们意识到他们并非如他们自诩的那样,是这块土地的主人,而是,如他们抱怨的那样,我等手下可怜的囚犯。
>
> 第三,必须剥夺他们手中教诲他们盲崇、谎言、诅咒以及亵渎上帝的祷告文以及《塔木德》。
>
> 第四,必须终止他们的拉比继续说教,违者处死。
>
> 第五,必须绝对禁止给犹太人发放出境通行证或旅行特许证,他们在乡村区域无公事可干,他们既不是贵族,又不是官员或商贾,他们什么也不是,让他们闭门在家。
>
> 第六,必须禁止他们的高利贷行当,必须没收他们的金银钱财,放置一边,加以保存,如前所述,他们所拥有的一切均是经高利贷从我等手中偷盗而得,因为他们没有其他生计。

马丁·路德的威胁和谴责还没有完结,还有更多的"善言规劝"。第六部分涉及犹太青年:

> 让年轻健壮的犹太男人和女人拿起连枷、斧子、锄头、铁锹、纺杆及纺锤,让他们依靠流到鼻子上的辛勤汗水养活自己,一如亚当子孙受命而为之。因为他们想让我们拼命干活,汗流满面,而他们以虔诚的信士自居,围坐于烤火边,懒散怠惰,吃喝玩乐,消磨时光,这有悖情理。此外,他们傲然自诩他

们已成为基督教徒的主宰。我们应该把那些懒惰无赖逐出我们的体制。

　　然而，倘若我们担心在他们服侍我们和为我们劳动时伤害我们以及我们的妻子儿女、佣人及牛羊等，由于完全有理由假定这些世上高贵的大人们以及恶毒的虫豸们不会习惯任何劳作，也不会心甘情愿地被沦落到做苦力的地步，那么让我们借用其他国家的智慧——"驱逐"，一如法兰西、西班牙、波西尼亚等国家，同他们清算我们被他们用高利贷盘剥取得钱财，并分享之后把他们从这个国家永远驱逐出去。

　　路德小册子的结尾呼吁所有在其领地里有犹太人的王公贵族行动起来，"你们与我们均能摆脱令人厌恶的、梦魇般的累赘——犹太人"。

　　面临这般偏执的言论，以及由此煽动起来的暴力，犹太人毫无选择，只能逃亡。他们一次又一次地被火与剑驱逐出境。他们也曾希望有一种神秘的力量能够帮助他们。后来成为犹太笨蛋同义词并一直为人笑话的海乌姆城有位拉比，以利亚（卒于 1583 年）相信手捏的泥人具有巨大的破坏能力。泥人额头写上三个希伯来字母 AMT（指 emet"真理"）。只有在第一个字母 A 去掉时（指 met"死亡"），泥人才会屈服。拉比以利亚以及他的后代有过许多关于泥人的讨论。例如，能不能让泥人算作集体祷告法定人数参加正式礼拜？他们的回答是否定的。许多年之后，另一位也叫以利亚的维尔纳犹太大学者对他的一位门生说，他还是一个孩子的时候曾试图捏一个泥人，但眼前出现奇象告诉他不要做。

　　到 1760 年，以及整个 18 世纪下半叶，泥人传说演变成了杰出的布拉格拉比犹大·洛伊（卒于 1609 年）的传说，但无论洛伊生平还是他所处时代均没有这一传说的历史根据。然而，无论如何谬误，传说一旦与圣人拉比结合在一起，便发展成无数恐怖故事和谣言的基础，乃至成为小说、戏剧、话剧、音乐剧、芭蕾舞以及数部电影的题材,其中包括 1920 年德国制作的无声电影,1936 年由法国摄制成有声电影,二战之后捷克拍成的电影。其中特别是洛伊的泥人传说流传最广,相传洛伊制作了一个泥人伺候他,但后来泥人变得十分野蛮,危及布拉格市民的生命,洛伊不得不把他重新变为尘土。

第六十三封信

亲爱的弗丽大婶:

1648 年,即三百五十多年前的一年,波兰、立陶宛以及乌克兰的犹太人遭到以波格丹·克米尔尼基(Bogdan Chmielnicki)为首的哥萨克人的攻击,八年中,他和他的手下摧毁了许多犹太社区,共杀害十多万犹太人,受到他们折磨的犹太人更是不计其数。他们把幸存下来的犹太人驱逐出这一地区,把他们赶到荷兰、德国、波希米亚以及巴尔干地区,使他们回到了他们二三百年乃至四五百年前因受迫害而逃离的地方。

三百多个犹太社区毁于"恶毒的克米尔"(犹太人给他们这位折磨狂的称呼)之手。犹太人有一个传统,当提及犹太人民痛恨的敌人名字之后,他们会说"愿这一名字永远消失吧"。虽然屠杀如此惨烈,这一地区犹太人的生命并没有完全给摧毁,犹太社区渐渐地复苏了。

克米尔尼基屠杀出乎意外地导致了一场了不起的救世高潮,运动核心人物不在波兰而是在奥斯曼帝国,他的名字叫沙贝塔以·西维(Shabbetai Zvi)。克米尔尼基对犹太人进行大屠杀时,西维 22 岁,他声称他闻听天竺之音宣告他为救世主。在他家乡斯米尔纳(今伊兹密尔)的犹太教堂里,他呼叫了上帝的名字:YHVH,这四个在希伯来《圣经》中出现过 6823 次的希伯来字母。犹太教教义规定,除大祭司(古时候)能在赎罪日当天呼叫这一名字之外,他人一律不得为之。沙贝塔以·西维还"废除"了纪念圣殿毁灭的第九斋日（the fast of the Ninth of Av），并宣布弥撒亚与他同一天生日。斯米尔纳的拉比开除了他的教籍。

移居萨洛尼卡后，他以与《托拉》"联姻"神秘的仪式庆祝他救世主身份的获得。被萨洛尼卡拉比赶出来之后，他游遍整个希腊和土耳其，此后，在云集而至的门徒们的陪伴之下，漂洋过海，来到巴勒斯坦。在那里，他被著名的神秘信仰疗法术士，加沙的拿单加冕为"救世之王"。拿单成了他的先知，宣称沙贝塔以将废除土耳其苏丹王的王位，带领犹太人回到应许之地。惊慌之中，耶路撒冷的拉比逮捕了他，用鞭子抽打他迫使放弃这些邪念，被他拒绝了，然后他们开除了他的教籍。1665 年，被驱逐 15 年后，他回到了斯米尔纳，宣称 1666 这一年是救赎年，那时他将骑着一头狮子进入耶路撒冷城。他废除了犹太教堂做礼拜男女分开的旧习，反复呼叫禁忌的上帝名字，废除了所有的斋日，他还宣布建立 25 个地区，每一地区立王一位，立他的兄弟为"王中之王"。

从斯米尔纳渡海到康斯坦丁堡去废除土耳其苏丹王时，他被捕入狱，并被迫在死刑与改信两者之间选择，他选择了改信伊斯兰教，戴上了包头巾，取了穆斯林的名字穆罕默德·厄凡弟（Mehmet Effendi）。苏丹赐予他皇家掌门的荣誉称号并给予俸禄。

沙贝塔以的一些门生学着先生改信伊斯兰教。他们以及他们的后代被人们称作"东弭人"（the Donmeh），他们在暗地里保存着犹太认同，内部通婚，其族裔特征一直保持至今。1908 年青年土耳其革命运动领袖贾维德·贝伊（Djavid Bey）就是一位东弭人。二战期间，东弭人受非穆斯林待遇，不得不交纳特种税。

沙贝塔以的另一些门徒则认为先生改信伊斯兰教是他命定最终成为弥赛亚之前的部分考验与磨难。几年之后，苏丹将他罢黜发配至位于阿尔巴尼亚的杜尔西格诺港（今蒙特内格罗的杜尔西涅）。在那里他仍然与那些相信他是弥撒亚的信徒们保持联系。1676 年，他在杜尔西格诺逝世。

沙贝塔以运动在经受了克米尔尼基大屠杀巨大打击的波兰犹

太人中间影响最大。许多人渴望,甚至不顾一切地急切希望有神圣的力量前来干预,把他们从艰难困苦的命运中解救出来。当沙贝塔以皈依伊斯兰教之后,刚刚起来的热情不久就烟消云散,救赎希望变得十分渺茫。

在希伯来语中,沙贝塔以这一名字正好与土星的名称相同。有两位著名犹太人的名字也与此相同。一位是沙贝塔以·本·梅厄·哈—可罕(Shabbeitai ben Meir Ha-Kohen),他是一名立陶宛拉比,1655 年立陶宛犹太人受迫害时流亡波希米亚。他出版的著作中有一部是克米尔尼基大屠杀期间波兰犹太人命运的历史写照。另一位是犹太教哈西德派早期领袖拉斯科夫的沙贝塔以,他编辑了一本祈祷书和一本犹太教神秘主义派文集,他于 1745 年逝世,享年 90 岁。

克米尔尼基大屠杀之后,波兰国王允许被迫改信基督教的犹太人恢复犹太教信仰。虽然如同往常那样十分谨慎,但是随着犹太人家庭赖以生存的安宁机会的来临,犹太人恢复了他们原有的日常生活方式和对孩子们的教育这一犹太人必不可少的职责。

第六十四封信

亲爱的弗丽大婶:

18 世纪分别有三个年头,即 1734 年、1750 年和 1768 年,犹太人在乌克兰遭到屠杀,他们安稳的生活再次受到颠覆。1768 年,在以"海达马克"为名的一系列屠杀之中,乌曼城的犹太人为保卫自己进行了顽强的抵抗,但是他们大多数,包括妇女儿童,在犹太教堂里遭到残酷杀害,有些同意缴纳赎金的犹太人在他们付钱之后也被残酷地杀死。

然而,无辜者遭受杀戮、教堂被毁、家园被焚不仅未能使犹太人蒙受耻辱,反而进一步加强了犹太人的社区归属感和宗教热情。紧随海达马克大屠杀其后,一场持久与深刻的,提高宗教觉悟的哈希德主义革命遍及东欧犹太社区。富有创造力的犹太文明又一次出现了一个了不起的中心。

哈西德主义运动是一场受到普通犹太人欢迎的宗教运动。运动认为欢乐(simcha)、宗教狂热是犹太生活的主要因素和神圣信仰的主要部分。既然"上帝光辉普照大地",岂能让人间有人受苦受难?

热爱以色列之地也是哈西德主义哲学的一部分,最明显的体现是,1777 年,一个由几百个信徒组成的团体,包括长者与少儿,从俄罗斯出发来到当时土耳其统治下的巴勒斯坦。两年之前土耳其人将沉重的人头税强加在每一个犹太人的头上,1720 年,耶路撒冷城里的阿什克纳兹教堂被当地阿拉伯人占领,律法宗卷被毁。但是哈西德派教徒的决心并不因此而动摇,他们和许多非哈西德派教徒一起,在他们中间最著名的学者、44 岁的维切布斯克的米拿现·曼德尔(Manahem Mendel of Vitebsk)带领下,走上危机四伏的征途。他们在迦利利落脚,加入了当地繁荣的犹太社区,这些社区里的犹太人是二百五十多年前从西班牙和葡萄牙流亡到此的犹太人的后代。

1788 这一年经历了另一次犹太人流动:首批犹太人来到了澳大利亚。他们来自不列颠,是被英国政府判处终身流放澳大利亚的犹太人。他们一共 13 人,其中之一叫以斯帖·亚伯拉罕因偷窃了一扎鞋带而被流放至澳大利亚,那时她怀着孕,她的女儿,罗沙娜是在澳大利亚出生的第一个犹太人。

哈西德运动是 18 世纪上半叶由巴阿尔·西姆·托夫(美名大师)领导发起的,他的真名叫以色列·本·以利撒,他的追随者都以他的缩略名字贝什特(Besht)相称。

在希伯来语中,"哈西德"的意思是圣贤。贝什特 1760 年逝世,他和追寻他的宗教思想轨迹的门生把纵情欢乐与宗教热情理念带入了犹太教的活动之中,同时也引进了早期拉比与贤哲信奉的犹太教所没有的等级观念,他们相信圣灵是通过哈西德领袖查迪克(the Tsaddik)——正人君子——传给他人的,也就是说普通哈西德派信徒只能通过他们的领袖才能学到如何崇拜和靠近上帝。

对哈西德派信徒而言,世界上上帝无所不在。犹太教历史学家杰弗里·维古德(Jeoffrey Wigoder)是我刚去世的一位朋友,他不仅在日常生活而且在历史方面均足智多谋,他写道:"真正的哈西德派信徒每行一步均能看到圣力遍及尘世。只要他是在圣灵普照的尘世生息,那么他要时时刻刻崇拜尘世的造物主,无论吃饭、喝水,还是从事其他身体所需的活动。"

意第绪语的拉比一词"reb"或"rebb"常用于哈西德领袖以及教士。

哈西德派信徒从一开始就遭到老一辈传统犹太教信徒的反对,他们被冠名为"Mitnagdim"(希伯来语,意思是"反对派")。他们看到哈西德派信徒从现存的社区与教堂分离出去,建立新的生活和信仰圈子,喜好招兵买马扩充运动势力,鄙视正统的犹太教主流,而深感震惊与痛苦。最主要的是反对派认为,哈西德领袖查迪克作为上帝与凡人之间的中介这一理念有悖犹太教教义,而且信徒对查迪克全身心的、几乎达到神秘状态的忠诚近乎偶像崇拜。

19世纪哈西德主义的理想和实践遭到哈斯喀拉运动,即犹太启蒙运动的反对。关于哈斯喀拉运动,我在下一星期的信中给您讲述。启蒙运动的追随者认为,犹太宗教必须改革,以便适应现代社会的发展,他们强烈反对他们所看到的哈西德主义崇尚的神秘蒙昧主义,反对他们拒绝世俗学问、拒绝教学当地社会语言的需要。启蒙运动将此视为现代化不可或缺的成分。

尽管遭到主流正统和启蒙运动的反对,哈西德主义宗教仍然十分兴旺,而且旺至今日。哈西德派信徒广泛使用意第绪语,在日常生活中避免使用希伯来语,因为希伯来语是圣书和祈祷用语。部分哈西德权威人士反对犹太复国主义,认为这是人对上帝权威领域的虚假干预,另外一部分,包括以92岁高龄去世不久的卢巴维切尔拉比(Lubavitcher Rebbe),则鼓励其门生积极参与以色列国家的政治活动,通常以右翼面目出现于政治舞台。

当今哈西德派信徒的服饰仍然是 18 世纪教派创立时期波兰罗马天主教贵族所喜爱的服装,但是被赋予了哈西德主义的神秘色彩。他们的阔边毛皮帽(the shtraymel),配有 13 条紫貂皮尾,许多哈西德派信徒群体认为这 13 条紫貂皮尾代表 13 条圣恩。

在安息日与节日餐桌上,拉比(即查迪克)先尝一口放在他前面的食物,然后将余下的大部分分发给与他一起进餐的门生。他们认为进食先让拉比尝一口是通往圣灵的途径。进餐结束后,他们便聆听拉比讲解该星期的《托拉》课程,然后散开唱歌跳舞,依照《诗篇》第 100 篇所说的那样:"要欢欢喜喜地侍奉主,要口唱赞歌到他的面前来!"

哈西德派每一群体,亦称王朝(dynasty),均有与其他群体有所不同的信仰。当今哈西德派各群体中间影响最大的是卢巴维奇哈巴德(Lubavitch Habad)运动。"Habad"一词是分别指智慧、理解、知识的 3 个希伯来语词汇 hokhmah, binah, da'at 的首字母缩写形式。这一分支的创立者是利亚蒂的施尼尔·沙尔曼(Shneur Zalman)。他出生于 1745 年,多年专心致力于犹太律法的重新编辑,一部分不幸遭火焚毁。他在白俄罗斯与立陶宛拥有众多追随者。在素有"立陶宛之耶路撒冷"之称的维尔纳,他遭到伟大的正统派领袖之一,维尔纳加昂的反对,他甚至拒绝接见沙尔曼,也不接见跟随沙尔曼的另一位哈西德派领袖维特布斯克的米拿现·曼德尔。事实上,由于维尔纳加昂的影响,针对哈西德主义教派的拉比教禁才得以宣布,而且纪念巴阿尔·舍姆·托夫的一卷书当众被焚毁。维尔纳加昂对犹太启蒙运动同样持批判态度。关于这一点我在下一封信里给您讲述。顺便提一下,据说加昂在他六岁时就在犹太教堂里公开作过一次讲道,在场的拉比们为他的智慧所惊愕。

1798 年,正当什内乌尔·沙尔曼的追随者遍布俄罗斯北部地区之时,沙皇政府以宗教异端和威胁沙皇政权的政治危险人物罪名逮捕了他,将他监禁在圣彼得堡一年多。他被释放之日为他的追随者当作欢乐节以及他的卢巴维奇王朝获得合法性的胜利加以庆祝,直至今日。沙尔曼言论之一是:"变黑暗为光明,施舍穷人乃唯一途径。"1813 年,他逝世后,他的女婿道夫・贝尔・施尼尔森(Dov Ber Schneersohn)接替他掌管王朝。他在白俄罗斯的卢巴维奇镇建立了犹太"律法院",他们家族连续六代享受了这一继承权,每一代掌权者均称卢巴维切尔拉比。王朝最后一位继承者是梅纳罕姆・曼德尔・斯切尼尔森,他 1902 年出生于俄罗斯,1994 年在纽约逝世,享年 92 岁,他逝世之后,他的有些追随者坚信他会作为弥撒亚回到世间,而且很快就会回来,他们至今还抱有这样的信念。

第六十五封信

亲爱的弗丽大婶:

　　18 世纪 70 年代,欧洲犹太人开始受到一种新思想的冲击,即哈斯喀拉运动,*Haskalah*——希伯来语,启蒙运动。我在上一封信中提到了它,运动反对超正统的哈西德运动,认为他们的理念是历史的倒退。

　　犹太启蒙运动在后来的一百多年里对犹太人的思想产生了很大的影响,事实上,直至今日它还在产生影响。运动吸引了许多犹太人,首先是在德国,然后向南扩展到意大利,向东延伸至波兰和俄罗斯,其中主要原因之一是启蒙运动主张应该承认世俗学问为每一个犹太人接受教育合法的一部分。《托拉》学习理当继续,但也应当接纳科学的新世界,也应当追求"现代"社会的东西,比如现代农业、现代手工业、现代工程以及现代艺术。

　　一位出生于加利西亚的塔木德学家和数学家以色列・扎莫斯克(Israel Zamosc)于 1741 年出版了他第一次试图用世俗

学问解释《圣经》与《塔木德》的学说的著说。1765 年，他又出版了一本书，论述科学在犹太人教育中的重要性。德国犹太剧作家和哲学家哥特豪德·以弗林·莱辛曾向宗教代表绝对真理的声称挑战。

启蒙运动并不惧怕同化。事实上运动在许多方面欢迎同化，热情地接受犹太人生活所在地的语言、服饰以及行为举止。出生于德国的摩西·门德尔松（Moses Mendelssohn）是《托拉》一位律法学者的儿子，师从以色列·扎莫斯克，学习天文与数学，他认为，犹太人将《圣经》翻译成德语，这对德国犹太人来说是"走近文化的第一步"，他参与帮助了此项工程，于 1783 年完成。

门德尔松一生循规蹈矩，他对启蒙运动以及犹太人解放产生了很大的影响。他是第一位用德语发表著述的犹太人。他的哲学著述为他赢得了"德国的苏格拉底"称号。对他而言，犹太教与当代理性精神是并行不悖的。他坚持认为："我们没有违背理智的教条。除训诫与法规之外，我们没有为自然宗教增加任何东西。"在他 1783 年出版的《耶路撒冷》一书中，他竭力主张政教分离。宗教当属个人决定与觉悟而成，并非外界胁迫而致。1778 年因他的创意在柏林建立的犹太人自由学校并不包括《塔木德》的学习。"我们并不要把我们所有的人创造成塔木德学者"，这是语言学家和诗人拿弗他利·赫尔兹·韦塞利（Naphtali Herz Wessely）轻蔑的话语。

那些被称作"学院派犹太人"的工作对启蒙运动产生了强烈的影响。他们生活富裕，且德高望重，他们中间许多人是银行家，与地方当政者共事，这些人通常是他们的支持者，与非犹太人权贵以及商贾交易广泛。他们及其家族使比较富裕显赫的犹太人群体与非犹太人的世界之间建立一个经常紧密的联系，因而受到周围世俗文化的影响。在德国以及阿尔萨斯—洛林，富裕的犹太人教他们的孩子学德语和法语，因此他们可以比较容易地进入非犹太人圈子做生意或加入他们的社会生活。

这种"语言同化"成了犹太启蒙运动的核心。今天，这已成为常态。弗丽大婶，您的"母语"是匈牙利语，而我的母语是英语。许多犹太社区已把意第绪语搁置在一边——抛在一边，丢弃了。事实上有人指控犹太人利用意第绪语做生意欺骗非犹太人。摩西·门德尔松受此影响，也认为意第绪语"荒谬、不合语言，是道德腐败的源泉"。当奥地利君主约瑟夫二世颁发限制使用意第绪语的法令时，拿弗他利·韦塞利举手赞成。

大卫·弗里德林德（David Friedlaender）是同化理论与实践的创始人，娶普鲁士银行家、学院派犹太人（以色列·韦塞利保护人）大卫·以西格（David Itzig）之女为妻，他认为意第绪语应该为"不道德行为"和犹太宗教的"腐败"负责，因而他把日常祷告文译成了德语。他于1810年提出了赞成解放普鲁士犹太人的观点，其中之一是在那里兴起"洗礼浪潮"，并作为同化程度的标记。

许多地方均出现了语言同化现象。1806年，在荷兰，一家犹太新闻周刊开始使用荷兰语。至19世纪40年代，在您的匈牙利故乡，匈牙利语已取代意第绪语，作为犹太学校的教学用语，拉比开始用匈牙利语讲道。

启蒙运动有一个初看起来似乎与上述语言同化自相矛盾的方面，即鼓励现代希伯来语。门德尔松把希伯来语视为"民族之珍宝"。约拿单·埃贝斯奇乌兹（Jonathan Eybescheuts，1725年被开除沙巴特派教籍的布拉格拉比之一，而他的小儿子后来自称是沙巴特派的先知）希望所有的犹太人能够说流利的希伯来语。师从埃贝斯奇乌兹的韦塞利发起了《圣经》希伯来语和希伯来语诗歌的复兴运动。1783年，普鲁士东部城市柯尼斯堡出版了一份希伯来语的月刊，成为启蒙运动的宣传喉舌。月刊出版商"希伯来语之友"于1786年把他们的（希伯来）名字更改为"善良与智慧的追求者及希伯来语之友"。月刊文章以希伯来语发表，亦以德语发表。

第六十六封信

亲爱的弗丽大婶:

19 世纪的开端给西欧犹太人带来了希望。受到法国革命以及拿破仑·波拿巴的影响,法兰克福、美因茨、威尼斯以及罗马的犹太人的居住地限制法被废除,犹太贫民窟大门被拆除。被拿破仑解放的意大利犹太人用希伯来语称呼他为"Helek Tov",意思是"好人波拿巴",与法语"Bona-Parte"相对应。1807 年,波拿巴的兄弟杰罗姆宣布彻底解放威斯特伐利亚的犹太人。4 年后,汉堡、梅克伦堡、卢贝克以及不来梅的犹太人也被授予全部公民权。

拿破仑自己则试图改变犹太人的民族觉悟,使他们接受法兰西大民族国家意识,将他们纳入法兰西大民族的一部分。他没有干涉犹太人的信仰自由,但是他在除巴勒斯坦以外地区禁止任何犹太认同思想的发展。1799 年,他从埃及向北挺进,前往阿克迎战由不列颠与土耳其组成的联军(该联军后来打败了他),途经离耶路撒冷 20 英里远的沿海平原,驻足拉姆拉时宣布,他的目的是,如果战胜土耳其人,就"让犹太人重归耶路撒冷(*render aux juifs leur Jérusalem*)"。

当然,有一些犹太人为拿破仑尽力效命,功成名就。贝雷克·约瑟雷维兹(Berek Joselewicz)1807 年加入拿破仑的波兰军团,获得"荣誉勋位勋章",两年后战死奥地利,军衔至上校。然而,尽管拿破仑在拉姆拉作过动听的宣言,他并没有把犹太人的志向与抱负,包括民族的、社会的,或者经济的志向放在心上。法国东部省份的犹太人最密集,1808 年,他颁布一条法令,限制那里犹太人的贸易和活动自由,期限为十年。这一法令被犹太人说成是"臭名昭著的法令"。直到 1815 年他失败,这项限制令才寿终正寝。

拿破仑失败后的一个世纪内,人权思想在整个东欧犹太人中间广泛传播,敞开了从未梦想过的许多机会,与此同时,犹太人遭受孤立的局面有所改善,因此,拿破仑的许多解放理想实现了。最重要的是,我在上一封信中写到的犹太启蒙运动(哈斯卡拉)继续扩大影响。1813 年,加利利犹太教正统派腹地塔尔诺波尔(Tarnopol)建立了一所学校,除教学《圣经》律法之外,还教学算术、历史和地理,教学用语是德语。在华沙,一所用波兰语教学的学校于 1819 年成立。

1826 年,一所课程设置包括世俗学问的犹太学校在俄罗斯黑海港口敖德萨建立,学校鼓励学生讲"纯真的德语或俄语"。1829年,一所拉比神学院在意大利的帕多瓦开学,学院规定接收训练成为拉比的学院必须学习世俗课程,学院的规章制度用意大利语打印成文。1836 年,阿姆斯特丹、1857 年,布达佩斯,两地开设了培养犹太启蒙运动教士的神学院。

犹太人世俗教育的兴起,结束了自中世纪以来强加在他们头上的许多无奈。现在,犹太人进入当地的大中小学读书,当上了国会议员、各级政府的官员和地主商贾,他们跨入了社会上层,成为男爵、伯爵和贵族大人。许多犹太人改信了基督教。有些人为了进入贵族阶层,不得已而为之。即使对那些坚守犹太教信仰的犹太人而言,留长胡子、穿表明自己是犹太教正统派服饰已成为过去的事情。他们放弃了他们的犹太装,把他们的犹太帽搁置一边,用当地更容易接受的姓名替代了犹太姓名,一如您的家姓弗里德曼变成了弗尔巴特,我的家姓费奇丹克瓦基变成了戈尔德伯格,后来又变成吉尔伯特。

第六十七封信

亲爱的弗丽大婶:

到拿破仑时期,东方,即波兰、立陶宛、俄罗斯西部犹太人的人数已达到几百万。他们的生活发生了巨大变化,导致这一变化的不是拿破仑,而是沙皇俄国的持续西进。1772 至 1815 年间,整个波兰中部和东部以及整个立陶宛并入俄国版图。

犹太人在俄罗斯上层社会和权力机关幸运地找到了一位朋友和支持者——政治家兼军官的波将金王子。他鼓励犹太人定居俄罗斯南部,尤其是他正在吞并的哥萨克地区。弗丽大婶,1947年与您一起在德里帮助穆斯林难民、并从事过多年《曼彻斯特卫报》驻印度记者工作的塔娅·辛金,她的祖先就是波将金此项计划的受益者之一。她的家族原先属于匈牙利犹太人,一如您的家族。接受波将金赠送的靠近乌曼镇的土地之后,他们发展了甜菜种植场,建立了甜菜制糖工厂。布尔什维克革命把他们一家赶到法国,他们一直住在那里,到希特勒再次把他们赶到远方为止。

波将金传记作者西门·瑟巴格—芒特菲奥雷(Simon Sebag-Montefiore)是一个英国犹太望族的成员,他告诉我们,克尔松(Kherson)和叶卡特琳诺斯拉夫,原来分别是希腊和哥萨克的两个城镇,由于这一次犹太人定居"至少部分变成了犹太城镇"。他还描述了犹太商人和学者约书亚·塞特林如何与波将金一起旅行、如何管理他的地产、为他的军队筹措资金,一如罗思柴尔德家族在欧洲中部和南部效劳其他统治者,为此波将金授予他"宫廷谋士"职位,使他有权拥有土地和农奴。俄罗斯犹太人以希伯来语称塞特林为"*ha-sar*",即"大人"。

在南方,两次与土耳其人长时间的战争主宰了俄罗斯的政策,第一次战争自1768年至1774年,第二次自1787年至1792年。波将金鼓励犹太人为沙皇卡特琳娜二世——卡特琳娜大帝效力。事实上,他建立了一支犹太军队——自1600年前巴尔·科奇巴领导犹太人反抗罗马人的起义以来第一支完全由犹太人组成的军事力量。

波将金的犹太军团被称为伊兹里洛夫斯基——彼得大帝强大的卫成部队伊兹麦洛夫斯基的谐音。这支军队一半是步兵,一半是骑兵,同土耳其人作战。这些犹太战士的母亲担心自己的儿子作战不够勇猛,即便是为波将金而战,她们常常会(用语气强烈的意第绪语）敦促他们"杀掉一个土耳其敌人，然后再休息"。这句话后来成了各行各业激励努力工作的口头禅。

　　各任沙皇对他统治下的犹太人的态度各有不同。1742 年，伊丽莎白女皇在她的国土上禁止所有这些"基督的敌人"。经过二十多年的西进吞并，立陶宛以及波兰一些省份并入俄国，那里，犹太人口密集，卡特琳娜大帝于 1791 年颁布"犹太人定居规则"，有效地限制了犹太人定居。1812 年后，"定居规则"推广至新近征服的比萨拉比亚地区。

　　1804 年，沙皇亚历山大一世在"定居规则"中重新规定"犹太人的地位"授予他们入俄罗斯学校读书的权利，同时又授权他们自己开办学校的权利，条件是学校必须用俄语、波兰语或德语进行教学（而不是意第绪语，在德国，犹太人这一通用语仍然比较流行）。1817 年，亚历山大将以往两个世纪以来使犹太人深为恐惧、深受其害的"血祭诽谤"定为非法，但是，他于 1822 年开始有计划、有步骤地将犹太人从许多乡村中驱逐出去，尤其是白俄罗斯地区，在贝拉鲁斯地区有计划地驱逐犹太人始于 1891 年。

　　亚历山大的继承人尼古拉一世 1825 年登上皇位，两年后推行令人厌恶的"兵役配给制"，在犹太人中间招募 12 岁至 25 岁的男子服役 25 年，达 18 岁者入伍为兵，不满 18 岁者送往专门的军事学校接受训练。基督教民社区须按居住人口的千分之七比例送丁参军，而犹太社区的比例是千分之十。没有完成指标的犹太社区则被重征苛税，所以，社区雇佣专门的"抓丁人"为他们抓壮丁。许多服兵役的犹太人参与了战争。克里米亚战争中，有 500 名犹太士兵和水手为抗击英法联军、保卫塞瓦斯托波尔而献出了生命。尼古拉一世反犹太人政策的另一部分是将犹太人从他们十分活跃的中心——基辅驱逐了出去，并且在俄罗斯西部边境 20 英里范围之内清除了所有的犹太人。他的儿子，尼古拉二世推行较为开明的政策，废除了"兵役配给制"，推广职业结社与活动的权利，惠及犹太商人、知识分子、手工艺人、外科医生以及药剂师等。在铁路建筑、煤矿开发、茶糖贸易、木材与谷物出口以及银行业等方面，犹太人起到了引领作用。有些犹太人成为俄罗斯最富有的人，并率先为所有俄罗斯犹太人争取权利而工作。

犹太人在 1863 年波兰暴动中扮演了重要角色而惹怒了尼古拉二世。然而，为了使犹太人置身于波兰民族动乱之外，沙皇赐予波兰犹太人全部公民权，完全解放了他们，这在沙俄帝国是前所未闻的。犹太隔离被废除。犹太人能够购置地产，能够加入商会以及手工业行会。专门征收符合犹太教规的肉食令人厌恶的杂税被废除了。可是许多犹太人仍然集合在波兰独立事业的旗帜下面。许多犹太人参加了游击支队，有些人甚至亲自建立游击武装。有一支游击支队的队长是奥地利犹太人朱利安·洛森巴赫（Julian Rozenbach）少校，他死于沙场。数百名犹太战士被俄国人抓获后遭到杀害，他们中间有一位名叫弗瓦迪斯瓦夫·拉维兹（Wladislaw Rawicz）曾经指挥过整个波德拉西地区的起义部队。

尽管时势跌宕起伏，时优时劣，俄罗斯犹太人的人口仍然有所增长，从 1850 年的二百多万增至 19 世纪末的五百多万。然而，亚历山大二世遭暗杀之后，1881 年俄国开始了一系列有计划的反犹太人暴力行动，犹太人再次成为替罪羔羊和牺牲品，越来越多的人流离失所。1882 年"五月法"是沙皇亚历山大三世（1881～1894）首批颁布的法律之一，该法禁止犹太人在乡村居住，规定他们只能住在城市和小城镇里——我在前面已提到，犹太人把小城镇称作"shtetls"（意第绪语，犹太小镇）。

自 1887 年起，大中小学校严格限制犹太学生的数目。许多犹太人远涉海外求学。1891 年，大多数犹太人被逐出莫斯科。末代沙皇尼古拉二世（1894～1917）执政期间，政治家、俄罗斯东正教教会神圣法院最高检察官康斯但丁·波别特诺斯采夫支持了德国犹太慈善家拜伦·莫里斯·德·希尔施一项于 25 年间将 300 万俄罗斯犹太人移居国外的计划。希尔施在加拿大、阿根廷以及巴勒斯坦为犹太移民定居购置土地。据说波别特诺斯采夫表达了他的希望：

"俄罗斯犹太人中有三分之一将会改变信仰,三分之一会死去,三分之一将会逃离这个国家",这也是俄国政府许多官员的希望。

随沙皇于 1917 年被废黜和俄国革命时期开始,所有限制犹太人的条条框框——被废除,包括"定居规则"。之前几十年中间为了避免遭受歧视而改信基督教的成千上万犹太人回归到了犹太教。可是还有数以万计的皈依基督教的犹太人的后代已经没有犹太人的感觉了,他们觉得没有必要回到犹太教。圣彼得堡西缅诺维斯卡娅大街(Simeonovskaya Street)上坐落着一座基督教教堂,犹太医生亚述·布兰克(Asher Blank)在此接受了洗礼,在他接受洗礼的证书上把自己的名字改成了亚历山大。他是列宁的外祖父,要不然,他只是一个毫无名气的改信基督教的犹太医生而已。他的女儿嫁给了列宁的父亲。按希特勒给犹太人的定义,列宁也是犹太人,因为只要祖父母其中之一是犹太人,孙子孙女就是犹太人。

第六十八封信

亲爱的弗丽大婶:

在西欧,19 世纪为犹太历史增添了一个新的内容。随着自由与民主的传播,犹太人越发能在政治、经济乃至社会各领域起积极和平等的作用。早在 1848 年,就有一位犹太人进入了法国政府的内阁。接下来的数十年中,西欧其他地方犹太人也纷纷进入政府部门:荷兰,1860 年;意大利,1870 年;不列颠,1909 年(弗丽大婶,您出生后的一年);丹麦,1911 年。一位接受过洗礼的犹太人,本雅悯·迪斯累里①于 1868 年成为英国的首相。英国人心目中的犹太人是漫画式的,尤其是莎士比亚笔下的夏洛克、狄更斯笔下的费

---

① 《简明不列颠百科全书》将 Disraeli 译成"迪斯累里",其实,根据上下文译成"迪色列"更好,但为尊重习惯,故沿用此译名。(译者注)

金那样的人,因此,对他们而言,迪斯累里似乎有点异样,甚至有点怪异,然而,他维护和扩展大英帝国的努力与贡献为人羡慕,甚至那些最固执的爱国主义者也不例外。

1878年柏林会议之后,俾斯麦不无仰慕地评论迪斯累里道:"那位犹太人,是个男子汉。"迪斯累里的父亲出生在有名望的意大利犹太家庭,其祖先于1492年从西班牙移居意大利。在意大利,他们的家姓是"以色列"(Israeli)。1748年,他的祖父以撒从法拉拉来到不列颠,在"Israeli"前头加上了一个有点贵族气息的前缀"D",于是,他们的姓氏便成了"德以色列"(D'Israeli)。他的儿子以撒与一位来自意大利的犹太女子玛丽亚·巴塞维(Maria Besevi)结了婚,她的家族名望更显赫。他们的儿子本雅悯于1804年在伦敦出生。在学校里,他接受了一位拉比的希伯来语的教育,那位拉比每星期一次到他的学校给他授课。

以撒·德以色列是贝维斯马尔克斯(Bevis Marks)犹太教会的成员,但是,当教会授予他"教会监护人"称号(一种让他解囊出资的荣誉称号)时,他与教会首脑们闹翻了脸。以撒·德以色列未曾成为基督教徒,但他的基督教朋友劝他让儿子接受了洗礼,其中包括便雅悯。便雅悯把他的姓氏改成"Disraeli"(迪斯累里),在步入议员阶层、最后成为首相之前,撰写小说。如果他没有接受洗礼的话,根据当时的规定,这位年轻人就不可能进入议会,更不用说是当选首相。虽然,当今英国已经不再有宗教障碍存在,可是,直至今日再也没有出现另一个统管不列颠的犹太人,无论改变信仰与否。

到1870年,西欧几乎所有的大学敞开大门,接受犹太学生。医疗行业接纳了犹太医生。犹太律师和犹太记者与非犹太同事平等共事。犹太人甚至得到了原来只会授予老牌贵族的社会荣誉和称号。1885年,一位犹太人被授予终生爵位,这第一位犹太勋爵是拿丹尼尔·罗思柴尔德,他的曾祖父是法兰克福创立罗思柴尔德显赫家族的迈耶·阿姆谢尔·罗思柴尔德。

　　与此同时，在德国，随 1815 年拿破仑失败之后，有许多犹太人认为，他们真正的前途在于同化，甚至有人认为皈依基督教才是他们的前途。在日益增长的改信者中有德国最有名望的犹太人，包括海因里奇·海涅和卡尔·马克思（我将在下面的信中为您叙述改信者的情况）。然而，1819 年爆发的"救命！救命！"暴乱显示了德国根深蒂固的反犹太情绪，德国的日常生活表面常常能够感觉得到这种情绪，对成功犹太人士的憎恨，对改信者诚意和爱国热情的怀疑，都会激励这一情绪的爆发。哲学家、历史学家、政客以及政论作家公开发表反犹太言论与文章著说。

　　19 世纪带给西欧犹太人日益广泛的解放与进步的同时，他们越来越积极地参与其他地方遭受苦难的犹太人的解放事业，包括阿拉伯土地上的犹太人和俄国沙皇压迫之下的犹太人。当 1881 年俄国人紧锣密鼓地实施驱逐犹太人计划的时候，西欧以及美国成了俄罗斯犹太人移民的天堂，他们带去了新的技术、活力、理想、贫困以及不同传统习惯和生活方式。

　　在西欧，这一通常被称作"异邦人"的注入引发了新一轮更为激烈的反犹太运动。上至知识分子，下至流氓地痞均于大庭广众议论犹太人的"罪恶"。正是由于这一轮新的反犹太运动的影响，维也纳记者西奥多·赫茨尔发动了主张建立一个犹太国家的运动。关于赫茨尔以及他的犹太复国主义，我将在下面的信中为您叙述。

第六十九封信

亲爱的弗丽大婶：

　　到 1870 年之时，俄罗斯境内有 800 多万犹太人。十年之后，亚历山大暗杀事件导致俄罗斯政府实施了反犹太计划，并严格限制犹太人的权利，其中包括《犹太学生名额限制规定》，极大地削减了年轻犹太人入学的数量，犹太人能够进入俄罗斯学校读书是启蒙运动的产物，而今却反其道而行之。弗丽大婶，20 世纪 20 年代，您想入布达佩斯的大学读书而未能如愿，您也是"犹太学生名额限制规定"的牺牲者。

1880 年，我的祖父母和外祖父母大人正当年轻的时候，他们住在俄罗斯西部的犹太人定居隔离区里，随着反犹太计划的全面启动，沙皇俄国境内犹太人丰富多彩的生活和相对集中的居住区域开始瓦解。在 30 年的时间里，300 多万犹太人离开了俄国。其中，多达 100 万人去了西欧各国，包括英国，5 万人去了当时由奥斯曼土耳其人统治下的巴勒斯坦，近 200 万人①横跨大西洋，来到美利坚合众国，在东欧犹太人的世界里，美国被称为 *Goldene Medina*，即"金色的王国"。

反犹太计划的实施导致部分犹太人参加了推翻沙皇统治的革命运动。另外一部分人投入了主张在巴勒斯坦建立犹太国的犹太复国运动。1892 年，出生于俄国的哈伊姆·魏茨曼当时 17 岁，他离开他的家乡，地处普利佩特沼泽的犹太村——莫托尔，开始他前往德国、英国和巴勒斯坦的征途，1948 年他出任以色列国第一任总统。另外一位出生于沙皇俄国的犹太人大卫·本—古里安于 1906 年离开了他的出生地，华沙西南 40 英里处的普隆斯科镇，当时他 20 岁，22 年后，他出任以色列国第一任首相。

犹太人不断地流动，意第绪语仍然是他们连接彼此的纽带和互相交流的语言。但是，在犹太启蒙运动和现代化的影响之下，越来越多的犹太人进入俄语、波兰语、德语和匈牙利语学校读书，通过说所居住国家的语言，进入他们的生活。然而，说意第绪语的犹太人数仍然最大。

这一意第绪语的世界却在第二次世界大战中被摧毁了。希特勒大屠杀中被害的 600 万犹太人，其中多达 400 万人来自说意第

---

① 原文可能有误，估计 200 万人，故译之。（译者注）

绪语的地区。当然,犹太人就是犹太人,即使面临无法生存的困境,他们始终不屈不挠。二战结束后,他们一次又一次地不懈努力,以图意第绪语的复兴,当时仍然有几十万移居海外的犹太人使用该语言,虽然使用者的年龄出现逐年加大的趋势。美国有些大学开始开设意第绪语课程和学习班,开始期望不高,但后来十分兴旺。伦敦和牛津也开设了类似的课程。最近,立陶宛首都维尔纽斯——1991 年摆脱共产主义统治之后——重新开始意第绪语的教学,授课的教师杜威·卡茨(Dovid Kats)原在牛津大学任教。可是,具有百年历史的纽约意第绪语报《前进报》(1897 年创刊)不得不放弃意第绪语版而全部采用英文版。

我正在查询! 纽约似乎应该会有意第绪语——甚至最近有俄文版的《前进报》出版。

真的有!

第七十封信

亲爱的弗丽大婶:

1961 年到 1968 年,比吉大叔(您丈夫,现已 70 岁了吧)任印度驻美国大使期间,您在美国住了几年。事实上,我曾在您华盛顿的家中待过。那个时候,以及现在,美国是所有主权国家中犹太人口最多的国家。今天,美国国内的犹太人口是以色列国家犹太人口的两倍。美国犹太人代表了犹太人经历的各个方面,从最强硬的正统派到最彻底的同化派,应有尽有。他们中间有同时操希伯来语和意第绪语的犹太人,这两种语言都是犹太传统可贵的捍卫者。

在美国,犹太人可以在所有领域里追求他们的事业并获得成功。在一块几乎绝无仅有的、充满机会的国土上,他们在各行各业崭露头角。在商贸界,他们业绩丰硕;在好莱坞,他们贡献神奇。长期以来,他们一直是宽容社会的受益者,宽容社会无须通过迫害显示他们的才智。

美国犹太人具有悠久和丰富的历史,可以追溯到三百多年之前。事实上,当奥利弗·克伦威尔开始邀请犹太人回英国之时,在北美殖民地的两个城镇新阿姆斯特丹和罗德岛的新港,荷兰殖民统治者就已欢迎在巴西遭受天主教迫害的犹太人前去定居。

在巴西犹太人生活在荷兰人比较宽容的统治之下。但是,1654年葡萄牙人征服巴西后,他们从西班牙和葡萄牙被残暴地驱逐出境、远涉重洋来到这里,却不料在大西洋彼岸再一次成为宗教偏执信念的牺牲品。他们再一次四处游荡,寻找安全的栖身之处。是北美的荷兰人给了他们天堂。

那些由宗教法庭强迫改变信仰但又在暗地里坚持原有信仰的犹太人被称为"马拉诺"(Marranos),他们自1500年葡萄牙人征服巴西以来也一直居住在那里。陪伴首批葡萄牙殖民者来到巴西的人中间有一位叫加斯帕尔·德·迦玛(Gaspar de Gama),是来自印度的犹太人——您现在居住的印度,弗丽大婶。出发前往巴西的3年前,他被葡萄牙人在印度抓获并强迫接受了洗礼。在巴西背叛宗教法庭的马拉诺将被押送至里斯本接受审判。以撒·德·卡斯特罗从荷兰来到巴西,1647年,因在马拉诺中间传播犹太教而被捕并押送至里斯本,同一批"异教徒"一起被焚致死,这次在群体焚烧中被害的大部分是秘密隐藏的犹太人。

自1624年起,荷兰人统治了巴西部分地区,他们对犹太人比较宽容,使那些秘密隐藏的犹太能够公开他们的身份。至1636年,累西腓出现一座犹太教堂,但没有拉比,到1642年,那里又建立了一个教会,由杰出的以撒·阿博阿布·德·冯塞卡(Issac Aboab De Fonseca)拉比领导,他来自阿姆斯特丹,自己也是葡萄牙的马拉诺,由此,他便成了美洲第一位拉比。可是随着1654年葡萄牙人再次征服巴西,他回到了阿姆斯特丹。

1654年伊始,新阿姆斯特丹首批23位犹太难民共同编织了美洲犹太人的摇篮。然而,如同犹太历史中经常发生的那样,天堂并不如表面呈现的那样总是对犹太人笑脸相迎。新尼德兰总督彼得·斯特伊弗桑特向荷兰西印度公司抗议犹太人的定居,指责他们为信奉"可恶宗教"的"撒谎民族"。最重要的是斯特伊弗桑特担心犹太人的算盘霸占贸易,限制荷兰西印度公司的利润,用他的话说,他们是拜倒在"玛门脚下"的利欲熏心之人。

犹太人向斯特伊弗桑特的敌意发出挑战,直接致函于荷兰西印度公司的犹太同伴。经过三年的斗争,结果是,他们得到了允许在荷兰领地居住、经商以及旅游的正式批文。但因斯特伊弗桑特的坚持,他们没有获准建立犹太教堂,也没有获准建立公开会所。

1664 年,英国殖民者接管了荷兰的殖民地。新尼德兰变成了新约克(纽约),解除了原来的限制规定。犹太商人依赖他们与加勒比海地区、意大利、近东甚至远到印度的犹太贸易伙伴的关系,引领殖民地的海外贸易。

与此同时,欧洲中部逃避迫害的犹太难民越来越多地冒着危险穿越大西洋,来到北美。犹太人的定居地随英国殖民地的不断扩大而扩大。1733 年西班牙人被赶出南方的殖民地佐治亚之后,欧洲犹太人开始在佐治亚港口城市萨凡纳定居。在宾夕法尼亚安家的德国移民中间也有犹太人。1772 年波兰分裂以及波兰独立运动首次覆灭之后,波兰犹太人加入了跨越大西洋的大涌流。最成功的金融家、华尔街的创始人之一哈伊姆·萨洛蒙就在这些波兰犹太人中间。

北美犹太人在美国独立战争中贡献了他们的力量。南卡罗来纳有一支抵抗英军的连队,由 60 人组成,其中 40 人是犹太人,他们被谑称为"犹太纵队"。萨洛蒙被英军以间谍名义逮捕,但他在英国军队服役的德国军官中间扇动离间情绪,成功地致使许多军官辞去了职务。

刚刚独立的美利坚合众国的领袖对犹太公民十分看好。1790年,乔治·华盛顿亲自用《圣经》语言对罗德岛新港的犹太人说:"愿居住于此地的亚伯拉罕的孩子们继续沐浴与享受其他居民的友好情谊,人人都能坐在自己的葡萄架下或无花果树旁,平安快乐,无忧无惧。"

1812 年,英美战争爆发,犹太人再一次参加保卫共和国的战斗。事实上,1813 年 11 月 11 日的克里斯勒农场战役中,饥寒交迫、疾病缠身的美国军队最后虽然遭受了失败,从而失去了攻克加拿大的良机,但是犹太军官穆迪凯·米伊尔斯(Mordecai Myers)上尉成功地打击了英军。

欧洲每一次剧变就会导致更多的犹太人来到美国。19 世纪 20 年代德国南部拿破仑战争后的浩劫迫使数千德国犹太人横渡大西洋来到美国,1825 年,纽约出现了第一个全部由德国犹太人组成的犹太教会众。

1848 年欧洲革命的失败导致了另一波犹太移民浪潮,把纽约的犹太人口从 1826 年的 6000 人增加到 1850 年的 5 万多。犹太人在欧洲革命中扮演了重要角色。1848 年,在巴黎,莫伊斯(名字不详)上尉因占领警察总局而得到嘉奖。1849 年,在匈牙利,数千人与争取匈牙利独立的人们并肩战斗。革命失败后,一些匈牙利犹太人社区遭受了重罚。在意大利,撒母耳·大卫·卢扎托(Samuel David 路撒)拉比——人们一般用缩略语"沙达尔"称呼他——是旨在结束所有外国统治的意大利复兴运动的积极分子。1860 年,加利巴尔迪"千人游行"队伍中有 11 位是犹太人。1863 年波兰起义志愿战士中,至少有 100 个犹太人,其中之一,拉法尔·克劳沙(Rafal Kraushaar)被波兰革命同志誉为"寒门学士",他是战斗中首批受伤者之一。

来到美国之后,许多犹太人不断向内地进发,帮助开发新的贸易站,为美国增添新的领地。早在 1792 年,一位名叫雅各·弗兰克斯(Jacob Franks)的犹太人就开始在今威斯康星一带与印第安人进行贸易。在十多年的贸易期间,他赢得了诚实、公平、好客等美誉,并在 1805 年在那一边远地区建立了第一家木材加工厂。

当美国边民向西进发时,犹太贸易者同他们一起向西挺进。

密西西比河流域首次犹太教礼拜是于 1836 年在圣·路易斯举行的。1842 年,纽约犹太殖民协会派出特使亨利·迈耶(Henry Mayer)为犹太殖民地购置芝加哥附近的农田。他把事情办成后,许多犹太人开始了西进的旅程,虽然,到了那里,其中只有少数人留下来当农民,更多的人转向芝加哥充满希望的商贸。1847 年,他们在那里组织了第一个犹太教会众。

19 世纪 50 年代,萨卢·斯特劳斯(Lazarus Straus)在佐治亚内地开了一家很小的百货商店,后来他的生意发展成纽约的梅西大百货商场。同一时期,密西西比河岸不远处,流动货郎亚当·吉姆贝尔(Adam Gimbel)奠定了后来发展成为全美最大的百货商店王国之一的基础。吉姆贝尔来自巴伐利亚,1835 年到达新奥尔良。19 世纪 80 年代,他的儿子雅各和以撒在威斯康星州的密尔沃基成立了吉姆贝尔兄弟公司。1894 年,他们的兄弟查尔斯和以利斯在费城开了一家百货商场,1910 年,在纽约又开了一家,至 1961 年,整个美国共有 53 家吉姆贝尔百货商场。

正统的犹太教遭到了较为宽松但十分兴旺的犹太信仰的冲击。同样受到挑战的是以 1822 年建立的希伯来慈善协会、1843 年建立的布奈布里特,以及 1859 年成立的希伯来孤儿院为特征的犹太自助体系。1852 年,第一家由犹太人出资建立的医院在纽约落成。医院对穷人实行免费治疗,非犹太人同犹太人一样,均可入院求医治病。

1840 年,美国成为美国之外犹太人权利的捍卫者,这是美国犹太人的一个转折点,现在他们可以帮助欧洲和亚洲的犹太同伴了。这样的干预首次发生在大马士革,当那里的犹太人遭到当局迫害和折磨的时候,美国驻埃及大使接到指令:"表示美国政府积极同情的态度"。与此同时,他们直接呼吁康斯坦丁堡的奥斯曼首脑改善叙利亚犹太人的境遇。

1840 年的美国外交干预意义非凡,特别是受害者中间没有一个是美国公民。然而,给康斯坦丁堡的信函中,美国解释道,美国有特权干预此类事件,因为美国制度不以种族或宗教来区分公民。

接下来的几十年中,美国政府积极地干预了境外的犹太人事务。1853 年伊始,美国国务院积极地给瑞士政府施加压力,让他们放弃对犹太人的歧视。压力一直持续了二十多年,直至 1874 年瑞士国家宪法最后授予犹太人全部公民权为止。

与此同时,美国官方代表犹太人向所在国提出外交动议,这些国家包括塞尔维亚、摩洛哥、罗马尼亚、俄罗斯,甚至巴勒斯坦。

内战爆发后,犹太人同样分成南北两派,并参与了南北战争。如同他们所在的社会,他们的阵营一分为二。1855 年,在巴尔的摩,埃因毫恩拉比(Rabbi Einhorn)讲道反对奴隶制。他宣称:"砸碎受压迫者身上的锁链,让他们挣脱所有桎梏,获得自由。"但是,在纽约,拉法尔拉比(Rabbi Raphall)却鼓吹人类束缚乃"天理使然"。

参加内战的两派犹太人力量并不均匀:约 3000 人自愿加入了邦联军,而 7000 人加入了北方联军。共有五百多位犹太人战死沙场。由于内战降临到犹太人头上的艰难险阻不仅如此。1861 年,埃因豪恩拉比受到人身威胁和支持奴隶制暴徒的袭击,他不得不逃离纽约。后来当邦联军开始面临败局,国务卿犹大·P.本雅悯遭到反犹太人的指控,指责他犯有叛国与牟取暴利等罪行。在北方,格兰特将军发布命令,在他军队所占领的地域内驱逐所有经营棉花生意的犹太人,引起了犹太人的恐慌,幸好此项命令很快被林肯总统亲自取消了。

从而,乔治·华盛顿和亚伯拉罕·林肯两位总统均对共和国的犹太人显示出亲切的态度。

第七十一封信

亲爱的弗丽大婶:

美国内战结束之后,美国犹太人的生活恢复了繁荣。即使那些曾经支持南方邦联的犹太人仍然能够恢复他们战前的地位。拉斐尔·J.摩西曾经在内战时期担任过邦联军少校,战后成了佐治亚司法委员会主席。1878 年,他竞选国会议员(未能成功)而闻名全美。他的竞选对手奚落他是犹太人,但他致函作了回答,此信后来成为直接向美国犹太人发出的强烈呼吁:

"我为我是犹太民族的一分子而感到荣幸;这是一个迫害不可摧毁、歧视不可征服的民族,一个经历了近 19 个世纪的迫害仍旧岿然不动、勇敢顽强、充满智慧的民族。

你能让我感到骄傲吗? 那么就叫我犹太人吧!"

拉斐尔写这封信函之时,在美国居住的犹太人超过 25 万。每年均有新的犹太教会组织诞生。犹太人的教育也受到重视。1864 年,希伯来义务学校协会在纽约成立。他们还修建了精美的犹太教堂。传播日益广泛的改革派犹太教的影响随着 1875 年辛辛那提成立希伯来联合学院而达到高峰。慈善机构在布奈布里特以及便雅悯子公司等友情惠顾的支持下,如雨后春笋,数量激增。

1880 年,所有这一切活动,所有庞大的犹太教会组织,25 万犹太人的定居生活一夜间产生了巨大变化,其原因是犹太人开始从俄罗斯大规模涌入美国。

在接下来的 30 年里,犹太人对俄国颁布任何开明政策绝望之后大批来到美国,寻求自由。1880 年至 1915 年,二百五十多万犹太人到达了美国,其中大部分来自俄国统治下的波兰诸省,还有不少来自俄国其他地区,另一些来自与俄罗斯一样排外的罗马尼亚。

美国犹太人的生活发生了变化。俄罗斯移民的出生率很高。所有主要城市的纯犹太人集居区不断壮大。这些集居区内,意第绪语占主导地位,意第绪语报纸与剧院十分兴旺。由于工作环境的恶化,犹太工人率先举行罢工,要求改善工作环境和工资待遇,引发 1911 年大罢工的原因是纽约三角服装厂的火灾,大火中有 146 名意大利和犹太女工丧生。出于非同寻常的巧合,在我写这一封信的时候,那一场大火最后一名幸存女工离开了人间,享年 105 岁。罢工于 1911 年年底达到高潮,发展成为由 6 万服装工人参与的连续三个月的大罢工,工人要求承认他们的工会是他们与雇主谈判的唯一代理。这一次罢工所确定的"长期和平协议"是由路易斯·布兰代斯草拟而成的,布兰代斯是后来被任命为美国最高法院法官的第一位犹太人。

至1925年,犹太人口增长到450万。每一个州均有犹太社区,大至纽约的150多万人的社区,小至亚利桑那的1000人以及内华达500人的社区。犹太人成了美国生活生机勃勃的组成部分,既保留了他们主要从俄罗斯带来的犹太传统,同时又极为成功地适应了新世界的要求与风格。第一次世界大战中,美军有25万犹太人服役,3500人在战场上牺牲。

1925年,犹太移民潮停止。之前40年来东欧犹太人不断涌入美国,构成了如今我们所知道的美国犹太人基本群体的移民潮流,却在这一年戛然而止。按照《1925年移民配额法》规定,每年只允许5962名波兰犹太人、2148名俄国犹太人、749名罗马尼亚犹太人移居美国。按这样的频率,达到之前40年移民的总数将需要二百五十多年时间。然而,关闭移民大门时,美国犹太人已经是一股巨大的力量,他们即将成为真正的美国人,没有经受迫害,生机盎然地跨入最活跃的时期。

第七十二封信

亲爱的弗丽大婶:

穆斯林区域里犹太人的境遇是在19世纪才开始恶化的,七百多年之前,他们在穆斯林西班牙达到了黄金时期。1839年,位于波斯东部的穆斯林圣城迈谢德——我曾在1958年去您那里时游历过该城——有一位宗教极端分子受到错误谣传的煽动,冲进犹太人居住的区域,纵火焚烧犹太教堂,毁掉了律法经文卷。犹太人面临着被大屠杀,幸运的是,大屠杀避免了,但转而成为强迫改信这一中世纪基督教可恨的行为之一。这一次整个犹太社区被迫接受了穆斯林教规。

改信穆斯林的迈谢德犹太人并未放弃他们的犹太教。即便当他们装出真正像穆斯林一样前往麦加和麦地那朝圣时,他们仍然在暗地里冒着极大的危险坚持犹太教的基本教旨。

迈谢德犹太人一小批一小批地移居到了中亚、印度、英国,以及巴勒斯坦。然而整个过程十分缓慢与艰难。1948 年以色列国成立之后,大部分迈谢德"秘密"的犹太人才抛弃伊斯兰教,重新组成犹太社区,回归祖国的怀抱。这些秘密犹太人中间有一位叫摩得察伊·扎尔(Mordechai Zar),1914 年,他出生于迈谢德,22 岁时,正值第二次世界大战前夕,他历尽艰辛来到巴勒斯坦。1969 年,他成为以色列国会助理发言人。

之后的第二年,即 1840 年,在土耳其苏丹统治下的大马士革犹太人被毫无根据地指控谋杀了一名基督教修士和他的穆斯林仆人。依照指控的说法——中世纪基督教世界常见的一个说法——犹太人取牺牲者的鲜血烘烤逾越节面包。这一"人血献祭诽谤"后为纳粹所复活,煽起了当地阿拉伯人的愤怒情绪,他们随意逮捕了一名犹太理发师,折磨到他"忏悔"为止。他供出的名字导致了更多人遭到逮捕,在被逮捕的人中间有两名被折磨致死,更多的犹太人遭到逮捕,其中包括孩子,折磨持续不断。

大马士革犹太人的命运引起了全世界的抗议。在伦敦、巴黎、纽约,不仅犹太人,而且非犹太人强烈要求为那些遭到荒谬指控的犹太人以及大马士革整个犹太社区伸张正义。抗议十分成功。苏丹王答应放弃"人血献祭诽谤"指控,之后,所有被关进监狱幸存的犹太人获得释放。

当时为人所知的"大马士革事件"提醒人们注意到了一个严峻的事实:宽容与容纳可以迅速瓦解,转而间就会变成狂热的憎恨与迫害。整个 19 世纪 60 年代,利比亚犹太人深受重税之灾。1864 年,多达 500 名犹太人在摩洛哥城市马拉喀什和费斯被害。1869 年,在突尼斯有 18 名犹太人被杀。杰尔巴岛上,一名阿拉伯暴徒抢劫了犹太人的家室和商店,焚烧犹太教堂,使整个犹太社区人心惶惶。

于是,他们离乡背井,寻找新生活。许多人去了法国,另有一些人去了奥斯曼统治下的巴勒斯坦。1843 年 11 月,一位正在耶路撒冷的基督教英国传教士记载下了来自阿尔及利亚的 150 名犹太人到达耶路撒冷的情况,他写道:"从非洲沿海来了一大批犹太人,他们将组成新的犹太教会众。"穆斯林领地的另外一些犹太人,包括居住在边远的也门城镇以及穆斯林统治的中亚,主要是布哈拉地区的犹太人,也设法来到了较为宽容的耶路撒冷。他们帮助圣城犹太生活的复兴,至 1870 年,这一犹太人、穆斯林和基督教民集居的城市,犹太人占了大多数。

随着 19 世纪的推进以及其他地区,尤其是西欧和美国,犹太人的不断解放,阿拉伯和穆斯林地区犹太人困境的反差越来越明显。这些犹太兄弟的不幸际遇又一次引起了其他地区犹太人的同情。1860 年,以巴黎为基地,他们成立了全球犹太联盟,组织全世界的犹太人共同合作,帮助那些未能全部享受基本权利的犹太人,在犹太教遭受压迫或攻击的地区传播犹太教育。联盟在摩洛哥活动特别活跃,20 世纪 70 年代,作家大卫·利特曼,我的亲密朋友,仔细查阅过他们的活动档案,档案恰好显示了北非穆斯林地区犹太人生活如何受到限制、生命如何受到威胁的情况。

1875 年,摩洛哥德姆纳特,20 名犹太人被宗教极端分子杀害。犹太人的社区报刊对俄罗斯迫害犹太人事件的抗议还未停止,就头版头条报道了宗教激进分子这一新的例证。

19 世纪向前推进,宗教激进组织统治下的犹太人继续生活在艰辛和困苦之中。在摩洛哥,犹太人仍然会遭到突然袭击和杀害,而且常常是在光天化日之下。1897 年,在的黎波里塔尼亚,犹太教堂被抢劫,犹太人遭到屠杀。20 世纪的来临也没有带来任何改善。1903 年,40 名犹太人在摩洛哥塔扎城被害。1905 年,在也门,废除的法律死灰复燃:禁止犹太人提高嗓门说话,禁止犹太人的房屋高于穆斯林的房屋,禁止犹太人从事任何穆斯林传统贸易或职业。

即使那些设法从北非、中亚或也门来到巴勒斯坦的犹太人发觉巴勒斯坦当地对犹太人的宽容程度也已经下降。事实上,早在1891年,耶路撒冷的头面人物就已电报康斯坦丁堡的奥斯曼统治者,报告关于来自俄国的犹太人的情况,"祈求禁止这些犹太人进入耶路撒冷。"由于这一抗议,引起了大众对犹太移民的疑虑,这一情绪甚至在第一次世界大战前的发展成暴力和杀戮。

第七十三封信

亲爱的弗丽大婶:

1839年的迈谢德犹太人被迫改信和1840年的大马士革"人血献祭诽谤"——二者均在上一封信中写到——强化了犹太人长久以来的理想:犹太人应该有一个去处,一个自己是主人的地方,那里没有憎恶犹太信仰与文化,没有为所欲为的残暴统治。大马士革折磨犹太人事件抗议者中间有一位英国犹太人,摩西·蒙特斐奥雷勋爵,他经营贸易事业成功后,投身于声援世界各地受迫害犹太人的事业,他活到100岁高龄。

1842年6月11日,马尔伯勒公爵的孙子,查尔斯·丘吉尔上校——这一家族中温斯顿·丘吉尔最著名——致函予蒙特斐奥雷说,依他之见,犹太人应当促进巴勒斯坦与地中海东部地区家园的重建。上校认为,此项工程一旦启动,犹太人将"最终至少获得巴勒斯坦的主权"。

查尔斯·丘吉尔坚定地认为,犹太人如他给蒙特斐奥雷所描述的那样,必须继续作为"一个民族而存在"。他写这一封信的四年之后,另一位英国人乔治·高勒发表了一本小册子,敦促在巴勒斯坦建立犹太殖民地,这是"解决亚洲土耳其痛苦的严肃而理智的良方"。高勒曾参加过1815年的滑铁卢战役,后为南澳大利亚首任英国总督,于 1847 年发表第二本小册子,强调必须解放犹太人。两年后,他陪同蒙特斐奥雷去了巴勒斯坦。

高勒还敦促蒙特斐奥雷在巴勒斯坦建立犹太农庄。高勒与查尔斯·丘吉尔并非仅有的两位为犹太人回归以色列之地摇旗呐喊的非犹太英国人。1847 年,有一位英国上议院终生议员林赛勋爵从巴勒斯坦旅游回来后在他的游记中写道:"犹太种族保存得如此完好,重建一个民族国家的舞台也许已经向他们展开,他们也许会再一次拥有他们的故土……巴勒斯坦的土地仍在享受她的安息日,不过这是在等候被流放的游子回到她的怀抱,等待外来工业的开发挖掘本土农业的潜力,使这方土地再一次昌盛繁荣,重现所罗门时代所有的辉煌。"

摩西·蒙蒂菲奥里勋爵鼓励犹太人建立农庄的努力 1856 年得到了成功的回报,他接到了土耳其苏丹王下达准许犹太人在那里购置土地的命令。蒙特斐奥雷立即利用这次机会,在雅法和耶路撒冷两地购置耕地,后来又在迦利利、太巴列和萨费德购买了土地。乔治·高勒继续支持蒙特斐奥雷的事业,坚决主张犹太人具有回归故里、当家作主的权利。

1860 年 8 月 10 日,高勒在《犹太新闻报》撰文道:"我应该万分高兴地看到在巴勒斯坦繁荣昌盛的犹太农民居住区成立一支强大的卫队,坚守在以色列山脉上,抵御所有胆敢来犯的侵略者。我希望我能为此作出贡献,此生最大的光荣莫过于此。"

在西欧,随着 19 世纪的推进,作为犹太人对歧视与迫害的回应,同化与参与似乎与时俱进。但是德国犹太人拉比,希尔施·卡利施尔(Hirsch Kalischer)对这一表面看来似乎是万全之策发出了反对的声音,他否认同化蕴含安全。卡利斯契尔认为犹太人精神的救赎只有在他们回归到以色列之地圣后才会实现。

在指出所有欧洲各民族都在为独立而奋斗的同时,卡利斯契尔指责同胞缺乏同样的目标。1860 年,他在奥得河畔法兰克福支持成立了一个协会,目标是促进犹太人回归以色列。该协会出版了他的一本著作《来自锡安的问候》(*Derishat Ziyon*)，书中指出，解放犹太人，最重要的第一步是回到故乡，通过自己双手劳动、耕种庄稼，而不是依赖救助谋求生存，依靠自己经过特别训练的犹太卫兵，而不是土耳其人保卫和平。

第七十四封信

亲爱的弗丽大婶：

卡利斯契尔拉比如此热衷于宣扬的犹太人回归巴勒斯坦、在自己的土地上劳作的设想并没有破灭。将这一设想变为实践的第一批人中间有一位斯特拉斯堡犹太人，查尔斯·内特尔(Charles Netter)，他是全球犹太人联盟的成员，联盟的宗旨是为世界上任何地方受苦受难的犹太人提供工作和培训。内特尔为联盟将工作范围扩展到巴勒斯坦这一思想所吸引，他在 1867 年建议在巴勒斯坦建立农耕居民区，帮助波斯犹太人摆脱贫困与迫害。1868 年实地参观之后，内特尔热情洋溢地将巴勒斯坦描述成犹太人摆脱别人的敌视，接受农耕培训的可去之处。

内特尔的热情得到了实际回报。1869 年，他去了康斯坦丁堡，一如他的前人摩西·蒙特斐奥雷，得到了土耳其苏丹王对他计划的准许。一年之后，即 1870 年，由于内特尔的努力，一所犹太农业学校在雅法附近成立。学校冠名为"以色列之希望"(Mikveh Israel，取自《耶利米书》)。学校占地 650 公顷，这是卡利斯契尔实现犹太人通过耕种土地自给自足理想的重要一步。卡利斯契尔自己都想在那里扎根，可是他已经 75 岁高龄，已不便长途跋涉。

在巴勒斯坦的其他地方，摩西·蒙特斐奥雷勋爵年复一年地继续他的慈善事业和建设工作。1860 年，建于耶路撒冷城外的第一所住宅，蒙特斐奥雷庄院开放，作为犹太穷人的栖息之处。那里有整套风力磨坊设备，他们能减少对外界慈善救助的依赖。四年后，罗思柴尔德家族成员艾维里娜·德·罗思柴尔德在耶路撒冷老城内建立了一所女子学校。至 1870 年,耶路撒冷城内已有九万犹太人,达到城市总人口的一半。

西班牙系犹太人拉比犹大·阿勒卡莱的出现使犹太人重返巴勒斯坦的理念获得了宗教导师。阿勒卡莱拉比出生于贝尔格莱德附近,一如欧洲许多其他犹太人,为大马士革事件而深感困惑,他论道:犹太人想要获得救赎,必须采取实际行动。阿勒卡莱相信,甚至犹太教正统派与改革派之间日益加深的纷争可以通过犹太"国家"的统一得到解决。然而,上帝将等待人们跨出第一步。这就是阿勒卡莱传递的信息,1874 年,他已 76 岁高龄,还亲自跋涉来到耶路撒冷,在那里他一直住到去世,极力主张将希伯来口语作为犹太人日常生活的语言,将世界犹太人组织作为犹太民族的主力。

阿勒卡莱移居耶路撒冷的同一年,英国探险家查尔斯·瓦伦出版了一本著作,颇为大胆地题名为:《应许之地》。他在书中展望巴勒斯坦拥有多达 1400 万居民。为了达到这一目标,瓦伦主张广泛扩大犹太人在农村的居住区域。在他一年后出版的第二本书《地下耶路撒冷》中,瓦伦写道,就目前而言,巴勒斯坦将不得不由他人代表犹太人统治,以便"让犹太人逐渐进入军队、法律以及外交领域,逐渐开始管理农业耕作,并亲自在农场上工作。"然而,瓦伦相信,只需经过 20 年这样的实践之后,犹太公国"也许能够自己站立起来,成为一个由强国担保之下的独立王国"。

一场新的革命的舞台已经垒起。有些犹太人坚守在他们的故土之上,孤军奋战,斗争不息,已将近 2000 年了。他们不仅生存了下来,而且发展壮大,繁荣兴旺。他们始终与流散在外的犹太同胞保持联系,不断得到他们的支持,无论人口数量还是宗教信仰都得到了增强。

然而,1881 年,数以千计的俄国犹太人成了新一轮迫害和暴力的牺牲品。数百人遭到杀害。其他的人在大街上无辜遭到毒打,另外一些人的家里或商店被抢劫一空。同一时期,在罗马尼亚,犹太人经受了同样的歧视和动荡。后果之一是犹太人大规模涌入美国和西欧各国。另外还有一个后果,规模小得多,但是对犹太历史的影响却很大。

罗马尼亚 19 世纪 80 年代制定的一条法律中说:"犹太人没有自己的国家,因此他们不属于任何国家。"为此,罗马尼亚 32 个犹太群体的代表于 1881 年 12 月 20 日集会罗马尼亚福克沙尼镇 3 天,讨论犹太人需要"重新获得拥有国家的荣耀"。他们认为,必须重新唤醒犹太人心中"在贫困苦难沉重的压迫之下沉睡几千年的神圣情感"。这些犹太人得出结论,作为第一步,在接下来的一年中,必须有 100 个家庭前往巴勒斯坦。罗马尼亚和俄国犹太人的大迁移运动就这样跨出了积极的第一步,运动被称作"热爱锡安山运动"(the *Hovevei Zion*),是犹太复国主义运动的前奏。我不久将给您叙述犹太复国主义运动。

热爱锡安山运动不是在罗马尼亚而是在俄国获得了大量支持者,然而,即使是在应者云集的俄国,运动开始时候的规模还是很小。接近 1881 年年底时,有两个家庭小组,总共不过 14 个人,在克列缅楚格和哈尔科夫两个城市集合,他们立下誓言,尽快前往巴勒斯坦。他们的带头人,沙曼·大卫·莱翁廷(Zalman David Levontin),年仅 26 岁。他在 1882 年一月出发前与朋友研究移民可能面临的问题的一封信中写道:"我已觉得我们必须变言语为行动。"

甚至在他从俄罗斯出发前往巴勒斯坦的旅行途中,年轻的莱翁廷就已开始通过俄罗斯南部的犹太报纸募集资金,他的呼吁得到了他的一位叔叔的回应,他的回应对热爱锡安山运动成员而言十分慷慨,足够让他们在巴勒斯坦沿海地区购置一方土地。他们把这方土地称作"锡安第一乡"(*Rishon le-Zion*)。1882 年 8 月,这两个小组从俄罗斯出发,去那里耕种他们自己的土地。当他们横渡黑海向南驶向康斯坦丁堡之时,第一批罗马尼亚犹太人,共有两百多人,同样搭船前往之前他们在靠近海法南面的撒玛琳购买的土地。

两艘航船承载的拓荒者代表了完成刚刚形成的犹太复国主义历史使命的先驱,这一使命在之后的一个世纪里对世界各地的犹太人产生了极其重大的影响。

第七十五封信

亲爱的弗丽大婶:

100 年之前,犹太复国主义仅仅是一个具有浪漫色彩的梦想,一个只有少数理想主义者抱有的希望。尽管 2000 年以来,犹太人一直在祈祷"渴望"重返以色列之地,但不是巴勒斯坦,而是美国召唤接纳了数百万曾经在俄罗斯与东欧定居过的犹太人。这数以百万计的犹太人急需摆脱贫困与迫害。人们传说是纽约,而非耶路撒冷的大街铺满黄金,至少铺满了金色的机遇。然而理想主义的力量不是以统计数量来衡量的,寥寥无几的理想主义者——热爱锡安山运动积极分子以及与他们志同道合的俄罗斯境内的"必路"(Bilu)组织成员——将重返以色列圣地作为理想,义无反顾、百折不挠,始终如一地坚持这一理想,甚至当德国拉比振振有词地声称"法兰克福就是我的耶路撒冷"之时,他们的理想仍然没有动摇。

由必路组织成员和热爱锡安山运动积极分子组成的首批到达巴勒斯坦的先驱来自俄罗斯和罗马尼亚两地,人数不足 300。但是他们以热情弥补人数的不足。他们中间有一位叫吉夫·杜布诺夫(Zeev Dubnow)的人在向巴勒斯坦进发的前夕,用诗歌语言表达了这种热情:

> 我们这次旅行,目的多样,计划丰盈,我们要征服巴勒斯坦,夺回犹太人千年被窃的权柄。这不是梦想,而是我们的决心。我们要建立农庄和工厂,我们要发展工业,由犹太人经营。我们更要武装我们的青年,让他们接受军事培训。

　　如同以赛亚所预言的那样，以色列要复兴，无上光荣的那一天终将来临！手中握着武器，犹太人将对世人宣布：他们是这方故土的主人，不再任凭宰割和欺凌！

　　1882 年 7 月，吉夫·杜布诺瓦和他的必路拓荒者从俄罗斯奥德萨来到雅法。他们受到了查尔斯·内特尔的欢迎，他把他们安置在他 12 年前创办的以色列第一农校里工作。可是就在那一年快到年底的时候，内特尔去世了，必路拓荒者失去了一位保护人，没有足够的资源建立自己的社区，只能外出充当苦力。然而，经过不懈努力，设法在朱迪亚山脚下购买了一块土地，并在 1884 年，为实现梦想而跨出第一步不到 3 年，他们开始建立自己的定居点——格德拉。

　　与此同时，俄罗斯反犹太暴力仍在继续。1884 年 11 月，热爱锡安山运动积极分子于德国上西里西亚的卡托维兹（今属波兰）集中召开会议，共有 32 名代表，其中 22 名来自俄罗斯，6 名来自德国，2 名来自英国，法国和罗马尼亚各 1 名。出生于俄罗斯的作家和新闻记者纳胡姆·索科洛（Nahum Sokolow）提出了在巴勒斯坦发展工业的具体建议。英国犹太人西拉·巴内特（Zerah Barnett）去过巴勒斯坦两次，一次是在 1871 年，前去帮助建立耶路撒冷城外的犹太人"百家居住区"（*Mea Shearim*），第二次是在 1878 年，去协助建立犹太村落"希望通道"（*Petah Tickvah*），他作为来自伦敦的代表在会上陈述了前去巴勒斯坦定居的犹太人所面临的艰难困苦。

　　卡托维兹会议为已在巴勒斯坦存在的两个项目分配了资金，一个是"希望通道"犹太村项目，另一个是刚刚建立的、正在偏僻的胡勒沼泽地苦苦挣扎的耶稣德哈马拉集居地项目。

　　犹太复国主义一开始就不仅仅是呼吁东欧的犹太人行动起来，也不仅仅是对俄罗斯反犹太罪恶的反应。1885 年 5 月，由于摩洛哥德姆纳特突发残酷的反犹太暴行，复国运动成为当务之急。

欧洲的犹太报纸以大量篇幅报道了这一穆斯林世界的疯狂行为。摩西·蒙蒂菲奥里勋爵时刻关注争取犹太人权利的事业,无论在自己的家乡英国,还是在许多旅行途中,坚持不懈达五十多年之久,德姆纳特暴行事发之后,他发表了震撼人心的强烈抗议。

德姆纳特事件之后,一位年纪还不到 12 岁的俄罗斯犹太孩子写信给老师说,必须"拯救我们流散在世界各个角落、没有地方搭帐篷、遭受压迫的犹太兄弟"。孩子继续写道,为了这些犹太人,我们"必须要建立一个让我们逃离苦难、得到救助的地方"。他认为,在美国,虽然启蒙思想十分普遍,但是犹太人还会遭受"打击"。在非洲,他们也会遭受打击,特别是摩洛哥。信的结尾写道:

"让我们把旗帜插到锡安山上,让我们回到生育我们的第一个母亲的膝下。我们为什么要依靠欧洲君王的同情,祈求他们可怜我们,赐给我们一方栖息之地? 这是徒劳! 一切均已决定:犹太人必须死亡,然而,英国会对我们发慈悲。结论只有一个:到锡安山去——犹太人——到锡安山去! 让我们出发吧!"

这一封信的作者是查伊姆·魏茨曼。年轻时的惆怅和抱负预示他后来成为一名为犹太复国以及在巴勒斯坦建立家园奋斗终生的战士。1917 年,他成为酝酿《不列颠贝尔福宣言》的核心人物之一,宣言提议在巴勒斯坦建立犹太人的"国家"。20 世纪 20 与 30 年代,无论在英国还是在国际外交舞台上,他是一位倡导建立犹太国家的主要领导人。1946 年,他出任以色列国首任总统(半个世纪之后,总统职位由他的侄子埃泽尔·魏茨曼担任)。

第七十六封信

亲爱的弗丽大婶:

这是一封短信。已近午夜,我想尽快给您写点东西,明晨寄出。我挑选了一张特别的邮票,希望您喜欢。

犹太人事业以及在巴勒斯坦建立犹太居民区的坚强后盾摩

西·蒙蒂菲奥里勋爵于 1885 年 7 月逝世,离他 101 岁生日还差 3
个月。自从 1827 年他首次参观耶路撒冷起,他一直被全世界受迫
害的犹太人视为他们的"捍卫者"。他逝世后的 20 年里,在巴勒斯
坦实现他的理想有了稳步的进展。

　　19 世纪后 25 年里来到巴勒斯坦的先锋遇到了千难万险:疾
病、沼泽、土匪、寂寞、贫困以及当地原始落后的农业基础等。然
而,蒙蒂菲奥里逝世的两年前,出生于巴黎、36 岁的慈善家埃德蒙
德·德·罗思柴尔德男爵积极承担了为在巴勒斯坦挣扎的所有定
居点提供资助的任务。他开始在巴勒斯坦为犹太人发展农业购买
大量土地。钱不是问题,问题是如何能让那些男人和女人乐意在
通常是十分贫瘠而且十分恶劣的土地上劳作。"男爵"——人们都
以此称呼他——尽了最大努力,出资计划葡萄种植园,建造酿酒
厂,把葡萄变成可以上市的美酒。

　　至 1890 年,超过 5 万出生于俄罗斯的犹太人定居巴勒斯坦。
在耶路撒冷,4 万人口中,有 2.5 万是犹太人。阿拉伯人大多数分
散住在乡村地区,看到从俄罗斯涌进来的这批新客,他们大为震
惊。1891 年 6 月,耶路撒冷穆斯林头面人物致电康斯坦丁堡的土
耳其统治者,要求"禁止犹太人进入耶路撒冷"。他们的理由之一
是,欧洲犹太人"精通各行各业,技术娴熟,穆斯林无法与他们竞
争"。

　　由于这一抗议,所有犹太人的移民活动都被土耳其人终止。
但是,时隔不久,禁令没有再实施。同一年,一位基督教神甫胡
弗·凯伦(Hugh Callan)在他的《耶路撒冷史》一书中质问道:"她
的前途将会是什么,让俄国人通过他们的希腊教堂加以统治(他们
很乐意这样做)还是让犹太人拥有她? 至少有一点是肯定的:其他
人都是外邦人,而犹太人仍旧是那里唯一的爱国者(热爱耶路撒冷
的人)。"

　　这些"爱国者"中有一位有点奇怪,但意志坚定、充满理想的年
轻人,他来自俄罗斯,其目的只有一个:要使希伯来语成为以色列

圣地犹太人的日常语言。1858 年,他出身于立陶宛的以利泽尔·伊扎克·佩尔曼(Elizer Yitzhak Perlman)。1880 年,他卜居巴黎时发表了第一篇文章,提倡希伯来语应该成为巴勒斯坦学校的教学用语,而非任何其他外语。那里学校的教学用语,有的是法语,有的是德语。这篇文章是以他的笔名本—耶胡达——犹大之子——署名的,后来他以这一笔名而闻名于世。1881 年,他定居巴勒斯坦后通知他的妻子,从今以后,他们之间的交谈只用希伯来语。一开始,他的观点遇到当地犹太人的极端仇视,但是他锲而不舍,坚定不移地促进"现代"希伯来口语的发展,把它确定为一种日常语言。

本—耶胡达的故事反映了犹太复国主义运动的早期奋斗。他们不仅要同"外部"世界的土耳其人和阿拉伯人作斗争,同时还要与来自"内部"世界的犹太人自己的压力作抗争,从强调信仰领域的正统派到强调同化的犹太人。当他的理想受到人们嘲笑时,本—耶胡达并没有气馁。1890 年,他同一批志同道合的朋友一起,大部分是像他那样来自俄罗斯的移民,在耶路撒冷成立了语言协会,这一协会是希伯来语成为犹太国日常语言的前奏。同时,他开始希伯来语字典的编撰工作。1922 年他逝世之后,此项工作由他的儿子以胡德(Ehud)继续。1959 年,希伯来语字典第 17 卷,即最后一卷问世,这时,以色列国已经成立 11 年,以色列国成立时将希伯来语确定为日常语言,这是本—耶胡达为此奋斗终生的理想。

第七十七封信

亲爱的弗丽大婶:

1891 年,热爱锡安山运动受到当时最杰出的俄罗斯犹太人作家阿什尔·金斯伯格(Asher Ginsberg)的严厉批评,他的笔名是亚哈·哈—阿姆(希伯来语"人民中的一员")。1889 年第一次参观巴勒斯坦之后,他认为建立国家靠一系列农业定居地是不够的,他写道:建立一个国家所需要的是一个"宗教核心"。因此必须要有崇高的道德标准。努力工作、谦虚谨慎、勤俭节约是回归锡安山所必不可少的成分。

阿哈德·哈—阿姆认为那些竭力提倡大规模移民巴勒斯坦的人们忽视了他们将会面临的困难,他写道:那里的土地大片都是荒凉贫瘠,当地的阿拉伯人"不会轻易放弃他们的地盘",他们对犹太人充满仇视,而且,那里还有土耳其政权势力的百般阻挠。他对古老的理想也发表言论,其中掺杂新的宗教成分。移民美国停止后,他认为,解决犹太人经济问题的唯一方法另外"需要通过我们的人民以农耕为基础在某一地区大量定居后建立一个固定的中心,从而犹太人以及他们的敌人都知道世界上有一个地方,尽管这地方可能太小,不能容纳整个民族的人民,但是,在那里,犹太人能扬眉吐气地做人,能以自己辛勤的汗水养家糊口,能按自己民族的精神为自己创造生活环境。"

阿哈德·哈—阿姆补充道:若有解决上述问题的希望存在,"这一希望只能在巴勒斯坦找到。"

1893 年,阿哈德·哈—阿姆去了巴黎和伦敦,寻找资金捐助和先锋人士。"至于英国犹太人,"他在日记中写道:"以及我寄予他们为犹太人的事业作出贡献的希望,我感到羞愧,无语可言。"在伦敦期间,阿哈德·哈—阿姆对犹太人的命运满腹疑虑。"真的有光明的前途在等待着我们?"他在日记中写道,"抑或这是最后一缕希望之光吗?"

1893 年 9 月,正当阿哈德·哈—阿姆在伦敦为犹太人命运担忧之时,一位年轻的犹太记者在他家乡附近的维也纳度假。他的名字叫西奥多·赫茨尔,他正在朋友家里为同化的观点论辩。"曾听说过查尔斯·达尔文吗?"他问朋友道,"他提出了物种自我适应理论。我们同样要学会适应。通过与非犹太人住在一起,模仿他们的方法,通过强迫卷入他们的政治与经济的浪潮以及决定他们生活的影响之中,我们将会变成与他们一样的人。"赫茨尔认为,犹太人一旦变成与非犹太人一样的人之后,他们就会摆脱排犹主义。赫茨尔的朋友总结说,"这里就是我们的祖国。"是的,赫茨尔同意:"在我们的奥地利祖国。"

那天晚上离开朋友家后,赫茨尔与一帮流氓擦肩而过,他们向他大声吼叫:"犹太猪"。赫茨尔大为震惊。他想,他们侮辱的当然不是他个人。"他们根本不认识我。他们是在嘲笑我的犹太鼻子和犹太胡子。我所有关于解决这一问题的等待时间和开明主义的美好想法到此为止。"

接下来赫茨尔迅速觉醒,转变之快富有戏剧性。他去巴黎报道埃尔弗雷德·德雷福斯(Alfred Dreyfus)上尉的审判,德雷福斯被诬告秘密出卖情报给德国,法国人不仅痛恨犹太军官,而且仇视所有犹太人那股强大的势力使赫茨尔感到震惊。1895 年 6 月,他去会见了一位有点怪癖但十分富有的犹太慈善家莫里斯·德·希尔施男爵,展开了一个新的计划:所有犹太人,包括家庭富裕、生活美满的犹太人,都需要为实现在巴勒斯坦建立一个以色列国家而共同努力。赫茨尔对希尔施男爵说:"我原来不想卷入犹太人是非之中,然而,排犹主义的惊人发展使我改变了主意。"他继续说道:"将近两千多年以来,我们被迫流散在世界各处,没有一个我们自己的国家,导致我们悲剧重重、落魄潦倒。如果我们再次拥有自己的政治中心的话,我们可以开始解决我们的问题。"

希尔施认真地听了赫茨尔的话,但还是怀疑赫茨尔所描绘的蓝图,他回答道:"犹太富人什么也不会给你。他们冷酷无情。面对穷人的苦难,他们心肠犹如铁石。"

1895 年 9 月,卡尔·卢埃格尔领导的排犹主义基督教社会党在维也纳市选举中获胜。目睹公开张扬排犹主义浪潮的惊人骤升,赫茨尔在日记中写道:"犹太人群中弥漫着绝望的心情。"然而,赫茨尔仍然坚持不懈,坚定地相信他能够成功地劝说犹太人和非犹太人支持在巴勒斯坦建立以色列国家的设想。有些听过赫茨尔解释这些想法的人认为他疯了。他有一位犹太朋友建议他去看心理医生。然而,他获得了一位卓越可敬的同盟——迈克思·诺尔道。他也是新闻记者,19 世纪 90 年代住在巴黎,他对他说:"如果你疯了,我们俩一起疯。靠在我身上吧!"

1896 年 2 月,赫茨尔出版了他的著作《犹太人国家》,他在书中直言不讳地宣称:"巴勒斯坦是我们永远铭记在心中的历史家园。巴勒斯坦这一名字本身就具有吸引我们人民的巨大力量。"

在书中,他指责排犹主义导致犹太人陷入现存的绝望境地。他写道:"我们精诚努力,以求立足于世界民族之林,只求保存我们祖先的信仰,却得不到允许;我们忠诚爱国,却徒劳无益……"赫茨尔补充道:"我们很强大,足够有能力建立一个国家,事实上,我们足够有能力建立一个模范国家。我们拥有达到这一目的所有的人力资源和物力资源。"

赫茨尔这本书大部分内容是关于新国家移民、置地、建房、土地法、劳动法、手工劳动、工商贸易、教育福利以及社会生活等方面问题的阐述。他在著作的结尾宣称:"马加比人将再一次崛起。我们将至少如自由人一样在自己的土地上生活,在我们的家园里安宁地离开人世。"

赫茨尔这本书出版之后,欧洲犹太人中间爆发了一场热烈的争论以及萌发了热切的期望。许多人完全反对建立犹太国家的主张,担心如果犹太国家建立之后,那些不喜欢犹太人的人们将会坚持要求犹太人回到犹太国家去("犹太佬,回你们的巴勒斯坦去吧!"是 20 世纪 30 年代波兰反犹太人士经常呼喊的口号)。但是赫茨尔是一个乐观主义者,他始终坚持不懈,直到 1897 年 8 月 29 日星期日的上午世界犹太复国主义运动代表大会第一次会议在巴塞尔开幕。大会的召开是犹太现代史上的一个转折点,后来使 20 世纪成为犹太现代史的重要转折,自从大会起,当今许多现实一一出现:半个世纪后,以色列国成立;第一次犹太复国主义运动代表大会发起了神圣之地建立犹太主权国家的计划,至今 100 多年已经过去,阿以冲突却仍然没有解决。

第三部分　二十世纪

第七十八封信

亲爱的弗丽大婶：

巴塞尔首届犹太复国主义运动代表大会与会代表近 200 名[1]，超过三分之一（70/197）的代表来自俄罗斯。他们放弃了对热爱锡安山运动所持的怀疑态度，阿哈德·哈—阿姆虽不是代表，但也出席了大会，他们甚至让他参与大会代表的正式集体合影。代表中间还有来自巴勒斯坦、阿拉伯地区、英国等地的犹太人，还有一位来自纽约的犹太妇女，《美国犹太妇女》杂志的编辑露萨·索南辛（Rosa Sonnenschein）。

赫茨尔作为大会主席接受大会委托在大会发言，大会与会者中间有一些人在本次会议胜利召开之前的几个月里对会议持有怀疑态度，但是无论怎样，所有这些与会者都被他所设想的前程凝聚在一起。他说：“我们在此聚会，奠定将来有一天能庇护犹太民族的大厦的基石。”这不是什么秘密或机会主义的勾当。他强调：“我们的目标一定要使我们的事业获得法律的保障和国际的公认。”此外，代表们不能在本次会议结束后就马上解散，各归其所。赫尔茨宣布：

---

[1] 原文文字与括号里的数字有出入，按数字译成“近 200 名”。（译者注）

"在本次大会上,我们为犹太民族建立了一个前所未有的组织。"

赫茨尔的目标是让一个被遗弃的民族能够富有尊严地活动。他解释道:犹太人不再"偷偷摸摸地溜到他们未来的土地上"。相反,他们将通过公开谈判,依法得到大国们的首肯,堂而皇之地返回家园。赫尔茨强调:他们"必须以权利而非容忍作为基础"同意我们返回家园。他告诉大会他的设想:谈判一旦成功,犹太人返回家园不再是零星的定居——他称之为"渗透"——而是"大规模的回归"。

赫尔茨发言结束后,大会副主席迈克斯·诺尔道(Max Nordua)强调了犹太复国主义运动对大流散中犹太人所经受的物质和精神苦难所作出反应的重要性。他说:在东欧、北非以及亚洲,居住着世界上百分之九十的犹太人,"那里的犹太人所遭受的苦难是直接的苦难,是肉体上的磨难,日复一日的担惊受怕,以及为起码的生存而进行的痛苦挣扎。"但是,西方犹太人同样有他们的苦难,赫茨尔接着说道,他们是已经得到解放但部分同化了的犹太人,他们的苦难是"自尊与荣誉无休止地遭受伤害,精神追求遭受残暴的压迫"。

犹太复国主义运动代表大会刚结束,赫茨尔和他刚建立的犹太复国主义运动组织就开始募集经费,与大国谈判,寻求犹太人更为广泛的支持。赫茨尔为他所取得的成果而感到欢欣鼓舞。1897年9月3日回到维也纳后,他在日记中写道:

> 若要用一句话来总结巴塞尔大会——我得警惕不能公开宣布——这句话将是:我在巴塞尔建立了犹太国。
>
> 若我今天就大声说出此话,就会迎来普遍的耻笑。或许五年后,五十年后是毫无疑问的,每个人都会知道。
>
> 一个国家的建立在于一个国家人民的志向……

那些拥有这一"志向"的人们决心以赫茨尔为榜样努力奋斗。赫茨尔1904年逝世之后,犹太复国主义运动的领导机关和中心先是移到德国，后来又移到不列颠。正是在不列颠，哈伊姆·魏茨曼（Chaim Weizmann）于 1917 年 11 月成功地劝说当时忙于第一次世界大战的英国政府发布了《贝尔福宣言》。英国政府在宣言中阐明：英国政府赞成打败土耳其、结束土耳其对巴勒斯坦的统治之后，"在巴勒斯坦建立一个犹太人民族的国家"。

在艾伦比将军的率领之下，英国军队，包括澳大利亚和印度的军队，从埃及出发，准备将土耳其人赶出耶路撒冷。

积极参与犹太复国主义运动的犹太人怀着对巴勒斯坦憧憬，准备在英国人打败土耳其人后在那里建立犹太国家，他们前往那里为犹太国家的建立而工作，然而，此时此刻，其他数以百万计的犹太人却为自己是基督教社会的一部分而感到满足，他们在那里已经生活了几个世纪，一直企盼在巴勒斯坦以外的国家实现自己的雄心壮志和潜在价值。他们中的许多人离开了控制严厉的俄罗斯帝国，去了西欧国家和美国，在那里得到发展。出生于立陶宛的悉尼·希尔曼（Sidney Hillman）成为 1910 年芝加哥工会大罢工领导人之一，罢工关闭了芝加哥市的服装厂。同一年，出生于彼得堡的列夫·萨姆耶洛维奇·罗森伯格（Lev Samoylovich Rosenberg）——后改名为雷昂·巴克斯特——以他为俄罗斯芭蕾舞团演出背景的设计震撼了整个巴黎。出生于华沙的卡斯米·芬克（Casmir Funk）1912 年在伦敦做研究时发现了维生素。

1914 年 8 月第一次世界大战爆发时，犹太复国主义分子希望能够彻底打败或战胜土耳其人，实现在巴勒斯坦建立祖国的梦想。其他犹太人则准备为他们所在的国家效力，甚至不惜参与同犹太人众多——他们一样爱国——的国家的战斗。

第七十九封信

亲爱的弗丽大婶：

第一次世界大战是犹太故事里不同寻常的一章。战争所有各方军队均有犹太人,他们常常在战场上相遇,穿越阵线,面对面地相互厮杀。德国、奥匈帝国、土耳其以及保加利亚(轴心国)军队里的犹太战士与英国、法国、比利时、意大利、希腊国、俄罗斯、塞尔维亚、罗马尼亚以及英联邦各国(协约国)军队里的犹太人士兵沙场相遇,同胞操戈。从诸多方面而言,第一次世界大战是犹太人对他们不同所在国家体现爱国主义的高潮。

哲学家路德维希·维特根斯坦作为奥匈帝国的一名军官在俄罗斯战线上作战。后来与埃莉诺·罗斯福一起成为联合国人权委员会第一任主席的勒内·卡森在法国军队服役作战,身负重伤,并获得军功勋章。洛德维克·希尔茨菲尔德(Ludwik Hirszfeld)在驻守塞尔维亚的德国军队里服役当随军医生之时发现了丙种副伤寒病菌(今称作希尔茨菲尔德沙门氏菌 Salmonella hirszfeldi)。1917年,自1900年起担任巴黎大学病理学教授的费尔南德·肥达发现了伤寒疫苗,大幅度降低了感染伤寒的危险。年轻的英国军官雷斯利·霍华德,一位匈牙利拉比的孙子,1917年在西线战场上身负重伤,后又成为著名影剧演员,1939年主演电影《飘》,第二次世界大战中乘坐从里斯本飞往伦敦的客机,因客机被德国人所击落而身亡。

第一次世界大战期间阵亡的德国犹太人中间有天文学家卡尔·史瓦西,他是星系"黑洞"研究的先驱,在俄罗斯战线上服役时因感染疾病而逝世。

有些犹太人军衔很高。路易斯·伯恩海姆(Louis Bernheim)是一位比利时军事参谋长,1914年,他率领军队在安特卫普拦击德军,为英军和法军保卫英吉利海峡各港口赢得了足够时间。虽然在后来的一次战斗中身负重伤,但他仍然因战斗表现积极而被晋升为将军。1918年,他率领3个比利时师参与了佛兰德的解放战争。

约翰·摩拿西勋爵(Sir John Monash)是第一次世界大战中获得最高军衔的犹太人军官,军衔至中将,他是二百多年来第一位被英国国王于战时授予爵位的军事将领。莫纳什参军之前是一名工程师,专长水泥构件的加固工程,1915 年,他率领澳大利亚军一个旅登陆加利波利半岛。1918 年,在领导澳大利亚和新西兰军队作战时,他率先使用坦克,他们首次用于作战的坦克是由一位英国犹太人阿尔弗雷德·斯特恩(Alfred Stern)上校组织安排的。

第一架用于作战的直伸飞机是由出生于布达佩斯(如您所知,弗丽大婶)的西奥多·冯·卡门所设计制造的,他是奥匈联军空军部队的成员。在意大利,犹太数学家维托·沃尔泰拉协助设计了协约国用于作战的飞艇,他是使用远比氧安全的氦为燃料的第一人。

在德国,后来获得诺贝尔奖的化学家弗里茨·哈伯积极带头开发了芥子气,作为化学武器用于战争,1915 年 4 月 22 日,德国军队首次在战场上使用了该武器(英国随后不久在战场上也使用了他们自己制作的这种化学武器)。另一位德国犹太人瓦尔德·拉特瑙确保了德国维持战争所需的原材料,1922 年,他被德国反犹太分子暗杀。

犹太人在战场上战斗十分英勇,有 5 名战士获得了英国维多利亚十字勋章,这是英国嘉奖英勇作战的最高奖励。第一位获得此项殊荣的是弗兰克·德·帕斯(Frank De Pass)中尉,来自伦敦的西班牙系犹太人,1915 年带领一支印度军队在西线作战中阵亡。在阵亡的前一天的战斗中,他因冒着枪林弹雨,拯救了受伤躺在开阔地上的一名印度战士而得到了这一嘉奖。第一世界大战阵亡人数最大的是俄罗斯犹太人,共计 10 万人,占服役总数的七分之一,4 万多人死于同奥匈联军的战斗。德国军队中犹太人阵亡的人数占第二,共计 12000 人。后来纳粹党人在德国 10 多个城市里的战争纪念碑上抹掉了这些烈士的名字。在法国军队服役的犹太人,有 9500 名为战争献出了他们的生命。

英国军队里有 8600 名犹太将士阵亡。最近我又一次参观了西线,去了英联邦阵亡将士墓地,我按犹太习俗,在墓碑上清晰地刻有大卫之星的死者坟墓上放上一枚小石子，以示悼念。那些阵亡的英军犹太将士中有画家与诗人集一身的以撒·罗森伯格（Isaac Rosenberg），他的"战壕诗"是激发战斗荣耀的强大力量。他在离战争结束还有 6 个月的时候阵亡。

如我在前几封信中涉及美国犹太人所提到的那样，25 万犹太人在美国军队中服役，其中 3500 人在一战中阵亡。其他阵亡的犹太官兵还有在土耳其军队服役的 1000 人，保加利亚军队服役的 1000 人，上述两国军队均为德国的盟军。罗马尼亚军队中有 900 名、塞尔维亚军中有 250 名犹太官兵为协约国作战阵亡。为协约国作战阵亡的还有意大利犹太人 500 名，比利时犹太人 250 名。阵亡的澳大利亚官兵中犹太人占 300 名，幸存者中二等兵雷纳德·吉索（Private Leonard Keysor）在 1915 年加利波利半岛战役中获得十字勋章。

哈维·撒奈（Harvey Sarner）在他《加利波利的犹太人》一书中再现了二等兵吉索如何熟练地使用自制罐头手榴弹成为赫赫有名的"榴弹能手"的故事。用果酱罐头装满弹药和金属碎片制成的手榴弹用起来很危险，但爆炸威力很大。萨讷尔写道："二等兵吉索最善于捡起土耳其扔过来的手榴弹扔回他们的阵地。"为了对付吉索，土耳其人剪短的导火线，加快了爆炸时间，吉索知道他等不了手榴弹落到阵地上再扔回，他就像玩板球一样，跃入空中接住手榴弹，扔回土耳其人的阵地，使他的战友惊得目瞪口呆。吉索抓住手榴弹并扔回土耳其人的阵地这一刹那间，身体两处受伤，长官命令他住院疗伤，但他拒绝离开前沿阵地。其他一个连队因榴弹手全部阵亡后损失惨重，吉索自告奋勇前去支援，充当榴弹手，难以置信地连续不断地接抓和扔掷手榴弹达 50 个小时。他的努力有效地帮助他们守住了必须坚守的那一段阵线。

作为国王乔治五世臣民的犹太人，他们在不列颠帝国以及英联邦国家许多不同的军队里作战，如澳大利亚、加拿大、新西兰、南非、英属西印度（包括牙买加），以及印度军队等，作战兵种也很多，包括机枪部队、步枪旅、英国皇家空军、皇家海军、皇家阵地炮兵，骑兵部队、坦克部队、卫戍部队，战线包括所有海、陆、空各种战场。

有一支全部由犹太人组成的部队，"锡安运输部队"，负责把军火以及给养从海滩运到加利波利前沿阵地的任务。他们是志愿者，来自埃及，他们中的许多人是在战争开始时被土耳其人从巴勒斯坦赶出来的。有一项杰出表现勋章表彰嘉奖令是这样描述锡安运输部队一名战士考珀拉尔·格洛契考斯基（Corporal Grouchkawsky)的："虽然双臂都负了伤……仍然把军火送到了阵地"。

最近，第一次世界大战史学家林·麦克唐纳参观了加利波利半岛，她寄给我一张在半岛40个英联邦国家阵亡战士墓地之一拍摄的照片。顶端刻着大卫之星的墓志铭写道："这一墓地埋着锡安运输队员雅各·罗特曼，1915年6月3日阵亡。他们将永垂不朽。"根据1922年出版的《不列颠犹太人光荣史册》记载，罗特曼是一名二等兵，在开罗应征入伍，他完全有可能就是被土耳其人赶出国土的数千名犹太人中的一员，具有讽刺意义的是，他的坟墓竟然就在土耳其国土上。

1918年，英国政府授权建立三个皇家燧发枪团纵队，总共约5000人，全部由犹太士兵组成，在巴勒斯坦与土耳其人作战。纵队中有一位在美国应召入伍的大卫·本固里昂后来出任以色列第一任首相。在美国应召加入纵队的还有拿西米·卢比科夫，他的儿子伊扎克出生于1922年，担任了两届以色列首相，他年轻时起了一个希伯来的名字拉宾。

协助建立锡安运输部队和皇家犹太纵队、出生于俄罗斯、后来成为巴勒斯坦犹太自卫运动先驱和新犹太复国主义运动奠基人的弗拉迪米尔·亚伯丁斯基写道："犹太人民可以为所有来自怀特查培尔，特拉维夫、纽约、蒙特利尔、布宜诺斯艾利斯以及亚历山大利亚的500名锡安骡驮运输队员和5000名皇家犹太纵队战士感到自豪。他们来自世界四个大陆，有一位来自第五个大陆澳大利亚。

他们为犹太人的前程自觉无私地履行职责。"

正当处在革命前夜的布尔什维克威胁将俄罗斯撤出战争之时,英国立即采取了行动。英国人迫不及待地想寻找到能够鼓励俄罗斯犹太人动员他们的国家继续留在战场,并更加积极地与敌人作战,他们最后发表了一项宣言,承诺在协约国取得胜利后让犹太人在巴勒斯坦建立一个国家,犹太复国主义运动积极分子为此已经奋斗了两年多时间。协约国要获得胜利意味着土耳其的失败,使英国在攻克巴勒斯坦的前提下建立拥有主权的犹太政体。土耳其统治将让位于英国统治,犹太复国主义运动手上就有了一把保护伞以及一块自由支配的领土。

英国的保证——因外交大臣 A.J. 贝尔福签署了此项宣言,历史上被称作《贝尔福宣言》——使世界各地的犹太复国主义分子大为振奋。可是对俄罗斯犹太人而言,能够使他们敦促政府加倍努力地投入战争的影响,宣言的出台,为时已晚。甚至当英国作为宣言的部分条件组织安排派遣犹太复国主义运动领导骨干,其中包括沙伊姆·魏茨曼,乘坐海船前往俄罗斯组织动员支持战争力量之时,布尔什维克革命已经爆发,事实上,列宁第一项措施就是将俄罗斯撤出所有敌对阵线。

具有讽刺意味的是正在此刻英国人到达了耶路撒冷。倘若俄罗斯仍然留在战场,俄罗斯犹太人就将会看到在巴勒斯坦建立犹太国家不仅仅是一种纯粹的希望,而是一个潜在的现实。

建立一个犹太国家的前景,无论多么遥远,就这样在英国需要犹太人的战争承诺中诞生了。

第八十封信

亲爱的弗丽大婶:

关于犹太人的任何故事均无法避免皈依的基督教犹太人这一棘手问题,犹太人自己把它称作皈依"出去"。第一次世界大战最具影响的诗人之一希格弗里德·萨松（Siegfried Sasoon）是一名基督徒，他的祖父大卫·萨松，1832年出生于孟买，是一位杰出的印度犹太人，他从印度移民至英国，谋求新的生活（大卫·萨松的祖父舍伊克·本·萨拉曾经担任巴格达犹太社区主席达40年之久，他还担任过巴格达奥斯曼政府的财政官员）。希格弗里德·萨松信奉英国国教长大成人，七十多岁时改信罗马天主教。

差不多200年之前，极端正统派领袖卢巴维奇第一任拉比（the first Lubavicher Rebbe）的儿子摩西·施尼尔森皈依了基督教（Moses Schneersohn），犹太哲学家摩西·门德尔松的几个女儿亦然。因此，摩西·门德尔松的外孙作曲家菲力克斯·门德尔松—巴尔杜尔迪也是一名基督教徒。尽管如此，菲力克斯·门德尔松德仍然出现于杰弗里·维古德编写的主要犹太参考文献《犹太人物传记辞典》。

犹太人经常争论，改变信仰的人或者皈依基督教的犹太人后裔是否还可称作犹太人。根据犹太教律法，任何由犹太母亲所生的人均可被界定为犹太人（菲力克斯·门德尔松就是如此）。

19世纪——如我在前面写给您的那样——便雅闵·迪色列行了洗礼，其作品被希特勒以"下流的犹太音乐"为名严令封杀的作曲家古斯塔夫·马勒也行了洗礼，1944年在布达佩斯为几千个犹太家庭签发战时保护文书的瑞典外交家官员拉欧尔·瓦伦伯格的曾祖父也行过洗礼。德国诗人海因利奇·海涅是一名改信者，参加1964年美国总统竞选的巴利·戈德华特——当时您与比吉大叔在华盛顿——其祖父母也是改信者。

皈依基督教的犹太人中间有西奥多·赫茨尔的儿子，以及出生于波兰、当今巴黎红衣大主教让—马利·卢斯提格尔。1945年任罗马首席拉比的安东·佐利在第二次世界大战结束后改信基督教。

在英国，有一些被认为是犹太人的政客事实上也是改信者，他们不想再回归到犹太信仰。其中一位名叫埃德维纳·居里，是马格利特·撒切尔执政时期活跃的保守党政治家,另一位尼格尔·劳森,是撒切尔政府内阁成员。撒切尔执政时期伯明翰大主教休·蒙特菲奥雷大人是犹太望族塞巴格—蒙特菲奥雷家族的一名成员、19世纪犹太慈善家摩西·蒙特菲奥雷德勋爵的至亲,关于这位勋爵,我已同您写过。

有些犹太人已经把自己看作基督教徒,并且已经没有犹太人的感觉,然而,犹太人还是常常以他们作出的贡献而感到骄傲。《日瓦戈医生》的作者鲍里斯·帕斯捷尔纳克是一名改信者,同时又是诺贝尔文学奖的获得者,他被《犹太百科全书》列入获得诺贝尔奖的犹太人名单。

近期最具争论性的犹太人是卡尔·马克思,他的著作激励了伟大的社会变革和革命运动,同时被扭曲之后变成独裁的灵感。马克思并不认为自己是犹太人。他的父亲,海因里奇·哈勒卫·马克思是一名德国拉比的儿子,是一名改信基督教的犹太人,原名叫西尔斯奇尔·哈勒卫·马克思。他的母亲是17世纪一位荷兰拉比的后代。卡尔·马克思6岁时,他父亲成为一名路德教会友。年轻的卡尔去路德教会学校上学,却发展成一名坚定的无神论者,指责所有宗教都是"人民的鸦片"。对犹太人,马克思非常反感,在一篇文章中,他问道:"犹太人举世闻名的崇拜是什么? 推销。犹太人举世闻名的上帝是什么? 金钱。"

噢! 我的上帝! (*Oy Vey!*) 正如遇到不快的时候,犹太人会这样说,可是,马克思仍然被载入维古德《犹太人传记辞典》和以色列·莱文《忠诚的叛逆者》一书,此书的副标题是"犹太理论思想研究"。

犹太人的解放一千多年以来第一次为西欧犹太人带来了全方位的享有平等权利和公民权利的机会。这使犹太人身处异国他乡的感觉得到明显改善,并鼓励他们积极参与甚至融入西方社会。许多犹太家庭抛弃了犹太人认同,并通过与异族通婚中断了犹太传统的繁衍。另外有些家庭则转向世俗生活方式和信念,或者改信基督教。

除那些改信基督教、不觉得自己是犹太人，或者那些虽然改信基督教但人们仍然认为他们是犹太人的人之外，还有许多双亲之一是犹太人的犹太人，他们有些人也许转向犹太教信仰，或者只沾上一点犹太信仰的边。在这些"半犹太人"中间，有位女演员圭内特·帕尔特罗（Gwyneth Paltrow），她父亲是一代俄罗斯皇朝历任拉比的后裔。另一位"半犹太人"维斯利·克拉克将军去年在南斯拉夫指挥北约的军队，到晚年时才发现自己是"半犹太人"，并且十分乐意地接受了这一事实。当今美国，几乎一半的美国犹太人与非犹太人结婚，11 岁以下的半犹太人人数已经超过同年龄的犹太人人数。这一现象为 21 世纪犹太人口造成了许多问题。

第八十一封信

亲爱的弗丽大婶：

1933 年开启了一个黑暗恐怖的时代，希特勒在德国获得了政权。纳粹政权一开始就把犹太人列出，作为隔离、骚扰、迫害的对象。在 1933 年 1 月 30 他登上德国首相之位到 1939 年 9 月 1 日举兵进犯波兰战役时期内，德国犹太人首当其冲，受到希特勒疯狂仇视鱼迫害。

犹太人在德国生存繁衍已达 1600 年，第一次世界大战中，12000 名德国犹太人战死沙场，为其捐躯。希特勒对犹太人的热爱德国的感情与为此作出的牺牲视而不见，听而不闻，仍然将犹太人恨之入骨。德国学校教导学生，"犹太人"是害虫，身上带着病菌，是德国"纯洁"青少年的毒害者。他们教导成年人，必须把犹太人撵出德国，以便保存纯洁的"雅利安人"。"雅利安人种说"是德国宣传机器喋喋不休巧妙鼓吹出来的一个生物缪论，这一神话搅起了最恶劣的种族歧视。犹太人的命运不仅仅被公众偏见或歹徒暴力所主宰。纳粹政权的两架机器盖世太保（秘密警察）和 SS（穿黑色制服的"党卫军")可以毫无证据地肆意逮捕、毫无法庭程序地让人下狱、毫无节制地折磨他人、毫无顾忌地滥杀无辜。

战争爆发之前,德国50万犹太人中有一半设法逃离了德国,但是,当战争一打响,德国政府就关闭了边境。犹太难民中许多人到了法国、比利时以及荷兰等国家,这些国家后来被德国所占领,他们便成了德国人的俘虏。安妮·弗兰克和她的家庭是来自法兰克福、在荷兰落脚的德国犹太难民。他们在藏匿躲避过程中被人出卖,被押送到奥斯威辛集中营,在那里,多达100万犹太人惨遭杀害。

战争爆发前希特勒巩固政权的六年时间里,德国犹太人生活各个方面均被强行规定所限制。他们是德国人,但是他们系统地被撵出大中小学校,强迫停止自己从事的职业,聋哑残疾人协会的犹太成员被赶出组织。按照1935年《纽伦堡法令》,犹太人被沦为二等公民——他们成了德国不可触摸的人。任何父母双方只要有一方有犹太血统的人都被界定为犹太人。希特勒亲自签署了纽伦堡法令,使他整个警察国家所有权力成为支持种族孤立和种族隔离的后盾,包括对那些甚至只有四分之一血统犹太人,也受到歧视。

集中营里成千上万的共产主义者、社会主义者、工会主义者、自由主义者以及凡是批评和反对希特勒统治的人被分别监禁,他们中的许多人遭到杀害,在纳粹统治德国的前五年里,数百名犹太人被谋杀。1938年3月,希特勒吞并了奥地利,183000名犹太人落到了德国统治者手上,他们马上领教了纳粹统治的所有专横与残暴。

1938年11月一个恐怖的夜晚,被称作"水晶之夜"("玻璃破碎之夜"),九十多名犹太人被杀害于街头巷尾,数百所犹太教堂被火焚毁。那天晚上,几千家犹太商店玻璃窗被砸(因此叫做"玻璃破碎之夜"),德国与奥地利几乎所有城镇的犹太公寓遭到洗劫。接下来的几个月内,被赶进集中营的犹太人因待遇恶劣、情绪悲痛而死于非命者达 500 之多。

水晶之夜引起世界对纳粹统治者排犹运动的强烈反感,特别是英国,英国政府已经接纳了四万德国和奥地利的犹太人,他们立即承诺接纳一万名犹太儿童。此项计划被称作"营救孩子计划"(通过火车与船舶把孩子运到安全的地方的旅程称作"运送孩子旅程"),他们把孩子们从德国和奥地利运到英国,先送到接待中心,然后分散到各个非犹太人的家庭照顾抚养;接纳照看犹太孩子的数千个英国家庭,玛格丽特·撒切尔父母亲家是其中之一。几乎所有的孩子在希特勒第三帝国各车站向他们的父母亲挥手告别是他们见到父母亲的最后一面。1943 年,这些孩子的父母亲大部分被纳粹赶往东部后杀害。

第八十二封信

亲爱的弗丽大婶:

1936 年 7 月,正当希特勒巩固他在德国的权力之时,弗朗哥将军颠覆了西班牙共和国,在西班牙推行法西斯统治。成千上万的志愿者匆匆从国外赶回支持西班牙共和国,其中有两千多名犹太人,对他们而言,西班牙的战斗是他们首次参与的同反动势力和压迫者进行针锋相对的战场厮杀。许多人是犹太共产主义者,他们认为必须同纳粹和法西斯主义进行战斗,有些人受莫斯科直接领导,有些人则是国际纵队的成员。

美国纽约志愿者早期组织人之一爱德华·本德尔(Edward Bender)是一名犹太人。在西班牙,业余战地综艺表演剧团中有一位名叫伯纳德·亚伯拉莫夫斯基(Bernard Abramofsky)的犹太人,他用英语和意第绪语自编自唱歌曲,他的表兄、业余战地综艺表演剧团演员哈罗德·半洛夫斯基(Harold Melofsky)在战斗中牺牲,之后不久,他因开小差而被击毙。

关于西班牙内战影响力最大的著作之一是《西班牙见证》,作者是出生于匈牙利的犹太记者亚瑟·凯斯特勒，曾一度被弗朗哥监禁；事实上他以间谍罪被判处死刑，但因国际呼声强烈而获救。丘吉尔是为他干预此事的众人之一。凯斯特勒1905年生于布达佩斯，比您早三年，弗丽大婶。他1941写成的著作《中午的黑暗》尖锐地批判了20世纪30年代苏联的肃反运动，对我们这一代人产生了极其重大的影响。

在西班牙参加战斗的许多犹太人后来成了战后东欧共产主义统治的领导人，其中一位是出身于布达佩斯的埃尔诺·辛格，他取姓杰罗，积极参与了1919年贝拉·库恩领导的共产主义革命运动。1956年匈牙利出现反共动乱，辛格时任匈牙利共产党第一书记，他试图阻止反共动乱，是他请来苏联坦克把动乱镇压了下去。

西班牙共和军首席军事顾问是一名犹太人，苏联将军格里高利·施特恩（Grigori Shtern），（化名格里高雷维奇），一如其他苏联志愿者，他由斯大林委派来到西班牙。1939年，他在远东战场指挥苏联军队与日本人作战，获得苏联无名英雄的光荣称号。另一位在西班牙指挥共和军空军部队的苏联将军是雅各·斯姆士科维奇（Jacob Smushkevich），他是一位立陶宛贫穷的犹太裁缝的儿子，三年后，他回到苏联统率红军空军部队。1941年德国侵略苏联前夕，斯姆士科维奇任苏联防空部队总司令。不久，他和施特恩一样失去了斯大林的信任，他们双双被处决。《乌克兰百科全书》记载了他们分别处决的悲惨日期——1941年10月28日，但没有解释他们遇害的原因。

在西班牙战斗过的第三位俄罗斯犹太人将军是拉沙·斯特恩（Lazar Stern），他指挥犹太人最多的第11国际纵队。这些犹太人来自法国、奥地利、波兰和匈牙利。他化名埃米尔·克莱伯（Emile Klebber）指挥作战，1936年11月率领志愿军协助主力部队阻击弗朗哥攻占马德里，在1937年的贾拉马和瓜达拉哈拉战役中表现卓越。他因苏联秘密警察指控为"国际主义分子"而被突然从西班牙召回苏联后失踪了，成为斯大林肃反运动百万牺牲品之一。

瓜达拉哈拉战役中,斯特恩将军与另一位犹太将领分享了战功,他的名字叫贝拉·弗兰克尔(Bela Frankel),出生于匈牙利,化名卢卡克斯将军(General Lukacs)。布尔什维克革命时期他就献身苏维埃加盟共和国的事业,西班牙内战爆发前十年,他被任命为莫斯科革命剧院主任,后来他成为红陆军和红海军文学工作主管。卢卡克斯将军统率第 12 国际纵队,带领德国反纳粹志愿者、意大利反法西斯主义战士以及法国、比利时和波兰志愿军战士开往西班牙作战,他所领导的纵队,犹太人是其中最大的团队。卢卡克斯将军于 1937 年阵亡。

我必须提一下另一位苏联犹太将军西门·克利夫欣(Simon Krivoshein),他是一位钟表匠的儿子。1931 年,他加入了苏联最早的机械化部队。斯大林将他与其他 29 名苏联红军军官一起派往西班牙指挥 50 辆坦克作战。1937 年 3 月瓜达拉哈拉战役中击败弗朗哥军队的主要作用是他们坦克部队所起到的。1941 年,克利弗欣率领机械化部队抵抗德军的入侵,1945 年,他又带领一支集团军参加了攻克柏林的战役。

英国和美国的志愿者虽然没有将军头衔,他们同样战斗在西班牙各条战线上。由美国支援西班牙民主事业医疗卫生署从美国派往西班牙共和军一方的一些外科医生是犹太人,其中有欧文·布施医生(Dr. Irving Busch)和爱德华·巴斯基医生(Dr. Edward Barsky)。爱德华·巴斯基是纽约贝特以色列医院的一名外科医生,他与其他四名医生,以及八名护士和两名救护车司机组成了一个医疗小分队。

刚要写这封信之前,我在纽约以北不远处的一个小镇作报告。报告结束后,我遇到了退休律师杰伊·格林菲尔德(Jay Greenfield),他的哥哥哈伊在西班牙内战中负了致命的重伤,巴斯基医生曾为哈伊·格林菲尔德疗过伤。哥哥死的时候,杰伊·格林菲尔德才五岁。今年年初,他去了西班牙一个名叫塞古拉(Segura)的乡村墓地祭扫了他哥哥的坟墓。

第八十三封信

亲爱的弗丽大婶：

这是一封使人最难过的信。1939 至 1945 年间，由于希特勒的种族歧视"流毒"——我无法把它称作"主义"——600 万犹太人惨遭杀害，欧洲大部分犹太人的生活被毁，文明、仁慈以及人类世代传承的脉动为极端的残忍和野蛮状态所弥蒙遮盖。如"Holocaust"（大屠杀）这一个词，意第绪语中的"churban"（大毁灭），希伯来语中的"sho'ah"（大灾难），每一词都被试图用来描述所发生的一切，但无论哪一个，乃至成千上万的词汇都无法完全表达那一种恐怖。

这不仅仅是犹太人这一段历史时期如何命名的问题，而且是一个如何去想象这些发生的事实的问题。没有身临其境的人中间有谁能够理解其凶恶与残暴呢？长时间强加在欧洲犹太人身上的罪恶及其所有各种各样的恐怖能为过着正常生活的平民百姓和衣着整洁、行为端庄的绅士淑女所深刻地把握吗？有一位幸存者战争一结束就给他的朋友写信，描述了一桩多达 150 万犹太孩子被谋杀的情景，他写道："如果你有病态想象力的话，也许你能够想象那一情景；如果你是一位正常的人，你无论如何都无法想象出那一幕是如何恐怖。"

随着 1939 年 9 月德国入侵波兰，残暴的大门被打开：一场蓄意谋杀开始了，家室里、教堂里、商店里、街道上，五千多名犹太人，不分男女老幼，被无辜杀害。有些人被锁在教堂里被放火活活烧死，有些人则被赶到附近的树林或山谷中用枪打死。

德国攻克波兰西部之后，在他们被赶往东部，穿越沼泽地和河流，越过边境进入苏联境内的旅途中，又有几百名犹太人遇害。接着产生了一条新的法令：强迫犹太人离开家园，集中居住在特别为他们建造的几百处贫民窟里。贫民窟是封闭的，到处弥漫着疾病和饥饿,死者数以百计,体弱多病者数以千计。同时,德国的统治于1940年4月蔓延到丹麦和挪威,5月蔓延到了法国、比利时以及荷兰,1941年4月到了南斯拉夫和希腊。成千上万的犹太人被抓捕、被隔离,被迫佩戴星星图样的黄色徽章,被推上了饥荒的边缘,但得不到了以糊口的饥荒配给。

至1941年春,华沙犹太贫民窟每一个月就有2000多名犹太人因饥饿而死亡,罗兹犹太贫民窟每月有700到800名犹太人死于饥饿。

虽然此刻已经有数万名犹太人遇害身亡,但是最大规模、最集中的大屠杀还未到来。1941年春天,德国易北河边一个名叫普雷特奇(Pretzsch)的小乡村里,纳粹杀人团正在筹划一项可怕的使命。

1941年6月22日,德国军队发动了入侵苏联的战争。这些杀人团叫作"Einsatzgruppen",他们尾随军队向东移动,一路上以犹太史、乃至世界史上前所未闻的规模屠杀犹太人。在三个星期的时间内,15000多名犹太男女老少倒在残酷无情的枪口下。许多人从家里被拖到附近的沟渠或者洞穴里然后用枪打死,老弱病残者则被打死在家里或床上。一旦被发现,无一人能逃脱。

三个星期疯狂杀戮之后,杀人团继续他们使命,周复一周,数以万计的犹太人又被他们所害。杀戮向四周广泛蔓延,从立陶宛和拉脱维亚到爱沙尼亚,从沃尔西尼亚到乌克兰,从波罗的海到黑海,八个月的时间内,多达100万的犹太人遭到屠杀。

这一巨大的数字还不够完成纳粹的计划,纳粹的计划是要毁灭整个犹太民族,不放过一个犹太人,不留下一点犹太人生活的痕迹。1941年12月8日,德国人在其占领地波兰边远地区的一个树林里实施了一项实验,他们把8个村庄,4000名犹太人赶上特别加固的卡车灌上废气,运往这片树林。实验进行了四天。其中有一天从柏林盖世太保总部来了一位观察者,他的名字叫阿道夫·艾希曼。20年后,他在耶路撒冷法庭上陈述他当时所目睹的一切让他恶心,但当时他却做出判断,实验是成功的。

那片树林的名字叫海乌姆诺。接下来的几个星期,成千上万的波兰犹太人从越来越广阔的地区被带到这里塞进毒气罐车里,而艾希曼回到了柏林。1942年1月20日,在万湖边一处别墅里召开的会议上艾希曼对德国国家政要们宣读了欧洲各国尚存犹太人的数目,数目单是以国别编排的。目录单上的所有犹太人必须一个个地找出来,驱逐出境,要么做苦力累死,要么进毒气室毒死。甚至英国和爱尔兰也被列进了目录单,中立国家瑞士、瑞典、西班牙和葡萄牙也在其列。

被德国人冠名为"犹太人问题最后解决行动"的方案即将实施。德国军队节节胜利,从大西洋几乎到达里海,从挪威远北至北非,大片领土被他们踩在脚下。欧洲被德国占领的整个地区,盖世太保统治的淫威迫使人们屈服,杀人者蓄意编造的谎言掩盖了屠杀的真相及其规模。

1942年春初,他们扩建了海乌姆诺死亡营,与此同时,他们在波兰境内的贝乌泽茨、索比堡以及特雷布林卡分别修建了另外三个死亡营。在这四处死亡营里遇害的犹太人数使人毛骨悚然,多达200万犹太人从欧洲的四面八方被火车,多数被马车运到死亡营里,几乎所有的人在到达死亡营几个小时后就被送往毒烟室窒息而死,仅有个别几个人被挑出做苦力,大多数为德国人整理这些死者的衣服和物品,让它们流进德国侵略战争的金库,另外一些人则被迫为他们处理尸体。一年中200万犹太人在这四处死亡营里遭到杀害。当苏联红军开始进攻德国时,盖世太保命令将所有犹太人的尸体挖出焚毁,其骨灰弥漫四周的森林。

1942年3月,正当四所死亡营运行最繁忙之际,第五所死亡营开张。这所死亡营与其他四所死亡营不同,被押送到这里的犹太人不像海乌姆诺、贝乌泽茨、索比堡以及特雷布林卡死亡营那样立即被送往毒烟室杀害,而是被囚禁在简陋的大棚屋里,以备劳役。这一处死亡营的名字叫奥斯威辛死亡营。1942年5月,首批犹太人被送进了毒烟室,他们是被盖世太保确定为"光有一张吃饭的嘴"的妇女、儿童和老人。在接下来的两年半的时间里,奥斯威辛死亡营里一百多万犹太人被送进毒烟室窒息而亡,或者被极其残酷地杀害。

海乌姆诺和其他三所死亡营夷为平地很久之后,奥斯威辛死亡营仍然继续着罪恶的勾当。今天,当人们站在被纳粹炸毁的赤裸裸的焚尸炉和毒烟室以及一排排木棚遗址中间时,连表达感情都觉得无能为力。泥浆、垃圾和横尸业已消失;然而令人毛骨悚然的罪恶之感尚存。

第八十四封信

亲爱的弗丽大婶:

这将是一封短信,事关一群常挂在我心头的在大屠杀中遇害的犹太医生和护士。他们一生献给了病人的治疗和照顾,然而在纳粹眼睛里,他们与其他犹太人一样是"害人虫"。遇害之前,有些人已经功成名就、德高望重,另一些人则初出茅庐,刚刚献身救死扶伤的事业。

我最珍贵的财物之一是复印的《波兰犹太医生烈士记》一书,此书二战结束后在纽约出版,书中记载了2500名在波兰一地被害的犹太医生和护士的名字和他们生活的故事。整个欧洲被害的医生和护士必定是这一数字的两倍。

书中出现的第一位牺牲的波兰犹太医生是马特乌茨·亚伯单(Mateusz Aberdam),一名妇科医生,来自曾经属于奥匈帝国东部地区的美丽迷人的普热梅希尔镇。他积极参与镇上犹太人的社会活动。他的命运却让他于1943年被押送到了奥斯威辛死亡营并在那里被杀害,那时他44岁。

亲爱的弗丽大婶,书中有些人是与您同年所生的——1908年。东加利西亚普热梅希尔亚尼镇医生以撒·曼德尔(Izaak

Mandel)像您一样出生后就是奥匈帝国的公民,当他在乌克兰一处村庄附近寻找避难的地方时被当地乌克兰村民所杀害。亚库伯·塔菲特(Jakub Taffet)是当今教皇家乡瓦多维策(靠近克拉科夫)的一名普通执业医生,德国占领期间,他在利沃夫遇害身亡,他的弟弟特奥菲尔(Teofil)也同样遭到杀害,他是由德国人建立规范犹太贫民窟管理的犹太事务委员会的成员,被盖世太保所绞死。在华沙从医的妇产科医生拿弗他利·利希顿堡(Naftali Lichtenbaum)也未幸免于难。一位在靠近克拉科夫的维耶里奇卡从医的儿科女大夫弗朗西斯卡·希尔施—罗特考泊夫(Francizka Hirsch-Rotkopf)于1942年8月被遣送至贝乌泽茨死亡营,一起被遣送的还有她做医生的丈夫朱利安和镇上以及附近乡村几乎所有的8000名犹太人,这一次被遣送的犹太人无一人生还。

书中记载的还有一位犹太女大夫莎娅·玛努斯威茨(Chaja Manusiewicz)比您晚三年出生,弗丽大婶,她出生于1911年,毕业于维尔纽斯大学,嫁给一名基督教徒,在白俄罗斯小镇弗斯耶洛伯行医。1941年德国人入侵苏联时,她逃进森林参加了游击队,在同德国人的战斗中牺牲。

书中记载的最后一名是以撒·日维(Izaak Zyw)。第一次世界大战结束后和第二次世界大战开始之前,他是波兰罗兹市的一名外科医生。战争爆发后不久他在华沙犹太贫民窟卫生所工作。当德国人洗劫他家公寓时,他与他的家人一起被他们所杀害,时年41岁。

《烈士记》一书共有497页长,全部所写的不过是受害者的姓名和职业的简要介绍,一人一般只有四到五行字。假如每个大屠杀中遇害的犹太人,包括150万16岁以下的少年儿童,都给予这样一个篇幅——这一篇幅对一个人的生命而言算不了什么——这样厚的书将需要两千多本。

第八十五封信

亲爱的弗丽大婶：

今天我想写关于大屠杀中犹太人反抗的故事。正当德国人在波兰东部和俄罗斯西部持续不断地杀戮犹太人，把他们所占领的欧洲其他各地方的犹太人驱赶遣送到死亡集中营之际，成千上万的犹太人奋起抵抗德国人的铁拳。有些人设想在屠杀和遣送前夕逃出犹太贫民窟，有少数人甚至从堆积如山的死人堆里和屠宰坑里谋求逃生。

各犹太贫民窟均作出了巨大努力，忍受饥饿和艰辛，保持旺盛的斗志，不忘对他们孩子的教育，举办音乐会和戏剧表演，努力保持战前犹太文化生活和秩序的延续。塞雷斯恩斯塔德犹太贫民窟(the Theresienstadt Ghetto)，被德国人赶到这里集居的犹太人达14万多，饿死了成千上万的人，西奥多·赫茨尔的女儿特路得是其中之一。那里，有一群少年在极其秘密的情况下，编写了一份周刊，每一期都在阁楼里用手誊写出来。他们还鼓励年纪小一些的孩子画画，他们中的大多数后来被遣送到了奥斯威辛死亡营里。然而，标志这些孩子贫民窟短暂艰辛生活的画画课、舞台表演以及音乐歌曲本身就是一种反抗行为，这是一种人类精神的反抗，它拒绝让人被降至畜生或奴隶的地步。

1943年逾越节期间，华沙犹太贫民窟的犹太战士拿起他们能够找到的武器，与武装到牙齿的占领军殊死斗搏，战斗延续了整整一个月，直到7000名勇士壮烈牺牲、德国人用重炮把贫民窟炸成一堆废墟。在今天的以色列，华沙犹太贫民窟起义的日子被确定为"英雄烈士纪念日"。每逢纪念日两分钟的默哀之际，汽车司机将停车熄火，走出车外，肃立在路中央，聆听响彻全国大地的悼念笛鸣。

当华沙犹太贫民窟起义的消息传到维尔纳犹太贫民窟时，那里的一位犹太居民希尔施·格里克(Hirsh Glik)写了一首歌,这首歌马上成了所有犹太抵抗战士和游击队员的座右铭,今天世界各地许多犹太人的悼念活动上,这首歌仍然是人们要唱的一首歌:

> 千万别说末日已近,
>
> 虽然黑暗的天空预示着痛苦的前程,
>
> 我们期待的时刻仍将来临,
>
> 前进的步伐将发出吼声:"我继续生存!"

写完这首歌一年后,希尔施·格里克与数千犹太人被德国人从维尔纳逐出,遣送到爱沙尼亚的一个劳役营,从此便销声匿迹。

1942 年 1 月,联合游击纵队在维尔纳成立。一年后德国人开始强行集合维尔纳犹太人,这时,游击纵队领导人之一阿巴·考夫内(Aba Kovner)带领一支游击队,在附近的森林里与德国人进行战斗。三年后,他们在解放之日与苏联红军一起开进了维尔纳城。

至少在 24 个犹太贫民窟发生了武装起义,其中包括克拉科夫,克拉科夫城是我祖父 19 世纪末移居英国之前当学生的地方。克拉科夫犹太贫民窟战士中有两位年轻的姑娘戈勒·米雷(Gole Mire)和丽夫卡·利贝斯卡因(Rivka Liebeskind),米雷在战斗中牺牲,利埃贝斯卡因活了下来。她们都是犹太战斗组织的成员。犹太战斗组织是联合许多犹太贫民窟战士的组织,方式是通过信使冒着巨大的生命危险进行联络,组织大部分成员献出了生命,有些在战斗中牺牲,有些被伏击身亡,还有一些被非犹太人所出卖。

所有贫民窟起义的战斗都十分勇敢,尽管他们的行动注定要失败,无谓的抵抗仍然无畏不惧,德国人总是能调动压倒性的兵力,有效地镇压起义。有些犹太人设法逃到森林里加入游击队,有些整个游击部队成功撤出起义的战斗,进入森林,同德国人展开游击战争。整个欧洲,犹太人同德国人在树林里以及沼泽地里同德国人进行战斗。白俄罗斯有一森林深处,比耶尔斯基三兄弟,托维亚、苏斯和阿萨耶尔，不仅领导一支游击队，而且建造和保护了从该地区犹太贫民窟逃出来的 1200 名妇女儿童的藏身之地。阿萨耶尔在一次同德国人的战斗中牺牲了，托维亚和苏斯活了下来。

犹太人甚至在死亡集中营里也进行了抵抗。在特雷布林卡死亡营里，难友们团结在一起，奋起反抗，与看守斗争。在索比堡死亡营，一名犹太战俘，苏军军官亚历山大·佩切尔斯基（Alexander Pechersky）——后来我与他有过书信往来——领导了一次服苦役者的起义。他顺利地度过了战争，可是同他一起领导那一次起义的战友波兰犹太人雷昂·费伦德勒（Leon Felhendler）却在解放那一年被波兰排犹分子所害（被害的还有战争结束后返回波兰老家的 1500 名犹太人）。

即便在奥斯威辛死亡营，囚禁和杀害大部分犹太人的伯克诺区服苦役的犹太人也举行了起义。他们在被追捕杀害之前成功地捣毁了区里四个毒烟室的两个。被捕杀害的人中间有一位叫罗莎·罗伯塔（Roza Robota），来自波兰索斯诺维耶奇（Sosnowiec）镇，她参与了购置火药的秘密活动，她被当着伯克诺关押的所有女难友的面处决。即使在可怕的折磨之下，她仍然坚持保守秘密，决不供出参加秘密活动的其他人的姓名。

那些牺牲在纳粹屠刀下的犹太人，反抗不懈、宁死不屈，无论处境如何可怕，仍然努力维护人的尊严，细细描写他们藐视敌人和死亡的行为和大无畏的英雄气概，让人感到鼓舞万分。上帝让摩西传授给以色列人的圣谕"选择生命"是大屠杀时期犹太人的指路明灯，即便当拥有强大军事力量和可怕杀戮欲望的罪恶势力威胁和摧毁他们的生命之际，他们仍然以此为训诫。

大屠杀幸存者之一莫尼克·戈德堡（Moniek Goldberg）今在美国居住，战争结束时，他 15 岁。我在准备写一本关于 732 名犹太少年幸存者于 1945 年送到英国的书时，他写信给我："50 年来，我一直在想我能向我父亲说我没有忘记小时候接受的教导。我尽我所能帮助他人。我为我是一名犹太人而感到骄傲，因为我看到有些人行为比畜牲还不如,但是,犹太人记住了希勒尔拉比给我们的教导:'倘若你在一个没有人的地方,你必须努力成为一个人。'那时候我们处在畜生当道之际,然而,我自豪地告诉大家我们维护了人的尊严。"

除大屠杀期间犹太人抵抗、英勇无畏的群体反抗和个人斗争等故事之外,还有成千上万非犹太人冒着生命危险,常常是一家人的生命危险,搭救犹太人生命的故事。已知有 16000 多位非犹太人隐藏了犹太人,为他们提供食物,保护他们免受驱逐和死亡。几千名犹太儿童是由非犹太人藏匿下来的,特别是在荷兰、比利时和法国。三百多位德国人在德国本土参与了犹太人的救护活动,德占区一些工厂主也从驱逐群中和死亡线上救下一些犹太人,如奥斯卡·辛德勒,斯蒂文·斯庇尔伯格根据他的故事拍摄了电影《辛德勒名单》。

利沃夫城在两次世界大战间属于波兰的一部分,1914 年前属奥匈帝国,城里有位著名的牧师,施普提斯基大主教(Archbishop Sheptisky),20 世纪 20 年代初,他支持过西门·佩特鲁拉的排犹太运动,但是在德国占领波兰的头几天里,他就开始隐藏保护犹太人,被他隐藏保护下来的犹太人中有利沃夫的大拉比和他全家。施普提斯基还鼓励其他神职人员以及他自己的妹妹(著名修女)像他一样做。

意大利和匈牙利政府双双顶住德国政府的压力,拒绝将犹太人驱逐出境,直到德国军队 1943 年占领意大利、1944 年占领匈牙利之后,他们才开始驱逐犹太人。匈牙利摄政霍尔蒂司令曾两次拒绝希特勒亲自发给他驱逐匈牙利境内犹太人的命令。

一些欧洲国家政府拯救保护了一批犹太人。保加利亚国王和国会拒绝驱逐保加利亚 48000 犹太人中的任何一名,事实上战争接近尾声时保加利亚的犹太人口多于战争爆发时。芬兰答应将其境内 2300 名犹太人(大部分是来自德国和匈牙利的难民)全部驱逐出境,但当第一批 11 名驱逐出境的犹太人被盖世太保杀害之后,芬兰政府拒绝驱逐余下的任何一名犹太人出境,这些犹太人成了战争的幸存者。丹麦人民秘密地把丹麦境内几乎所有的 6000 名犹太人安全地运到了瑞典,而且是在一个晚上。

这些帮助犹太人的行为确实非常英勇无畏。他们大部分是平民百姓,他们凭着自己的本性,即基督教徒和人类对疯狂残暴的反犹太暴力行为本能的抵触,冒着个人生命危险帮助犹太人。在以色列,他们被命名为"世界正义者",这是一项国家法令,法令规定他们必须得到尊重和敬仰。

第八十六封信

亲爱的弗丽大姊:

所有盟军部队均有犹太战士参加作战。自 1939 年 9 月德国入侵波兰之日起,犹太战士就与波兰人并肩作战,保卫家园,3000 名犹太人阵亡。1940 年 5 月希特勒入侵法国、比利时和荷兰时,保家卫国、抵御侵略的所有部队中都能见到犹太战士的身影。当希特勒 1941 年 4 月侵略南斯拉夫和希腊时,情况同样如此。当他 1941 年 6 月侵略苏联之际,犹太战士投入了战斗。苏德战争的前几个星期内,犹太将领雅各·克雷瑟(Jacob Kreiser)阻挡了一支德国坦克部队的进攻整整两天。

苏联第一位阵亡的作家是犹太人列夫·坎托罗维奇,第一位驾驶战斗机被德军被击落的女飞行员也是一名犹太人,利迪娅·利特瓦克(Lydia Litwak)。

犹太人也参加了德占区各地游击队和抵抗力量与德军的游击战争。1941 年上半年,130 多名犹太人因抵抗德国占领军在巴黎被枪决,他们中大部分是出生于波兰的犹太人。雅典大拉比埃利亚斯·巴尔兹莱(Elias Barzilai)同其他几百名犹拉犹太人一样,加入了希腊游击队。在意大利游击队领袖中有一位年轻的犹太姑娘丽塔·罗萨尼(Rita Rosani),她深入德军战线后方靠近维罗纳作战时被德军抓获并处死。

希特勒 1941 年 12 月向美国宣战之后,更多的犹太人加入盟军部队,战斗在海陆空各条战线上,直到 1945 年 5 月纳粹失败。美国犹太人在各大战区海陆空部队战斗,贡献杰出。他们还参加了解放犹太集中营的战斗,成为犹太同胞的解放者。

1941 年 12 月 9 日,即珍珠港事件后的两天,美国犹太人梅伊尔·莱文(Meyer Levin)中士驾驶空中堡垒战机扔下炸弹,击沉了一艘日本战舰。后来他在一次战斗中飞机坠落太平洋时为挽救机组其他成员的性命而牺牲了自己的生命。另一位美国犹太战机机组成员埃尔伯特·加尔舒维兹(Albert Garshowitz)中士,他来自加拿大,是一名无线电报务员,他是 1943 年代号为"丹巴斯特空袭"德国的战斗中被击落身亡的盟军空军战士之一。

3 万多名巴勒斯坦犹太志愿者参加了战争,在英国军队中服役,与他们一起战斗在各大战区。有一位巴勒斯坦犹太飞行员乔治·恩斯特·古德曼(George Ernest Goodman)参加了 1940 年的不列颠战役。他出生于海法,参加不列颠战役时,他才 20 岁。在一系列空战中,他十分勇敢,至少击落 6 架进攻英国的德国飞机,他被授予杰出飞行十字勋章。1941 年在激烈的北非战斗中,他因飞机被击落而牺牲。与维希法国军队争夺叙利亚的战斗中,巴勒斯坦犹太人与英国和法国军队并肩作战,就是在这一次战斗中,以色列已故总参谋长、国防部长以及外交部长摩什·达扬(Moshe Dayan)失去了他的一只眼睛。

那时人们用"巴勒斯坦人"称呼这些犹太人,1943 年逾越节上,他们一些人在的黎波里第一次与来自美国、英国以及南非的犹太战士相遇。他们一起高唱"犹太"国歌,在场的每一个人都为之动容。

巴勒斯坦犹太人的工作是运输,在那些被德国人和意大利人猛烈轰击过的港口运送军火和物资。有一个这样的小组,第 462 连,押送一艘运输船,穿越地中海到目的地马尔他,驶入敌人的伏击圈，被鱼雷击中，船上148名战士壮烈牺牲。今年年初我在耶路撒冷时，看到赫兹尔山上的纪念碑上刻着他们的名字。

1944年夏天，犹太集团旅成立，大部分成员来自巴勒斯坦，他们是在意大利作战的犹太人，用希伯来语指挥，他们不用"一、二！一、二！"而是用"阿莱夫、贝特！阿莱夫、贝特！（Alef-bet! Alef-bet!）"呼口号。犹太集团旅中有83名战士阵亡，另外还有651名巴勒斯坦犹太战士在别的部队沙场捐躯。

来自伦敦的杰拉尔德·斯密斯（Gerald Smith）是犹太集团旅的一名成员，他清楚地记得他是如何在意大利担任战地担架手之后成为军队司机的经历。"我永远不会忘记那段从奥地利到德国的驾车历程。"他回忆道，"越是深入德国境内，周边越是寂静，满目疮痍，一片荒漠，路人凝视着我们的犹太旗帜，满眼狐疑。科隆已成废墟，一路上我们为那里的平民感到可怜，不久，我们闻到了那股难于形容的味道，意识到我们快要到达贝尔根—贝尔森集中营了。"

欧洲和亚洲各个战场上均有犹太战士参加战斗。最遥远的太平洋岛屿上、极其残酷的大西洋海面、最为惨烈的几次战役中，均有阵亡的犹太将士。我去观摩了庆祝1944年6月诺曼底登陆50周年纪念活动，看到标志着盟军登陆后战斗起伏的烈士墓地刻有大卫之星的犹太墓碑，这时候我才第一次深刻地认识到了这一点。

在纪念1945年5月打败德国纳粹50周年庆祝活动上，我第二次为犹太人在第二次世界大战中所作出的重大贡献而深深打动。我被带领参观了莫斯科新建的战争纪念和博物馆，仰望大理石墙壁上的镀金名字，他们是获得苏维埃最高荣誉的勇敢战士，苏联人民英雄，他们中间有许多是犹太人。

我第三次深为犹太人在同希特勒的军事斗争中所做贡献而感动的是伦敦特种部队俱乐部的一次聚会。我登上主楼梯，通道墙壁上挂满了在德国人占领欧洲时牺牲的英国烈士照片，我经过汉娜·塞内斯（Hanna Szenes）的照片，她的英国代号是"米尼"，出生于布达佩斯,移居巴勒斯坦,在一个合作农场工作时,自愿报名参加空降德国后方的行动。

汉娜·塞内斯和其他 31 名巴勒斯坦犹太人自愿担任了这一任务,7 人被捕遇害,其中有汉娜·塞内斯,那时她 22 岁。我最后一次去布达佩斯时发现了一个以她名字命名的小公园。

第八十七封信

亲爱的弗丽大婶:

战区之外,犹太人同样为盟军的战斗作出了贡献。从德国来到南非避难的犹太难民为南非军队捐赠了 12 辆战地救护车。为英国军队募资的巴勒斯坦犹太人也为英国军队捐赠了 12 辆战地救护车。

为赢得战争作出贡献的犹太个人有 J.罗伯特·奥本海默,他在洛斯阿拉莫斯领导了研制原子弹的团队。在洛斯阿拉莫斯工作的还有后来获得诺贝尔奖的理查德·费因曼和反对在日本投掷原子弹的詹姆斯·弗兰克(James Franck)。西奥多·冯·卡门——我在前面一封信中已提到他——是一名出生于布达佩斯的犹太人,他参与了美国战时飞机喷汽推进的研究。

参加战斗的犹太人显示他们的战斗能力,而另外一些犹太人则显示他们同样伟大的叙述能力,记录下他们身边的战斗故事。第二次世界大战盟军战地记者中有许多犹太人,他们始终把新闻工作作为自己喜爱的职业。美国士兵报纸《星条旗报》第一批记者中有一位叫拉尔夫·G.马丁(Ralph G. Martin)的犹太人毕业于密苏里新闻学校,22 岁时被派往北非从事战地报道。

在苏联,有一位电影制作人塞尔盖·爱森斯坦(Sergei Eisenstein),他父亲是犹太人,他与苏联一些著名的犹太知识分子站在一起,其中有才华横溢的演员经理所罗门·米霍尔斯(Solomon Mikhoels),他曾经用意第绪语成功演出过《李尔王》,他们公开表示他们以自己为犹太人而感到自豪，并让世界更加了解发生在苏联土地上的大批屠杀犹太人的事件。

苏联犹太人作家和小说家以利亚·爱伦堡在第一次世界大战中是一名俄罗斯战地记者，我相信比吉大叔在 20 世纪 50 年代见到过他，1940 年德国入侵法国时，他在巴黎。他的战地报道及以此为基础的《巴黎沦陷》一书为他赢得了斯大林奖。西方犹太记者中有《周日时报》驻莫斯科记者亚历山大·沃斯（Alexander Werth），他关于 1944 年夏解放马伊达内克集中营的报道第一次为世人描述了亲眼目睹的纳粹死亡营令人恐怖的景象。

在远离欧洲战火的美洲、南非和澳洲，数以千计的犹太教堂里和数百万家庭里继续着犹太人的生活。犹太学校给学生传授传统的礼节和圣经故事，并庆祝传统的犹太节日。犹太人仍然那样富有创造力，有时候这种创造力集中表现在战争题材。利利安·海尔曼的话剧《守卫莱茵河》1941 年在纽约首次公演，话剧讲述了一名德国人冒着生命危险反对纳粹统治。有的时候，这种创造力与残酷的现实距离很远。同年，美国喜剧演员丹尼·卡伊（Danny Kaye，出生于俄罗斯移民家庭，出生时取名大卫·丹尼尔·卡明斯基）因电影《黑暗中的女人》而声名鹊起，他在影片中展示了令人惊叹的俏皮绕口令的才能，在 39 秒钟内一口气绕出 50 名俄罗斯作曲家的名字。

1943 年，出生在美国的乌克兰移民的儿子雷纳德·伯恩斯坦首次登台指挥纽约爱乐乐团的演出。1944 年，劳伦·白考尔（在纽约出生，原名贝蒂·琼·帕斯科）主演了电影《富人与穷人》。在她 1979 年所写的回忆录中，她把自己叫作"一个来自纽约的犹太好姑娘"，她说："回顾我走过的人生，犹太家庭的感情总是让人自豪，总是那么强烈，至少我能说我为我出生于那里而感到高兴。我不会放弃那些根——那一民族之魂。"

尽管希特勒企图摧毁犹太人的民族认同，但是犹太之魂仍然幸存下来了，甚至在刽子手屠杀犹太人十分成功的欧洲，犹太之魂没有覆灭；在欧洲之外有 8 百多万犹太人生息繁衍的地方，犹太之魂生机盎然。希特勒企图摧毁犹太民族的消息加强了犹太民族的团结，强化了犹太人的民族认同和民族自尊。

那些在第二次世界大战爆发前夕乃至爆发之后顺利逃离欧洲的少数犹太人是幸运的。在战后世界里，他们成了惨遭屠杀的几百万犹太人的残余和代表。他们中间有哈巴德—卢巴维奇—哈西德教派领袖约瑟·以撒·施尼尔森（Joseph Isaac Schneersohn），关于这一教派，我已给您写过，施尼尔森于 1940 年从波兰来到纽约。在他的领导以及自 1950 年至 1994 年他的女婿梅纳赫姆·门德尔·施尼尔森的领导之下，犹太教仪式派在美国建立了一个新的基地，获得了新的力量，从而在半个世纪内将其影响扩展到了全世界；他们维护正统的犹太教，鼓励那些已经疏忽犹太信仰的人回归犹太教。

1940 年来到美国的还有出生于罗马尼亚的索尔·斯坦因贝格，他的卡通画《纽约人》被看作是典型的美国卡通。

第二次世界大战期间，巴勒斯坦犹太人的生活盎然继续，每年都有新的基布兹（kibbutaim）①建立。第一个基布兹是在战争爆发后的一个月建立于死海北部海岸，其成员是来自德国和中欧新移民。1940 年，来自捷克斯洛伐克、南斯拉夫、匈牙利的犹太移民建立了另外 3 个基布兹。1942 年，在胡勒沼泽地边缘建起了克法尔布鲁姆村，名称取自法国犹太政治家、战前民众阵线主席雷昂·布鲁姆的名字。当时他被关押在德国拘留营中。基布兹许多成员来自巴尔干国家和英国，他们是哈伯尼姆青年运动的成员，这一居住地也被称作"盎格鲁—巴尔干"基布兹，其大部分建设资金是由美国劳动犹太复国主义组织所提供的。耶路撒冷以南十英里处的克法尔埃特锡安居住地于 1936 年阿拉伯骚乱后被遗弃，1943 年重

---

① 即犹太人居住地或合作农场。（译者注）

新由战前来自波兰的正统派犹太移民建立。另为一些波兰犹太人
在巴勒斯坦阿拉伯城市加沙以北八英里处建立了雅得—末底改
("末底改之手")居住地,名称取自华沙犹太贫民窟起义领袖末底
改·安尼耶勒维奇(Mordechai Anielewicz)的名字,他在领导抵抗
战斗中牺牲的消息刚传到巴勒斯坦,他们就以他的名字命名了这
一居住地。

第八十八封信

亲爱的弗丽大婶:

作为一位历史学家,在我之前一代犹太历史学家的命运常常
引起我的关注。

著名的华沙犹太历史学家伊曼纽尔·林格尔布鲁姆
(Emanuel Ringelblum)1928 年与其他人一起创立了"青年史学家
协会"1944 年,在华沙被纳粹杀害。两次战争之间的另一位史学
家菲利普·弗里德曼(Philip Friedman)在利沃夫躲过了大屠杀一
劫,后移民美国,成为重要的历史学家。此外还有一位是雅各·沙
兹基(Jacob Shatzky),1927 年从波兰移居美国,在那里,他撰写了
一部华沙犹太人的历史,共 3 卷。

西门·杜布诺夫是第一次世界大战前后的著名史学家。1908
年,他开始执教圣彼得堡犹太研究院,布尔什维克革命后,自 1919
年起,在犹太人民大学任教。1922 年,他离开俄罗斯,先在柏林从
事教学工作,后来希特勒上台掌权后,移居拉脱维亚首府里加。就
在那里,1941 年 12 月 8 日大规模遣送里加犹太人到死亡集中营
的那一天,他被枪杀在街头,那时他 81 岁。有人说刽子手是一名
盖世太保军官,他原来的学生。

杜布诺夫的开山之作包括《犹太史概要》,3 卷本,还有另一本
3 卷本的《俄罗斯和波兰犹太人的历史》。中弹临终前他用意第绪
语说的最后的话是:"*Schrebit und farschreibt*!"——"书写和记录!"

"书写和记录"成了大屠杀中成千上万犹太人,包括历史学家必须履行的职责。详细记载德国占领区波兰犹太贫民窟生活的人中间有一位叫梅伊尔·布拉班(Meir Blaban),他的第一篇用波兰语写成的,也是关于波兰犹太人文献的得奖论文,发表于 1903 年,当时他 26 岁。三年后他出版了第一部著作,著作描述了 17 世纪之交伦贝格(即利沃夫)犹太人的状况。布拉班是 1927 年华沙犹太研究院的创始人之一,该研究院一直生存至今。自 1928 年起,他在华沙大学担任犹太历史学讲师。1942 年,他死于华沙犹太贫民窟,那时他 65 岁,比我现在只年长一岁。

布拉班一共出版了 70 种历史研究的著说,包括一部关于卢布林犹太人的历史著作(1919)和一部关于卡拉科夫犹太人历史的二卷本著作(1931,1936)。上一次去华沙时,我去祭拜了他的墓。华沙的犹太公墓是全欧洲第二大犹太人墓地,欧洲最大的犹太人墓地是坐落在柏林的维森希犹太公墓。经历了第二次世界大战,这两处墓地仍然完好无损。

战前另一位杰出的波兰犹太历史学家麦克斯·维因里奇(Max Weinreich)是维尔纳意第绪科学研究院(YIVO)的创始人之一。他希望意第绪语世界存有档案和文件,让它具有历史和学术权威。1932 年,维因里奇离开维尔纳,来到纽约。八年后,维尔纳意第绪科学研究院总部迁至纽约,他任研究院院长。他的《希特勒的教授们》一书揭露了德国学术界与大屠杀千丝百缕的关系,我为该书最近一次的印刷写了序言。

维因里奇最大的贡献是他的四卷本著作《意第绪语言史》。历史学家欧文·豪写道:"即便是在急速分化的意第绪文化环境中,他能够起到比大多数美国学者所追求的更为综合完整的作用,担负起更加艰巨的社会责任和提高民族地位的使命。"

写到维因里奇,使我想起我征求您关于意第绪语的意见时,您说:"意第绪语吗? 我们看不起意第绪语。"您的评论半个世纪之前在"西方"犹太人中间十分普遍。

维因里奇的努力毫无疑问为保存创造了光辉灿烂的文学、诗歌以及幽默的语言作出了重要贡献。

出生于奥匈帝国的历史学家萨洛·维特梅伊尔·巴隆（Salo Wittmayer Baron）于 1926 年辞去了维也纳犹太师范学院的教职，移居纽约。接下来在那里生活的 60 年里，他出版了了一部不起的巨著《犹太社会宗教史》，共 18 卷。1961 年，巴隆被邀作为"艾希曼审判"第一位证人出庭陈述大屠杀的历史背景。

在他 1964 年所写的关于俄罗斯和苏联犹太人的书中，巴隆富有预见地指出，苏联犹太人"不久将以某种目前还无法预测的方式复兴其古老的生命力，找到某种史无前例的方法，解决生活在一个历史上伟大民族中间所面临的歧视及同化固有矛盾的新挑战。"

巴隆直言不讳地反对被他称作"泪汪汪的"犹太历史观，这一历史观之下的犹太史特征可以归纳为："他们打了我们，他们又打了我们"。

1989 年，巴隆逝世，享年 94 岁。之前两年，有一位非犹太历史学家保罗·约翰逊在他开山之作一卷本《犹太史》里写到犹太人时公开表示支持巴隆的历史观，他写道："穷则变富，富则为仁，身处不幸而能创新，这方面，任何一个民族都不如犹太人那样具有经久不衰的能力。"

保尔·约翰逊总结道："为继续赋创造予意义，犹太人将从高贵的《约书亚书》第一章里上帝重复三次的训喻那里得到慰藉：'要坚强，要勇敢！不要畏惧，不要沮丧，我——主，你的上帝将处处与你同在。'"我同样也会这么总结，我感到萨洛·巴隆亦会。

第八十九封信

亲爱的弗丽大婶：

如您所言，您祖父是匈牙利东北部的米什科尔茨城人，您要我给您讲一些关于这一城市的事情。

1939 年战争爆发后,米什科尔茨城涉嫌"非正常"国籍的 500 名犹太人被驱逐到了德国人占领的波兰,几乎所有的人在那里被杀害。1941 年,城中又有几百个犹太人,不分老幼,都被抓住并遣送到乌克兰的卡梅内兹—波多尔斯克,在那里,也是几乎全部被杀害了。1944 年德国占领匈牙利之后,城里余下的10000名犹太人被遣送到了奥斯威辛集中营,活下来的只有 105 人。

米什科尔茨犹太人的命运也就是匈牙利所有地方城镇犹太人典型和可怕的命运。布达佩斯犹太人虽然也经受了巨大的恐怖,但从未面临整体驱逐遣送到奥斯威辛集中营的命运,他们的社区也没有遭受全面的摧毁。您的父亲,如您所言,1944 年住在泊兹索尼街 3 号的一所公寓里。我从我的研究中了解到匈牙利法西斯统治这一城市时,那幢楼受瑞典大使馆的保护,是"正义善良"的瑞典外交官拉奥尔·瓦伦贝里盖上中立国瑞典大印的四十多幢大楼中的一幢。匈牙利法西斯分子洗劫了其中的一些房子,抓住并杀害了房子里的人,但是大多数被瑞典徽章保护了下来。

让我们回到米什科尔茨。18 世纪伊始,第一批移居那里的犹太人以卖酒为生。1717 年,地方政府商议是否驱逐犹太人,然而他们还是让他们继续住在那里,11 年之后,他们授予犹太人在当地市场上做买卖的权利。经过 100 年的奋斗,米什科尔茨的犹太人有了自己的房子和土地,犹太社区有了自己的法律机构,能够依法行使罚款甚至肉体惩罚等。您祖父肯定上过的犹太大教堂是于 1861 年建立的。

《犹太百科全书》指出米什科尔茨的犹太教育机构"名列于整个国家最发达和最系统的教育机构"。至 1910 年,即您在布达佩斯出生两年后的那一年,米什科尔茨的犹太人口超过 10000,使米什科尔茨成为匈牙利犹太人口比例最高的城市,约 20%。

第二次世界大战结束后,米什科尔茨重新建立了一个犹太小社区,总共约 2300 人。他们甚至建立了一所犹太小学,开学上课。

第九十封信

亲爱的弗丽大婶：

我想您会喜欢一封关于匈牙利犹太人的信，匈牙利是您 90 多年前出生的国家，同时又是 19 世纪初犹太人被同化和改信基督教司空见惯的地方。有些方面，我在前面的一些信中已有所涉及，但是，您的"匈牙利"应有单独的一封信——仅仅为您！

现代匈牙利源自 1848 至 1849 反对奥地利的匈牙利革命。这是一场失败的革命，许多犹太人作为匈牙利爱国主义者参加了这场革命，因此全面感受到奥地利的忌恨，包括被勒令偿还一笔巨额罚金。10 年之后的 1859 年，犹太人首次获得解放，生活在自治权日益扩大的"新"匈牙利，犹太人能从事各种职业，居住在任何地方。

1867 年 12 月 20 日独立的布达佩斯议会通过的议案宣布了匈牙利犹太人的正式解放。那时候，居住在匈牙利的犹太人有 50 多万。其中包括新婚的魏斯家，他们是在 1874 年决定移居美国这一数百万欧洲犹太人的希望和机遇之地，带上了他们刚刚出生几个星期的儿子以里奇。他后来成了赫赫有名的哈里·霍迪尼，世界上伟大的遁术大师之一，他的海报宣传雅号为"世界最伟大的魔术师"。

留在匈牙利的犹太人，其解放伴随着歧视，一如世界各地常见现象。1882 年蒂萨耶斯勒城发生过一起"血祭诽谤"事件，其他几个城市也同时发生排犹暴力事件，导致了迫害浪潮再起的恐慌，然而许多基督教长老谴责了"血祭诽谤"事件。1895 年犹太教被匈牙利官方承认并接受为合法宗教之一。

犹太人在各个方面都能做得十分出色，他们中不乏成功的商人、工匠、地主、作家、医生和思想家，甚至运动员。犹太复国主义运动领袖人物中有匈牙利犹太人，复国主义运动政治机构缔造人西奥多·赫茨尔出生于布达佩斯。匈牙利东北地区以匈牙利为根据地的哈西德主义运动十分活跃。同化与改信基督教也十分普遍。排挤打击犹太人仍然是匈牙利生活的一部分,通常只是口头上的歧视,有时也会爆发暴力事件。首都布达佩斯充满了各种机会,吸引了许多犹太人,被戏称"犹达佩斯"(在南非,同时同理,约翰内斯堡——地方语中称约堡——被称作犹堡)。

弗丽大婶,我在给您的第一次世界大战那封信中写过,在第一次世界大战中,1 万犹太人为奥匈帝国阵亡。战争期间,出生于布达佩斯的戏剧家和小说家费伦克·莫尔纳尔(他原来姓纽曼)写下极其生动的东线战地报道,这些报道被刊登于《纽约时报》——即便美国和匈牙利处于敌对状态。

1919 年贝拉·库恩掌握共产党政权之后,他的一些犹太同志成为他的人民委员①。他对他的竞争对手,甚至对他政府里的温和派,实施"红色恐怖"。银行、大型企业以及乡村房地产收归国有,后一项使农民大为不满,他们希望能在他们中间分配土地。贝拉·库恩失败出逃(最后逃到莫斯科)之后,"白色恐怖"笼罩全国,排犹浪潮卷土重来,3000 名犹太人遭到杀害。

为贝拉·库恩工作的犹太人中间有一位年轻的电影导演亚历山大·柯尔达,革命失败后,他被关进了监狱。出狱后,柯尔达先去了好莱坞,后又到了英国,他在那里拍摄的电影是一战后至二战期间英国最具爱国主义的电影,丘吉尔特别钟情于他(以拿破仑战争为背景)的爱国主义影片《汉密尔顿夫人》。1942 年柯达尔受封爵士——一名匈牙利犹太爵士。

1920 年,匈牙利国会通过了《名额限制法》,将大学在读犹太学生的名额限制到 5%。就是这一条法令促使您不得不去英国求学,遇见了比吉大叔……余下部分是您的故事了。

———————

① 即部长。(译者注)

1938 年,即希特勒掌握德国政权 5 年后以及弗丽大婶您离开匈牙利去印度 4 年后的那一年,匈牙利国会通过了"第一犹太法",此法把从事开明职业、管理和商务的犹太人数有效地限制到了原来的一半以下。1939 年的"第二犹太法"把仍然作为犹太人的改信者人数扩展至 10 万,并更大规模地限制了参与经济活动的犹太人数,剥夺了匈牙利 45 万犹太人中 25 万人的生活来源。

在第二次世界大战中,按匈牙利法律统计的 825000 名犹太人(包括大部分改信基督教的犹太人),据估计有 565000 人被杀害,大部分人是 1944 年被驱逐遣送到奥斯威辛后遇害的。另外有 14000 多人是在 1941 年遭到围捕——大部分是在匈牙利吞并的罗特尼亚(Ruthernia)——并作为奴隶遣送至乌克兰卡门内特—波多尔斯克后遇害的。

恐怖的第二次世界大战中有一奇迹是,至少有 1 万匈牙利犹太人生存了下来,大部分在布达佩斯。许多人能这样是一些勇敢的外交官出面干预的结果,其中有瑞典外交官拉奥尔·瓦伦伯格,他后来被俄国人逮捕,从此失去了踪影,或在莫斯科的卢比扬卡监狱被枪决,或死于西伯利亚劳改农场。具有讽刺意义的是瓦伦伯格是 18 世纪第一位移居瑞典的犹太人的尊尊外甥。取名本尼迪克后,他改信路德教并取了一位基督教女子为妻。

战后匈牙利犹太人社会重新建立。一如 1919 年,一些犹太人在共产党政府中地位显赫,其中有厄诺·盖洛(Erno Gero),他积极参加了 1919 年的十月革命,1950 年至 1960 年,他是苏联共产党核心领导层成员之一。有些犹太人则是共产党政权的反对者,1956 年反共产主义运动后,一部分逃往海外,一部分入了狱。

共产主义政权解体之后,匈牙利犹太人重新恢复了希望,当我写这封信的时候,匈牙利犹太人数达 10 万,其中 8 万居住在布达佩斯。在今天的以色列和海外犹太人中间有许许多多匈牙利犹太人的后代。

犹太人在匈牙利人生活各个方面都打上了他们的印记。大卫·迈耶·古特曼（David Meir Gutman）参加了 1848—1849 匈牙利独立战争。由于犹太人普遍受到歧视，他失去了对匈牙利的希望，于 1876 年移民巴勒斯坦，定居耶路撒冷，帮助为早期犹太农业居住区和佩塔提克瓦城的建立购置土地。后来他变卖了他在耶路撒冷的所有家产，为佩塔提克瓦城偿还债务，逝世时一贫如洗。

以格纳茨·戈得希尔（Ignaz Goldziher）1850 年出生，原名以撒·犹大，他是现代伊斯兰学术研究的奠基人之一，自 1872 年起，执教布达佩斯大学和布达佩斯拉比神学院。他是第一个研究伊斯兰口传传统的学者，并在穆斯林各派别的研究方面作出了重要贡献。他是一位神童，12 岁时就发表了他关于犹太教祈祷文的论文。1921 年逝世后，耶路撒冷大学和国家图书馆得到了他丰富的藏书和学术书信，成为馆藏珍品。

大卫·维得（David Widder），以笔名亚诺斯·基茨卡莱（Janos Giszkalay）写作，他是一位匈牙利诗人，自 1918 年，在布达佩斯为犹太复国主义运动编辑报纸。他认为排犹分子无权要求匈牙利犹太人爱匈牙利这个国家。由于受到犹太复国主义运动的影响，许多匈牙利犹太人移居巴勒斯坦，威德尔自己也在 1941 年移至巴勒斯坦，在基布茨以牧羊为生，后来将他自己的诗歌译成了希伯来语。

积极参与 1956 年反共起义、起义被镇压后被迫逃亡的犹太人中有一位作家和记者，塔马斯·阿兹尔（Tamas Aczel），他在逃亡途中，编辑了移民期刊。犹太诗人佐尔坦·西尔克（Zoltan Zelk）——他的诗歌孩子们特别喜欢——是一位正统的马克思主义者，他也参加了起义，被判两年监禁。

许多匈牙利犹太男女运动员参加了奥林匹克运动盛会，并获得金牌。第一届现代奥林匹克运动会于 1896 年在雅典召开，运动会上，阿尔弗雷德·哈约什—古特曼（Alfred Hajos-Guttmann）获得两枚游泳金牌。后来他作为运动器材设计建筑师获得奥运会建筑设计银牌,这是该项目最高的奖励。并且,1901 年、1902 年、1903 年连续 3 年,他是匈牙利国家足球队的队员。他是第二次世界大战的幸存者,可是同他一起参加奥运会的队友、击剑手奥茨卡·吉尔德(Oszka Gerde)没有他幸运。戈尔德分别在 1908 年伦敦奥运会和 1912 年斯德哥尔摩奥运会上获得团体项目金牌。他是一名医生,被纳粹监禁在茅特豪森集中营,1944 年 10 月死于狱中,享年 61 岁。

匈牙利国家重量级摔跤冠军理查德·维茨(Richard Weisz)在 1908 年奥运会上获得希腊罗马式重量级摔跤比赛金牌。他的脖子有 20 英寸粗,他的胸围达 50 英寸!在击剑比赛中,亚诺斯·加雷(Janos Garay)为匈牙利赢得 3 枚奥运会奖牌,1924 年奥运会上获一银一铜,1928 年奥运会上获一金。人们普遍认为他是在战争接近尾声时死于纳粹集中营,当时他应该是 55 岁。

1924 年奥运会金牌获得者中间还有一位犹太人,出生于布达佩斯的弗兰克·迈佐耶(Ferenc Mezoe)。他不是一名运动员,而是一位作家——第一位官方奥运会历史学家。他是以他的著作《古代奥林匹克运动会》而获得金牌的。弗丽大婶,您还记得我曾向您讲述过希律是那一个年代的奥运会赞助人之一吗?许多年来,梅佐厄一直是匈牙利奥林匹克委员会主席。1961 年,他在布达佩斯逝世。

有一匈牙利犹太人家庭中 4 位成员获得了奥运金牌,其中之一爱娃·塞克里(Eva Szekely)在游泳运动项目上创造了 10 项世界纪录和 5 项奥运会纪录,并且令人惊叹地拥有 68 项匈牙利国家游泳头衔。1944 年,她与她的家人一起为了躲避匈牙利法西斯的迫害,住在布达佩斯受瑞士政府保护的房子里。为了坚持锻炼,她在夜里起来,爬过睡在底楼地板上的人的身体,在 5 层楼梯跑 100 个来回。1952 年赫尔辛基奥运会上,她与她丈夫得扫·吉亚马提(Dezso Gyarmati)(匈牙利水球运动冠军)双双获得金牌,她的 200 米蛙泳创造了奥运会纪录。

另一位匈牙利犹太人阿格内斯·凯雷蒂（Agnes Keleti）在第二次世界大战中因为是犹太人而被逐出匈牙利体育国家队。1944年，她父亲被驱逐押送到了奥斯威辛并遭到杀害。她的母亲和姐姐则躲进了拉奥尔·瓦伦伯格建立的"安全庇护住宅"里，她自己设法买到了一张"基督教民"的身份文件逃离了布达佩斯，在城外生存了下来。战争结束后，她为匈牙利又赢得了 11 枚奥运奖牌，包括 5 枚金牌，一枚在 1948 年伦敦奥运会（我去观看运动会时，才不过是 11 岁的学生），另一枚是在 1952 年赫尔辛基奥运会，其余三枚是在 1956 年墨尔本奥运会上获得的。

正当阿格内斯·凯雷蒂在墨尔本参加奥运会之际，苏联镇压了匈牙利革命，她马上寻求政治避难，并得到准许。1957 年她移居以色列，在那一年举行的马加比运动会上，体操还未成为竞赛项目，她为运动会献上了两项体操表演。后来她为以色列训练了几个国家体操队。

世界最伟大的乒乓球运动员之一维克多·巴尔纳（Victor Barna）拥有 23 项世界冠军称号，他是一名匈牙利犹太人。1924 年他在布达佩斯的一次受诫礼聚会上首次接触乒乓球，行受诫礼的男孩是他最好的朋友，他收到的礼物中间有一件是一张乒乓桌。他的弟弟也是一位乒乓球冠军，1944 年遭匈牙利法西斯分子杀害。维克多·巴尔纳的奖杯被一位基督徒邻居在法西斯手下抢救了出来，当他知道后，他说："真想不到！他拥有匈牙利的冠军称号，他循着我的足迹，乒乓球的前景十分光明，但是他们却把他杀了。我希望人们把他救出来，而不是我的奖杯。"

弗丽大婶，安德拉兹·弗里德曼（Andrasz Friedmann）在布达佩斯晚您 5 年出生，他与您同姓。后起名叫罗伯特·卡帕（Robert Capa），成为 20 世纪最前卫的战地摄影师之一。年轻时，他就离开了匈牙利前往巴黎，在暗房里当助手。西班牙内战中他拍摄的照片中有一张是一名战士临终前拍下的，这张照片成了反映战争的永恒形象之一。他从西班牙去中国，拍摄中日战争。第二次世界大战期间,他去过北非、诺曼底和北欧。1948 年,他是以色列独立战争的战地摄影记者。6 年后,在拍摄印度支那抗法战争时,踩上了一枚地雷,被炸身亡。当时他才 41 岁。

好莱坞犹太名人中,阿道夫·苏克尔(Adolph Zukor)出生于匈牙利,15 岁时移居美国,1903 年——在您出生的 5 年前,弗丽大婶——"便士长廊"建立以后,他又创建了后来成为 20 世纪以及之后盛行的电影院。8 年后的 1911 年,他在美国各地协助成功修建了连锁电影院。他一直活到 103 岁,1973 年他 100 岁诞辰庆祝活动上,他戏言道:"假如我早知道我会活这么长,我会把自己照顾得更好。"

在影视方面赢得国际声誉的三位匈牙利犹太人是创造卡通人物班比的菲利克斯·扎尔滕、发明全息摄影的丹尼斯·伽柏和发明 20 世纪后期最流行的智力挑战游戏之一鲁比克魔方的恩诺·鲁比克(Erno Rubik)。

有 2 位匈牙利犹太人为不列颠人的生活添加了十分浓郁的味道,他们是卡通漫画家维基(Vicky)和幽默大师乔治·迈克斯(George Mikes)。维基出生于一个匈牙利家庭,原名维克多·魏茨(Victor Weisz),在德国上学,1928 年发表第一幅反希特勒的漫画作品。1935 年,他离开德国前往不列颠。第二次世界大战期间他发表在《新闻时报》上的漫画是对战争的评论,洞察深刻,批评辛辣,充满睿智,常常令人耳目一新。反映难民的困境是他漫画的主题之一。

乔治·迈克斯出生于匈牙利,比您晚 4 年,弗丽大婶。1938年,他移居英国,在英国 BBC 广播公司匈牙利节目部工作了 10年。他的第一部幽默作品《怎样做一个外乡人》发表于 1946 年,在接下来的 40 多年里,他一共出版发表了 40 本书。有些作品比较严肃,如关于他与匈牙利犹太作家亚瑟·凯斯特勒之间的友谊和1956 年匈牙利革命的书,然而,大部分著作是幽默作品,作品温和地取笑各地日常生活中荒谬可笑之处。他的《牛奶和蜂蜜》一书全面展示了以色列人的生活,洞察深刻,充满睿智。

另外还有两位匈牙利犹太人使我着迷。其中一位叫阿密纽斯·范伯雷(Arminius Vambery),他的旅行冒险的书我读小学时就读过。他原名赫尔曼·范伯格(Hermann Vamberger),出生于正教家庭。1862 年,他乔装成一名穆斯林,对中亚最遥远的地区进行了探险。3 年后回到匈牙利,他成了一名清教徒,被布达佩斯大学聘为东方语言教授。如果信仰不改,聘任教授根本不可能。是范伯雷将犹太复国主义运动领袖,另一位出生于布达佩斯的匈牙利犹太人西奥多·赫茨尔介绍与土耳其苏丹结识。

另一位是奥雷尔·斯坦(Aurel Stein),他也出生于匈牙利。他对几乎无法到达的喜马拉雅北部进行了探险,找到了中西商队古道的确切位置。斯坦于 1904 年成为英国公民,8 年后受封爵位。弗丽大婶,您出生时,他的第二次探险刚好完成。他的许多发现被陈列在德里中亚古文物博物馆里。

是斯坦发现了护卫印度河、近乎坚不可摧的要塞遗址,要塞为亚历山大大帝进攻印度时所破。斯坦 80 岁时还在继续探险,1943 年,81 岁诞辰之前,死于到达喀布尔不久后的另一次探险旅行的征途之中。他为布达佩斯匈牙利研究院留下了他的个人藏书。1958 年我与尼尔·马尔科姆路过喀布尔时,一点也不知道斯坦逝世的消息。

尼尔和我也游过土耳其东部原亚美尼亚地区,1922 年以前,以及亚美尼亚大屠杀之前,这里是亚美尼亚心脏地带的一部分。是弗兰茨·魏菲尔以他 1933 年出版的小说《摩撒·达的四十天》极其生动地表现了亚美尼亚大屠杀,该小说成为亚美尼亚人悲惨命运的标致。

魏菲尔对罗马天主教十分感兴趣,但是,在第二次世界大战中为躲避纳粹迫害而卜居美国期间,他没有改信天主教,继续坚持与受希特勒迫害的犹太人团结在一起。

第九十一封信

亲爱的弗丽大婶：

　　以上三封信我是把您看作一名匈牙利人而给您写的，这一封信我将把您看成一名印度人来写。路易斯·费歇尔（Louis Fischer）是我读小学时最受人们欢迎的作家之一，他是美国犹太人，生于费城。他的书我记得最清楚的一本是甘地的传记，出版于1950 年。费歇尔于 1939 年与甘地结交成友，协助树立广为人知的圣贤幽灵和神力。前些天，我读了另一本关于甘地的书，玛格丽特·查特吉（Margaret Chatterjee）的《甘地与他的犹太朋友》。写到关于 1914 年之前甘地在南非为印度人民争取权利的斗争时，查特基教授评论说："事实让我明白，甘地早期结交的人们中间像他的犹太朋友那样能够与他分享他的许多想法的人很少。"

　　甘地最亲密的犹太朋友是赫尔曼·卡伦巴赫（Hermann Kallenbach），是名建筑师，出生于德国，住在南非。甘地 1909 年致函给他："我们之间的关系是我们曾经共同经历过与眼下不同生活最强有力的见证。"

　　是卡伦巴赫于 1910 年让甘地用他距约翰内斯堡 20 英里处面积为 1100 公顷的农场建立他的托尔斯泰农庄，在那里甘地与他的追随者按照自给自足的原则生活。为了使自己成为农庄有用的成员，卡伦巴赫学会了编织草鞋。犹太斋日期间，甘地致函祝他"万事如意"。当形势对他们都很不利的时候，甘地写信给卡伦巴赫："人之价值证实于苦难，而非昌盛。因此，愿君抖起精神。"

　　1914 年前在南非为印度人民争取权利的斗争使甘地体会理解到了他的犹太朋友经受的与他相同的经历，同样卜居海外，同样遭受丧心病狂的种族歧视。1911 年，甘地写道："我们知道，犹太人在南非不是同任何特别的无能作抗争，相反针对他们的无声和潜在的打击却时时浮出水面……"南非国会里有一位犹太成员,甘地的拥护者 M. 亚历山大(M. Alexander),他是支持甘地印度人民权利主张最坚定的喉舌。

甘地 1907 之后的秘书是一名勇敢的犹太女人,索尼亚·施莱辛(Sonia Schlesin),她拥有速记一级证书。甘地有位朋友把她描述成"差不多是一名女权运动分子"。她对甘地的忠诚是广为人知的。她开玩笑说甘地"没有生意头脑";甘地还击说她的速记笔迹不够整洁! 后来她在南非学校里当老师。

1906 年,甘地在伦敦率领一个代表团为在南非的印度人争取权利,帮助他的人中间有一位犹太人叫路易斯·W. 里奇(Lewis W. Ritch),他是甘地在约翰内斯堡律师事务所的一名职员。在伦敦,他帮助甘地募集资金和组织会议。那一次伦敦之行帮助甘地的另一位犹太人是 J. H. 波拉克(J. H. Polak),他把甘地带到众议院会见议院自由派各人士。波拉克的儿子亨利是甘地继卡伦巴赫之后最亲密的犹太朋友。

一如甘地,亨利·波拉克是一名食素者。他在英国接受教育,移居南非时,是一名年轻的记者。1904 年,他们首次见面,从此以后,波拉克成为《印度舆论报》的得力撰稿人,他后来担任该报编辑。他写道,使他印象深刻的一件事是甘地决心把印度教民和伊斯兰教民团结起来,"使他们认识到他们都是同一祖国的同胞兄弟"。

从通过代表团请愿这一常规抗议方式发展为不合作运动这一决定性转折时期,是亨利·波拉克给了甘地最强有力的支持。波拉克去印度为甘地完成了一项使命,去解释不合作运动的意义以及同英国不合作运动终止英国统治印度的潜在可能性。从印度回到南非,他带回了印度人民对不合作运动思想的支持和他在那里募集的资金,使甘地能够继续他的活动。

甘地在约翰内斯堡犹太社区朋友中有一位布商威廉·M. 沃格尔,还有一位珠宝商加布里尔·以撒克斯(Gabriel Isaacs),他与他们一起去过犹太教堂做过多次礼拜,并在逾越节上出席他们的逾越节家宴。以撒克斯帮助甘地为他的《印度舆论报》征集订户和广告,他们在 1913 年"大游行"中被捕后一起登过监狱。

1914 年战争爆发时,赫尔曼·卡伦巴赫在英国。由于是一个德国公民,战争期间他被英国人拘留在马恩岛上(第二次世界大战中,许多逃避希特勒迫害的德国犹太难民也被拘留在马恩岛上)。当卡伦巴赫被拘留在岛上的时候,甘地致函于他:"事事处处我都要想起你。"

甘地回印度在艾哈迈达巴德建立起他的静修处后的那一天,他就写信给卡伦巴赫告诉他这一消息。在一年后的一封信中,甘地写道:"我正用着你心爱的木枕头呢。"当他清扫内室和院子的时候,他告诉远方的朋友说:"我是多么地想念你的建议和你的鼻子啊。"

与甘地分手后,卡伦巴赫有 23 年没有见到他。1937 年,他去印度争取甘地对犹太复国主义运动的同情。甘地要犹太人争取阿拉伯人的支持,在他们会谈之后,甘地致函卡伦巴赫:"如果犹太人全心全意地依靠阿拉伯人的善意支持,那么他们必须宣布永远放弃不列颠的保护,"他在信中又说:"我想知道他们是否会勇敢地采取这一良方。"

卡伦巴赫提醒甘地所了解的德国犹太人的命运对他产生了重大影响。卡伦巴赫 1938 年回到南非后,甘地写信问他:"排犹浪潮是否朝你这一方向涌来了?"30 年代,他的静修处还雇用了一位名叫玛格丽特·斯彼格尔(Margarete Spiegel)的犹太助手,希特勒上台后,她被赶出了教师队伍。柏林生活的完全失望,一如深受其影响的其他犹太人,使她想要改变她的宗教信仰,甘地写信劝她不要,他说"你不必成为印度教徒,要做一名真正的犹太人,如果犹太教不能使你满意,其他任何宗教都不会使你得到片刻的满意。我劝你继续做一名犹太人并且吸取其他宗教的优点。"后来他又写信给她说:"在印度,你的犹太出生将是最少遭受忌恨的。"

甘地忠告德国犹太人遵循他给面临不列颠统治的印度人所指定的原则：非暴力。然而，1938 年 11 月德国水晶之夜之后不久，他发表文章说："假如确有以人性之名义、以维护人性为目的的正义战争，那么向德国宣战，阻止他们对一个民族的整体疯狂迫害，是完全正义的。但是，我不信任何战争。"

犹太哲学家马丁·布贝尔自己也是一名来自德国的流亡者，他是一名主张阿拉伯人和犹太人和好的得力干将，读过甘地支持巴勒斯坦阿拉伯人的文章之后，他于 1939 年 2 月从耶路撒冷致函于甘地，指出阿拉伯人与非暴力相距甚远。布贝尔问道，为什么非暴力原则最伟大的倡导者和实践者甘地"以宽厚仁慈的眼光对待那些每天都在杀害我们的同胞，甚至连杀了谁都不在意的人们"？然而，在犹太复国主义运动和在巴勒斯坦建立犹太国家的问题上，甘地在 1931 年发表于伦敦《犹太新闻》的文章中阐述了他所采取的立场："锡安山活在犹太人的心里，是上帝的寓所。真正的耶路撒冷是宗教的耶路撒冷。"因此，犹太人"在世界任何地方都能实现复国理想"。

关于德国，甘地坚定地坚持他倡导的非暴力原则。1938 年底，水晶夜事件之后，他致函玛格丽特·斯彼格尔道："若要摧毁希特勒主义，唯一途径是非暴力，舍此别无他法。"贾瓦哈拉尔·尼赫鲁——弗丽大婶，您的亲戚——更能理解其相反的意见。1927 年布鲁塞尔召开的国际反帝国主义大会上，他结交了德国犹太革命家、剧作家、诗人及第一次世界大战反战主义者厄尼斯特·托勒尔。托勒尔 1934 年成为流亡者，西班牙内战中，支持西班牙共和党人，1939 年 5 月闻讯马德里落入民族主义分子之手后自杀身亡。尼赫鲁在印度《国家新闻报》撰写讣闻，介绍托勒尔："经过苦苦思索，他逐渐得出结论，为保卫他所珍视的宝贵东西，以暴力反抗侵略者，不仅正义，而且必要。"

第九十二封信

亲爱的弗丽大婶:

1944 年 12 月,盟军穿越德军占领的欧洲向前推进,即便在那时,英国劳动党代表大会就已开始在讨论犹太人在巴勒斯坦的命运。会议结论被写进正式公开的宣言之中,会议全力支持犹太人最终在巴勒斯坦形成大多数。他们还主张巴勒斯坦阿拉伯人口转移到别的阿拉伯土地上。宣言指出:"鼓励阿拉伯人在犹太人移入时搬出巴勒斯坦。"宣言还指出:"阿拉伯人拥有自己许多广阔的领土。"

劳动党宣言建议在征得埃及、叙利亚和外约旦同意的基础上检查"扩展巴勒斯坦边界的可能性",因为,巴勒斯坦目前现存的领土面积对想要进入巴勒斯坦的犹太人口数目而言可能太小。

这就是英国劳动党于 1944 年 12 月所发表的官方观点,那时候,一些资深劳动党人,包括克莱门特·艾德礼、赫伯特·莫里森、恩斯特·贝文等,是丘吉尔战时多党内阁成员。然而,就那些掌控政策日常进程的国家工作人员而言,1944 年底普遍关注的似乎仍然是阻碍犹太人幸存者和难民到达巴勒斯坦,以免犹太人在那里成为大多数。1944 年 12 月 24 日,英国驻巴勒斯坦高级长官戈尔特勋爵从耶路撒冷发电报给伦敦外交部,请英国外交部要求苏联政府,其军队已经到达布加勒斯特和苏菲亚,关闭罗马尼亚和保加利亚边境,其理由,如他所言,是"来自欧洲东部和南部的犹太人移民正在失去控制。"

1945 年 5 月 8 日欧洲的战争宣告结束。长达 6 年时间,犹太人被困在那些企图将他们彻底毁灭的人们所设置的罪恶诡计和那些无意帮助他们的人们所表现出的冷漠之间。6 百万人被杀害,不仅是活生生的犹太生命被夺走,而且是犹太人的传统生活被抹去。还有几百万犹太人的传统、财产、文化、代代相传的自然繁衍统统被毁灭,占整个犹太世界的三分之一还多。

犹太人已无法将自己的命运委托与他人。大屠杀是 2000 年迫害的最后的惨烈高潮。至 1946 年底,对犹太人而言,赞成建立犹太国家的观点已十分清楚。

在巴勒斯坦,50 多万犹太人建立了犹太国的基础。大部分人在那里是因为 1917 年英国的承诺在巴勒斯坦建立一个犹太国家和延续至 1939 年所推行的政策。然而自英国政府颁布 1939 年白皮书起,按英国政府的计划,犹太人在巴勒斯坦形成大多数根本不可能,直到 1964 年,在"建立国家"这一问题上,冲突而非合作成为英国政府与犹太人关系的主要特征。

英国人十分警惕地搜索犹太人藏匿的武器,犹太人一旦被发现持有武器就会遭到逮捕、囚禁,甚至鞭打。1946 年 12 月 29 日一次类似的鞭打事件之后,犹太人地下组织"伊尔贡"[①]决心结束英国人在那里的统治,不惜采用最粗暴的方式,逮捕了一名英国少校和三名军士,对他们实施鞭打,以示还击。1947 年开始几个星期内,暴力升级,1 月 1 日,另一个伊尔贡小组在攻击一个英国警察所时杀害了一名警察。英国报纸呼吁将巴勒斯坦分成两个国家,一为犹太人国家,一为阿拉伯国家,并呼吁英国撤军。

英国政府的耐心和自信均已耗尽。1947 年 1 月 1 日,内阁国防委员会会议与会成员一致认为"在巴勒斯坦继续推行现行政策把武装部队处于无法立足的境地"。3 年之后,阿拉伯联盟秘书长阿扎姆·帕夏(Azzam Pasha)将军宣布阿拉伯人将投票反对可能提出的分裂巴勒斯坦的任何方案,并且他们将继续反对犹太人的任何继续移民。

阿拉伯人这种敌视是众所周知的。然而,1947 年——这是印度获得独立的一年——1 月 7 日上午,中东问题的讨论引进了一

---

① 即建立于 1931 年的犹太地下组织"国民军组织"。(译者注)

个新的因素,阿拉伯人的善意显得更为重要。那一天,一份 4 年前写好的"绝密"备忘录传到内阁,标题是"中东石油"。文件起草人是外交部长厄尼斯特·贝文和燃料及电力部长、英国国会犹太议员伊曼纽尔·辛维尔(Emanuel Shinwell)。

这两位部长递交了数据和图表说明他们所谓的"这一地区的石油资源对大不列颠和大英帝国生死攸关的重要性"。他们强调:中东很有可能将"为世界石油生产增长总量提供比任何其他石油储藏地区更大的份额"。到 1950 年,地球的"引力中心"将从波斯移"至阿拉伯领土",沙特阿拉伯、巴林、科威特、伊拉克将成为主要石油生产国。

贝文和辛维尔警告当局,"表现出鼓励犹太定居和赞成犹太人建立独立国家的愿望"会得罪阿拉伯人,其中蕴含十分严重的危险。

此刻,贝文自己赞成阿拉伯国家提出的在巴勒斯坦建立"单一"国家的计划,1 月 4 日,在另一份"绝密"备忘录中,贝文最后一次努力警告同僚在巴勒斯坦分立两国的危险。他写道:"阿拉伯人反对分立的决心十分清楚,永久疏远阿拉伯人的后果将是十分严重的,因此仅仅就此而言,分立必须被看作是没有希望的方案。"

他写道:这样的决策将"促使英国在从希腊到印度大块土地上对穆斯林的影响烟消云散",其结果甚至远不止战略意义上的影响。他写道:"这可能还将危及我们在中东日益发展的石油生产中的利益保障。"

贝文告诉他的同僚他赞成在巴勒斯坦建立"一个独立的国家",授予犹太人少数民族特权,但"尽量融进阿拉伯的整体计划"。他继续解释道,虽然他认为:"必须采取措施防止犹太移民的大量涌入",但他不能接受阿拉伯人完全终止犹太移民进入巴勒斯坦的要求。

贝文认为:"一个犹太政府"成立后将不会接受分立界线为最终边界,相反最终会寻求边境的扩展。"如果一段时间后犹太人试图实行领土收复的政策，"贝文指出，"那么阿拉伯人必然在一开始就会实施同样的政策。因此，一个犹太国家的存在可能成为中东地区长期不稳定的因素"。

鉴于贝文的坚决反对，对巴勒斯坦的犹太人而言，建立一个犹太国家似乎仍然是一个无法实现的梦想。然而，就在印度人民1947年初的几个月内正准备于年底之前结束英国殖民统治之际，所有这一切几乎在一夜间发生了变化。自1917起负责巴勒斯坦事务的英国内阁于1947年2月14日决定将决定巴勒斯坦前途的所有一切权利移交给联合国巴勒斯坦特别委员会（UNSCOP）。经过长时间的讨论和征求犹太和阿拉伯重要人物的意见之后，委员会决定选择分立，建议在巴勒斯坦建立两个独立主权国家，一个是阿拉伯国家，另一个是犹太国家，耶路撒冷市由国际托管。

按这些新的建议，犹太国将容纳498000犹太人和407000阿拉伯人；阿拉伯国将容纳725000阿拉伯人和10000犹太人。耶路撒冷城及周边地区，包括人口居多的基督教阿拉伯城镇伯利恒和贝特贾拉，将容纳105000阿拉伯人和100000犹太人，但是，这一城市和地区将作为一个单独政体，由联合国管辖。内格夫沙漠将成为犹太国的一部分；富饶的加利利西部归阿拉伯国。巴勒斯坦阿拉伯人暗示，即使在他们旁边建立这么小的犹太国家，他们也是不能接受的。

第九十三封信

亲爱的弗丽大婶：

1947年8月15日，经过许多年的斗争，"您"的印度获得独立。弗丽大婶，您成了这一新国家自豪的公民。一如犹太人，在以前的世纪年代里，印度人民曾经在自己的土地上当家作主。现在他们摆脱了英国的统治后，可以升起自己的国旗，保卫自己的国防，执行自己的法律以及管理自己的法庭。

犹太人不知道他们是否在巴勒斯坦那一块很小的地盘上也能如此。9月，连联合国建立"迷你"犹太国的建议也被阿拉伯高级委员会所拒绝。具体国界有待于进一步讨论，犹太事务局接受了联合国的建议，尽管这意味着将四分之一的巴勒斯坦犹太人留在犹太国土之外。美国犹太复国主义运动紧急行动委员会主席阿巴·希勒尔·西尔弗（Abba Hillel Silver）于10月2日宣布，接受联合国的建议将包含牺牲，然而这一牺牲"将是犹太人对解决一个重大难题的贡献，将成为我们犹太人国际精神与和平愿望的见证。"

1947年11月29日，联合国大会以33票赞成，13票反对，10票弃权通过接受了特别委员会的建议。英国是投弃权票的国家之一。所有6个阿拉伯独立国家投了反对票，投反对票的还有阿富汗、古巴、希腊、伊朗、土耳其以及最近获得独立的两个国家：印度和巴基斯坦。赞成分别建立两个不同国家的联合国成员国中有美国、苏联、澳大利亚、加拿大、法国、荷兰、新西兰、波兰和瑞典。

对于流散海外的犹太人，将要在巴勒斯坦成立一个犹太国家的消息，犹如美国犹太复国主义运动紧急行动委员会宣布的那样，代表了"世界历史上的一个里程碑"，犹太国家的建立"结束了2000年来犹太人民无家可归的状态"。对于巴勒斯坦的犹太人，他们将会有一个国家的消息，尽管只是一个"迷你"小国，甚至还不包括耶路撒冷，使他们走向大街、奔走呼告、欣喜若狂。

第九十四封信

亲爱的弗丽大婶：

当联合国投票的消息传到巴勒斯坦后走向街头竞相庆祝的人群中有一位出生于巴勒斯坦的年轻犹太士兵摩什·达扬，后来他成为以色列军参谋长、以色列国防部长和外交部长、1979年以色列与埃及和平协议缔结者之一。他回忆1947年当时的情景说，当听到联合国投票的消息，"我从骨子里感到了犹太民族精神的胜利，从以色列圣地流放出来起，犹太人经受了长达 2 千年之久的迫害、中世纪西班牙宗教法庭的恣意镇压、帝俄时代的集体大屠杀、形形色色的排犹禁令和限制，以及我们这一代人所经历的纳粹大屠杀之后，终于实现了渴望已久的胜利，回到了自由、独立的锡安。"

达扬继续说道："那天晚上我们兴高采烈，我们跳着舞，向在联合国大会上投票赞成建立犹太国家的每一个国家表示衷心的感谢。我们通过无线电波听到从千里之外传来的这些国家代表发出'是'这一神奇的声音。我们欢呼雀跃，但是我们知道在我们面前展开了一片战场。"

之后几个月内牺牲在这一战场上的犹太人中间就有达扬的弟弟佐利克。阿拉伯人，包括巴勒斯坦境内和境外的，诉诸暴力反对联合国的决议。他们的领袖和鼓动者对联合国允许他们建立一个"迷你"犹太国家不感兴趣，他们将仇恨集中于犹太人，仇恨他们的建国行为。

从联合国投票之日起，阿拉伯恐怖分子和武装分子组织就开始在巴勒斯坦上下袭击犹太男女老幼，投票后的 12 天里共杀害 80 名犹太人，他们洗劫犹太商店，在各条公路上袭击犹太民用车辆。

在巴勒斯坦境外，类似的排犹浪潮导致了袭击犹太人的暴力，几乎席卷所有阿拉伯城镇。在英属亚丁，映入眼帘的是一幕袭击犹太人生命财产的残暴场面，12 月 9 日一天，82 名犹太人惨遭杀害。在贝鲁特、开罗、亚历山大和阿勒颇，犹太人的家园被洗劫，教堂被袭击。在的黎波里塔尼亚，130 多名犹太人被阿拉伯暴徒杀害。

恐怖和暴力在巴勒斯坦延续了 5 个半月。犹太国民委员会于 12 月 3 日宣布："犹太人将采取所有方式保护自己。"但是犹太人中庸的本性十分强烈。12 月 13 日，犹太事务署代表大多数巴勒斯坦犹太人谴责不断高涨的伊尔贡复仇浪潮,称之为"讨好流行思潮的机会主义行径"。

然而,当 1948 年前 4 个月内阿拉伯人的袭击越来越残酷,当他们占领了耶路撒冷犹太人居住区并切断了电源之际,犹太人的反击和战斗也越来越残酷。4 月 9 日犹太人在德尔亚辛一个村庄里杀害了 100 多名阿拉伯人,4 天后,阿拉伯人在斯科普斯山上的哈达沙医院杀害了 77 名犹太医生和护士,这两起事件只是一系列袭击、反击、随意杀戮以及军事冲突中宣传报道最广泛的事件而已,这一系列的流血冲突一共夺去了双方几千个人的性命。

正当杀戮处于高潮之际,英国于 1948 年 5 月 15 日宣布全面撤离巴勒斯坦。他们全面撤离之前的 6 个星期内,阿拉伯人竭其所能地破坏犹太人定居点之间的联系,阻止城外的犹太人到达耶路撒冷,在城内捣乱犹太人的生活。许多阿拉伯人卷入了这些军事行动,隔离和杀害犹太平民的阿拉伯人中间有来自巴勒斯坦之外的正规军人,来自叙利亚,甚至来自伊拉克,就是伊拉克的军队切断了耶路撒冷的供水。

4 月和 5 月初,每一处单独的犹太人村落都遭到了袭击。4 月 13 日,400 名阿拉伯士兵袭击了伯利恒以南的埃特锡安村,进攻失利后于 5 月 12 日再度进犯,村中 100 多名犹太人遇害,生还者仅有 4 人。他们用机枪扫射被他们抓获并投降的 15 名犹太人,还将其场面拍摄了下来。

尽管不断遭到阿拉伯人的袭击,犹太人坚决不肯离开联合国承诺他们的"迷你"犹太国家。4 月份,阿拉伯和犹太人之间的冲突发展成为双方军队之间的正规战争,4 月 19 日至 5 月 14 日,太巴列、海法、阿克、萨费德和雅法等地被犹太人占领,在耶路撒冷,阿拉伯军队被赶出郊外。1947 年 11 月至 1948 年 5 月,4000 多名犹太将士,2000 多名犹太平民身亡,占犹太人总人口的百分之一。

当 5 月 15 日这一英国撤离之日即将来临时,尽管重要城镇已被犹太人所占领,犹太人的形势仍然十分危险,尤其是 4 支装备精良的阿拉伯军队正在向巴勒斯坦南部、西部和北部边境集聚,准备在英国撤离之际入侵巴勒斯坦,这4支军队分别是埃及军、外约旦军、叙利亚军和黎巴嫩军。

到了最后时刻,英国人将撤离时间定在5月14日,比原定计划提前了24小时。5月12日,犹太代办处防卫部队哈伽纳作战总指挥伊吉尔·亚丁(Yigael Yadin)对本—古里安和其他领导人说:"邻国的正规部队装备精良,目前占有优势",然而,他说,犹太人在巴勒斯坦的前途"不能仅仅取决于军事力量之间的对比,我们没有那些武器装备,也没有那些武装部队。问题是我们的战士可以在什么程度上以他们的战斗精神和我们的计划和策略克敌制胜。"

自从1880多年前巴尔·科奇巴(Bar Kochba)被罗马军队击溃以来,这是犹太人首次准备以战斗捍卫他们的主权。5月14日上午,英国最后一名高级委员撤离耶路撒冷,就此结束了英国在巴勒斯坦30年的统治。当天下午,在犹太人居住的特拉维夫城,古里安宣布了犹太国的独立。在他动人的讲演中,他宣布这个犹太国家将命名为"以色列国"。许多蜷缩在战壕里的战士通过军用无线电收音机聆听了这一喜讯,他们正在准备迎击迫在眉睫的阿拉伯军队的进攻。

第九十五封信

亲爱的弗丽大婶:

出席在特拉维夫举行的以色列独立仪式的人中间有戈尔达·迈耶,她后来出任以色列总理,成为新建犹太国最初30年里名副其实的女性领袖。后来她回忆道:当本—古里安说出"以色列国"这一句话时,一股强烈的感情涌上心头。"我的眼睛里充满了泪水,我的手在颤抖,"她写道:"我们做到了,我们把犹太之国带到了世间——我,戈尔达·马布维奇·梅伊尔森,活到了能见到她的这一天。不管我们将要为她付出什么样的代价,我们已经重新建立了犹太人的民族家园。长久的流放结束了。从今天起,我们将不再勉强住在我们祖先的土地上。现在,如其他民族一样,我们是一个民族,20个世纪以来首次成为主宰自己命运的主人。我们的梦想已成为现实,以色列国家的建立虽然已经无法换回在大屠杀中牺牲者的生命,然而为犹太人将来的世世代代展开了光辉的前景。"

以色列国家的成立遭到每一个阿拉伯国家的反对,犹太人,即今天的以色列人,在之后的战争中损失惨重,然而,他们的国家却得以幸存,出现于地中海东海岸,国家虽小,却生机勃勃。55多万巴勒斯坦阿拉伯人逃离了巴勒斯坦属于以色列国的地区,其中超过三分之二的人逃到了巴勒斯坦另外的地区,即根据"联合国分配方案"划归阿拉伯国的巴勒斯坦西岸和加沙地带,这些地区很快分别由埃及和外约旦所占领。

对犹太人而言,不仅对以色列犹太人,而且流散海外所有犹太人而言,他们国家的成立是多少世纪的渴望和多少岁月的斗争的成果。犹太复国主义者和未参加犹太复国主义运动的犹太人经常会发问:如果1939年就有一个犹太国家的话,谁能知道有多少犹太性命能幸免大屠杀之害?1948年以色列国家成立之后,无论何时发生排犹浪潮,海外犹太人受到威胁之际,他们就有一个地方能够投靠。1948年至1952年间,50多万卜居阿拉伯土地上的犹太人,他们甚至从遥远的摩洛哥和也门,云集以色列,重建他们的生活。他们不免也遭受二等公民般的歧视。事情并不总是那样顺利容易,新来者是不会受到每个人的欢迎的,也不会顺利地融入原来的人群,然而敢当主人翁的挑战激发了巨大的潜在激情和勇气。1967年之后,超过12万、后来发展到近50万的犹太人从苏联来到以色列,他们遇到了同样的问题,然而,他们克服困难的勇气是同样的。

类似来自阿拉伯地区或苏联的犹太人不是非得投靠巴勒斯

坦，因为他们基于《圣经》、掺有世俗民族主义特征的复国主义基本信条是，犹太人的家园在于雅各以及他的12个儿子等犹太人祖先所居住过的地方。他们投靠巴勒斯坦是因为他们在世界上某一个角落遭遇拒绝、迫害、污辱，而以色列展开双臂欢迎他们。

1948年5月19日，以色列国成立才5天，第一任总理大卫·本—古里安阐述了以色列国家独立是如何获得的，将来又怎样维护国家的独立。他声称："我们知道，不是因为其他民族的大度我们才获得了自由，也不能依靠他们的慷慨维护我们的自由。"

本—古里安说：犹太人在巴勒斯坦建立自己的社会"用的是我们自己的鲜血和生命；我们同样要用我们的鲜血和生命建设和保卫这个国家"。他继续说道："我们从未丧失对人类良心的信任，我们将始终如一地向世界要求获取应该属于我们的东西。然而，朝朝暮暮，日复一日，我们必须时刻告诫自己我们的手中掌握着我们的生存、我们的自由和我们的将来。我们自己的努力、我们自己的能力和我们自己的决心是关键。"

以色列并未忘本。西奥多·赫茨尔1904年逝世后被埋在维也纳，他是缔造犹太国家的幻想家，1949年，他的遗骨被重新安葬在赫茨尔山上，这是坐落在耶路撒冷西部的一个小山坡，后来成为埋葬以色列英雄、领袖以及为国捐躯的将士的陵园。赫茨尔的书房也从维也纳迁移至此，重新建在他的墓旁。

不止一次，以色列不得不通过战争来捍卫自己的生存。1956年、1967年和1973年，以色列遭到周围阿拉伯国家的威胁，好在每一次战争延时不长，但是每一次战争均使这一孤单的小国失去了许多生命。我第一次访问以色列是在1971年。我在英国的许多同龄犹太人人比我早去那里，在基布兹工作，或者在耶路撒冷希伯来大学或特拉维夫大学就学，后来我在这两所大学都任过教。可是，我20多岁时都在别处旅游，包括1958年的印度之行，以及到您府上，亲爱的弗丽大婶。

1973 年,我首次造访以色列两年后,我再次去了那里,十月战争爆发当天,即赎罪日(Yom Kippur)当天,我碰巧在耶路撒冷。这是一个恐慌的时刻,以色列的命运似乎悬在半空中。两支进攻以色列的军队被击溃,然而,3 个星期的"赎罪日战争"是考验以色列人民的时刻。叙利亚人和埃及人的进攻(侯赛因国王领导的约旦拒绝加入)选在犹太日历最神圣的"赎罪日"这一祈祷和斋戒之日,给战争增添了一个重要特征。

战争刚结束,我回到牛津,当时我在那里任教,一路上我计划写一本书,勾划出巴勒斯坦犹太人和阿拉伯人以及以色列最初时期以来的地图:《阿以冲突——地图史》。

以色列与邻居的和平共处姗姗来迟,然而其间不乏令人惊喜的希望和乐观时刻。1978 年埃及总统安瓦尔·萨达特访问以色列达到高潮顶点,他出乎意料,充满戏剧性的来访开启了制定两个和平协议和缓和紧张局势的进程。首先,在美国总统吉米·卡特的支持下,在戴维营的谈判桌上以色列与埃及实现了和平,其次,20 年后,在美国另一位总统比尔·克林顿的监督之下,在美国白宫草坪上签署协议与约旦实现了和平。我写此信之际,正值 2000 年夏天,与叙利亚实现和平还未到来,然而,以色列新一任总理、原以色列武装部队总司令巴拉决心争取实现与叙利亚的和平,克林顿总统用了几百个小时的时间,试图将冲突各方聚集在一起。

犹太人的生活就此在以色列和整个海外得到延续。您的生命经过了这段历史的 90 个年头,几乎是整个世纪。尽管经历了十分可怕的大屠杀,这一段历史时期看到了整个海外犹太生活的繁荣和创造,看到了 2000 年来犹太人首次建立自己的国家,也看到了犹太人为人类的福祉和生活作出了许多贡献。我想这是我下面几封信的主题,把犹太人的历史引入 21 世纪。以庆祝之辞结束历史故事是十分美好的。

之后,我要给您讲述犹太人的宗教,这一 5000 年来把犹太人生活的基本成分黏合在一起并确保犹太民族生存的粘合剂。

第九十六封信

亲爱的弗丽大婶：

我想用 7 封信写完 20 世纪最后 50 年，这是第一封。

首先从"铁幕"开始。苏联 1947 年投票赞成建立犹太国之后，不久他们发现——与美国进行冷战的 40 年里——充当诸多阿拉伯国家的保护伞是满足他们国家利益的最佳途径，他们为这些国家提供武器，唆使他们反对以色列。在苏联国内，斯大林采取行动镇压在他多年独裁统治下幸存的形形色色的犹太文化。许多苏联犹太人感到，打败希特勒之后，他们也许能重新恢复他们的宗教和社会生活，不料事与愿违，闻名于犹太人中间的斯大林统治的"黑色年代"开始了。犹太人的宗教信仰遭到取笑和谴责，大多数犹太教堂被关闭，苏联犹太人与境外犹太人之间，包括亲密的亲属之间的联系被中断。当局教育人们警惕工作场所以及公寓住宅区的犹太人，他们只要对他们的宗教、历史，或者传统表示一丁点儿的兴趣，立即报告当局。

1948 年，伟大的苏联犹太舞台导演所罗门·米霍耶尔斯（Solomon Mikhoels）根据斯大林的命令遭遇暗杀。3 年里，几十名犹太重要人物遇害，他们中许多是医生。另外一些人被监禁或遣送至西伯利亚强迫服苦役。要不是 1952 年斯大林逝世，还会有更大规模的残酷计划。有些苏联犹太人在共产党政权内干得不错。1962 年，苏联二战英雄、苏维埃远东地区总司令雅各·克雷瑟（Jacob Kreiser）当选为最高苏维埃委员会副委员长。范雅悯·蒂姆斯海兹（Veniamin Dymshyts）担任苏维埃副总理，在苏联与印度发展经济合作关系起到了中心作用，于 1962 年被任命为苏维埃国家经济委员会主任，他的主要任务是改革分配制度这一苏联经济弊端之一，使之现代化。1964 年，大剧院芭蕾舞团的主要演员，犹太人玛雅·普利塞兹卡娅获得了列宁勋章。

斯大林的接班人仍然拒绝让犹太人移民海外。然而，当 1967 年苏联报纸和国家控制的无线电广播欢欣鼓舞地播送了犹太国家即将被埃及、叙利亚和约旦军队摧毁的消息时，与以色列亲近的感觉在苏联犹太人中间油然而生。6 天之后，以色列作为胜利者走出战争的硝烟，激发了苏联犹太人民族意识的觉醒。数万犹太人要求离开苏联，但遭到拒绝，还有几千人企图研究犹太历史，学习希伯来语，或参与犹太社区活动，但是他们面临着一系列的障碍——有时还会面临被捕入狱的危险。

20 世纪 70 年代和 80 年代初，世界范围内出现了规劝苏联人"让我们的人民离开"的犹太人运动，有效地把整个流散海外的犹太人团结在一起。在莫斯科，艾丽娜·杜布扬斯卡娅（Elena Dubianskaya）领导了了一个妇女团体，给 20 多名以犹太复国主义运动积极分子名义被监禁的犹太人的妻子提供帮助。在苏联当局篡改苏联犹太人的历史之时，这一团体向他们提出了质疑。1941 年基辅郊区巴比亚峡谷纳粹大屠杀的受害者都是犹太人，而 1985 年举行的大屠杀纪念活动上没有提到犹太人，艾丽娜·杜布扬斯卡娅和她的妇女团体成员们从莫斯科赶到基辅进行抗议。由于克格勃的阻拦，她们未能进入巴比亚峡谷。

直到共产主义政权的解体，大门才最终打开。一个时常艰辛、有时候令人沮丧的斗争年代宣告结束，50 万犹太人去了以色列，25 万去了美国，还有数千人去了其他有犹太人社区的国家。但是 100 多万犹太人仍然留在了那里，希望新成立的俄罗斯国家会公正地对待他们，唯有时间才能证明。

在叙利亚，另一幅隔离和歧视铁幕后面生活着 3266 名犹太人。他们的解放事业是由多伦多犹太妇女朱蒂·费尔德·卡尔（Judy Feld Carr）在极其严格的秘密中进行的。她成功地说服叙利亚政府释放了 3228 犹太人，还有 28 名选择留在叙利亚，其中包括叙利亚大拉比亚伯拉罕·海姆拉（Avraham Hamra），他现在居住在以色列。

第九十七封信

亲爱的弗丽大婶：

1917 年《贝尔福宣言》之后犹太复国主义运动的不断成功和 20 世纪 20 年代以及 30 年代犹太人向巴勒斯坦的移民浪潮激起了整个穆斯林地区以及所有新独立的阿拉伯国家的抗议。这些抗议矛头不仅指向从穆斯林地区和欧洲移居巴勒斯坦的犹太人，而且指向卜居穆斯林地区的犹太人以及那些尽管困难重重但是仍然希望留在已经生活了世世代代的家园的犹太人。

在也门，早在 1922 年，反犹太复国主义运动思潮导致了一项特殊的法律，要求所有 13 岁以下的犹太孤儿皈依伊斯兰教。两次世界大战之间，也门和伊拉克通过了禁止犹太人去巴勒斯坦旅游的法律。1932 年，在突尼斯，那里的犹太人遭到抗议欧洲犹太人移民巴勒斯坦的暴徒的袭击；1938 年，埃及爆发骚乱，抗议德国犹太人移民巴勒斯坦，开罗、亚历山大、伊斯梅利亚以及赛义德港的犹太人遭到袭击。在大马士革，纳粹德国密使给当地阿拉伯人"解释"了第三帝国反犹太政策之后，发生了类似的反犹太人的暴力运动。

第二次世界大战期间，卜居纳粹占领的地区的犹太人被迫服苦役、被驱逐或受到人身攻击。欧洲反犹太偏见特征曾经是一些排犹漫画以及无端指控，而现在注入了宗教极端主义，反犹太浪潮更为高涨。

战后的最初几年，整个宗教极端主义反犹活动十分猖獗，荒谬的谣言到处传播。在伊拉克的一个小镇上，一名犹太人被指控试图在阿拉伯孩子喝的水中注入了霍乱病菌，在巴格达，一名犹太人被一名暴徒殴打致死，暴徒指控他把沾上毒药的糖果给了阿拉伯小孩。

由于以色列实现了建国大业，伊斯兰地区的犹太人面临更加激烈的仇恨。古老的偏见现在与政治宣传合并在一起。联合国投票赞成建立犹太国之后,亚丁接连 3 天发生了反犹太人的暴乱,82 名犹太人被杀害,4 所犹太教堂被焚毁。1948 年 6 月,在摩洛哥,暴徒们杀害了 43 名犹太人。在伊拉克的巴士拉,一位犹太百万富翁被吊死,他的财产被没收。在巴格达,犹太复国主义运动被宣布为犯罪行为。在开罗,犹太人的财产被没收,50 多名犹太人在反犹太复国主义运动暴乱中被害。在大马士革,犹太人社区委员会被解散。在利比亚,近 300 个犹太家园被毁,12 名犹太人被杀害。

于是,20 世纪以来最大规模的移民潮开始了:伊斯兰世界的大量犹太人逃亡到了新成立的以色列国,他们回到了拥有独立主权的祖国怀抱,告别了二等公民的地位,安全得到保障,不再遭受经常不断的暴力威胁。1945 年,居住在阿拉伯世界的犹太人超过 87 万,到 1952 年,50 多万来到了以色列,大多数人抛弃了家园、财物、遗产以及个人物品。如生于突尼斯的阿尔伯特·梅米(Albert Memi)写道:"我们应当希望成为阿拉伯犹太人,我们放弃这一想法的原因是,几百年来,穆斯林阿拉伯人以傲慢和残暴的方式系统地阻止了犹太人实现这一理想。"梅米又说:"不仅是德国和波兰的犹太人家破人亡、妻离子散,我们也是妻离子散、家破人亡。"

50 多万卜居伊斯兰世界的犹太人回归以色列以及另外 25 万犹太人逃亡欧洲之后,广袤的伊斯兰世界里曾经具有 2000 多年历史的硕大的犹太人社会只剩下寥寥无几的碎片。其中最大的在伊朗,共有 25000 人,他们似乎仍然经受捉摸不定的宗教狂热的威胁,他们中一位重要人物已经以莫须有的以色列间谍罪被处决,其他还有几位以同样的罪名遭到了审讯。在埃及,1956 年苏伊士运河收归国有后,英法以三国联合进攻埃及,这时候,有一万多犹太人被驱逐或逃离出境,一些人去了欧洲、以色列和美国,另外一些人去了英国,其中有后来成为烹饪作家的克劳蒂亚·罗敦(Claudia Roden)和出版商马蒂尼·哈尔班(Martine Halban)。

在埃及,1979 年以埃和平条约签订之后,曾经十分庞大兴旺的犹太社会的残余,开罗有 150 名,亚历山大有 50 名,似乎允许在那里平安度日,但是他们仍然生活在穆斯林统治之下,生活在伊斯兰教支配的土地上,不可能恢复人丁兴旺的状态,也无法实现昔日遥远的宽容合作"黄金时期"的夙愿。残酷的历史进程已无情地嘲弄了这一夙愿,将黄金时期推在了一旁。

1995 年以色列领导人西蒙·佩雷斯前往卡萨布兰卡,参加以色列与阿拉伯领导人之间的会晤,他看到了比其他任何时候都更加光明的前景。这一光明的前景还未出现,然而,一如所有幻想主义者,佩雷斯知道,如果没有梦想与实现梦想的努力相结合,人类就无法解开令人烦恼的顽结。德国与法国之间的冲突(亦曾称为"条顿人与高卢人"之间的冲突),经过了 75 年三次毁灭性的战争,随即烟消云散,只剩下友谊、贸易和开放的边境,为什么阿以冲突从长远来看应该比德法冲突更加难以解决?

第九十八封信

亲爱的弗丽大婶:

我现在给您写现代犹太历史中一个重要的主题:犹太人在 20 世纪争取人权斗争的领域里表现积极。维克多·巴什(Victor Basch)1863 年出身于"您的"布达佩斯,就学于巴黎大学,于 1926 年创建人权联盟——大赦国际的前身。81 岁时,他与妻子一起被亲德维希政权领导下的法兰西民兵所枪杀,他的罪名是,一是犹太人,一是反对德国占领法国的支持者以及全人类争取人权的领导人,他妻子的罪名是一直是丈夫的支持者。

1951 年,第二次世界大战结束 6 年后,《联合国防范与惩治种族灭绝罪行公约》(简称《种族灭绝罪行公约》)生效。公约中种族灭绝的定义地确定受到犹太人拉斐尔·雷姆金(Raphael Lemkin)的启发。雷姆金早期在第一次世界大战期间以及战争结束之后从事为在土耳其亚美尼亚大屠杀中遇害的基督教徒的声援斗争。

亚美尼亚大屠杀高潮之际,雷姆金还是一位年仅 21 岁的利沃夫大学法律专业的学生,他与教授们讨论当时发生的一起亚美尼亚人暗杀事件,参与亚美尼亚大屠杀的一名土耳其政客遇害。教授们为土耳其人迫害亚美尼亚人的行为辩护,引发了关于"国家主权"的争论。雷姆金回答道:"国家主权蕴含实行独立的外交和国际政策、建立学校、修建道路,简言之,蕴含有益于人民福祉的所有各种活动。国家主权不应被想象为一种屠杀百万无辜人民的权利。"

1933 年,希特勒在德国上台后不久,雷姆金创造了"种族灭绝"这一术语后,向由国际联盟资助在马德里召开的国际统一刑法大会递交了一份建议,"宣布要消灭以国家法律为幌子的种族、宗教或社会集体犯罪行为。"雷姆金将种族灭绝定义为"消灭或永久性地摧残一个人类群体的犯罪意图"。他说:种族灭绝行为"矛头指向群体,个人被挑选出来被消灭只是因为他们属于这些要被消灭的群体"。这一定义连同整个概念虽然被国际联盟拒绝,却为第二次世界大战后 1948 年颁布的《联合国防范与惩治种族灭绝罪行公约》奠定了基础。

另一位为全球范围内捍卫人类事业作出贡献的犹太人是出生于波兰的约瑟·罗特布拉特(Joseph Rotblat),他正好与您同年,亲爱的弗丽大婶。第二次世界大战期间,他参与了美国研究制造原子弹小组的工作。出于对核冲突后果的深切担忧,他成为 1957 年帕格沃什会议创导者之一,投身于消除核战争威胁的事业。帕格沃什是以他们首次集会地,一个偏远的加拿大村庄命名的会议,会议将铁幕双方的科学家聚集在一起。在英国,罗特布拉特就职于圣·巴多罗马医院的医学院达 27 年(1950~1976),研究辐射对人体细胞的影响。1995 年,他荣获诺贝尔奖(几个星期前,他被女王封为爵士)。

美国犹太人路易斯·库特纳(Louis Kutner)接过维克多·巴

什的火炬,充当成立于 1961 年的大赦国际的后盾。他逝世后,《芝加哥论坛报》评论道:"在世界有些地方,特别是那些独裁者横行的地方,人们被投入监狱后再也无法出来,一旦被囚禁,就没有任何法庭传票能够到达本人手中。他的成就是努力在全世界改变这一状态。"

在南非,海伦·苏兹曼(Helen Suzman)担任国会议员 36 年,她是来自立陶宛的犹太移民的女儿,大部分南非犹太人是来自立陶宛的犹太移民的后裔。她不辞辛劳地与南非种族隔离政策作斗争。亚伦·"阿里"·巴彻尔(Aron 'Ali' Bacher)是 1966 年打败澳大利亚队的南非曲棍球队的主力队员,他领导了一场多种族体育运动的政治运动,反对种族隔离的不平等待遇。许多犹太人直接参加了非洲人国民大会的斗争。约·斯洛沃(Joe Slovo)被指控犯有叛国罪入狱,后被释放。他在 1955 年起草了《自由宪章》(他父母亲在他 9 岁时把他从立陶宛带到了南非)。1982 年,他妻子,也是他反对种族隔离运动的同志,路得·福斯特(Ruth First)在打开一个为他准备的装有炸弹的包裹时遇难。1990 年,他被任命为非洲人国民大会秘书长,1994 年成为曼德拉政府的建设部长。

今年年初,尼尔森·曼德拉政府的教育部长卡达尔·阿斯马尔(Kadar Asmal)教授在种族隔离结束后的一次犹太人集会上对听众说:"在反对白人观点浪潮的斗争中,可以说犹太社会要比所有其他所谓的白人群体培养出了更多的英雄和圣人,包括许多拉比战士……"

美国肯尼迪和约翰逊执政时期,也是比吉大叔任印度驻华盛顿大使的岁月里,一些拉比在反对种族隔离的斗争中也起到了重要作用。其中一位是芝加哥的赛伊姆尔·J.科恩拉比,协助召开了 1963 年美国宗教与种族全国大会,弗丽大婶,那时您就在华盛顿,会上他还介绍了主要讲演人马丁·路德·金。科恩拉比还是领导苏联犹太移民的积极分子之一,也就是在 1963 年,他首次开创性地访问了苏联境内的犹太人社区。

第九十九封信

亲爱的弗丽大婶：

追求卓越一直是促进许多犹太家庭的因素。处在受歧视的年代，犹太父母坚定地认为他们的子女能够在这充满敌意的世界里逐渐获得成功。当歧视衰落、敌意消失——在许多国家对犹太人的敌意几乎完全消失——之后，犹太人仍然继续追求卓越。诺贝尔奖从 1899 年开始启动以来，以高出任何一个种族群体比例授予了犹太人。自 1945 年以来，获奖者包括小说作家 S.J.阿格农，他是获得首次颁发给希伯来语作家的诺贝尔文学奖的第一位文学家。阿格农出身于加利西亚东部的布克沙克兹（当时处在奥匈帝国统治下），在以色列生活和写作。唯一一项颁发给用意第绪语写作的诺贝尔文学奖授予了艾萨克·巴什维斯·辛格，得奖时间是 1978 年。辛格 1904 年生于波兰（他的兄弟 I.J.辛格也是一位天才的作家），第二次世界大战之前移居美国，但仍然用意第绪语写作。他的小说，深刻洞察了战前波兰犹太人的生活，每周一部分地发表于纽约意第绪语报纸《犹太每日进步报》上，翻译他的作品当时成了《花花公子》和《纽约人》两家杂志的流行特征。

1945 年以来获得诺贝尔文学奖的其他犹太人有出生于德国、描绘大屠杀的诗人奈莉·萨克斯和南非小说家纳丁·戈迪默，她是反对种族隔离政策的重要人物之一。1945 年，一名纳粹德国难民恩斯特·钱恩因他在战时英国将盘尼西林转变为拯救生命的良药而获得诺贝尔奖。1985 年，美国遗传学家约瑟夫·戈德斯坦和米歇尔·布朗因揭示了人体胆固醇新陈代谢过程而获得诺贝尔奖。另一位叫"布朗"的犹太人，赫伯特·布朗，6 年之前因有机合成的研究成果而获得了诺贝尔化学奖，一如与他同姓的米歇尔的胆固醇研究，他的研究对人类幸福神益匪浅。弥尔顿·弗里德曼因他支持自由贸易和自由市场的研究成果而获得诺贝尔奖，他是自由贸易和自由市场经济理论的权威。他认为，如他所言，经济上的控制"不仅限制了我们使用经济资源的自由，而且还影响了我们的言论、出版和信仰的自由。"

苏联犹太数学家列夫·朗道在 1962 年获得诺贝尔奖之前获得了列宁勋章、列宁奖、斯大林勋章。法国犹太人雷内·卡森为联合国起草了《国际人权宣言》，获得了诺贝尔和平奖，在我关于第一次世界大战的一封信中曾提到过他，埃里·维厄瑟尔也获得了诺贝尔和平奖。维厄瑟尔被驱逐出锡格特城，后又在匈牙利占领的特兰西瓦尼亚被遣送到奥斯威辛死亡营，他的著述是大屠杀幸存者强有力的声音，提醒世界罪恶是如何在冷漠面前猖狂发展的。

1960 年生于奥地利的物理学家、诺贝尔奖获得者维克多·魏斯考珀夫（Victor Weisskopf）被任命为地处日内瓦附近的欧洲核研究委员会（简称 CERN）主任。1965 年，出生于英国的以色列人泽娜·哈尔曼（Zena Harman）代表联合国国际儿童急救基金会（简称 UNICEF）从耶路撒冷前来领取诺贝尔和平奖，当时她任基金会董事长。美国犹太喜剧演员丹尼·卡耶（Danny Kaye）贡献了许多精力和时间帮助基金会，他与哈尔曼一起出席了颁奖典礼。

1979 年 12 月 10 日，原抗英地下游击战士、出生于波兰的梅纳克姆·贝京来到斯德哥尔摩，与埃及总统安瓦尔·萨达特一起，接受诺贝尔和平奖。他们并不是最后两位因争取中东地区和平而获得诺贝尔和平奖的人。先后担任以色列总理的两名以色列人伊扎克·拉宾和西蒙·佩雷斯以及巴勒斯坦解放阵线主席亚瑟·阿拉法特分别获得诺贝尔和平奖，他们的努力弥合了双方由于误解而造成的许多隔阂。目前，实现整个中东地区的和平仍然是该地区日常生活中一项十分艰巨的任务，但愿多一些人能为完成此项任务而获得诺贝和平奖。

第一百封信

亲爱的弗丽大婶：

我迫不及待地邮寄给您第 100 封信，这是一份关于犹太运动员的信，给您讲述除上次我已说过的匈牙利男女运动员之外的故事。参加 1896 年在雅典召开的第一届现代奥林匹克运动竞技的犹太人继续展现了他们的体育运动风采，虽然其他人很少想到犹太人在体育运动方面也有特别的才能。几十年来可以随意找到很多杰出运动员的例子，我将集中讲述北美①、南非和以色列的男女运动员。自 20 世纪 20 年代以来，犹太运动员不仅参加奥林匹克运动会的竞争，而且还参加自己的体育锦标赛"马加比亚锦标赛"，亦称"犹太奥林匹克运动会"。在两次世界大战之间，在巴勒斯坦举行几次这样的运动会，现在以色列每 4 年举行一次，运动会地点就在特拉维夫城外。

弗丽大婶，当您 30 年代开始在印度生活的时候，马歇尔·戈德堡（Marshall Goldberg），绰号"大个儿"、"马歇尔疯子"，开始了他美国足球锦标赛生涯，1939 年至 1943 年以及 1946 年至 1948 年分别两次为芝加哥狂欢队（Chicago Cardinals）踢球。美国棒球领域有桑迪·库法克斯（Sandy Koufax），服役于洛杉矶躲闪者队。1965 年世界循环赛约姆吉普首场赛开始那天，库法克斯拒绝参赛，但是在第二天，他重返球队，赛事结束时，打赢了关键的一局球，使洛杉矶躲闪者队获得了那一年度循环赛冠军。同一年，来自美国南部的一位犹太人，比尔·戈德堡（Bill Goldberg），赢得了摔跤世界冠军。

我在完成此信之际，我看到了拳击手闪米·卢夫特斯皮林

---

① 原文 America，根据上下文（提及加拿大），译成美国不妥，故译成"北美"。（译者注）

（Sammy Luftspring）的讣告，他刚刚在多伦多去世，享年 85 岁。要不是父母的恳切阻拦，他会代表加拿大参加 1936 年的奥林匹克运动会。"他们认为我会受到伤害，我是一个孝顺的儿子，我就答应了他们的恳求。"1938 年，罗夫特斯皮林是加拿大次重量级拳王，世界次重量级拳击手排名第三。两年后，他在纽约一次热身赛中失去了一只眼睛，结束了他拳击运动生涯，当时他 23 岁。

1948 年奥运会上，纽约警察、世界最伟大的摔跤手之一，亨利·维腾贝格获得金牌。1952 年赫尔辛基奥运会上，他获得银牌一块，1938 年至 1952 年之间，他连续赢得了 400 场比赛。1949 年，他被授予美国"最佳犹太运动员"称号，退休后，他成了健康教育的教授。1955 年，西尔维娅·维尼·马丁（Silvia Wene Martin）成为该年度美国女子保龄球高手，在保龄球运动生涯中她所赢得的三轮完美击球（击倒 300 个保龄球）创造了世界纪录，该纪录保持了 15 年。

1967 年，容·布隆伯格（Ron Blomberg）开始了他令人惊叹的棒球成功事业，他在纽约的犹太球迷给了他一个雅号"弥撒亚"。有一次，他的球队"白色短裤"看起来要在犹太人赎罪日期间进行比赛，他发表议论说："为了准备在那时候比赛，我同几个拉比谈过，他们说要到球场为我出场参赛祈祷。"

苏联犹太人中间杰出的运动员是苏联"篮球之父"亚历山大·戈梅尔斯基（Alexander Gomelsky）。他是 1972 年慕尼黑奥运会篮球金牌得主苏联篮球队的教练。在这次奥运会上，美国游泳运动员马克·施皮茨获得 7 块金牌，刷新了他所参加的每一项运动的世界纪录。他被称为有史以来最伟大的犹太运动员。令人悲伤的是，那一次奥运会上，以色列运动代表队中有 7 名运动员被巴勒斯坦恐怖分子劫持为人质并遭到杀害。

1980 年，南非运动员朱迪·谢克特完成了 12 年成功的摩托车比赛的经历，在他比赛获胜的头衔中有美国方阵式摩托大赛冠军。1992 年，以色列女子柔道冠军亚以·阿拉德（Yael Arad）获得了第一块奥林匹克奖牌——一块银牌。"最令人激动的时刻",她说,是站在领奖台上,乐队奏响以色列国歌《哈蒂克瓦》(Hatikvah)——《希望之歌》的时候。

第一○一封信

亲爱的弗丽大婶:

自 1945 年,犹太人同其他少数民族一样能够不受妨碍地参与民主国家政治生活的,享有同样的权利。在法国,战后两任总理是犹太人,皮埃尔·蒙戴斯—弗朗斯和勒内·梅伊尔。一位法国重要的国家领导人奥利弗·沃尔姆瑟(Olivier Wormser)第二次世界大战中曾在伦敦与戴高乐共事自由法国运动,1966 年出任法国驻苏联大使,3 年后被委任法兰西银行行长。

1979 年宣布就职的欧洲议会第一任主席是大屠杀的幸存者,西蒙尼·韦伊,之前她担任过法国卫生部长。1944 年,她 13 岁,与母亲和妹妹一起被遣送至奥斯威辛死亡营。她的父亲和一位兄弟被遣送到别的地方,从此再也没有看到他们。她母亲得了斑疹伤寒,死于奥斯威辛。她担任欧洲议会主席直到 1982 年,关于担任这一职位,她对《联合报》说:"作为一名犹太人,一名死亡集中营的幸存者和一个女人,你会深切地感到你属于长期以来遭受到蹂躏的少数群体。至于流放,让你最难以忘怀的是蒙受屈辱的记忆以及许多妇女都有的尊严被践踏的感觉。"西蒙尼·韦伊在强调她更为广泛和普遍经历时说:"如果这个议会选举一名犹太人、同时又是一个女人当主席,那就意味着每个人拥有同样的权利。"

在英国,战后每届政府均有身居高位的犹太人。哈罗德·威尔逊多次提议敦促苏联让犹太人离开苏联,让他感到特别自豪的是他成功地让帕诺夫——巴蕾夫妇离开了俄罗斯。威尔逊首相身边有不少犹太智囊人物,其中之一是出生于匈牙利的托马斯·巴洛夫(Thomas Balogh),他是威尔逊首相 1964 年经济问题的高参。

巴洛夫之前曾为联合国提出过关于印度经济发展的建议。

1960 年,国会劳动党议员,第一次世界大战中因宗教信念而拒绝参军的西德尼·西尔弗曼(Sydney Silverman)通过率先在众议院提出废除死刑的法案。

犹太人在 1979 年至 1992 年玛格丽特·撒切尔保守党政府内担任要职。米歇尔·霍华德担任内务大臣,麦尔科姆·里夫金(Malcolm Rifkind)担任国务大臣,先是苏格兰事务大臣,后交通事务大臣(梅杰执政期内,任国防大臣以及外交大臣)。两人均是沙皇俄罗斯时期移民的孙子辈。同属此辈的还有自 1988 年起出任英国皇家歌剧院总指挥的耶利米·以撒(Jeremy Isaacs),他的兄弟移居以色列,70 年代在耶路撒冷遇到恐怖分子炸弹爆炸身亡。

犹太人在英联邦国家的政治和文化生活里表现也十分积极,并能脱颖而出,成为行业引领人物。在澳大利亚,公众法律教授希尔曼·考恩(Zelman Cowen)身居总督之位;在新西兰,原来担任过大法官的米歇尔·迈尔斯勋爵代表新西兰担任联合国法官委员会法官,并且几度出任副总督。

在加拿大,麦克斯维尔·库恩(Maxwell Cohen)是加拿大驻联合国代表团代表,后来担任国家反仇恨宣传委员会主席。波拉·拉斯金(Borah Laskin)于 1970 年被任命为加拿大最高法院法官,他是所有被任命担任该职位最年轻的人,三年后,他成为大法官。在加拿大还有一位名叫大卫·路易斯(David Lewis)的犹太人,他 1909 年出生于波兰,原名大卫·劳斯,自 1971 年,他成为加拿大新民主党党魁。他的儿子斯蒂芬是加拿大驻联合国大使之一。

美洲其他地方亦然,加勒比海岛国牙买加 60 年代因犹太人奈维尔·阿什恩海因(Neville Ashenheim)的努力而得益匪浅,他是牙买加驻美国第一任大使,为他刚独立的祖国获得了建立工业基地和开发旅游产业所需要的贷款。在巴西,赫拉西奥·拉弗尔(Horacio Lafer)担任外交部长,直至 1961 年。

自 1945 年以来,犹太人在国家政治领域之外的人文、科学、商贸、科技等领域成绩也很卓著,成为这些领域的思想家或教师。在医学研究方面,他们带来了新的医学道德观,使医学具备了不同寻常的特征,他们从《圣经》道德法则中汲取营养,努力解决现代医学所必需面对的难题,包括堕胎、人工授精、尸体解剖以及通过机械手段及最近出现的利用基因延长生命等。他们根据犹太传统价值观和世界观建立医学道德,寻求解决这些难题的道德途径。这一观点的主要倡导者之一并不是一名医生,而是一位拉比,伊曼纽尔·雅各伯维兹(Immanuel Jacobovits),他是 1939 年前的德国难民,后为英国和英联邦大拉比。20 世纪 60 年代在纽约担任拉比期间,他率先倡导把拉比和医生集合在一起讨论医学实践的道德方面的问题,他成了这一方面的终身权威。在英国工作的罗伯特·温斯顿(Robert Winston)开创了试管授精的技术,帮助那些无法在体内授精的妇女能够怀胎生育。

尊重医生是犹太人传统的一部分,是他们受到培训,去实现犹太人最崇高的世界观:拯救生命。《塔木德》甚至劝说神职人员不要居住在没有医生的城镇!

第一〇二封信

亲爱的弗丽大婶:

第二次世界大战后的 50 年及更多年里,美国是犹太人居住最多的国家,共有 500 多万。战前,波兰犹太人的数目仅次于此,共有 350 万,其中 300 多万人在大屠杀中被害。1945 年,以色列只有 50 万犹太公民,55 年之后,犹太公民的数量还不足达到美国犹太人的数量。

意大利神经生物学家丽塔·列维—蒙塔尔奇尼(Rita Levi-Montalcini)战后移居美国。墨索里尼颁布法西斯法令,不准犹太人担任大学教职,不准犹太人从事医疗工作,她的工作被中断。在到达美国后的 5 年时间里，1951 年那一年，她在分别患有阿尔茨海默氏和帕金森氏疾病神经生长的研究工作实现了突破，因此项开创性的成就，她获得了诺贝尔医学奖。

20 世纪美国第一任国务卿亨利·基辛格是一位纳粹德国的难民，他刚庆祝完他的成人仪式就离开德国移居他乡。比尔·克林顿总统任期内的国务卿梅德林·奥尔布赖特原籍是捷克犹太人，二战前夕，他的父母亲离开了捷克斯洛伐克来到英国。布拉格品卡斯教堂的纪念墙上刻着 77297 名被纳粹杀害的波希米亚和摩拉维亚犹太人的姓名，其中有梅德林·奥尔布赖特祖父的名字：阿诺斯特·考贝尔（Arnost Korbel）。

1967 年，美国演员、幽默大师密尔顿·伯利（原名密尔顿·伯林格）完成了第 6 部电视连续剧。人们亲热地称他为"电视先生"，他第一次公开露面是在 1913 年的无声电影里，那时他 5 岁，75 年之后，他还在电视上频频露面。琼·里弗斯（Joan Rivers，原名琼·莫林斯基）自 20 世纪 60 年代起就成为夜总会、舞台和银幕，尤其是电视荧屏的明星。杰基·梅森（Jackie Mason，原名雅科夫·莫什·玛扎）成年时当上了拉比，他是一名让犹太人嘲笑自己的幽默大师。

另外一名犹太人阿贝·福塔斯，1945 年积极参与了缔造联合国的工作，1963 年他关于刑事案件中贫穷被告人有权享受免费法律咨询的主张得到了美国最高法院的赞同，这是法律方面具有里程碑意义的胜利。里根总统执政期间，麦克斯·坎普尔曼（Max Kampleman）是美国与苏联关于结束苏联践踏人权谈判的前台人物。美国另一位犹太人，莫里斯·亚伯（Morris Abram）也是一位维护人权的积极分子，他在日内瓦联合国人权委员会工作。我作为非政府团体成员参与该委员会工作的两年（1984 年和 1985 年）时间里，一名华盛顿法律教授马歇尔·布雷格（Marshall Breger）将西欧国家力量整合在一起，组成一个强大的阵容，挑战苏联侵犯人权的行为，尤其关押和折磨苏联犹太人的行为。

参议员麦卡锡反共产主义运动中受到牵连的犹太人去了别的地方谋生。卡尔·福尔曼(Carl Foreman)成了大不列颠作家指导委员会主席,1972 年制作了电影《青年温斯顿》。山姆·瓦纳马克尔(Sam Wanamaker)掀起了恢复莎士比亚环球剧院的运动,一年后在悉尼歌剧院导演了普罗科菲耶夫的《战争与和平》。

第一〇三封信

亲爱的弗丽大婶:

对许多犹太人而言,犹太人在大屠杀中的经历使他们对世界任何一个地方出现的平民屠杀事件感觉特别强烈。1995 年 1 月 27 日纪念奥斯威辛解放 50 周年的庆祝仪式上,埃里·维厄瑟尔——我在关于诺贝尔奖部分提到过他——自己也是奥斯威辛死亡营幸存者之一,告诉与会者说:"当我们回忆过去的时候,我们必须着眼现在和将来。让我们以所有活在我们心中的人的神圣名义,中止世界上仍然进行的流血。让我们更加有效地拒绝和反对宗教狂热和民族仇恨。"

犹太人不仅把牢记过去看作是对以往历史的虔诚,而且是引起当代社会警惕偏见和排斥可能引发危险的方式。英国最近出台的人权法案的撰写人之一弗朗西斯卡·克鲁格(Francesca Klug)是一位大屠杀 10 年后出生的来自伦敦的犹太女人,她在 2000 年说:"我父母亲将我抚养成人,教会我把大屠杀以及犹太人遭受迫害的历史与其他少数民族的苦难联系在一起。"20 世纪 80 年代,她投身于反对南非种族隔离政策运动之中。

从 1945 年起,犹太人生活在民主国家大家庭里,比以往任何时候都更加积极地参与了它们的政治和文化活动。同时他们比以往任何时候都更为积极地帮助那些生活在度日艰难、偏见蔓延、迫害抬头的国度里的犹太同胞。世界农业手工业促进联盟(the World Ort Union)1880 年建立于沙皇俄国,现总部设在日内瓦,联盟建立至今已为 3500 多万犹太人提供了技术培训。时下，联盟正在培训 60 个国家的 26 万犹太人。世界犹太人救助联盟为原苏联各地区的老年和贫穷的犹太人送去食物和衣服，1933 年至 1939年期间，联盟称作中央不列颠基金会（the Central British Fund），帮助过犹太人逃脱希特勒的魔掌。

犹太慈善家以及无数普通犹太家庭屡次积极响应募捐号召，每当以色列政府需要资金安置大批移民时，如最近来自埃塞俄比亚、波斯尼亚以及共产主义政权垮台后的阿尔巴尼亚的移民，他们都会挺身而出，慷慨解囊。凡是有地方发生暴力和内战，犹太人就会寻求避难。1995 年，作为英以联合请愿团成员，我陪同一队犹太人乘坐公共汽车从车臣亚（Chechnya）穿越北高加索部分地区，然后从俄罗斯搭乘飞机前往以色列，他们自己没有支付旅行的经济来源。

世界犹太学生会在世界各国的大学校园内同排犹主义作斗争的同时，为世界各地的犹太青年提供教育项目和领导骨干培训项目。纽约反毁谤同盟、洛杉矶西门·维森塔尔中心、特拉维夫大学维达尔·萨松反闪族主义研究中心等机构正在实施一项细致的书报稽查，仔细检查有无否认或减轻纳粹大屠杀罪行的现象。德保拉·利普斯塔德（Deborah Lipstadt）在她的著作《否认纳粹大屠杀》中公开深刻地揭露了那些企图否认纳粹大屠杀罪行的人们。

机构设在纽约的罗纳尔德·S.劳德基金会正在为原共产主义东欧地区带去犹太教育和社区设施，包括"您的"匈牙利。我自己也去访问了一所罗纳尔德·劳德在华沙建立的拥有 200 多名孩子的小学。校长海力斯·利伯曼（Helise Lieberman）是在 8 年前从美国来到这里的。

迈蒙尼德基金会（the Maimonides Foundation）在世界范围内为犹太人和穆斯林进一步团结而工作。在英国这里，1987 年建立的英国各宗教团体网络（the Inter-Faith Network for the United Kingdom）正在为信仰不同宗教的人们之间发展良好关系而不知疲倦地工作。网络成员包括巴哈派教、佛教、基督教、印度教、耆那教、犹太教、穆斯林、锡克教和琐罗亚斯德教等不同宗教的信徒。组织早期有一位忠实的成员是雨果·格林（Yugo Gryn），他是我的拉比和朋友，1996 年逝世，是一名奥斯威辛幸存者，对他而言，所有宗教之间的良好意愿就是信条，这有利于人类将来的幸福。

这样的机构和基金会有好几百个，把它们的组织以及它们良好的业绩一一写到，篇幅十分可观，然而，我必须开始我答应您要写的关于犹太教的信，给您讲述那些世世代代、不管是繁华盛世还是艰难岁月，激励、支撑、巩固犹太民族的信仰、节日、传统以及生活方式。

第四部分 信仰与崇拜

第一○四封信

亲爱的弗丽大婶：

正如我 103 封叙述犹太人历史的信中所显示的那样，犹太人的历史是与犹太宗教紧密联系在一起的。几千年来，犹太宗教律法和传统将犹太人凝聚在一起，成为一个具有鲜明特征的族群。当犹太社会发展壮大并在世界各地流散之际，无论他们身处何方，相距多远，是他们的传统把他们联系在一起。

您与我都是流散四处的犹太人，被称为海外犹太人，都是这些传统将我们联系在一起，不管我们漂游在外，与它们有多远，也不管我们甚至把它们忘得一干二净。

此信打算给您讲述犹太新年（Rosh Hashna）的故事，这是"一年之初"，是犹太年历中最庄重、最神圣的日子，这也被称作"审判日"（Yom Ha-Din）和"纪念日"（Yom Ha-Zikaron），因为上帝在那一天记起了他的所有造物。

新年除夕和整个新年的第一天，直到日落，犹太人都会在教堂里向上帝祷告，直接向他祈求，祈求他"把我们写在《生命册》里吧。"礼拜仪式中，拉比一次又一次地提醒信徒们，有三件东西能让他们"规避邪念"——忏悔、祷告和慈善。拉比传统断言每一个犹太人的宗教使命是在新年第一天写下的，在 10 天之后的赎罪日那天封好。新年写下的宗教使命包含忏悔和祈求赎罪的强烈愿望，赎罪日封存之时要庄严地宣誓。

由于新年是在一月之初并由新月是否开始显现而定的，因此新年庆祝时间是两天，过去是这样，现在仍然是这样，希伯来提市黎月①的第一天和第二天。这样，古人如果在第一天见不到薄薄的镰刀状的新月，那么在第二天肯定能见着。犹太教改革派只庆祝一天，他们认为，在现代，人们不必一定要看到新月才知道新月在那里。

赎罪日始于提市黎月的第 10 天。新年和赎罪日是"敬畏之日"，在这两天里，所有虔诚的犹太人都会回顾过去一年中所犯的过失与罪孽，祈求上帝宽恕，寻求来年有一条更加纯洁和康庄之路。即便那些不信教的犹太人，赎罪日和新年庆祝仪式给他们提供了与上帝再次接触的机会，年年如此。

新年礼拜在各大教堂咏诵的主题祷告文被认为是由伟大的巴比伦宗教导师阿巴·亚雷卡拉比（Rabbi Aba Areka）所写的，人们称呼他为拉布（Rabh），是他名字以及头衔的缩写。他生于公元160 年，卒于公元 247 年，享年 87 岁。年轻时离开巴比伦来到巴勒斯坦，在那里的拉比学院学习，学成后回到巴比伦，在苏拉（Sura）创立了一所拉比学院，这所学院在后来的 800 年里一直是犹太人的学术中心。他为新年庆祝仪式写下的祷告文说，上帝"记住了先父亚伯拉罕、以撒和雅各虔诚的行为，出于对他们的喜爱，上帝将带给他们子孙后代一位救世主"。

拉布还写了阿米达祷告文，作为日常祷告咏诵的一部分，描述上帝"以仁爱扶持众生，以慈悲复活死者，支助失意，疗治病痛，解除桎梏，对那些沉睡于尘埃之中的人们信心依旧"。

拉布的言论中还有"我们的世界是一个美丽的世界，人类将会

---

① 犹太教历七月，犹太国历一月，在公历 9 月与 10 月之间，共 30 天。（译者注）

被召去解释为何在每一个法定之日总要剥夺自己拥有的这份美好东西"。他还说:"任何缺乏怜悯与同情的人都不是亚伯拉罕的子孙"。新年仪式最重要的部分是背诵亚伯拉罕绑缚儿子的故事(*akedah*),亚伯拉罕心甘情愿地将儿子以撒绑在祭坛上,那是一个决定性的关键时刻:上帝要求人类彻底地服从他的旨意,甚至不惜牺牲自己的孩子。那一天,犹太人在祷告中祈求上帝:"为了我们铭记……亚伯拉罕如何强忍自己对儿子的热爱去实现你的旨意。"

新年教堂主要典礼是吹绍法,即羊角号。羊角号受宠是因为正当亚伯拉罕牺牲自己的儿子以撒之际,在树丛里抓住了一头羊,于是那头羊充当了牺牲品,救下了以撒,使犹太血统得以传承。他们用绵羊、山羊以及羚羊的角吹号,唯一禁止使用的是牛角,唯恐听到以色列异教徒信仰"金色小牛"号角的回声,他们是摩西遗弃在荒野里的以色列异教徒,摩西要求他们与西奈山上的上帝对话,回忆这一故事至今还会使虔诚的犹太人感到耻辱。如果节日适逢安息日,羊角号停吹,以便遵守安息日律法停止一切劳作的规定。

《民数记》里说"你们要在七月初一日举行圣会,不可有任何劳作;你们要在那天吹响号筒"。在古代,关于为什么要吹响号筒,拉比们有许多讨论。先知阿摩斯曾问道:"在城里吹响号筒,人民不会害怕吗?"先知西法尼亚(Zephaniah)说审判日是"号筒和警钟震荡城墙和高楼的日子"。羊角号的声音会立刻使罪人沉默思过。

从最早的时候起,人们就开始使用弯角,以示人类对上帝旨意的鞠躬尽瘁。12世纪迈蒙尼德总结吹响号筒的理由时写道,吹响号筒似乎是在宣告所有犹太人:"从昏睡中醒来吧,你们已在生活里睡着了,反省一下你们的行为,铭记你们的造物主。不要寻求影子而迷失现实,也不要为追求那些徒劳无益、既不能获利又不能赎罪的东西而浪费时光。注意修身养性,努力改善品德,清除每人身上的邪念和恶行。"迈蒙尼德是一位多么伟大的智者!

人们相信新年伊始,生命册随即打开,犹太人用这些话互相打招呼:"愿你写进生命册,来年幸福美好。"西班牙系犹太人还要加上一句："愿你年年丰登。"有一些犹太社区,新年要烘烤楼梯形状的面包,象征前面展开的好运,有些人将会在生命的阶梯上步步高升,有些人则步步下坡。另外一些社区烘烤叫作查拉的圆形面包,有时候面包里面还会有提子干。

普通百姓家里庆祝新年要吃苹果和蜂蜜,期望来年得到上帝的保佑甜甜蜜蜜。保佑简洁明了:"噢,主啊,我们的上帝,我们父辈的上帝,愿这是你的旨意,再一次让我们过上美好甜蜜的一年。"坚果是不能吃的,因为吃了坚果会生痰,影响咏诵祷告,而且还与词的字数有关,每一个希伯来字都有数字价值,坚果(egoz)一词的数字价值与罪孽(het)一词的数字价值相同。

新年伊始第一天,如果适逢安息日,那就第二天,庆祝新年的传统是基于先知弥伽的预言发展而来的:"他将重新怜悯我们,赦免我们的邪恶行为,把我们的罪都投入大海的深处。"希伯来语"将投入"一词是"塔西利克"(tashlikh),塔西利克庆祝活动包括寻找流水、海、或者是一条小溪,甚至一个池塘都可以,象征性地一边把一个人的罪投入水中,一边咏诵弥伽的诗句,祈求上帝宽恕。根据古代传统,塔什利克庆祝活动选择流水是因为流水中的鱼,它们的眼睛是不会闭上的,以此提醒我们时刻注视我们的上帝的眼睛,上帝一直在仁慈地注意着他的造物。

最近150年以来,在犹太人中间形成了一个新的习俗——完全源自基督教仪式——相互赠送新年贺卡。这时候,犹太年历打开第一页,您接到这封信之后的明年,即5761年,始于公历2000年9月30日。我要牢记邮寄给您一张犹太贺年卡,将它送到您喜马拉雅山脚下!

第一〇五封信

亲爱的弗丽大婶:

犹太新年10天后,便是赎罪日,赎罪日的希伯来语是 *Yom*

Kippur，近来用复数形式：*Yom ha-Kppurim*。1973 年，正是在希伯来年历中最神圣的这一日子，埃及和叙利亚军队入侵以色列。奇怪的是，这对以色列人来说竟然是"乔装"好的天佑。那一天，组成以色列军队主力的预备军人并不像公假日或节日那样在海边度假，或者在乡村各处野炊，而是大部分集中在教堂里。于是，召集他们回到部队变得十分容易，假如他们在其他假日或者一般工作日进攻的话，这些军人就会工作在成千上万个不同的地方：商店、办公室、教室、工厂、农村等，迅速把他们召集在一起要难得多。他们中的许多人直接从教堂奔赴前线。虽然以色列遭到突然袭击，但是经过几天激烈的战斗和惨重的伤亡，他们挫败了侵略者。

1973 年的那一个赎罪日，禁止驾驶机动车的宗教戒律很快被打破，因为战士们必须迅速奔赴遭受威胁的边界，拉比们为了保护和捍卫国家的生存准许人们在那天破戒。

赎罪日的历史感从未有过缺失。人们歌唱的赞美诗中有一首是由约克拉比约姆托布（Rabbi Yomtob of York）所作，几乎可以肯定他是 1190 年在英国约克城里被屠杀的犹太人之一。纳粹大屠杀期间生活在集中营里的犹太人，甚至在奥斯威辛的犹太人，每天都有饿死，但是他们仍然想方设法在赎罪日那天禁食一天，把他们粗糙的面包片留至日落后开斋享用。

一如安息日，赎罪日是停下手中的劳作休息的一天。事实上，在《圣经》里，赎罪日被称作"安息日中的安息日"；一如新年，赎罪日是认真思过、祈祷、忏悔极其庄严的一天。赎罪日还是一个斋日，禁止一切吃喝劳作。《利未记》描述赎罪日说："对于你们，这是一个极其重要的安息之日。你们必须禁食，这是永久的戒律。祭司要在这天为你们行赎罪礼，使你们超脱你们的一切罪过，你们在主的面前又将是洁净的。"由于圣殿与牺牲都已不复存在，每一个人自己通过祷告赎罪。

赎罪日那一天寻求并有望得到宽恕的罪过是人们冒犯上帝的罪过。对同类他人的冒犯，冒犯者要全部赔偿受伤害一方的一切损失，并要得到对方的原谅，本人还要进行忏悔。赎罪日一整天咏诵的忏悔词源于《圣经》。《利未记》中，大祭司是这样说的："我犯了罪，我行了恶，我违背了主的旨意。"公元257年逝世的犹太贤哲马尔·撒母耳表述赎罪时说："我们肯定犯了罪过"。我在上面提到的拉布对上帝说："你熟谙永恒之秘密。"这些话语和祈求是赎罪日忏悔的主要部分，一直延续至今。

日落后的第一个傍晚，教堂内就开始赎罪日祷告，首先是悔罪祈祷曲，亚实基拿传统的旋律，悠扬回荡，音乐声中，会众齐声祈求上帝把他们从过去一年所里的誓言中解救出来。亲临现场聆听音乐，或参与歌唱总是让人激动不已，年复一年，始终如一。13世纪虔诚的犹大说："以让心灵流泪的旋律唱出你向上帝的祈求；以动听的歌唱赞美上帝。你的心里将充满对上帝的爱，为能够洞悉心灵的上帝而高兴。"这时，禁食已经开始。

在中世纪，基督教徒嘲笑犹太人的悔罪祈祷，轻蔑地说犹太人在悔罪祈祷中否认他们向非犹太人立下的誓言、取消所有他们向别人所借的债、背弃他们许下的所有诺言和保证。可是，犹太人通过悔罪祈祷想要解脱的是那些人向上帝立下的誓言。

祈祷的缘由模糊不清，有两种解释占主导地位。第一种说法是它源自公元7世纪西班牙，那时候，入侵统治西班牙的西哥特人迫害犹太人，整个犹太社会经受折磨，如果他们不放弃他们的宗教信仰，声讨他们的上帝，就会活活被烧死。他们还得保证不再参加犹太人的任何崇拜活动，完全放弃他们的犹太教礼拜。为了活命——按犹太教传统，拯救生命是高于其他一切的训诫——这些犹太人立下誓言放弃他们的宗教信仰。西哥特人的统治最终瓦解之后，西班牙犹太人社会的时光有了改善，他们感到他们的先辈在上帝面前对迫害他们的人发了假誓，于是，悔罪祈祷将他们从这些誓言的束缚中解脱出来。

第二种说法认为，解脱所有誓言束缚的悔罪祈祷源自中世纪，与犹太社会内部那些因拒绝参加集体劳动、拒绝接受社区律法约束而被逐出犹太社会的人有关。由于他们自己与犹太社会背道而驰，他们被逐出会众，禁止参加宗教活动，或曰开除教籍（希伯来语 *herem*）。然而，当赎罪日这一犹太年历中最神圣的日子来临时，那些因过失而被驱逐的人希望能回到自己的人民中间，能够继续参加公众崇拜活动。宗教权威机构同意接纳他们。于是，悔罪祷告，乃至整个赎罪日仪式开始说："以上帝的名义，以会众的名义，按上院的允准及下院的同意，在此宣布我们能与那些过失之人一起祈祷。"

整个祷告的第一个晚上和第二天，社区成员一起都在教堂里忏悔。赎罪日期间，忏悔重复一共十次。男信徒穿上被称作基特尔（*kittel*）的白色长袍。一如几乎每一个犹太习俗，这一传统的来源和解释有多种。一种说法是基特尔白袍是人死后入葬穿的尸衣，行赎罪礼穿上它使人想起死亡，能够激励悔过自新。这一解释可以追溯至中世纪早期的意大利和普罗旺斯。

其他一些拉比传统的评论家指出，赎罪日也是一个节日，那天男人们穿上白色长袍，去上教堂，来回于大街小巷，这并不是让人想起坟墓、而是体现节日气氛本质的一个标记。根据一种拉比说法："当人们被世俗统治者召唤为自己辩护澄清被指控的事实时，他们穿上黑衣服，显得垂头丧气、萎靡不振，像送葬人。而以色列人赎罪日那天穿上白长袍出现在上帝面前，就像是出席宴会一样，因为他们坚信，他们一旦充满悔悟地回到上帝面前，会得到上帝盛情与怜悯，而不是谴责和怪罪。"

现代赎罪日许多庆祝习俗是从中世纪发展而来的。其中有一个习俗是在家里点燃两支蜡烛，一支为活着的人的灵魂，另一支为死去的人的灵魂。赎罪日那一天，施舍得到鼓励，虽然钱财过手必须在第二天日落后方可进行。

赎罪日下午的《圣经》诵读，《约拿书》是要全文诵读的。上帝晓谕约拿动身前往异教城邦尼尼微，去"痛斥他们"的邪恶。约拿不愿于接受这一使命，（根据有些评论者的观点）这是因为约拿生怕尼尼微城的人民忏悔、救赎后回过头来反对以色列人。为了逃避上帝的差遣,约拿去了约帕——今雅法,就在特拉维夫南面——在那里乘上了一艘开往他施的商船,远远地避开上帝。于是上帝就刮起风暴,降难于商船,水手们通过抽签决定由谁来负这个责任,结果签落约拿之手。约拿请求水手将他扔到海里,以保全他们自己的性命。起先,水手们不愿这样做,但是风暴继续施虐,他们便"把约拿抬起来,抛到海里,风浪立刻平息下来"。

于是,由上帝安排约拿"让一条大鱼"吞入腹中。许多年之后的评注者把这条大鱼叫做鲸。在大鱼的腹中,约拿大声呼叫上帝救他,大鱼于是将先知约拿吐在陆地上,他便直奔尼尼微城,约拿进城后,警告君王和臣民:再过 40 天,尼尼微城就要毁灭了。于是,君王和臣民开始思过忏悔,向上帝祈祷。"上帝看到了他们所做的一切,见他们已经弃绝邪恶,就改变了心意,没有把原先宣布的灾难降给他们"。

上帝的做法使约拿十分不满,"他非常愤慨"。约拿出了尼尼微城,在城外搭了一个棚子,坐在下面,要看看上帝是不是要毁掉这座城池。然而,上帝已经决定饶恕这座城市,上帝使一棵蓖麻树很快长了起来,树冠阴影遮住了他的头,让约拿好好睡觉。可是,上帝又准备了一条蛀虫在第二天早晨蛀咬这棵蓖麻树,让它枯萎而死。太阳出来之后,上帝刮起了炎热的东风,灼热的阳光照在约拿的头上,约拿头昏脑涨,恨不得死去。他说:"让我死去倒比活着还好过些。"上帝问约拿是不是为那棵蓖麻树的死而在生气。约拿说是的,甚至"都快要气死了"。于是上帝对约拿说——这是结束《约拿书》的一段话——"这棵树在一夜之间长大,又在一夜之间死去,你既没有为它松土,又没有培育它,你还这样爱惜它;而尼尼微这大城中仅不辨左右手的幼儿就有 12 万多,还有众多的牲畜,我又怎么能不爱惜它?"

忏悔祈祷仪式上诵读约拿故事的全文有两层意思。第一层意思是一个人想要逃脱上帝的差使是不可能的;第二层意思更加重要,赎罪日那天许多拉比会在说教中讲到这一点,即上帝关怀他所创造的所有生灵,即便他们是不信教的野蛮人,只要他们的忏悔是真诚的,上帝就会接受。拉比路易斯·雅各(Louis Jacob)评论道:"犹太教传统挑选出传递普世经纶的《约拿书》,将它作为在赎罪日这一犹太人民与其上帝言归于好的特别日子的下午朗读的经文,这是聪明绝伦之举。"

忏悔祈祷那天,要行悼念礼(yizkor,上帝将会记住),五旬节、住棚节以及逾越节最后一天亦然。纪念礼包括为死去的父母和其他近亲的特别祈祷和为死去的先烈、为在纳粹大屠杀中死去的600万遇难者以及在以色列历次战争中牺牲战士的悼念祷告(el male rahamin 啊,主啊!充满怜悯)。有些教堂作为习俗会让父母双全的信徒在咏诵纪念祷告时离开教堂。悼念祷告源自东欧与西欧,在那里咏诵悼念祷告是为了追悼在十字军东征期间和后来 17 世纪契米尔尼基大屠杀(the Chmielnicki massacres)中的遇难者。

随着太阳落山,教堂里赎罪日仪式随最后内拉仪式(the Neilah sevice:天堂之门关闭)的结束而降下帷幕。上帝倾听了信徒对罪过的忏悔,上帝宽恕和赦免这些罪过的时刻来临了。德系犹太人和西班牙系犹太人向上帝祈祷:"在天堂之门关闭之际,给我们打开仁慈之门,宽恕我们的邪恶吧。"内拉仪式开始一段祈祷文称作"主的劳作让人敬畏"(El Nora Alila),源自西班牙系犹太人崇拜仪式,是赎罪日最为铿锵有力的集体咏诵之一。这段祷告文是由当时卜居西班牙的摩西·伊本·以斯拉所写的(他于 1135 年逝世):

> 主的劳作让人敬畏,
> 主的劳作让人敬畏,
> 仁慈之门关闭之际,
> 帮助赦免我们的罪。

我们人丁不多，却"非常稀少"，
我们的希望迎着你而冉冉升起，
我们浑身颤抖但还要祈祷，
因为仁慈之大门就要关闭。

他们已经把灵魂向你倾诉，
洗刷他们的罪孽，清除他们的耻辱！
仁慈大门关闭之前，
帮助赦免他们的罪过。

内拉仪式结束之际，羊角号响起，全体会众齐声咏诵——齐声呼喊——"*Le'shanah haba'ah bi-Jerushalayim*"（"明年再会耶路撒冷"）。

这一呼喊表达了犹太人虔诚的愿望，这一愿望经历了无数年代，包括那些要想看一眼耶路撒冷比登天还难的许多世纪，一直传承至今。随着这一呼喊，过去一年的大门关闭，禁食和思过宣告结束。

即便是在赎罪日清醒思过的时候，犹太教规并没有忘记欢愉和乐观的需要。禁食之前的一顿饭是一顿丰盛的大餐。很早以前，禁食前夕就有饱餐一顿的习俗，这不仅是为 24 小时的禁食作准备，而且还是履行"享受和敬重"节日的训诫。同样，赎罪日结束后，节日的气氛重新出现，欢乐不仅允许，而且得到鼓励。禁食结束后的晚餐是家人亲友团聚的节日盛宴，充满歌声与欢笑。那天晚上享用美餐、享受生活是一项宗教职责。有一古代拉比评注指出，禁食结束后，天上传来声音宣布："去吧，高高兴兴地吃你们的饭，快快乐乐地喝你们的酒，因为上帝已经悦纳你们的作为。"

当犹太教传统的约束日渐薄弱，同化规模与节奏日渐加大加快，然而，赎罪日依旧是许多犹太人上教堂的日子。那天在几乎所有的教堂都能找到那些对仪式、祷告一无所知、甚至不知道如何跟上他人祈祷的犹太人，但是他们希望能够出席犹太人的节日，感受犹太年历中最庄严的时刻。摩什·大卫·赫尔博士（Dr Moshe David Herr）写道："对近来几代许多犹太人而言，赎罪日成了他们与犹太教最后的实在联系。"

第一〇六封信

亲爱的弗丽大婶：

这一封信将为您讲述五旬节。五旬节亦称七七节，是一个欢快的节日，是庆祝上帝于西奈山向摩西颁布十条诫命的神示节。那天教堂举行的庆祝仪式中心内容是诵读十条诫命。有些地方的传统做法是用花草将教堂装饰一新，使人想起摩西时代之前农业庆祝活动，使这一个节日变成既是一个宗教的节日，又是一个庆祝丰收的节日。

节日前的整个晚上，许多犹太教正教信徒和虔诚的犹太人前往教堂过夜，诵读《圣经》，从黄昏直至黎明，作为准备迎接诵读十条诫命庄严时刻的来临。根据传统，犹太人的孩子首先被介绍学习两种学问，一是宗教，二是五旬节上用到的希伯来语，因此，至于孩子，一如他的长辈，五旬节就是神示节，是上帝默示摩西宗教最基本诫命的日子。您可能还记得我在一封关于以色列子孙及其漫游荒野历史的信中描写过这一激动人心的时刻。

五旬节第二天，教堂内开始诵读《路得记》，许多犹太人也会在家里诵读《路得记》。《路得记》讲述了一个关于一位女子的故事，她放弃了偶像崇拜，心甘情愿地与上帝签订了"西奈圣约"，加入了以色列大家庭。事实上，《路得记》结尾部分显示大卫王是路得的曾孙，因此，根据基督教教义，耶稣也是路得的后代。

路得自己是第一位皈依犹太教的摩押人。她的第一位丈夫玛伦是以色列夫妇以利米勒和拿俄米的儿子，以利米勒一家在犹大闹饥荒时离开家乡，渡过了约旦河，定居摩押（今约旦王国）。路得选择了跟随婆婆拿俄米，与他们在一起，过他们的生活。路得、玛伦、以利米勒和拿俄米在摩押生活了 10 年，期间，玛伦去世了。以利米勒也去世后，拿俄米打算回犹大，劝路得留在摩押。但是路得拒绝离开婆婆，她解释道："请别强迫我离开你，让我跟你在一起吧！你到哪里，我也到哪里；你在哪里住，我也在哪里住；你的同胞就是我的同胞，你的上帝就是我的上帝。"许多咏诵《路得记》的信徒常常被这些话感动得流下眼泪。

1941 年初，温斯顿·丘吉尔迫不及待地想知道美国支持英国的力度有多大，他问罗斯福的亲密朋友哈里·霍普金斯美国持什么立场。霍普金斯用路得的话作了回答："你到哪里，我也到哪里……"。于是，丘吉尔知道不列颠幸存有望。

路得嫁给了波阿斯，她的第二个丈夫。大卫（和耶稣）是他们的后代。根据犹太教教义，弥撒亚将是大卫的子孙，因此，犹太人学会了接受自愿皈依者，没有把他们的皈依视为变节。第一位皈依者路得成了皈依者的"护卫圣人"。

第一〇七封信

亲爱的弗丽大婶：

住棚节，指收割节，是犹太教三大朝圣节最后一个节日，圣殿被毁之前，当节日来临时，犹太人徒步前往耶路撒冷庆祝节日，至今仍然如此，虽然一般会乘坐汽车去。住棚节持续七天，在这期间，恪尽职守的犹太人吃饭睡觉都在家旁边临时搭起的棚子里，棚子也叫作"住棚"，住棚的顶必须朝天打开。这样做的要求最初出自《利未记》，那时候，以色列的子孙们出埃及后住在荒郊野外："你们都要在临时搭起的棚子里住七天，好让你们的后代知道，当我把以色列人领出埃及的时候，我曾让他们住在临时的棚子里，我是主，是你们的上帝。"

住棚的顶要用树枝，包括柳条，和草叶子做成，不能用人为的材料,以免不洁。挂在竹棚顶上作为装饰的果子可以在节日期间食用。棚子的顶部要搭成顶端朝天开启,遮阴部分要超过阳光能射入的部分。节日的七天里,住棚是家庭中男人们主要栖息地,他们每一顿饭都要在里面吃,每天晚上都要在里面睡觉。妇女和孩子仍就睡在家里。

今日,大多数犹太教堂会搭一个集体的大棚子,常常用水果装饰得十分漂亮。犹太人在他们的房顶、阳台上,花园里搭建临时的棚子,回忆《尼希米书》中上帝训诫摩西的描述:

> 你们要按照律法的规定,到山上去砍橄榄树、松树、番石榴树、棕树和其他树木的树枝回来,搭成棚子。
>
> 民众就去砍来许多树枝,在各自的房顶上和院子里、圣殿的院子里、……的广场上搭起了许多棚子。

住棚节第一天,犹太人根据《利未记》中的描述要摘取四种植物(arba'ahminim):"在第一天,你们要从好的果树上摘下果子,还要从河边折一些棕树枝、多叶树的大枝和柳树枝来。""好的果树果子"是指香橼(etrog),是一种柠檬;"多叶树的大枝"是指番樱桃树的嫩枝(hadasim),加上棕树枝(lulav)和柳树枝(aravot)一共四种。住棚节第一天,每一个恪尽职守的犹太人一边右手拿着这四样植物一边咏诵赞美诗与祷告文。

16 世纪,以撒·卢里亚(卒于 1572 年)的喀巴拉教派(犹太教神秘派)追随者开创了一种新的住棚节传统。七天节日的每一天,住棚迎进一位"客人",这些特殊的客人包括三位以色列人的祖先亚伯拉罕、以撒、雅各以及他们的子孙约瑟、摩西、以撒和大卫。传统教义说,古代以色列的子孙住在荒野里搭起来的棚子里受到神的保护只是因为亚伯拉罕在希伯伦让三名陌生人在他的树荫下面歇息的缘故。当三位陌生人来到他家的时候,亚伯拉罕对他们说:"我去打些水来给你们洗脚,请在树下休息休息。我再去拿点吃的东西,你们吃了恢复了精力好继续赶路……"这是第一次有记录的本能的好客行为。

这七位客人,(希伯来语 *ushpizin*)亦被称作七个方面或七个维度,代表上帝显现与人类的仁慈、力量、美丽、成功、豪华、根基和主权。

两名犹太哲学家,2000 年前亚历山大里亚城的斐洛和 12 世纪的迈蒙尼德都表明搭临时棚子是为了在幸运的日子里提醒大家记住不幸的岁月,特别是提醒富人想到穷人的苦难。当今世界上仍然有许多无家可归的穷人,几乎世界上所有城市都有,我正在写这一封信的伦敦也不例外,犹太人临时搭起的这些棚子也许还有现实的实践意义,能够帮助我们想起那些没有我们那么幸运的人们。

第一〇八封信

亲爱的弗丽大婶:

住棚节第七天被称作"霍撒拿拉巴"(Hoshan Rabba),伟大的霍撒拿自中世纪以来一直被视为过去一年罪过能够得到宽恕的最后一天。霍撒拿这一名称来自"*hoshana*"一词,即"我祈求主的赦免",这是那一天祈祷中经常出现的词。这些祷告是为了庆祝丰收,犹太人在教堂里举行庆祝仪式,绕着教堂中央耸起的神坛(*bimah*),在行进中咏诵这些祷告文(有些教堂的神坛设在教堂的东端,如果是这样的话,他们就在教堂中央绕一个圈,一边行进一边咏诵)。

环绕前进的队列中挥舞着捆绑在一起的四种植物,心中默默想起两千多年前他们的祖先在耶路撒冷圣殿里绕着圣殿神坛挥舞它们的情景。有一个犹太习俗是,他们把霍撒拿拉巴那天整个晚上都花在祷告和阅读《圣经》上,特别是《申命记》,开始学习第一页上的经文:"以下记载的是摩西在约旦河东岸的旷野里对全体以色列人所说的话,这些话是摩西在坐落于红海边的平原……"。

中世纪有一迷信说法，如果在霍撒拿拉巴那天晚上看不见自己的影子，他在来年注定要死去。

住棚节第八天和最后一天本身就是一个节日，圣会节（神圣集会的节日），源自《民数记》中的诗文："第八天，你们要举行圣会，不可有任何劳作。"那一天，教堂举行纪念仪式，咏诵关于雨水的祷告，并全文咏诵《传道书》。《传道书》动人的开篇诗文如下：

> 虚空之虚空，虚空之虚空，一切皆为虚空，传道者说，
> 风吹日晒，终生劳碌，益处安在？
> 世代交替，人来人去，世界依旧。

住棚节最后一天的最后时刻咏诵《传道书》的结尾：

> 一切你已经都听到了，总而言之一句话，就要敬畏上帝，谨守他的训诫，这是人的全部责任。
> 上帝会裁判每一件事，包括一切不为人知的事情，无论是好事还是坏事。

第一〇九封信

亲爱的弗丽大婶：

与住棚节有关的还有一个节日，叫作庆法节（庆祝犹太律法的节日），在住棚节第八天即最后一天结束的两天庆祝。节日当天，一年每礼拜的会堂诵经结束，新的一年开始。

仪式始末，信徒们从藏经室里拿出全部犹太教法典卷轴捧在手里，排成队伍，唱着赞美诗，欢快地绕着教堂行进，一共绕七圈。许多社区庆祝活动上，会众们一边手臂夹着法典卷轴一边跳舞。参加教堂庆祝活动的所有男子被召集起来诵读卷轴内的法典经

文。孩子们也加入了庆祝法典的节日游行队伍。当《摩西五经》最后一本《申命记》的结束部分的第 33 与 34 节开始咏诵之际,教堂内所有还未行成人礼的孩子,即所有 13 岁以下的孩子,被召集起来聆听下列诗文的朗诵:

> 永恒的上帝是你安全的居所,
> 他的臂膀始终支持你。
> 他宣布说:"毁灭!"
> 就赶走了你面前的仇敌。
> 因此,以色列得以生活在平安之中,
> 雅各得以安然住在盛产五谷与新酒的土地上,
> 那里的天也会滴下甘露。
> 以色列啊,你是有福的!
> 谁能比得上你这蒙主拯救的民族?
> 主是保护你的盾,是赐你胜利的剑。
> 你的仇敌畏惧你们,
> 而你将把他们踏在脚下。

那位被召朗诵《申命记》最后一段经文的人被称为"托拉的新郎"(Hatan Torah),第二位被召的人被称为"创世记的新郎",开始朗读《摩西五经》的第一本,从第一行字开始读起:"太初,上帝创造了天地……"

就这样紧接上一轮开始了新一轮经文朗诵。根据某种传统教义,他们这样做是为了"驳斥撒旦",如果不是这样的话,撒旦会说犹太人读完《摩西五经》后不愿重新再来一遍,而乐意将它们搁在一旁,把它们丢在脑后。

庆祝仪式结束后,两位"新郎"邀请会众参加一个节日聚会,庆祝这一个日子。

20 世纪 60 年代苏联——共产主义政权解体之前 30 年——

庆法节庆祝活动变成犹太人希望回归犹太教、获准离开苏联前往以色列的焦点。莫斯科阿奇泊瓦街犹太教堂是一个主要集会地点，街道本身也成了集会场所。克格勃官员严密地注视这一区域的动态，但是，每年一度的集会成了苏联犹太人生活中激动人心的时刻。人们互相问候，互相交换一页页经文，甚至整本整本的经书。那里的男人和女人们已经同以色列同胞几乎完全失去联系达30 年之久，他们渴望加入犹太社会——以色列人民（*Am Yisrael*）。当他们看到一些从西方前来旅游的犹太人，尤其是来自以色列的犹太人，就会上前欢迎和拥抱他们，向他们询问以色列人和犹太人生活的方方面面。

炯炯发光的眼神、热切期待的询问、对以色列生活的渴望与憧憬，这一切我记得那样真切，我把记载我访问莫斯科、列宁格勒和明斯克犹太人情况的书冠名为《渴望中的犹太人》。20 世纪整个70 年代以及 80 年代初为苏联犹太人争取回归以色列生活的权利的斗争激励了海外犹太人。成千上万的犹太人访问苏联，会见那些被拒绝移民国外的犹太人，给予他们精神和物质支持。那些未获出境签证的人们还获得了一个专有名词：refuseniks（未获准移民国外的前苏联犹太居民），一位站在这场解放运动前沿的英国犹太人米歇尔·施尔邦尼（Michael Sherbourne）创造了这一个新词。最后，随着共产主义政权的解体，这些犹太人获准离境。有些人在这一遭受拒绝的黑暗世界里生活了 10 年，甚至更长，他们被解雇、受到苏联官员的欺凌，他们不知道是否有希望获准离开苏联。

今天，他们能够参加欢乐的庆法节活动，但他们被隔离和囚禁的日子仍然记忆犹新。

第一一〇封信

亲爱的弗丽大婶：

阿布月斋日（"五·九斋日"），即希伯来阴历的 5 月 9 日，是禁食之日。这是为纪念公元前 586 年巴比伦人毁灭犹太第一圣殿的节日。希律建造第二圣殿之后,这一天就成了斋日,纪念前一圣殿的毁灭。公元 70 年罗马人毁灭第二圣殿后,人们怀着更加沉重心情,过此斋日,纪念圣殿的两次毁灭。直至今天,没有建造第三圣殿,即使是在不列颠托管时期或在以色列人 1967 年从约旦人手中攻克圣殿山之后,他们也没有重修圣殿,而纪念圣殿毁灭的阿布月斋日一直是犹太人宗教日历中的敏感日子。还有一些人认为希特勒大屠杀也应该在阿布月斋日得到纪念。

犹太教堂里,庆祝阿布月斋日的标记是咏诵《耶利米哀歌》,从哀婉的叠句开始:"从前人烟稠密的城,现今竟孤零零地独坐;从前是列国中的尊者,现今竟像寡妇一样寂寞;从前是诸省的贵妇,现今竟沦为奴婢,受人冷落。她在夜间痛哭,泪流满面,昔日爱她的人们没有一个人来安慰她……"

阿布月斋日那一天在犹太历史传统中占据了悲惨的一席之地。据说公元 135 年的那一天,巴尔·科奇巴用以抵御罗马人的城堡中的最后一座贝塔城堡被罗马哈德良军团攻陷;1290 年 7 月 18 日,即阿布月斋日,英国国王爱德华一世签署了在英格兰驱逐所有犹太人的法令,这些犹太人已经在英国生活了近 200 年,这是欧洲史上第一次出现犹太人社区整体流放。1492 年西班牙大批驱逐犹太人中最后一批犹太人据说是在阿布月斋日的前四天离开西班牙的。

随着发生在阿布月斋日的灾难逐步增加累积,纪念斋日的传统发展成日前三周的哀悼期,作为斋日庆祝的前奏。斋日到来之前的那个晚上,晚餐简单清淡,要吃一个鸡蛋,表示致哀。在一些西班牙系犹太人社区,那天晚上吃的食物要蘸一点灰,表示更为沉痛的哀悼。犹太教堂笼罩在悲哀的气氛之中。在德系犹太人社区,阿布月斋日那一天他们要除去装饰约柜的漂亮外盒(*parokhet*)。西班牙系犹太社区的约柜没有外盒,那一天,他们要用一块黑布把约柜包裹起来。信徒们,一如参加葬礼,裹着白布或穿上胶鞋,坐在矮凳子上或盘腿坐在地上,相互不打招呼。

　　《耶利米哀歌》咏诵完毕之后,诵读阿布月斋日哀歌。阿布月斋日哀歌是从世世代代悼念第一、第二圣殿毁灭、期望圣殿重建的宗教诗歌中挑选出来的。一如其他斋日,拉比们认为,阿布月斋日最后将成为欢乐聚会的日子。《撒迦利亚书》曾表示过这一个意思,先知应用上帝的话说,这些斋日"要成为欢快庆贺的时刻,要成为犹太人喜乐的节期"。与这一乐观情绪如出一辙,一些中世纪拉比评注学者把阿布月斋日确认为弥撒亚的降生之日。

　　在以色列,阿布月斋日是公共哀悼之日,餐馆、剧院、电影院在这一天都要关门停业。广播电视播送与斋日悲哀气氛匹配的节目。众多居民步行来到西墙,来到自罗马时代以来一直支撑着圣山的美丽的希律巨石旁边,瞻仰这一犹太圣殿两次被毁的遗址。

　　面对这些至今已有 2000 年历史、58 英尺(18 米)高的古老巨石,犹太人悼念犹太第一、第二圣殿的毁灭,这一毁灭似乎同时标志了他们作为一个民族的覆灭。

第一一一封信

亲爱的弗丽大婶:

　　"植树节",希伯来语 *Tu Bi'Shvat*,是指希伯来阴历中植树月的 15 日,是犹太人植树的岁首节,希伯来语另有一个名称叫 *Rosh Hashanah la-Ilanot*.这是一个犹太人每年庆祝但《圣经》并无记载的少数几个节日中的一个。关于节日的记载首次出现于 2000 年前的第二圣殿时期的著作。

　　植树岁首节的概念出自规范当时拉比税赋制度的需求。岁首节之前植的树要按树本身价值的 10% 缴纳当年的树税,而在岁首节之后植的树只要缴纳来年的树税。

　　第二圣殿被毁之后,犹太人落入罗马人的统治,他们的自治同时被摧毁,内部的征税制度随之消失,庆祝植树岁首节的理由也就不复存在了,然而节日还是照常庆祝。大流散期间,尤其是那些生活在气候恶劣、森林茂密北欧地区的犹太人,植树岁首节让他们想起以色列圣地温暖的天气和富饶美丽的景色。

植树岁首节上,人们愉快地想起古时候的日子,没有悲伤,没有禁食。在中世纪,神秘派宗教领袖以撒·卢里亚——我在最近一封信中提到过他——为节日制定了一套更为全面的礼仪:节日上要吃水果,要咏诵赞美圣地丰饶的土地的祷告和圣歌。这一比较复杂的节日庆祝仪式尤其为欧洲以及穆斯林统治下的西班牙系的犹太社区所接受。1753 年,出版了第一本节日读物选集,题目是《美味佳果》。节日上食用的主要果品是角豆树果和扁桃。

复杂的节日庆祝仪式包括喝四杯红酒,一如逾越节,植树岁首节连同逾越节成为一年中鼓励在安息日喝一杯以上节日酒的唯一两个犹太传统节日。还有另一个也鼓励喝酒的节日,我在以后的一封信里给您讲述。

今天的以色列,植树岁首节那一天,全国各地的学生到处种树,最近,许多海外的犹太人社会接过这一传统,跟着植树造林,或者采取相近的做法,通过 20 世纪建立的犹太民族基金会,鼓励购买树木在以色列种植。我想知道,当您是年轻的姑娘时,您是否以您的名义在巴勒斯坦植过树? 20 世纪 40 年代末 50 年代初我还是一个孩子的时候,一张证明一个人付钱买树种在以色列土地上的证明是一份珍藏品(我想在我收藏我年少时期觉得有用的东西的八宝箱内仍然能够找到几张这样的证明)。

1948 年以色列独立以来,流散海外各地的犹太人均出资捐款,以心爱之人或公众知名人士的名义在以色列种植矮林、果园以及树林,乃至大森林。其中有一片森林,树龄已达 30 至 40 年,树木已经长大,就是以犹太复国主义运动领袖、以色列第一任总统哈伊姆·魏茨曼(Chaim Weizmann)的名义种植的。另外有一片森林是为了纪念英国外交大臣 A. J. 贝尔福,他 1917 年的宣言承诺了在巴勒斯坦建立"犹太人家园"。还有一片是纪念温斯顿·丘吉尔的,他1922年的英国政府白皮书为50万犹太移民在之后的15年里进入巴勒斯坦打开了大门。人们普遍把白皮书称呼为"丘吉尔白皮书",是这份白皮书声称犹太人在巴勒斯坦居住是他们的"权利,而不是(他人的)默许"。从犹太复国主义者看来,以一片森林纪念丘吉尔是完全应该的。

近年来,随着人们对地球资源越来越多的关注,犹太人回顾了自己民族传统,从中寻找关于维护生态平衡的指导思想。在这一方面植树岁首节有它的一席之地,《圣经》《利未记》中确定的"安息年"(*shmita*)亦然,安息年规定农民耕种的土地要休田一年,使农田重新恢复肥力。《圣经》《申命记》告诉我们:"当你们长期围攻某城以图攻取的时候,不可砍掉该城周围的果树,你们可以吃树上的果子,但不可以把树砍掉,用于攻城——因为田野里树木是人的生命。"今年,亚瑟·瓦斯科(Arthur Waskow)编著了一本书,书名为《地球之托拉:4000年犹太思想中的生态观》。多伦多拉比甘德·普劳特(Gunther Plaut)在《加拿大犹太新闻报》载文指出:"如犹太谚语所言,当一棵树被砍倒后,它痛苦的声音响彻整个世界。"

第一一二封信

亲爱的弗丽大婶:

犹太人最伟大、最古老的节日是逾越节,庆祝走出埃及。我已经给您描述过节日的一些方面,例如逾越节晚上家庭庆祝时,桌子上留出一个位子,斟上一杯酒,供奉先知以利亚,房门敞开,以便先知以利亚进来宣告弥撒亚时代的到来。

逾越节是一个春节,在以色列庆祝七天,在海外庆祝八天。节日的第一天和第七天,(海外第一天和第七、第八两天)工作是不允许的。罗马犹太历史学家耶瑟夫斯(Jesephus)的记载显示,公元65年前往耶路撒冷庆祝逾越节的犹太人不少于300万。整个节日期间，食用的面包只有一种未发酵的面包，一种叫作玛扎（*matza*，复数 *matzot*）的无酵面饼，纪念当时犹太人不得不迅速行动，离开埃及，他们没有时间等候面饼发酵。

《出埃及记》上说：

> 摩西对以色列人说：你们要记住这一天，这是你们离开埃及摆脱奴役的日子；主用他的大能把你们领出了埃及，你们不可以在这天吃有酵的食物。
>
> 七天之内，你们都要吃无酵饼；在第七天，你们要为主守节。
>
> 这七天之内你们都要吃无酵饼，身边不准有任何有酵的食物，境内不准存放酵。

逾越节前的一个星期六是大安息日（*Shabbat ha-Gadol*）。那天，犹太教堂里咏诵一部分逾越节祷告，拉比讲述整个逾越节的故事。逾越节前的那个晚上，一家人按传统彻底打扫干净房子之后要寻找是否还有不可以在"逾越节食用"的发酵面饼或食物（*chomsts*）。然后，他们从储藏出拿出逾越节专用的炊具、碗碟和刀具，供逾越节期间使用，平时所用炊具、碗碟及刀具存放在一边。

家人团聚在一起，常常宾客满堂，笑谈"十大瘟疫"和撤离红海的故事。走出埃及的故事在犹太人的生活和传统里占据核心位置，一如它是犹太民族获得生存的核心故事，因此，逾越节成为犹太人一年四季节日之首。

逾越节晚宴上，桌上安放一只羊腿，纪念上帝杀死埃及头胎男婴的同时"逾越"（*passah*）了希伯来头胎男孩。当我在信中给您描述走出埃及的故事的时候说到上帝晓谕以色列人在房子的门柱和门楣上涂上山羊的血，这样死神就会过门而不入。

餐桌上还要放上苦草，纪念以色列人在埃及人统治下所经受的生活苦难。逾越节所吃的果酱叫赫罗塞思（charoses）①，象征以色列人在埃及法老手下当奴隶时制砖用的泥灰。

在罗马时期，犹太人在逾越节上公开谈论上帝救助了犹太人，使他们离开了埃及，在心底里却暗暗希望上帝也能帮助他们逾越罗马人的统治。阿吉瓦拉比——关于他的故事我已写信告诉过您——在逾越节晚宴的结尾添上了赎罪日祷告："明年再会耶路撒冷"——重建后的耶路撒冷。据说贤哲们吃完节日晚宴、做完祷告和唱过赞美诗之后仍然坐在那里继续讨论十大瘟疫，仔细查阅《圣经》描述犹太人离开埃及的一字一句，解释瘟疫的数目不仅仅是十次，而是几百次。

这些计算现在成了家庭里庆祝逾越节那天晚上诵读的内容之一。据说当时拉比们通宵讨论瘟疫的故事是用来掩盖他们推翻罗马统治的密谋。

《出埃及记》教导犹太人："你们每天都应告诉你们的孩子'那是因为当我离开埃及时主为我所做的。'"这些《圣经》的责戒是为个人所接受，是与在场的每一个人单独地发生联系的：我在埃及，我渡过了红海，我和以色列的子孙们一起站在西奈山上。逾越节晚宴上讲述的《出埃及记》故事甚至没有提及摩西的名字：他不会奉为神圣。犹太人走出埃及是上帝的奇迹，他是这一奇迹唯一的创造者，这是一个上帝帮助他的"拣选之民"得以幸存，成为一个独立的民族决定性的时刻。以色列人在逾越节第一个晚上，海外犹太人第一、第二两个晚上的家庭庆祝仪式源自这一《圣经》训诫，称作"祝宴"（seder），（指"顺序"，即程序的顺序）。

祝宴以在场最年幼的孩子提四个问题开始，第一个问题："为什么今天晚上与其他晚上不一样？"在晚宴正式开始之前余下的时间里是回答年轻人所提出的问题，有时候由父亲回答，但近来更多

---

① 逾越节晚宴所吃的是苹果、坚果的调制的糊状食物。（译者注）

的是有在场的每个人绕着桌子轮流回答。

他们的问题和答案、关于历史上的逾越节以及意义的讨论，连同祷告，包括饭前饭后的谢恩祷告、故事、赞美诗歌等均在每一年的逾越节上人人都要诵读的书中一一写明，此书叫作《哈伽达》（*Haggadah*），希伯来语，字面意思是"讲述"，通常充满出埃及故事主题十分丰富的阐述。此书中世纪的版本十分壮观。复印之后，它们仍然与其他各种不同的版本被搬到逾越节晚宴上诵读。伦敦不列颠图书馆藏有 14 世纪巴塞罗那《哈伽达》的极其珍稀的版本。源自巴塞罗那的另一本是特别辉煌的萨拉热窝《哈伽达》，19 世纪在萨拉热窝城被发现。目前所知的《哈伽达》最早的印刷本出自西班牙瓜达拉哈拉，出版年代是犹太人被逐出西班牙十年前的 1482年。（1936 年，这一城市经历过西班牙内战，犹太志愿者，包括来自美国、英国、法国和匈牙利的志愿者参加了这场战争。）

《哈伽达》的各种版本是最早的印刷出版的希伯来文著作，分别在布拉格（1526）、奥格斯堡（1534）、曼图亚（1560）、威尼斯（1599）以及阿姆斯特丹（1695）等地出版发行。阿姆斯特丹出版的《哈伽达》后面出现了一张折叠的夹页，这是目前所知道的第一张印刷的以色列圣地的地图。

《哈伽达》还有一些特殊的版本（希伯来语 *Haggaddah* 的复数形式是 *Haggadot*），有两次世界大战中专门为前线战士用的版本，为 1946 年仍然住在"无家可归者集中营"的希特勒大屠杀幸存者用的版本，还有为 1967 年——离"六日战争"爆发仅两个月——驻守在埃及和叙利亚边境前线的以色列战士用的版本。

在我写这一封信的时候，我的面前有一本 1946 年 4 月 15 至 16 日在慕尼黑德意志剧院餐厅举办的两个庆祝晚宴上用的《哈伽达》。数百名美国犹太官兵出席了祝宴，出席宴会的还有许多仍然住在当地"无家可归者集中营"的希特勒大屠杀幸存者。为了他们，《哈伽达》被译成意第绪语。《哈伽达》传统的第一句话"我们曾经是埃及法老的奴隶"在慕尼黑的祝宴上改成："我们曾经是德国希特勒的奴隶。"引言里有一段文字："身穿卡其布衣服的以色列子民……集合在这里……他们为胜利而感到人心振奋，一如他们的前辈们走出埃及，而不同的是他们的领袖。伟大的盟军替代了数目有限的以色列民众，德高望重的圣人摩西被盟军指挥德怀特·D.艾森豪威尔将军所替代。"

《哈伽达》一共有 2700 多种有记载的不同版本。许多年前，我开始收集这些版本，作为个人珍藏，可惜未能坚持下去。

饭前饭后诵读《哈伽达》，伴随许多颂歌，最后由十多首高亢的圣歌引向高潮。对于小孩子，听到高亢的歌唱，就意味着仪式将要结束，同时热情奔放的歌唱能够唤醒熟睡的年轻人。

逾越节有一个不利的方面。它经常会碰巧与复活节挤在一起。复活节是纪念耶稣最后的晚餐，当两个节日挤在一起的时候，基督徒利用这一巧合袭击犹太人，并常常会杀害他们，指控他们用基督教民孩子的鲜血烘烤逾越节无酵饼。这一"人血献祭诽谤"在 13 世纪十分猖獗。就是在那时，《哈伽达》加进了另外一条祷告，开首的言辞十分激烈："向异教徒们宣泄你们的万般愤怒吧……"。今天，许多犹太人，尤其是十来岁的年轻人不喜欢这一祷告好斗的"反基督教"语调，他们不愿诵读它。有些家庭干脆把它删除掉了。我记得我在十来岁的时候也碰上了这一尴尬，到 30 岁的时候他们才向我解释清楚了里边的缘由！

摩洛哥犹太人和摩洛哥支派的犹太人大部分住在以色列和法国，逾越节最后一个晚上是他们挨家挨户相互串门祝福新年的时候，逾越节后的一天，整个社区的人们走出城外，面对树木咏诵祝福祷告。

第一一三封信

亲爱的弗丽大婶：

献殿节是庆祝马加比人战胜塞琉西希腊人的节日。我在许多个月之前关于历史时期的信中给您讲述过他们的故事。*Hanukah* 一词的意思是"供奉"。节日延续八天,每天晚上点上一支蜡烛,纪念"八晚奇迹"。"八晚奇迹"说的是,马加比人入耶路撒冷城后,决心重新供奉圣殿,发现只有一小坛标有大祭司封好封条、证明是纯洁的灯油。这一坛子里的油只够点一个晚上的灯,然而,竟然用了八个晚上,直到制造出了足够的纯洁干净的灯油。

节日连续八天的晚上,前一天晚上的蜡烛继续点亮,所以到最后一个晚上一共有八支点亮的蜡烛,加上第 9 支蜡烛,每天晚上点蜡烛的那一支。这一支蜡烛被称为"沙玛士"(*shamash*),即"仆人"。

献殿节点八支蜡烛的烛台叫作"八钎烛台"(*hanukiyah*),不同于一般的"六扦烛台"(*menorah*)。烛台的制作成了犹太艺术和创造的表现,有形似古董、装饰典雅的,也有简单朴素、风格现代的,还有结构繁复、制作精美的,花样繁多,风格迥异。还有的人用银或铜把烛台做成小鸟,可以用油或蜡点亮。每个家庭成员可以点亮各自的烛台。

近来许多公共场所,尤其是在以色列,建起了大型烛台,以电灯代替蜡烛。每年伦敦仪式派哈西德信徒都要在离我家很近的戈德格林大街边上竖起一座这样的大型烛台,关于仪式派哈西德信徒,我已在前面的信中给您讲述过。每逢献殿节,华盛顿白宫外面也要竖立这样的大型烛台,吉米·卡特当总统的时候开始了这一习俗。白宫草坪上已经有一棵为之增色不少的圣诞树,一群极端正统的哈西德派信徒要求卡特授予同样的权利在那里树立一座一样能美化草坪的献殿节烛台。卡特的内政助理斯图亚特·爱森斯塔特(Stuart Eizenstat),一位循规蹈矩的犹太人,开始对此持怀疑态度,后来成功地说服相关权力机关批准了树立烛台的要求。从此以后,每年献殿节之际,一座高大的烛台矗立在那里。

献殿节的烹饪为所有人喜欢。有两道主要佳肴都是油炸食品,土豆煎饼(*latkes*)和炸面饼圈(*sufganiot*)。献殿节还有吃奶酪做成的美味的传统，包括奶酪煎饼。根据一种传说，吃奶酪习俗的形成是因为哈斯莫尼亚女子犹滴让敌军塞琉斯将军吃奶酪后口渴难熬，喝了许多酒止渴，结果喝得酩酊大醉，在他躺在那里不省人事之际，犹滴割下了他的头。很显然，这是《圣经》里雅亿和西西拉故事的翻版，我在前面的一封信里已经跟您讲过，在用钉帐篷的木橛子穿透他脑袋之前，"她用贵重的碗为他端来凝乳"。

吃奶酪的另一解释是牛奶营养丰富，老少皆宜。犹太人的习俗无一不富传奇故事和诠释。关于吃奶酪，还有一种解释是，《圣经》时期，当犹太人授予饮食律法之时，面对肉食品，他们不知道怎么办，于是他们说："我们还是吃奶酪吧"。此外，古代拉比把《托拉》比作牛奶和蜂蜜，因此吃奶酪是一种尊敬的表示。

献殿节上还要玩许多游戏，包括纸牌游戏，还有玩四面刻有希伯来字母 N－G－H－S 的陀螺，这四个字母分别代表四个希伯来字 *nes gadol hayah sham*，意思是"一个伟大的奇迹发生在那里"。在以色列庆祝献殿节，用字母 P"这里"替代 S"那里"。

献殿节虽然是冬季的一个小节日，并不是宗教节日，但也成了最为流传的节日之一。当蜡烛点亮，唱起 13 世纪犹太圣歌《城堡磐石》(*Maoz Tzur*)，歌中唱道："坚固的城堡，拯救我的磐石"，节日达到高潮。伴随圣歌强劲的曲调（有时会走调）来自 15 世纪德国犹太世界。

多亏最近发明的因特网，犹太人以及其他民族的人民想要欣赏献殿节所有美味佳肴，可以通过不同的网站找到献殿节食品各方面的介绍。多伦多电视制片人马克·米特基维奇（Mark Mietkiewicz）最近罗列了一些介绍许多献殿节菜谱的网站。这些菜谱中有所有各种各样的炸面饼圈，包括奶酪作馅的和巧克力做馅的；有土豆煎饼，滚烫酥松，可和着苹果酱一起趁热吃，或蘸上冷酸奶吃。这些菜谱甚至还注明适合油炸过程的音乐曲目，还有土豆煎饼各种各样的调味汁，有蜜桃汁、甜罗勒汁，也有热胡萝卜汁和辣沙司。后面一种调味汁后来成了西班牙系犹太人的特色菜。

我最近刚刚访问过一个网站,这个网站甚至教你如何用肉桂、橙子、生姜、丁香、小豆蔻以及肉豆蔻酿制"亚当献殿节啤酒"(Adam's Channukah Ale)。奇迹将不断出现,尤其是在献殿节上。

您可能已经察觉到最后两个句子中献殿节一词有两种不同的拼法。我的一位美国记者,格洛丽亚·道南·索辛(Gloria Donen Sosin)刚寄给我一篇文章,文章指出献殿节一词单单英文翻译就有 18 种不同的拼法,而希伯来语里这个节日的名称仅由 5 个字母组成:Kh - N - K - H。她发现的不同拼法,大部分我也许多年来都已用过,其中有 Khannukah、Channuka、Channukah、Channuko、Hannukah 以及我在这里所用的那种只有一个 n 的 Hanukah。如格洛丽亚·索辛所指出的那样,节日许多英文名称中的双写"n"十分普遍,但没有道理,希伯来语中没有字母双写的现象(除非中间有一个元音)。似乎犹太故事每一方面都具有耐人探索和解释的世界。

第一一四封信

亲爱的弗丽大婶:

这一封信将为您讲述 1948 年以色列国家的建立对犹太年历中每年事件的影响,以色列国的成立为之增添了三个特别的日子。

第一个日子是"战争死难者纪念日"(*Yom Ha-Zikaron*),纪念分别在以色列 1948~1949,1956,1967,1973 和 1982 年五次战争中死亡的将士和平民,其中还包括其他武装冲突中遇难的士兵和百姓,尤其是 1969 年至 1970 年抵御埃及人的"交锋战",那次战争中共有七百多名以色列士兵和平民遇难。

独立战争中伤亡人数对一个只有 50 万人口的新国家而言是巨大的,共有 1 万人阵亡。由于每一位阵亡男女的尸体都被同胞安葬,在以色列没有无名英雄纪念堂。西奥多·赫茨尔重新安葬的赫茨尔山是以色列国家军人墓地,安放着以色列为国捐躯将士以及国家领导人的尸骨。1995 年遇刺身亡的伊扎克·拉宾（Yitzhak Rabin）也被安葬在那里。

每年死难者纪念日来临之际，赫茨尔山上都要举行悼念仪式，总统和总理以及一些高官显贵都要出席纪念仪式。举国上下，每个家庭点亮蜡烛悼念死难者，并为他们祷告。死难者的亲属从全国四面八方来到墓地，祭扫他们亲人的坟墓。

这是一个悲切的日子。虽然以色列多次战争均以胜利告终，但是并无凯旋之感。1967 年那一场引人注目、闪电式战争胜利后不久，时任以色列总参谋长的拉宾出席为表彰他战绩、在希伯来大学举行的一次集会，希伯来大学斯科珀斯山校区于 1948 年被约旦人所占领，在牺牲了 750 名以色列多名将士和 2000 阿拉伯人的战争中刚刚得以解放。拉宾在大会上发表演讲说："战斗在前线的勇士们不仅亲眼看见了胜利的荣耀，同时还目睹了赢得胜利所付出的代价，看着战友在他们身旁倒下，鲜血流淌。我也知道我们敌人所付出的惨重代价使我们许多将士为之动容。"拉宾继续说道："也许犹太人从未学会或习惯于为胜利和征服而感到骄傲，因此，我们带着复杂的感情迎接了那场战争的胜利。"

以色列人每年庆祝的另一个特别日子是"独立日"（*Yom Ha-Atznaut*），在死难者纪念日后的第二天，庆祝 1948 年 5 月 15 日宣布犹太国家的独立。这既是一个世俗的节日，也是一个宗教节日。在教堂里，大拉比为此主持特别的晨祷和晚祷仪式。作为世俗节日，人们以运动会、游行以及挥动彩旗加以庆祝，他们从不在安息日举行此类的庆祝活动，如逢星期五或安息日，他们就在星期四举行庆祝活动。

尽管以色列人第一次庆祝完独立日之后，接着就打了十个月的仗，获得了胜利，独立日不是作为纪念战争胜利的节日。原来那一天要在耶路撒冷举行阅兵式，这一做法后来被取消了。专门挑选在独立日那天诵读《以赛亚书》的章节中有：

豺狼与羊羔将和睦相处，豹子与小羊将一起躺卧；牛犊和狮子同群；幼童看管着他们。

母牛和熊一起吃食，它们的幼崽躺在一起；而狮子将像牛一样吃草。

刚断奶的婴儿可以在毒蛇的洞口处玩耍，随意把小手伸进毒蛇的洞里。

在主的圣山上，他们都互不伤害……

那时，主将再次举起他的手，召唤散落在……的子民……

整个独立日，行驶在街上的小汽车都飘扬着以色列国旗和三角旗。以色列国家经过独立战争得以幸存，经历了五十多年来充满艰辛和曲折但满怀热情和希望的创造和奋斗，这是庆祝这样一个国家的节日。

以色列国建立之后出现的第三个特别纪念日子是"灾难日"（Yom Ha-Shoah），也称作"大屠杀纪念日"，纪念在希特勒大屠杀中遇难的 600 万犹太人。1943 年 4 月"华沙难民窟"起义的第一天被定为大屠杀纪念日，这样，大规模的抵抗和大规模的屠杀同样得到纪念。

那一天，以色列的无线电广播电台和电视台的节目大部分是关于大屠杀的电影或评论，以及大屠杀幸存者的访谈录音录像。庆祝仪式建造在紧挨赫茨尔山军人墓地的一座山顶上的"大屠杀纪念堂"（Yad Vashem）里举行。一些大屠杀幸存者被邀请点亮悼念死者的蜡烛。十多年前，伦敦海德公园里竖起了一块纪念大屠杀的石碑，每年一度的大屠杀纪念日那天，犹太人聚集在那里，向死难者肃立致哀。

随着希特勒大屠杀越来越多地成为图书、电视节目的主题，在英国甚至进入了学校的课程里，一个新的日子 1 月 27 日，即苏联军队进入奥斯威辛的日子，被大多数欧洲国家政府确定为纪念在大屠杀的牺牲者、游击队员和战士，同时纪念那些冒着生命危险设法拯救犹太生命的非犹太人。那些英勇的男男女女多达两万人,犹太人把他们称作"正义的异邦人"。关于他们,我在关于第二次世界大战的信中给您讲述过。现在我正在写一本关于他们的书。作为研究的一部分,我最近访问了"您的"布达佩斯,去了曾经在1944年隐藏和救护过犹太人的修道院、基督教孤儿院以及城市各处的居民家庭。

以色列年历中第四个建国之后确定的纪念庆祝的日子是1967年"6日战争"的结果,叫做"耶路撒冷日",希伯来年历黎牙月28日,1967年6月7日那天,耶路撒冷得到了重新统一,这个日子就确定为纪念日。

那一天标志着自第二圣殿时代及希律统治时期以来犹太人第一次获得整个耶路撒冷,包括圣殿山和西墙或哀鸣墙的主权。

以色列举国上下的犹太会堂举行耶路撒冷日的纪念活动,咏诵诗篇,赞美上帝。希伯来文"Hellel"一词的意思是"赞美",这一个词的另一种形式是"hallelujah"(哈利路亚)。庆祝仪式上咏诵的赞美诗篇是113篇到118篇,以真切的赞美呼声开始:"要赞美主!主的仆人哪,你们要赞颂主的名……从日出之处到日落之地,主的名都必受赞颂!"

第一一五封信

亲爱的弗丽大婶:

这封信我想写关于犹太会堂的情况,犹太会堂是犹太人集体崇拜上帝的中心场所。犹太会堂这一个词来自希腊语,意思是"集会",希伯来语是"*Beit Knesset*",即"集会之堂"(以色列议会称作"Knesset"或"集会")。

犹太会堂没有明确的起源。《摩西五经》中没有此类地点的记载,也没有这一概念的说明。第一个犹太会堂可能出现于巴比伦流放时期,远离圣殿的犹太人聚集在小房子里或一些地方进行祷告。《以西结书》记述的上帝的训喻："虽然我把他们远远地赶到列国之中，分散在各个国家里，但一段时间内，我仍然是他们所在国的圣所。"犹太拉比传统把这里上帝"圣所"视作"会堂"。

会堂起源还有另一种《圣经》诠释，有些评注者认为，犹太会堂的起源可以在《诗篇》中找到。《诗篇》第 74 篇中描述犹太人的仇敌说："他们毁掉了这片土地上所有敬拜上帝的每一处圣所"。詹姆士国王版《圣经》是我写这些信参考所用的版本，这一版本甚至在这一段诗文中直接用了"synagogues"（犹太会堂）这一个词，显然这与年代不符，甚至是一种误译。

考古学家发现了罗马时代犹太会堂的遗址，可以肯定，那一时代罗马城内以及亚历山大犹太人人口众多，均有犹太会堂存在。《圣经·新约》中记载，耶稣曾经在加利利的犹太会堂传道，保罗在大马士革、小亚细亚和塞浦路斯的犹太会堂里布过道。那些年代的犹太会堂都是建在面向耶路撒冷的一根轴线上，现在的犹太教堂也是一样。因此，地处今天约旦的古罗马城市杰拉什的犹太会堂——我五年前参观过那一会堂——差不多是面朝西方而立的；建在马萨达希律王宫要塞得会堂面北而立；伦敦和布达佩斯的会堂朝东南方向；纽约的会堂面朝东方。

会堂里面朝耶路撒冷的墙上挂着神圣的"约柜"（aron hakodesh），《托拉》经卷就珍藏在那里，在做礼拜时才取出放在诵读者的桌子上。祈祷的人们面对神圣的约柜进行祷告，将心声传到约柜。

约柜旁边有一盏小灯，叫"长明灯"（ner tamid），那里放上一盏灯是告示会众第一圣殿的长明灯始终在那里亮着。这盏灯的来历在上帝晓谕摩西的关于圣殿的一条训诫中提到过："你要吩咐以色列人把转为点灯而榨制的清橄榄油交给你，使灯常亮不熄。"

犹太会堂里的约柜是装饰最好的物具。珍藏《托拉》经卷的柜子通常装饰得十分考究，里边衬着天鹅绒，上面覆盖着装饰十分华丽的盖布（parokhet），我在前面的信中已经给您写过。经卷也用细软的布或天鹅绒封好,卷轴两端的木头把手顶端是轴冠(keter 或 rimonim),状如石榴,通常用白银制成。

会堂举行的礼拜仪式的核心部分是"阿米达"(Amidah),即站立祈祷,拉比告诉我们每天三次的站立祈祷替代圣殿时代每日三次的牺牲。阿米达开始的三道祝福是对上帝的赞颂,最后三道是对上帝的感恩,中间的 13 道是祈祷智慧、忏悔、恕罪、丰收、风调雨顺、流散犹太人的团聚、古代犹太律法制度的复苏、上帝的恩宠、耶路撒冷的重建、弥赛亚的转世以及上帝接纳会众的祷告等。

有一种阿米达由公元 4 世纪巴比伦贤哲玛·巴·拉韦纳所写成。拉韦纳以智慧超凡、克己苦行著称,他每天在日落之前绝不进食——包括赎罪日的晚上。为了强调生活的严肃,他在儿子的结婚典礼上看到新郎新娘欢愉的表情摔坏了一个杯子,人们认为这就是犹太人婚礼上摔杯子这一习俗的起源。他写的阿米达道:"啊!我的上帝!让我不要恶语伤人,不要编造谎言。对他人的恶语中伤让我的灵魂置若罔闻,就像海纳一切的尘埃。让我的心怀由于你的律法而敞开,让我的灵魂遵循你的训诫。"

咏诵阿米达须面朝约柜——也就是面超耶路撒冷。咏诵阿米达是不发出声音的默诵,但每一个词都得说清楚。祈祷开始时,崇拜者向前走三步,以示靠近上帝,祷告结束后,敬拜者退后三步。

站立祷告期间,会众之间不可窃窃私语。虽然在许多犹太教堂举行其他礼拜仪式时常常有会众彼此小声交谈,但是这在阿米达礼拜上是严格禁止的。整个会堂鸦雀无声,当所有会众祷告完毕,礼拜专职咏诵人大声重复一遍阿米达。

安息日礼拜的核心部分是诵读《托拉》和《摩西五经》。个别会众会被挑选到诵读律法,他们被称为"阿里雅"(aliyah),有幸被选到诵读经书是一种荣耀。第一位阿里雅常常在"科恩"(Cohen)家族,即祭司家庭中选出,第二位选自"利未"(Levite)家族,即那些在圣殿时代每天参加祭祀活动的家族。每一位阿里雅可以诵读或者吟唱那一星期一部分祷告,也可以选出一段,让专职诵读人代他诵读。礼拜仪式最美丽的词句是《托拉》经卷收回至约柜珍藏时伴着动人的旋律所吟唱的词句：

> 为了你的仆人大卫，求你不要丢弃你所选立的君王。我给了你们美好的训诫，不要丢弃我的教导。她是生命之树，有了她，每一个人才能得到幸福。她的路是令人愉悦的路，她所有的路通向平安。主啊，求你把我们带回你的身边，好让我们能归依你，求你使我们一如往昔！

第一一六封信

亲爱的弗丽大婶：

会堂敬拜仪式最严肃的部分是对死者的哀悼，集体的悼念礼拜（Yizkor）在新年、赎罪日、圣会节、逾越节以及五旬节举行，个人通过每一次会堂礼拜吟诵"卡迪什"，（Kaddish）即悼念祈祷文向死者表示哀悼。

"卡迪什"一词的意思是"净化"。这一祷告在每天礼拜仪式的各个阶段都有，是祷告的一个新的部分，以唤起对上帝的赞颂开始："愿他的盛名在以他意愿所创造的人世间变得更加伟大和神圣。"卡迪什有一个版本叫德拉班南卡迪什（*Kaddish De-Rabbanan*），是拉比悼念祈祷文，包括祝福《托拉》学者的附加祷告，《托拉》学者是古代唯一的学者。

中世纪德国出现了一些流传至今的习俗，或者说是在那时候，这些习俗第一次得到记载。自从那时候起，亡亲家属站在会堂指定的地方，诵读一种叫作"亚托姆卡迪什"（*Kaddish Yatom*），即送丧人专用的哀悼祈祷文。亲属死后的 11 个月里，家属亲人每天都要这样做。那些不常去会堂的犹太人通常会请亲戚或朋友为他们诵读送丧祷告。祷告是以巴勒斯坦犹太人的口语阿拉米语写成的，事实上这也是耶稣用的语言。

祷告文结束时向上帝提出一个要求,也是日常祈祷最常用的请求,直接向上帝祈求:"你在那里让世间太平,愿你也赐予我们和所有以色列人太平,阿门!"这一英文版的祷告文是在我父亲用的祷告本里找到的,那本书是在他出生前的 1902 年出版的。

父母亲去世周年纪念日上,儿子要在会堂里诵读哀悼祈祷文,在前一个安息日,他或他们会被挑选诵读《托拉》经文。按习俗,他们还要在每一个周年纪念日上捐献财物,资助需要的人们。

除诵读哀悼祈祷之外,父母去世周年纪念日上,儿女还要点上哀悼父母的蜡烛,这一习俗的根据来自《箴言》的依据诗文:"人的灵是主面前的灯(蜡烛)……"。这支蜡烛在意第绪语里称作"一年之时"(yahrzeit),蜡烛要点 24 个小时。

点蜡烛的习俗,一如卡迪什,其起源可溯至 15 世纪德国犹太人的哀悼仪式,那时,悼念父母的子女还要在那一天禁食,今天这一习俗已经消失。西班牙系犹太人用另一名称"拿哈拉"(nahalah),或曰"继承遗志"称呼父母去世周年纪念日。

新年与赎罪日之间的十天时间叫做"10 个忏悔日",在这十天里,犹太人通常会去祭扫已故父母亲的坟墓,在坟墓边诵读悼念祷告,按习俗,他们会在亲人的坟墓上放上一块鹅卵石或小石块。

第一一七封信

亲爱的弗丽大婶:

这封信将集中讲述犹太会堂里的各类人员,首先说说拉比。近期,改革派、保守派以及自由派犹太教会堂引进了女拉比,这在 20 世纪之前基本上从未有过,虽然在以前也有妇女参与传教的先例。18 世纪以耶路撒冷为活动基地的拉比阿佐莱(Azulai)在他的人物传记词典《伟人传记》(Shem ha-Gedolim)列出了 1300 名犹太教学者,其中就有一些女学者。

拉比(rabbi)一词来自希伯来语"*rav*",加上后缀"*i*",意指"我的老师"。弗丽大婶,我在前面的信里已经给您写过,摩西被称为"摩西拉比诺"(*Moshe Rabbenu*),即"摩西,我的老师"。西班牙系犹太人用的相应词是"*hakham*",意思是"贤哲"。在古时候,有云游传教的传统,传教的人不属于任何固定的城镇或会堂,这样的云游传教士叫作"马吉德"(*Maggid*)。在一些规模很大的城镇,一如我外祖父母的家乡维尔纳,镇上除有一名拉比之外,还有一名马吉德居住在那里,从社区领取薪金。

拉比的任务包括在会堂布道说教、主持礼拜仪式、为社区祝福祈祷、教育会众、探望病人、主持律法审判、主持婚丧仪式,以及探望死者亲属等。宗教改革运动中,女人也可以当拉比,可以主持宗教仪式。

与拉比在会堂一起工作的是唱诗班的领唱,他用悠扬的嗓音帮助引领会众完成整个礼拜的吟唱。赎罪日整天 24 小时祷告在前一天晚上开始,这时候激发宗教激情的领唱艺术达到高潮。

会堂行政负责人叫"伽巴伊"(gabbai),负责会堂的行政事务。会堂司事"沙玛斯"(shamash),即"服务员"或"事务员",负责会堂礼拜仪式的具体事务,包括给社区成员分配任务、帮助那些被选中诵读《托拉》经文的会众、组织节日礼拜和庆祝活动等。

会堂最高首长叫"帕纳斯"(parnas),担任会堂的管理和宗教事务。现在的帕纳斯通常是由当地社区选举出来的非神职领导人。

除拉比之外,有些教区,如英国教区,设立了大拉比职位,这是犹太教传统中比较新的现象。大拉比通常是那些能够为犹太人以及其他拉比提供指导的人。大不列颠和英联邦一百多年来大拉比的职位只有一个。好多年这一职位一直由伊曼纽尔·雅克鲍维茨(Immanuel Jakobovitz)主持,他在第二次世界大战爆发前夕从东普鲁士城市科尼斯堡来到不列颠,那时候才 10 多岁。今天这一职位由约拿单·撒克斯(Jonathan Sacks)担任,他是一位向非犹太世界诠释犹太教教义和传统的著名人物。

今天的以色列有两位大拉比,德系犹太人大拉比和西系犹太人大拉比,人们把他们谑称他们为"一对双胞胎"。时任德系犹太大拉比拉乌(Lau)是希特勒大屠杀的幸存者,出生于波兰彼得库夫,在波兰驱逐犹太人期间以及在死亡集中营内受到了他兄弟纳普塔利(Naphtali)的保护。美国军队进驻布痕瓦尔德集中营时,他们双双获得解放。

以色列西班牙系犹太大拉比埃利亚乌·巴克斯·多伦(Eliyahu Bakshi Doron)于 1993 接受任命。最近,2000 年 3 月 23 日,罗马教皇约翰·保罗二世首次访问了以色列,他在耶路撒冷大拉比院接见了多伦大拉比和拉乌大拉比,约翰·保罗对他们说犹太人宗教传统对罗马天主教具有"实在的"价值。

高等拉比学校被称作"学院"(the *Bet Midrash*),通常依附于某一犹太会堂,并为它服务。社区里的拉比是拉比律法院(the *Bet Din*)的成员,作用很重要。律法院由三名成员组成,首脑被称作"律法院之父"(the *Av Bet Din*),这原来是第二圣殿时期耶路撒冷最高律法院副院长的头衔。拉比律法院成员叫作"法官"(*dyayanim*)。正统派拉比律法院的成员一律为男性,可是英国这里的改革派拉比律法院和在美国的保守派拉比律法院有女性法官,一如女性拉比。

拉比律法院主司犹太人之间的离婚、皈依犹太教、批准饮食律法的执行以及确定食物是否洁净可食等事宜(我会马上给您讲述这一点)。法官最受犹太人的尊敬。弗丽大婶,您会记得,在我最前面的一些信里提到早期犹太史上以色列子民是由法官治理的。希伯来祷告里有一句话是:祝福真正的法官(*baruch dayan emet*),这里真正的法官指上帝。这一祷告是在听到有人去世的噩耗或在故世人面前所诵读的祈祷。

无论存在什么样的等级,拉比本质上是一种权力体制。是上帝继续作为一种理念而为犹太人而存在,即舍金纳①,或神圣的显现,所有一切权力源自这里,包括判决、惩罚和怜悯。当一个犹太人直接与上帝联系在一起的时候,拉比,甚至大拉比不过是一位教士,一个个人与上帝联系的通道或媒介,虽然他们通常是具有神授超凡能力和极有魅力的人,许多犹太人都会在他们身上获得精神指导和道德支持。

第一一八封信

亲爱的弗丽大婶:

犹太教会堂是许多特别崇拜活动的场所,禁食的日子和欢庆的节日都一样。有一种特别的礼拜在每一个月的“月首”,即新月那一天(*Rosh Hodesh*)举行,那一天标志每一个希伯来阴历月份的开始。《圣经》时代的这一时刻是严肃的聚会,聚会上要进行特别的牺牲。这一天也是快乐的日子和家人欢庆的节日。圣殿被毁灭之后,这一天节日欢庆的成分随之而消失。今天,礼拜仪式的焦点变成请求上帝使来月充满幸福和福祉,西班牙系犹太人会众祈求道:“愿这一天结束我们所有的苦痛,开启救赎我们灵魂的时刻吧。”

犹太教不同的宗派有不同的会堂礼拜程序和举行崇拜仪式的不同方式。这些不同的方式被称作“米纳格”(*minhag*),即习俗。因此,犹太人有德系犹太米纳格、西系犹太米纳格,他们还有正统派米纳格和改革派米纳格等等。

庆祝新月的仪式其中有一方面反映了这一习俗多样性。16世纪,摩西·科多维洛(Moses Cordovero)倡导了新月庆祝前夜禁食一天的做法。科多维洛是加利利萨费德犹太人神秘支派的领

---

① 犹太教有时用以代称上帝,或上帝之显现,或上帝显现时光芒四射的云。(译者注)

袖,1570 年他 48 岁去世。那一天被称为"小赎罪日"(*Yom Kippur Katan*),他的门徒禁食直至下午的礼拜仪式结束,那时,他们齐声宣布:"遵循虔诚者的习俗,要为过失忏悔,要以行动和饥饿补偿,以便能像新生的婴儿般纯洁,跨入新的一月。"

这一"小斋日"习俗不久就广为流传,加利利以外很远的地方也开始履行这一习俗,不过通常是自愿的。甚至在英国,有些地方的犹太会众现在仍然要在新月前一天晚上禁食。

《圣经》的有些书里面把"小赎罪日"比作安息日,但在很早之前就失去了它的重要性。现在我们把它叫作"小"节日,这一天要禁食,但可以工作。有一种传统说法是摩西时期,在旷野里的以色列妇女因拒绝参加制作金牛而得到嘉奖,每一月的月首一天给予她们,奖励她们的虔诚,那一天,他们不用劳作。近年来,犹太妇女开始利用新月这一天与其他妇女聚会、学习和一起欢度新月的第一天。

我将用跨入会堂时说的那些话来结束关于会堂以及礼拜仪式的叙述,这些话来自《民数记》,烘托崇拜之所和日常礼拜的温暖和气氛:

"雅各的子孙啊,你们的帐篷多么壮观;以色列的子孙啊,你们的营地多么华美!"

第一一九封信

亲爱的弗丽大婶:

犹太人另有一个特别的节日叫"普林节",也许您小时候记得这个节日。普林节纪念一位勇敢的犹太妇人以斯帖,她嫁给了波斯国王,国王名叫薛西斯,是波斯骁勇好战的国王之一,在《圣经》里,他叫亚哈随鲁。他的宰相哈曼图谋杀害波斯的犹太人,那里犹太人人口众多,十分兴旺,他们是被尼布甲尼撒王流放和掳掠到此的犹太人的后代。以斯帖是便雅悯支派的后代。

哈曼愿意出银两,占卜抽签决定怎样"毁灭王国里所有的犹太人"。普林节是因波斯语的"签"(pur)这一个词而得名的。犹太人将被一一处死,无一能免。根据哈曼的命令,装上御旨的信发往王国的各个行政区,御旨极其严厉:"务必将所有的犹太人,不分男女老幼,于……这一天赶尽杀绝……"。御旨还加上一句:犹太人的财物一律"充公"。

以斯帖的堂兄末底改得到那份御旨,把它给了以斯帖,请求她向国王求情,拯救她的人民,包括她自己,使他们免于毁灭。与此同时,哈曼已经为末底改准备了一副绞架,绞死这名拒绝向他俯首示敬的犹太人。

王宫举行宴会。以斯帖请求国王邀请哈曼出席宴会,哈曼因被邀请出席王宫宴会而感到十分荣幸。在宴会上,以斯帖告诉了国王关于杀戮犹太人的计划:"因为我和我的族人已经被人出卖了! 我们就要被杀戮,被灭绝;我们要遭灭种之祸了!"是谁想出这样的计划,国王问道:"谁敢如此胡作非为? 他是谁? 他在哪里?"

"迫害我们的仇敌,"以斯帖回答道:"就是这个恶人哈曼!"于是,国王命令将哈曼绞死在他为末底改准备的绞架上。

以斯帖请求撤销哈曼企图谋害犹太人的御旨,"我何忍见我的本族受难? 何忍见我的同胞被屠戮?"国王马上更正了御旨,向他属下的所有127个行政区的总督发布新的御旨,《圣经》里说:"从印度到埃塞俄比亚"。弗丽大婶,那封送往印度的信应当被送到离您家很近的喜玛拉雅山脚下。

信是用各种地方语言写成的,包括那封"用犹太人的语言文体"写成的信。国王还授权全国各地犹太人"集合起来保卫自己,杀灭所有准备攻击犹太人的仇敌……",许多当地人因为犹太人对他们不利,也"加入了犹太籍"。全国各地凡撤销哈曼恶谋的王命所到之处,"犹太人无不欢呼雀跃,摆设宴席,把这一天当作节日庆祝。"

《圣经》里整个一章,《以斯帖记》,用以描写这个产生普林节这一犹太人最欢乐节日的故事。每年一度在犹太教会堂里，人们将专门制作的《以斯帖记》经卷，亦称《梅吉拉特以斯帖记》(*The Megillat Esther*)取出，在礼拜仪式上诵读。诵读期间，哈曼得到许多诅咒，以斯帖得到许多赞扬，许多年轻女孩装扮成以斯帖在喧闹的会众中度过愉快的时光。

普林节会堂礼拜上《托拉》经文诵读的内容取之《圣经·出埃及记》关于犹太人早期的仇敌亚玛力人的故事，上帝说过要把这一部落忘记掉。犹太教传统教义告诉我们哈曼是亚玛力人的后代，因此，每当《以斯帖记》经卷诵读提到他的名字时，会众们，尤其是孩子们，就会敲打器具喧闹，将他名字的诵读声淹没在喧闹声中。

如果有人不能到会堂参加礼拜，他可以在家诵读《以斯帖记》，事实上这是受到鼓励的。《以斯帖记》是《圣经》各书中唯一一本没有直接提到上帝名字的书。中世纪《圣经》评注学者解释说这是上帝藏在幕后，待所有一切将要毁灭时，他就会前来解救众生，这便是证据。故事中，上帝更多地让末底改和以斯帖来拯救犹太人。

以斯帖这一名字在希伯来语里是"哈达沙"(*Hadassah*，一种名叫桃金娘的植物)，现在成了犹太女孩备受青睐的名字。按照拉比的说法，一如桃金娘散发香味，以斯帖传播善行。

《以斯帖记》告诉我们犹太人以"互赠食品，特别是向穷人赠送食品"的方式庆祝幸免于哈曼的毒手。由于"食品"和"礼物"两个词都用了复数，普林节上，犹太人给穷人的"食品"和"礼物"都是双份的，他们也给朋友两份礼物和两份食品，最流行的是被称作"哈曼三角饼"的糖馅油酥面饼。礼物常常是挨家挨户送给十多家邻居和朋友。

油酥面馅饼叫作"哈曼三角饼"(*Hamataschen*)，呈三角形，是根据拿破仑的三角帽的形状做成的，虽时间不对，但是为了让人记起哈曼戴的帽子。另外一些人说，馅饼做成三角形是为了纪念以斯帖王后，她的力量来自三位先父亚伯拉罕、以撒和雅各。由于希伯来语"罂粟籽"(*mohn*)一词的发音与哈曼名字第一个音节的发音相同,三角饼馅里有一颗罂粟籽。

普林节是"一个欢宴庆祝的节日"这句话还衍生出另外一个风俗:塔木德拉比说普林节那天家里要举行特别的盛宴,酒要喝的酩酊大醉,分不清是在为末底改祝福还是在诅咒哈曼!不是所有的拉比都赞成如此过分之举。

许多年来,普林节的起源并不仅限于古代波斯的传说。犹太人逃离危险后定居下来的地方都有不同的普林节故事。1524 年,开罗的犹太人被勒令向埃及统治者阿哈默德·帕夏缴纳一笔巨款,如果交不出,他们将面临一场大屠杀。他们根本无法交付那一大笔钱。阿赫默德发布命令屠杀犹太人的那一天宫廷发生政变,他被推翻了,于是那一天就成了开罗犹太人的普林节。

1614 年,美因河畔法兰克福犹太人被文森特反犹太暴徒强行驱逐出犹太贫民区后不久,根据皇帝的命令,马上回到了原来居住的地方,他们回家的那一天就成了法兰克福犹太人的"文森特普林节"。

1648 年,梅兹堡茨(Medzibozh)犹太人逃脱了疯狂的"施密尔尼基大屠杀"(the Chmielnicki massacres),这似乎是一个奇迹,狂暴的人群经过他们而未对他们造成伤害,为了纪念那一天,他们便把那一天定为普林节。100 年后,虔敬派长老巴尔·什姆·托夫(Baal Shem Tov)住在梅兹堡茨。1790 年,佛罗伦萨当地有一位罗马主教出面干涉阻止了一起暴徒袭击犹太社区的事件,当即,这一天被宣布为佛罗伦萨犹太人的特别的普林节。

1844 年,法国海军炮轰穆斯林统治下的丹吉尔,住在那里的2000多名犹太人毫发未损,他们将犹太人在炮火中幸免于难的日子称作"炮火普林节"加以庆祝。

类似有记录的具有特殊意义的普林节一共有一百多个,犹太年历中每一个月都有这样的节日。还有家庭普林节,纪念家庭里所发生的特别幸运吉祥事件的日子。几个星期之前《加拿大犹太新闻报》上有一篇关于地方和家庭普林节的文章,作者施洛姆·雅各伯维兹拉比(Rabbi Shlomo Jakobovits)叙述了一些这样的节日，包括亚伯拉罕·但西格拉比(Rabbi Avraham Danzig)一家以及后代所庆祝的普林节。丹兹格拉比居住在维尔纳，1804年，他居住的宅院突然爆炸，31人身亡，丹兹格一家虽然受了点伤，但逃过此劫，这一次劫后余生的周年纪念日成了这一家庭的特别的普林节。在他颇具影响的《人的一生》(*Chai Adam*)这本关于犹太教律法著作的总目录里，普林节的律法要比犹太教律法其他任何一个方面所占据的篇幅都要多，这是可以理解的。

关于普林节要说的最后一句话是，对孩子们来说，普林节是穿新衣服欢天喜地的好日子，甚至意第绪语里有一条谚语告诫人们不要在普林节上严肃认真："发烧非病；普林非节"！

第一二○封信

亲爱的弗丽大婶：

犹太人被人们称为"经书之族"。包含犹太信仰基本内容的《摩西五经》是他们主要的经书，然而还有其他许多经书同样也对他们的宗教思想和活动产生了深远影响。

《摩西五经》亦称《梅瑟五经》(或《五经》)(Pantateuch)，来自希腊文。《创世记》、《出埃及记》、《利未记》、《民数记》和《申命记》的希伯来文分别是 Be-reshit(《天地伊始》)、Shemot(《以色列子民之名》)、Va-yikra(《主的召唤》)、Be-midbar(《旷野》)及 Devarim(《谕诏》)。所有这些希伯来语名称的都是从《摩西五经》每一书名的首字或要字发展而来的。它们一起被称作 Chumash(《五经》)。

在《五经》的第五本，《申命记》中，我们读到："以上是摩西对以色列人的教诲。"我小时候所有的英国小学生都用英皇钦定本《圣经》，我写这些信所参考的也是这个版本，其中，"托拉"一词被翻译成"law"(律法)。但这是17世纪初基督教神学家的误读。

《摩西五经》是包含许多律法，但它们不仅仅是律法书，而是以色列人以及他们与上帝关系的全部故事，除上帝的训诫之外，还包括许多其他内容。"托拉"（Tarah）一词本身源自希伯来语动词"yaroh"（教导），它常常被译成"教诲"或"教导"。有一些人把它叫作"神圣的律法"。

《托拉》，有时候被称为《摩西托拉》，所包含的教诲为所有犹太人，不分老幼，提供了信仰的书面依据。这是上帝的旨意，向他们提供这些教诲，让他们世代遵循。对犹太教正统派主流而言，直到今日，托拉仍然是如拉比所称的"来自天堂的教诲"——这里天堂指上帝——因此无法更改一字。

不可更动《托拉》是 12 世纪迈蒙尼德提出的第 9 条和第 13 条信条："丝毫不可增加；丝毫不可减去。"弗丽大婶，布拉迪斯拉法地处离您布达佩斯不远的多瑙河中上游，担任那一地区的拉比摩西·苏菲尔（Moses Sofer）主张："严禁为《托拉》增加任何新的内容"，但诠释另当别论。然而，一位比苏菲尔拉比早一些时候的贤哲（卒于 1654 年）约姆·托夫·利普曼·海勒（Yom Tov Lippman Heller）却写道："虽然《托拉》及其训诫有一套完整的诠释，但每一新的时代无不为此增加新的内容……"

"增加"并非篡改。对犹太人而言，唯一存在的是《旧约》，这是能够找到上帝旨意的唯一途径。犹太教改革派——几个星期后我将为您讲述他们的故事——也坚持这一以《托拉》以及研究《托拉》为中心的理念。根据美国拉比中央委员会 1976 年出版的著作《改革犹太教：犹太教现代观》所说的话："《托拉》是上帝与犹太人的关系的产物……先知、诗人、历史学家、律法制定者他们的学习必定是对宗教的研究，他们的实践是我们通往神圣的主要途径。"

安息日会堂《托拉》诵读结束之后，经文卷被高高举起，会众进行简短的祈祷，咏诵《箴言》中关于《托拉》的两句美妙的诗文，此情此景常常使我感动不已，这两句诗文是："对于她依偎的人，她是生命之树；对于她拥抱的人，她使他们得福。她的路是令人愉悦的路，她的路通向平安。"

第一二一封信

亲爱的弗丽大婶：

上一封信给您写完关于《托拉》的故事之后，这封信我为您讲述关于犹太信仰的其他一些经书，所有这些经书或此或彼均源自《托拉》经文。

《托拉》经书之后第一部经书是《密西拿》（ *Mishnah* ）。"*Mishnah*"的字面翻译是"教诲"或"教导"，这是犹太口传律法最早的一部法规汇编，根据近 500 年犹太教口传教义编撰而成。编者是位犹太王子，我在前面的信中以给您讲述过他，他是贤哲犹大·哈纳西。《密西拿》于公元 200 年至 220 年间成书，为士师和教士所用。

《密西拿》中规定的律法应用了近 150 名贤哲的语录，以求通过这些贤哲的英名保证律法的权威性。即便到了今天，没有任何关于犹太教律法的讨论能够不去参考这部不同寻常的律法汇编。少数人的意见与多数人的意见常常一并收录；事实上，少数人的意见放在第一，以示他们的意见没有被忽视，即便最终被拒绝接受。

《阿伽达》（ *Aggadah* ）——字面义"叙述"——是冠于一千多年以来直至中世纪初所有拉比说教中非律法内容的名称。《阿伽达》中有希腊文字和波斯文字，证实了早期海外犹太社会对此所产生的影响。《阿伽达》包括《托拉》和《密西拿》中的历史、哲学、道德准则、神话传说、民间故事以及对《圣经》诠释部分，同时还包括伟大的拉比以及犹太英雄的传记。

与《阿伽达》作为犹太传统和教育中非律法内容的记载这一概念相辅相成的是《哈拉卡》（ *halaka* ）。《哈拉卡》是《塔木德》关于律法事务的部分，其中亦可发现海外犹太社会影响的痕迹。《哈拉卡》还是一个犹太宗教律法的总名称。"塔木德"一词源自动词"学习"或"教导"，《塔木德》是关于《密西拿》中所确定的犹太教口传律法讨论的汇总,讨论大部分是用阿拉米语进行的。在《密西拿》中,这些讨论是用具有密西拿特殊风格的希伯来语记载的,有别于《圣经》希伯来语和现代希伯来语。讨论的内容常常充满活力,思辨方法十分严谨。它们是数百年来经数代犹太学者汇集的结晶。巴勒斯坦《塔木德》亦称耶路撒冷《塔木德》,是 1600 年前居住在巴勒斯坦的贤哲们编撰而成的经文。巴比伦《塔木德》是约 100 年后卜居巴比伦的贤哲们的成就。

近 100 年来,《塔木德》有过三项巨大的翻译工程,由拉沙鲁斯·戈德施米特(Lazarus Goldschmidt)于 1897~1909 年间完成的德文版翻译、由以斯多·埃普斯坦(Isidor Epstein)于 1936~1952 年间成就的英文版翻译以及由耶路撒冷学者亚丁·斯坦萨尔兹(Adin Steinsalz)的现代希伯来文版的翻译,此项翻译尚未完成。我个人图书室里藏有一本珍贵的书,是路易·雅各拉比(Rabbi Louis Jacob)的《巴比伦塔木德中的结构与形式》,上面有作者的签名。雅各在书中指出:"巴比伦《塔木德》所有 30 多卷经文似乎是从天而降,这部浩瀚巨著完整划一、天衣无缝,没有丝毫痕迹能够让人看出这是由谁、如何编著而成的"——所有作家以及如我一样的编者都会对此感兴趣。

第一二二封信

亲爱的弗丽大婶:

世世代代影响犹太思想的经文还有四部值得一提。第一部是《米德拉西》(*Midrash*),《米德拉西》汇集了拉比对《圣经》经文的解释、律法要点释疑以及由故事、布道改编而成的说教。"米德拉西"一词来自希伯来语动词"darash",意思是"询问"或"研究"。《米德拉西》的内容不断增加,直至 13 世纪,它是犹太教布道者、教士以及学生的资料源泉。《米德拉西》对伊斯兰教也有影响,《可兰经》包含许多《圣经》故事,接触这些故事的途径是《米德拉西》。

对研究学习犹太律法和犹太教活动的人来说极其重要的一本经文是《答疑录》(the Responsa)，《答疑录》汇集了数百年来拉比就理解犹太律法所产生的疑惑和困难而提出的各种疑难问题所作的回答。今年初夏最近一次访问以色列时，我在特拉维夫郊外的巴尔伊兰大学(Bar Ilan University)看到一项巨大的工程，他们正在把《答疑录》所有的文献输入计算机。

点一下鼠标和按一下键盘上的键钮——现代社会就是如此——电脑荧屏上就出现了与 19 世纪巴尔干城市斯科普里以及英国利物浦港贸易争端相关的一系列问题。今天，在我伦敦家里的书桌上，或者，若我去您那里看望您，在喜马拉雅山的山脚下，我轻易就能在我的电脑上翻阅《答疑录》的文献资料。

还有一部颇有争议的经书叫《祖哈经》(Zohar)，（意思是灿烂之书）。这是一部 13 世纪末在西班牙卡斯蒂利著成的经书，主要作者是摩西·德·里昂拉比(Moses de Leon)，后来一些拉比为此增加了一些新的内容，一共 5 卷。整书于 1558 至 1560 年间在意大利北部的曼图亚首次印刷出版。《祖哈经》包含了神秘派对《摩西五经》的解读，成为犹太教神秘派教义的主教材《卡巴拉》。书中塑造的人物中间有萨瓦（老叟）和叶奴卡（稚童），他们泄露了许多天机。根据犹太教神秘派教义，犹太人熟知《祖哈经》是弥赛亚转世现身过程的一部分。

迄今为止影响犹太思想的众多经书中的最后一部是《舒罕阿鲁克》(Shulhan Arukh)（原义是"一张摆好的桌子"）。这是一部犹太教律法实践的法典，由 16 世纪的约瑟·卡洛(Joseph Caro)在加利利北部的萨费德编撰而成。法典阐述了犹太生活的四个主要方面：第一，祷告、安息日、节日和斋戒的律法；第二，饮食的律法；第三，女人与婚姻的律法；第四，民事和刑事法庭审判过程的律法。自首次印刷出版后的几十年中间，法典成了所有各地犹太教正统派具有绝对权威的犹太法典。

克拉科夫的摩西·伊瑟雷斯(Moses Isserles)为《舒罕阿鲁克》

作了重要的注释。他把他的工作叫做"*mappah*"——一块"桌布"，把它覆盖在卡洛做好的"桌子"上。大致而言，卡洛建立了西班牙系犹太人的宗教活动规范，而伊瑟雷斯建立了德系犹太人宗教活动的规范，伊瑟雷斯卒于 1572 年，年仅 47 岁。在接下来的 5 个世纪里，所有拉比都要参照上述两本著作，给宗教行为的个别问题作出裁决，受其特别影响的是关于饮食律法、妇女月经期间的婚姻关系的律法以及哀悼死者的律法的讨论。

约瑟·卡洛是许多聚集在犹太传记万神殿（请原谅一名异教徒用一下这个希腊教的概念）里让人着迷的人物之一，在下面的一封信里，我想我将告诉您一些关于他的趣闻轶事。

第一二三封信

亲爱的弗丽大婶：

这里是我对您承诺的关于约瑟·卡洛的一封信。约瑟·卡洛出生于西班牙城市托莱多。西班牙所有犹太人都拒绝改信基督教。1492 年，卡洛和他的全家被驱逐出托莱多。那时候他才 4 岁。成年之后住在土耳其帝国，在康斯坦丁堡（现伊斯坦布尔）、艾德里亚诺普尔（现埃迪尔内）和萨洛尼卡一带传教。48 岁那年，他移居巴勒斯坦，那时候，巴勒斯坦依然在土耳其的统治之下。移居巴勒斯坦后，他在加利利北部的犹太人的圣城萨费德住下。

前来萨费德聆听卡洛讲课的学生多达 200 多名。他与拉比和智者通信，切磋犹太宗教实践方面面的问题，遍及整个海外犹太社会。他同与他一起从西班牙被流放的犹太人坚信他们正处在弥撒亚将要转世现身的年代，于是他决定撰写一本著说，作为团结全世界犹太人的核心权威学说。他实现了这一计划，著作共分好几卷，为了使常人容易得到此书，他又将他的著作进行缩写，这一缩写本就是今天的《舒罕阿鲁克》。

1575 年,卡洛逝世,享年 87 岁,弗丽大婶,比您现在年轻 5 岁,当时能活到 87 岁,真可谓高龄长寿。当他逝世之时,他已经根据所有资料确定了每一条犹太律法的来龙去脉和发展状况。此后数年内,他那张"摆好的桌子"出版了数百个版本,包括 1574 年威尼斯印刷出版的袖珍简明版本。简明版的编辑在前言中解释道:之所以用如此小型的版本出版"是为了便于携带在胸口,无论休息时还是旅途中,随时随地都可以拿出来查阅。"

每一位作者均须努力撰写一本严肃、内容丰富(已经改写过)的著作,可以让读者携带在胸口——或者至少可以放在口袋里。

第一二四封信

亲爱的弗丽大婶:

这封信我想涉及饮食律法,关于清洁可食用食品(*kashrut*)的规定。不清洁的食物被称为"*terefah*"(意第绪语里的发音是 *trayf*),规矩的犹太人是不可食用这类食物的。

水果和蔬菜不在饮食律法规定之列,随时均可食用,但有虫子的果蔬也不能食用。禁止食用的食物规定十分明确。首先要提到的是动物的腿,《创世纪》中明确规定禁止食用;动物的血也不能食用,《利未记》和《申命记》中有明确的规定。

清洁可食的动物必须是那些咀嚼草根的动物,因此猪属于禁止食用的动物,包括所有与猪相关的食品,如猪肉、培根、火腿等。没有分叉脚趾的动物也属于禁止食用的动物,因此虽然骆驼是咀嚼草根的动物,但脚趾没有分叉,所以骆驼是不能吃的。

可食动物必须以特殊的方式屠宰,尽量让血流干净后方可食用。东欧一些小城镇和小乡村里,日常屠宰师(*shohet*)是人们十分熟悉的人,没有了他,安息日晚餐就会缺少用鸡做成的菜肴。

海洋里的动物至少要长有一叶鳍和一张容易刮去的鳞片,才算洁净可食之物,这样就把蟹、龙虾、牡蛎和蛤蜊排除在外。

肉和牛奶是不可以一起食用的,这就导致了大规模生产植物性人造黄油工业的发展,人造黄油亦称"中性"黄油,是指不含牛奶或牛奶制品的黄油。这一条禁止牛奶和肉混起来食用的规定的出处十分具体:"你们不可用母羊的奶煮小羊吃。"

这一条戒规在《摩西五经》里一共出现过三次,两次出现于《出埃及记》,另一次出现于《申命记》。人们认为它的出现是因为当时有一个异教习俗,经过用母羊的奶煮小羊可以施展魔法。"在《托拉》周围构筑护墙"的精神使这条禁令扩展至任何奶类任何肉类都不能混合食用。犹太教正统派为了避免无意中将两种食物混合在一起的危险,把碟子、刀具、锅盘分成专门用于肉食和奶食的两套,分开安放。

食用完肉制食品后必须间隔多长时间才能饮用牛奶或奶制品,社区与社区之间各不相同。最长的时间是 6 个小时,有的社区根据他们的不同理解与要求缩短了这一间隔,最少的是 1 个小时。

19 世纪的时候,饮食律法是犹太教正统派与改革派分歧的一个早期原因。德国改革派运动坚持认为饮食律法与圣殿的礼仪相关,并不是犹太宗教的主要部分。

1885 年在匹茨堡召开的大会上,美国犹太教改革派运动宣布饮食律法"并没有使现代犹太人深刻地感受到神圣的宗教精神",他们得出结论:"我们现代遵守这些律法只会阻碍而不会推进现代宗教精神的提高。"

犹太教正统派人士仍然遵守饮食律法。在以色列,也是如此,大多数餐馆遵守这些规定,军队的食堂同样遵守这些律法。去耶路撒冷的路上甚至还有一家出售洁净食品的麦当劳,以色列全国上下以及犹太人集居的城市里有无数只售洁净食物的中国餐馆和越南餐馆。当然,数以百万计的犹太人已不再遵循这些饮食规定,早在一个世纪之前,这种情况在犹太人中间就已十分普遍,然而,他们仍然认为自己是犹太人,而且他们仍然是犹太人。

第一二五封信

亲爱的弗丽大婶：

这一封信将讲述数字命理学，即如何根据希伯来语词字母的数量价值来解释词汇意义的学问。"gematria"一词源自希腊语"geometria"，即数字命理学或数字占卦术。那些相信在《摩西五经》的字里行间能够发现天启圣谕的人们将通过研究经文词汇字母的数量价值寻找这些词汇的真正意义作为他们的目的。

公元 2 世纪，犹大·巴尔·以兰拉比（Rabbi Judah Bar Ilan）第一次详细阐述了从数字命理学角度研究《圣经》的理论。他取了《耶利米书》中的一句话："那里已经成了荒无人烟的焦土……地上的走兽，都从那里逃离了"，解释道：这一句话昭示犹大王国将荒芜 52 年，因为希伯来文"走兽"（behemah）一词的数字价值是 52。

另一位公元 2 世纪这一方面的权威拿单拉比（Rabbi Nathan）说，由于《出埃及记》中摩西介绍安息日禁止劳作的规定所用的句子是"主对摩西说……"，这句话的数字价值是 39，因此，这清楚地表明，安息日上所禁止的工作有 39 种。

数字命理学的原理是简单的字母数值计算法，其根据是希伯来文的字母有数量价值。希伯来文的开始十个字母代表 1 到 10 的数字，从第 11 个字母开始至第 18 个字母，每一个字母的数量价值为 10，它们的数量价值从 10 到 90。最后 4 个字母的价值分别是 100，200，300，和 400。

希伯来语还有 5 个字母，当出现在单词结尾时形式就会产生变化，它们被称作"尾字母"，这 5 个字母的数值分别为 500，600，700，800，和 900。

采用这一办法，计算所有词语，或一些词语，或者甚至一个词语的数值，《圣经》中没有哪一句句子能够避免重叠的解释。比如当雅各命他的儿子"南下"埃及去买谷子，"南下"（redu）一词的希伯来字母数值为 210，就这样，根据那些以数字命理学为宗教和历史指导的人，隐藏在这一词语里的意义是犹太人将在埃及卜居210 年，直到摩西将他们领出那里。

还有一个数字命理学学者们经常举的例子是《创世记》里关于亚伯拉罕武装他的"318 个"侍从的故事。由于 318 也就是亚伯拉罕的侍从以利以谢名字字母的数值，那些忠实于数字命理学的人便推导出，事实上，亚伯拉罕只有与利以谢一人出发前往营救他那个被别人抓获的侄儿罗得。

11 世纪的摩西·哈-达香拉比（Rabbi Moses Ha-Dashan）是喜欢通过数字命理学方法寻找隐藏之义的学者之一，他住在法国南部的纳尔榜。他给的一个例子是，当雅各说（《创世记》）"我"在拉班那里"寄居了"一段时间，"我……寄居了……"这些词的数值是613，意思是即便雅各与拉班待在一起的时候，虔诚的雅各还是遵守犹太教的 613 条戒律，（the *mitzvot*），即"圣诫"。我将在下一封信里给您讲述关于《圣诫》的故事。

数字命理学还用以解释一些《圣经》之外的小事情上面。"酒"（*yayin*）与"神秘"（*sod*）具有同样的数值，都是 70，于是就导致了："三杯下肚，秘密掏出"这一则谚语。

在古代，不仅犹太人、还有亚述人、巴比伦人和希腊人都在数字命理学世界里进行过探索，但惟有犹太人从古代一直把它传承了下来，跟随他们进入了中世纪，一路来到现代世界。一些犹太思想家曾强调过用数字命理学解释《圣经》存在误解的危险。亚伯拉罕·伊本·以斯拉甚至十分严厉地指出："无论出自善意还是出自恶意，只要想，人人都能对《圣经》作出数值诠释"。人们可以采用这种方法利用《托拉》，即《摩西五经》来反对它们所表达的宗教精神，甚至可以反对那些经文中写下来的文字。13 世纪西班牙拉比摩西·拿马尼德斯（Moses Nahmanides）（以他名字的缩略形式拉姆班［Ramban］而闻名）强调能够解释《托拉》不是依靠数字命理学的方法和技巧而是主要依靠具有权威性的教义和传统。他指出：

"无人能够用数字命理学方法计算出有什么东西将会降临到他自己的头上"。这是他精辟而充满睿智的评论。

中世纪深受犹太人教神秘色彩影响的拉比经常不断地从事数字命理学研究,他们下决心要把《圣经》字里行间所蕴含的意义给揭示出来。无论是德系犹太拉比还是西班牙系犹太拉比均受到这一思潮的影响。11 世纪卜居莱茵兰的德系犹太拉比沃尔姆斯的以利以谢(Eliezer of Worms),即以利以谢大拉比(Eliezer the Great),是早期对这门数字占卦术作详细介绍阐述的拉比。他运用数字占卦术研究《圣经》文本,找到了当时的犹太律法和习俗的根据。他还被认为是以他的著说对西班牙系犹太拉比亚伯拉罕·阿布拉菲亚(Rabbi Abraham Abulafia)产生重大影响的人。13 世纪下半叶,阿布拉菲阿拉比在西班牙、巴勒斯坦、意大利、西西里和希腊等地居住过,他广泛运用了数字命理学研究《圣经》。根据那些传统犹太教信徒的说法,他应用数字占卦术到了极致的地步。当时有一位著名学者指责阿布拉菲阿的著作"充斥着虚假的数学排列"。

近现代,数字命理学仍然具有吸引力。17 世纪犹太教卡巴宗拉比拿单·拿他·本·所罗门·斯皮拉(kabbalist Rabbi Nathan Nata Ben Solomon Spira)对《圣经》数字命理学作过深入细致的研究,为《申命记》某些章节作出了一共 252 个不同的解释,于 1637 年在克拉科夫出版,他对《摩西五经》所作的更为宽泛的数字命理学诠释于 1795 年在伦贝格出版。近至 1865 年,在伦贝格还出版了数字命理学的新著。

17 世纪中叶是数字命理学的高潮或低潮(视所持什么样的观点而定),那时撒贝塔伊·兹未(Shabeitai Zvi)宣布自己为转世弥撒亚(我希望我已给您写过他:即便在 1666 年的伦敦,市民们还打赌他是真的弥撒亚,还是一个骗子。)他热情的信徒们在他名字的数值里找到了证据证明他是真的弥撒亚。他名字的数值是 814,他们指出,这个数值也是给上帝的许多名字之一"shaddai"的数值,而且还是《申命记》中"你必须以……为圣"一句话的数值。那些不信他是真的弥撒亚的人讥讽这一说法说，814 也是"*ruah sheker*"（假精灵）的数值。

在批判数字命理学的人中间有一位意大利拉比、作家、诗人里昂·德·莫德纳（Leon de Modena），卒于 1648 年。他指出采用数字命理学可以使任何事成为可能。路易·雅各拉比（Rabbi Louis Jacob）评论道："例如，数字命理学可以让人们想到用'蜂蜜'招呼'女人'，因为'*davash*'（蜂蜜）和'*ishah*'（女人）的数值是相同的。"

第一二六封信

亲爱的弗丽大婶：

今天我想给您写关于"圣诫"的故事（圣诫的希伯来语是"*mitzvot*"，它的单数形式是"*mitzvah*"）。圣诫包括 613 条宗教职责，在上帝的眼里，一条职责便是一个善行，在《托拉》，即《摩西五经》里面都能一一找到。

在我前面的一封信里写到约哈纳·本·撒卡伊如何获得罗马人的准许在亚弗内（Yavne）建立学校"教育他的学生，"和"遵守圣诫以及研读《托拉》"。

公元 9 世纪，撒阿迪阿·伽翁（Saadiah Gaon）编写过最早的祷告文，关于他的故事，我也已给您写过。他描述圣诫说这是上帝赐给人类的礼物，"让他能经常不断地得福；一个人生活幸福，这是因为他遵守圣诫的报答，获利双份是因为他能自觉遵守圣诫，获得美满生活只是因为上帝对他仁慈"。

12 世纪，诗人、哲学家犹大·哈勒维（Judah Halevi）宣称履行圣诫能使人上升到预言的"崇高顶端"。哈勒维逝世时才六岁的中世纪最伟大的犹太思想家迈蒙尼德把圣诫看作能够保护那些能够履行圣诫的人们的法宝，使他们能够抵御恶行的诱惑，拉比认为凡界俗世始终存在施恶的诱惑。

公元 3 世纪的巴勒斯坦拉比辛姆莱（Rabbi Simlai）根据《塔木德》教义指出 613 条圣诫是上帝在西奈山上传授给摩西的，包括两种圣诫：248 条"正诫"（要求履行的行为），与人身体部位的数目相对应；365 条"负诫"（要求避免的行为），与一年中的日子数目相对应。其中道理如下：人身体的每一个部位要求他履行善行；一年 365 天，天天都要告诫自己不能施恶。

贤哲们强调只有在知晓这是上帝要求履行这一条圣诫，履行圣诫才有价值，人们履行圣诫是出于对上帝的服从。因此在施善之前，必须赞美上帝命令他实施这一善行。这条规则有一些例外，比如施舍之前就不必赞美上帝，逾越节上咏诵《哈伽达》（《出埃及记》的故事）之前也不要首先赞美上帝。

最重要的圣诫是要学习《摩西五经》，上面几封信里，我已应用了《摩西五经》许多的语录。

父亲有义务培养孩子，无论儿子还是女儿，教会他们做好事，以便使他们行过成年礼（男孩 13 岁；女孩 12 岁）后能够自己按例履行圣诫。

履行圣诫必须心甘情愿、愉悦欢乐。那些参加住棚节搭建棚子，或制作羊角号子，或抄写《托拉》经卷的人手艺必须精湛，所作活计要美观悦目。然而，12 世纪的评注家拉什却强调，上帝授予我们圣诫并不是为了使我们得到欢愉，而"是一副桎梏，让我们知道我们是上帝的奴仆，要遵守他的诫命"。

一个人在履行一条圣诫的特别时刻不要担心履行另一条圣诫。需要履行的圣诫出现在眼前的时候就必须马上履行，不得延迟。先要履行近在眼前的圣诫，然后再履行稍远一些的圣诫。安息日的圣诫要先于新年的圣诫。抢救生命的圣诫必须先于安息日的圣诫。履行圣诫，即遵守诫命的报答是和平宁静与繁荣昌盛。贤哲说："人若履行圣诫……便能够延年益寿、丰衣足食。"

613 条圣诫中有一条吩咐人类要结婚生育后代："你们要生养众多的儿女，让他们遍布全世界，统治全世界"（《创世记 1:28》）。

还有一条是关心外乡人，如您，弗丽大婶，1958 年在新德里关心我一样："不可虐待或欺压外乡人；要记住，你们自己就寄居在埃及（《出埃及记 22：21》)。

圣诫的定义可以非常广泛。第二圣殿时期，伟大的贤哲希勒尔前去澡堂洗澡，他对弟子们说，他去澡堂履行一条圣诫。弟子们问道，在那里如何履行圣诫？他回答道：洁净以上帝之形创造的身体也是善行。

慈善施舍（tzeddakah）是最重要的善举，能够而且必须经常不断，所有时刻都要这样。施舍一次显然是不够的！"你们要慷慨解囊，把他所需要的一切借给他"(《申命记 15：8》)

亚伯拉罕·奇尔拉比（Rabbi Abraham Chill）是美国西点军校首任随军犹太教士，担任过罗德岛普罗维登斯拉比之职达 26 年，也是 1974 年出版的《圣诫标准读本》的作者，他写道："犹太人典型的心理特征是他们的责任感，犹太人性格的每一个关键的方面都烙上了这一犹太特征。在犹太思想里面，作为一个犹太人但不好施乐舍是不可想象的。正因为此，《托拉》再三强调慈善施舍不仅仅是一种美德，而且还是一项义不容辞的责任。"

犹太人一生中只有一次机会，一天可以不必履行任何圣诫，最近我经历了那一天，那是犹太人给父亲或母亲送葬的一天。那一天，（人一生中只有两次，）悲伤的葬礼和送葬程序免去了犹太律法的一切要求。

第一二七封信

亲爱的弗丽大婶：

犹太人除那些努力要做到的事之外，还有那些必须努力不做的事。我的朋友约瑟·特鲁士金（Joseph Telushkin）是个拉比、作家和慈善家，他在他《犹太智慧》一书中写道："《托拉》613 条圣诫中最让人忽视的也许是那一条不要在背后说人坏话，即便是真话的律法。"说人坏话的希伯来语是"*lashon ha-ra*"（罪恶之舌）。

例外只有一个，除非那一信息对与你说话的那个人至关重要——比如说那人打算与你说他/她坏话的人要结婚、打算雇佣他/她，或者与他/她一起做生意。

虔诚的犹太人每天三次祈祷都要咏诵的阿米达祷告结尾有一段是每一位祈祷者都要向上帝请求，用玛·巴·拉维纳（Mar Bar Ravina）的话说，"让我的舌远离罪恶，让我的唇不说谗言"。一位13 世纪来自罗马的学者，耶希尔·本·便雅悯（Yehiel Ben Binyamin），问道："我们的手指为什么长得如此尖尖的？"接着他回答说："这是因为当我们听到不当之言的时候，我们可以用手指塞住我们的耳朵。"

美籍犹太作家菲利普·路得（Philip Roth）在他的《经营夏洛克》一书中列出了好几条要求犹太人规避的"罪恶之舌"的行为："贬人的信息、辱人的妙语、恼人的俏言、轻蔑的逸话、无聊的讥讽、刻薄的言词、恶毒的谬论、奇异的谎言。"

20 年前，伊兹哈克·拉宾在他的回忆录里写到时任以色列总理勒维·伊什克尔（Levi Eshikol）如何在 1967 年"6 日战争"前夕受到"罪恶之舌"诬陷。拉宾当时任以色列国家总参谋长，他回忆说伊什克尔受到了恶毒谗言的攻击：

"他们嘲笑他，一点一点地撕毁他的肖像，公开他的弱点，用莫须有的罪名诬陷他……形势的重压和谣言及诬陷联手运作，颠覆了他的职位……他的两翼被折断，权力受到限制，没有能力再次影响政府。"

早在 1600 年前，人们就意识到了这种谗言的能量。耶路撒冷《塔木德》中指出："站在亚兰的谗言者可以杀死身在罗马的人。"

特鲁士金拉比重述了一个古老的哈西的故事，故事说一个人在城里四处游荡说拉比的坏话。一天，他意识到他对拉比所说的谗言伤害很大，就去拉比那里请求他宽恕。拉比对他说，他可以宽恕他，但有一个条件，要他回家后撕开枕头，把里面的羽毛撒在空中。那人回家后照着拉比所说的做了，然后回来见拉比。

"我能得到宽恕了吗?"他问到。

"还要做一件事，"拉比说:"去把所有的羽毛收集起来。"

"可那是不可能的呀!"那人说。

"完全正确，"拉比回答道:"虽然你真诚后悔你伤害了我，但要收复你所造成的伤害如同收回撒向空中的羽毛一样不可能。"

第一二八封信

亲爱的弗丽大婶:

这封信是关于"米尼安"(*minyan* 词义是"数字")的故事,这一数字指的是会堂礼拜或社区集体礼拜仪式至少要参加的"十名"男子的法定人数。自从塔木德时代起,成为最先到达礼拜场所的 10 名男人中的一名是特别值得称赞的荣誉。有一种只有在这一"10人"团体面前咏诵的祷告文叫"戈梅尔祷告"(the Gomel prayer)。这一名称源自希伯来语"*ha-gomel*"一词(词义:"赐予厚爱")。这一祷告规定由近三日里幸免于难,如刚完成一次危险的旅行;重病康复或大难不死的人来咏诵。刚生过孩子的妇女亦可咏诵这一祷告。祷告中说:"保佑你,主啊! 我的上帝,宇宙之王! 你赐予那些不配你爱的人你的厚爱,你也赐予我你的厚爱!"

那些按常规没有办法召集到 10 名男子的会堂便招募穷汉充数,这些人被称作"米尼安人"。当我刚满 13 岁的时候,曾每天傍晚从学校回家走过一个犹太小教堂,总会有人朝我看,叫我进去充数。我几乎是被他们从街上拖进去——"*khupped*",我祖母常常用这一个意第绪语的词汇来描述这件事。

六年前,我带着我最小的儿子约舒华乘火车去萨格勒布,约舒华 12 岁,他去那里去做一个学校布置的关于两次世界大战之间南斯拉夫情况的课题。星期五晚上,我们去了那里的犹太会堂,那是当地犹太社区大楼里的一间房子。我们到那里的时候,里面只有

8 个男人,我算一个,变成了 9 人,举行礼拜还缺 1 人。

由于约舒华还未举行成人礼——他的 13 岁生日——他还不能作为"米尼安人"参加礼拜。于是其他人开始争论。其中一位是一名克罗地亚犹太人,他在以色列研读过犹太教,回忆起犹太教教义中有一项规定,举行祷告仪式所需法定的 10 人还少一人,在这种情况下,一名离他的 13 岁生日还差一年的男孩可以充当第 10 个人。约舒华很乐意,于是我们就开始了礼拜。我在以前给您写过,有一古代的传说,一位突然出现的外乡人填补"米尼安"的最后一名,他便不是别人,而是先知以利亚。

犹太信仰的多样化产生了新的规定。犹太教改革派不再强调一定要满 10 人以后才能做礼拜,保守派允许妇女充当 10 人团体成员。

第一二九封信

亲爱的弗丽大婶:

在这封信中我将涉及与犹太人生命周期相关的一些礼仪和习俗。所有犹太男子在生命的开始就要行割礼,希伯来语中称"割礼圣约"(brit milah)。

只要身体健康,每一个犹太男孩在他生命的第 8 天就要行割礼。这是上帝与亚伯拉罕之间立下圣约的标志,是犹太人特有的习俗。《圣经·创世记》中记载了上帝对亚伯拉罕说的话:"这就是我你和你的子孙后代坚守的约:你们当中所有的男子都要受割礼……"

上帝解释道:"我的约就立在你们的肉体上;这是永久立约的标记。"

行割礼之后是一顿美餐,有时候在会堂里,更多的是在家里。所有皈依犹太教的男子无论年龄多大也都要行割礼,这是皈依的一个部分,是为了能够称得上犹太人。但是如果母亲是犹太人,比如弗丽大婶,您的三个儿子,就不是非得行割礼后才能称得上是犹太人,有一个犹太母亲就足够了。

大约 2000 年前,巴勒斯坦的罗马总督问伟大的阿基瓦拉比如果上帝不喜欢男人有包皮,为什么在一开始创造人的时候带上它呢?阿基瓦回答道:上帝创造了一个并不完美的世界,让人类去使她完美。路易·雅各拉比应用这一回答的广泛含义批评关于飞机的错误观点,他说:"有些对飞机怀有敌意的人认为,如果上帝想让人类能够飞行,他将会在创造他们的时候就给他们配上翅膀。这一观点有悖犹太教教义。"

当一名犹太男孩 13 岁的时候,他就成为"圣诫之子"(*bar mitzvah*):到达这一岁数,他被认为要对自己的行为负责,必须履行《托拉》戒律。成人礼那一天是犹太人生命周期里节日气氛最浓的一天,在教堂里,刚成年的孩子咏诵,通常是吟唱那一星期的《托拉》经文,然后吟唱每周吟唱的《预言》,此刻孩子的父母亲感到十分骄傲。经文吟唱完毕,拉比会提醒他要负起新的责任。在孩子被召唤起来咏诵《托拉》之前,他的父亲已经咏诵了祝福词:"上帝保佑,你让我不要再为这个孩子操心了。"

会堂成年礼结束后,孩子、他的家人以及亲朋好友一起回到家里或去礼堂享用美餐、跳舞、讲演,还有一大堆礼物。我记得非常清楚,1949 年我过成年礼的时候收到的礼物中有太多的剃须用具,至少有五六套,可惜这些礼物,我想,替代了那些我可能更加欢迎的礼物。到我开始要刮胡子的时候,我在军队服役,那些装在皮套子里面五年时间的得力士牌整套剃须用具即便没有生锈也不可能适合在严格的步兵营地里使用。

我也记得在去教堂参加成年礼之前,我来到祖母的床榻前,她病得很重,已经不能去教堂了,我就在那里为她吟唱了经文。她是我父亲的母亲,19 世纪末从东欧来到英国。

近年来,有许多男孩子从西欧、加拿大、美国以及拉丁美洲各国赶往以色列参加他们的成年礼,他们在耶路撒冷的西墙庆祝他们的成年礼,在那里咏诵和吟唱《托拉》经文。还有一些人来到马萨达城堡具有 2000 年历史的犹太教会堂庆祝他们各人甚至集体的成年礼,马萨达城堡建在高高的山顶上,俯瞰西北端指向耶路撒冷、穿越犹大沙漠的死海。

成年礼过后,男孩就可以参加"米尼安"这一会堂礼拜法定最低人数的团体。这在上一封信中我已给您讲述过。近年来也给姑娘们举行成年庆祝仪式,成年礼在她们 12 岁的时候举行。

生活中下一个决定性的阶段是婚姻,希伯来语"*kiddushin*"(奉献)。根据犹太教传统,婚姻是一个理想的状态。《圣经》时代,结婚伊始,新郎可以免征一年的兵役和劳役,让他能够在家"取悦妻子"。

犹太人的婚礼在一个叫作"*huppah*",或者叫作"婚礼天篷"里面举行。婚礼天篷可以是装饰华丽的帐顶,也可以是由亲戚临时支起的一块祈祷用的大披肩。在新郎将面纱放在准新娘的脸上之前,在场的人咏诵利百加父母在女儿嫁给以撒前向她祝福的祈祷:"我们的小妹妹啊,愿你成为万民之母! 愿你的子孙后代征服仇敌的城邑!"

婚礼以新娘摔破一个杯子踩在脚下结束。这是一个古老的习俗,中世纪,杯子通常是摔在墙壁上,这样做被认为是象征圣殿被毁。那天晚上婚礼晚宴结束后,要咏诵"七项祝福",感谢上帝赐予人类果实,创造了"世间万物",创造了人类,把人类"按你的喜好创造成你自己的样子",使锡安"人丁兴旺而充满欢乐",使新郎新娘喜结良缘,还要感谢上帝创造了幸福与欢乐、新郎与新娘、欢笑与激情、愉悦与快乐、友谊与爱情、和平与平等。

祝福祈祷继续进行,毫无疑问,这是犹太人一生中最动人的一刻:

愿不久在犹大城邑和耶路撒冷街道听到幸福的欢笑,听到新郎新娘的嗓音,听到华盖里新郎们欢乐的笑声,听到年轻人的尽情歌唱。

在犹太教里,结婚是神圣的立约。离婚,天哪!眼下是那么平凡,在犹太教传统里面,贤哲们没有把它看作犹太人生命周期里的一个部分。先知马拉起写道:"以色列的上帝,主说,我憎恶离婚。"然而,离婚是存在的,一开始对此就有所考虑。《申命记》中有一段直截了当的文字:"如果有人娶了一个女子为妻,后来发现她做了令人厌恶的事,不再喜欢她,给她写一份休书,叫她离开。"

这份犹太人的"休书"在希伯来语里叫"get",与妻子离婚只需要求丈夫一方的意愿即可。然而,公元前15世纪埃及埃勒芬汀(Elephantine)犹太人社区遗留下的一份文件表明妻子也有休掉丈夫的权利。

离过婚的女人境况会很困难,甚至会很悲惨。根据犹太律法,一个犹太女人无法再婚,因为她的丈夫拒绝与她离婚,或者因为被丈夫遗弃,或丈夫失踪,或者丈夫失踪后,拉比法庭又无法证明他已死亡——他也许失踪了,或已死亡但不知道他死在哪里,这样的女人被称为"阿孤拿"(agunah)。她是一个被枷锁链住的女人,欲离不能,欲嫁无门,这一问题至今还未得到解决。最近伦敦这里有一位拉比在当地一家犹太报纸上登了满满一页纸的广告试图用羞辱的方式,促使丈夫与她不幸的妻子离婚。

第一三〇封信

亲爱的弗丽大姊:

这封信写的是犹太人一生中的最后一站:死亡和安葬。如果有可能的话,犹太人临死之前要咏诵《施玛篇》祷告文:"以色列,请听:主是我们的上帝,是至高者……"然后,忏悔,即便只说四个词"我作过孽"。在巴勒斯坦逝世的13世纪西班牙犹太学者拿马尼德斯记录下了一篇全面的忏悔祷告,现在是犹太祷告文《西丢》

(siddur)的一部分,结束的祈祷是:"让我知晓生命的道路;在你的身旁无比幸福和欢乐;站在你的右边,得福更久更多。"

在家里,有人过世后,在他的遗体送到墓地之前,送葬的人们要为死者举行一个简短的仪式,为死去的人祈祷,其中要诵读《诗篇》第103篇中的三句诗文:

> 世人的生命如野花斑斓一现。
>
> 随风逝去,故土上再也不见他们的遗踪。
>
> 但主的爱永远与敬畏他的人同在;他的公义将与子孙万代同在。

我父亲逝世的时候,我记得我们接下来说的话是那么铿锵有力,这些话是2000年前由塔珥芬拉比(Rabbi Tarphon)所写下的,他是祭司的后代,曾在第二圣殿任祭司。这些话是:

> 生命短暂,劳作伟大;稍事努力,收获甚多。苍天之主,时时敦促。
>
> 完成大业,非你所职;停滞不前,亦非由你。
>
> 一份汗水,一份收获;恰如其分,准时回报。

在墓地举行葬礼之前,送葬的人们要撕破穿在外面的长衫,现在只要在衬衫前面撕破一小块就可以了。撕破的口子在希伯来语里称作"keriya"是哀悼死者的标记。有一些犹太社区,接到报丧时就要撕破衣衫,有的则在葬礼结束后才撕。如果父母故世,要撕掉长衫的左袖管,因为左面离心最近,表示儿女与父母的心贴得最近。儿子、女儿、兄弟姐妹或配偶夭折,要撕掉右袖管。十分讲究规矩的犹太人不用剪刀或其他刀具而直接用手撕下袖管。这一习俗源自《圣经》:雅各听到儿子们向他报告说约瑟已被野兽杀死,他撕破了自己的长衫;大卫接到扫罗王的死讯后,撕破了自己的衣衫；约伯撕破自己的披风，开始哀悼自己失去的孩子。

在墓地的祷告堂里，拉比咏诵安葬祷告，言辞极其辛辣："在世一年，在世千年，于他何益？一旦故世，影消踪灭。"

于是上帝受到赞美：上帝是"真正的裁判，裁决死亡和生命……真正的裁判，所有的裁决公正和正确。"

送葬队伍前面抬着灵柩从祷告室行走到坟墓地点，把死者送到最后安息的地方。队伍行进过程中，拉比也许要叫停三次，避免给人留下印象活着的人要匆匆掩埋死去的亲人。在坟墓边，所有在场的成年男人在送葬人的带领下，每人向墓穴里的灵柩上撒三锹泥土，直到完全覆盖为止。有些犹太人用铁锹的背锹土，仍然是为了避免留下匆匆掩埋亲人，急忙完成最后一个任务的感觉。

还有一种送葬习俗，将旧的祷告书放在放入墓穴后的灵柩上面，与灵柩一起埋葬，今年秋天，我母亲的葬礼上就是这样做的。这是因为有上帝名字出现的书是禁止丢弃或焚毁的。与灵柩一起埋葬，这就将这些旧书埋入了真正的坟墓。有一种传统认为这样能使埋葬在坟墓里的死者在天堂受到双倍的欢迎，包括他或她本人和那些得到安息的旧书。

在墓穴边，送葬人要咏诵哀悼祷告文，祷告完之后，他们回到祷告堂，在那里，前来为死者致哀的人会对他们说："愿全能的上帝赐予你安慰，一如赐予锡安和耶路撒冷所有送葬的人安慰。"英国这里的习俗是祝愿送葬人"长命百岁"。

有时候送葬的人特别多，在祷告堂参加葬礼的人分成两列，送葬的人们在中间穿过。20年前，我经历了一次类似的最肃穆惨烈的场面，我认识的并非常喜欢的一位年轻人，马克·塔格（Mark Tager），在洛克比空难中身亡，给他的家人和亲朋好友沉重的打击，祷告堂挤满了为他送行的人。

离开墓地之前，要采摘一些草叶子，并且咏诵《诗篇》下列诗句：

愿大地长满五谷,漫山遍野迎风摇曳,

物产跟黎巴嫩一样丰富;

城里人烟稠密,如同满地的青草。

离开墓地,手持草叶,咏诵《诗篇》的另一句诗文是:"他了解我们的形体实质,知道我们不过是尘土。"

亲人故世,家人要为他守灵七天("sit shiva"),希伯来文"shiva"的意思是"七"。七天守灵期间,他们要待在家里,整天接待来访的亲戚和朋友。他们坐在矮凳子上,不能煮饭,也不能干任何活,所有这些事情都由来访者承担:给他们带来食物、给他们准备饮料和沏茶等。来访者不能与守灵的家人说话,除非受到邀请。每天晚上做祷告。

亲人故世 30 天后是"三十祭日"(希伯来文"shloshim",义:30),这是一个庄严肃穆的纪念日。1995 年,我去耶路撒冷参加伊扎克·拉宾的三十祭日,在那里聆听了朋友亲人在他墓地边为他做的祈祷,在耶路撒冷犹太传统中心举行的悼念集会上朋友们对他的议论,以及观看了关于他生平的电影,以及他与儿女以及孙儿们玩耍的家庭纪录片。

亲人故世后的 11 个月里,死者的子女要去教堂咏诵哀悼祷告。周年祭日,他们点上纪念蜡烛,意第绪语里称:"雅赫赛(yahrzeit)蜡烛"。每年 2 月份,我为我的父亲点上"雅赫赛蜡烛",从现在开始还要为母亲每年 11 月份点上一支(但是,希伯来日历是阴历,根据阴历,每年的这个日子就不是"耶稣"公历的同一个日子)。

第一三一封信

亲爱的弗丽大婶:

这封信给您描述犹太人使用的宗教艺术品。1996 年,我同伦敦大学学院学生一起参观波兰东部城市弗沃达瓦,许多学生参观了那里的博物馆,博物馆所在地是第二次世界大战之前那里的犹太大教堂主会堂。第二次世界大战中,弗沃达瓦的犹太社区被毁,城中 5000 名犹太人,包括几百名儿童,几乎全部被杀害。然而他们的宗教艺术品留存了下来,存放在博物馆的玻璃橱柜里,向世人展出。这些艺术品曾经是犹太人充满虔诚和希望的火热生活的一部分。下面给您介绍一些。

祈祷书《西丢》("祈祷顺序安排")是一本陈述祈祷顺序的书,犹太人按照上面的陈述进行每天的祷告仪式。书中规定祷告的程序,形成祷告的传统。规定节日和圣日祷告仪式顺序的祷告书是《马克扫》(the Makhzor),"轮回"的意思。这些关于如何进行日常祈祷的书有一本是由公元 9 世纪的美索布达米亚时期,也就是一千多年前的阿穆拉姆伽翁所写成的,第二部是由阿穆拉姆伽翁之后 100 年的撒迪亚伽翁编写的(伽翁是 6 世纪至 11 世纪巴比伦苏拉和彭贝蒂莎书院院长的称号,后又被其他地方的犹太教书院院长所用;后来成为宗教领袖普遍使用的名字)。

撒迪亚的祷告书包括用阿拉伯文写成的注释,为埃及的犹太人所用。我在这些信中从祷告书里摘录应用的部分有英文注释,1992 年第一次出版,我用的 1963 年的版本是属于我父亲的。第一本德系祷告书 1512 年在布拉格印刷出版。

"吉帕"(单数:"kippa",复数:"kippot")是犹太人祈祷时戴在头顶上的小帽子,现代正统派犹太教徒整天都戴这种帽子。我年轻的时候,所看到的几乎所有的吉帕都是黑色的,现在吉帕的颜色多种多样,许多做成五颜六色的。众多北非、土耳其以及伊朗犹太人戴颜色艳丽的大型吉帕;在以色列,许多犹太人只戴很小的手工编织的吉帕,他们不仅把它当作宗教徽章,而且当作政治态度的标记——代表右翼倾向。

"塔利特"(tallit)(意第绪语发"塔利斯"(taliss))是四角形大披风,角上饰有流苏,会堂祷告的时候穿。披风通常用羊毛编织成,但也有用真丝制成,每一个角上有一个流苏,有 4 根线编织成 2 个线头,一共有 8 个线头,再由这 8 个线头打成 5 个双扣结。原来的披风是白色的,中间穿插黑色的条纹,现在的风俗,尤其在以色列,发展到用颜色布做披风,甚至有花色多样的设计,有明朗的花色,也有各种图案,如耶路撒冷的城墙等。虽然几百年来,只有男人才能穿戴披风,但是,现在改革派、保守派以及重建派教堂里有许多妇女也穿戴披风。

"茨兹特"(*tsitsit*)是小批风(小"塔利特")上的流苏,通常穿戴在衣服里面,在底边露出一些,或在衬衫或夹克缝里伸出一些头脸。《民数记》提供了关于它的来源说明,一如为塔利特祷告披风提供说明:"主对摩西说'你晓谕以色列人:他们要在衣服的边上缝上穗子……你们世世代代都要这样做……'"

虔诚的犹太人在会堂诵读《施玛篇》——"以色列人哪,你们听着!"——,根据习俗,当他们诵读到关于"茨兹特"的段落时,要把它拿出来,每读到"茨兹特"一次,就亲吻它一次。

"特菲林"(teffilin)黑色小方皮盒子,亦称"避邪符",里面放着《圣经》4 个章节,犹太人每天做晨祷时,安息日除外,要把这个皮盒子用皮带系在额头或手臂上。《圣经》时代,犹太人一天到晚都要佩戴这只盒子。盒子上写着希伯来字母"*shine*"("S")。

用细长的皮带将盒子系在额头上时打一个结,形状像希伯来字母"*dalet*"("D")。带子将盒子固定在额头上构成一个形状像字母"yud"("I")的结。这 3 个字母合起来是希伯来语里的一个字"*shaddai*",是上帝的名字之一。

许多年前,为了把特菲林系在额头上,我常要千方百计将那些结打准确,现在仍然记忆犹新。

您可知道,我总是对犹太人的姓氏充满好奇。去年,伊朗政府逮捕了 13 名犹太人,他们是世界上最古老的犹太人支派之一的成员,伊朗政府指控他们为以色列的间谍。不顾世界范围内的强烈抗议,伊朗政府将其中的 10 名判处终身监禁。另一名被判处 13

年监禁,他的名字叫哈米德·"丹尼"·特菲林。当时他 29 岁。

　　审判所在地设拉子(Shiraz),当地的犹太人在会堂里祈祷上帝的仁慈,除了祈祷之外,他们任何公开的行动都要面临立刻遭逮捕的危险。以色列西班牙系犹太大拉比伊利亚胡·巴克希·多伦(Eliyahu Bakshi Doron)恳请当时正在耶路撒冷访问的罗马教皇约翰·保罗二世出面干涉。正统派、保守派以及改革派拉比在伊朗驻纽约联合国总部特别任务委员会所在地外面举行了祷告集会,以示抗议。伊朗人一意孤行,继续执行了他们的审判。

第一三二封信

亲爱的弗丽大婶:

　　我在关于献殿节的一封信里提到的"梅诺拉"("*menorah*",即"九支烛台"或"七支烛台")是犹太人一件十分著名的艺术品。事实上,"梅诺拉"有两种,一种是古代圣殿时期的七支烛台和献殿节用的九支烛台,节日第一天点亮一支,接下来每天增加一支。用于献殿节的梅诺拉也叫"献殿烛台"。烛台上的第九个扦上插"撒玛西"(*shamash*),这是一支专门用于"点蜡烛"的蜡烛。

　　《圣经》为许多犹太教艺术品说明了原由。梅诺拉的来源和说明可以在《出埃及记》里找到,上帝晓喻摩西:"你要用纯金制作灯台,灯台……由同一块金子锤制出来。灯台的两侧伸出六根枝子,一边三根……还要制作七个灯盏……用来点亮蜡烛……"

　　近来,梅诺拉成了犹太人的专利象征,一如两千多年前古代灯具装饰、马赛克地面以及犹太教堂装饰的考古发现,梅诺拉的考古发现使它成为犹太历史的有力见证。梅诺拉的图案作为装饰出现在古代的玻璃、金属或陶瓷器皿上。现代艺术家和手工艺品匠人乐此不疲地设计不寻常的、充满想象的、生动活泼的现代木质、银质,乃至玻璃梅诺拉工艺品。

1906 年俄罗斯犹太人包里斯·沙兹（Boris Schatz）建立的贝撒勒尔书院里，年轻的艺术家经常以梅诺拉作为设计的蓝本，创作设计图画、布艺、挂毡以及珠宝饰品。"大卫之星"或"大卫之盾"（the Magen David）是犹太民族的生存与犹太历史延续的象征，这一标记在 19 世纪备受人们喜爱，希特勒用它作为区别和侮辱犹太人的标记，而 20 世纪人们对梅诺拉的热爱可与此媲美。犹太人的坟墓上，梅诺拉标志死者是女性，大卫之星标志死者是男性。

有些意想不到的地方会突然冒出"梅诺拉"三个字。《梅诺拉杂志》1915 年在美国首次发行，那时，弗丽大婶，您还是一位小姑娘。杂志的出版是为了促进"犹太人文主义运动"。犹太作家和学者在上面发表文章，热烈地讨论犹太教的人文主义价值，试图把它与积极拥护犹太传统和宗教信仰的态度联系在一起。1923 年，一份图文杂志《梅诺拉月刊》，每月发行一次，创立于维也纳，距弗丽大婶您那时居住的地布达佩斯只有 3 小时火车的路程。杂志总共发行了九年，杂志的宗旨是探讨科学、艺术和文学，"为不同支派的犹太人架起沟通的桥梁"。文章用德语、希伯来语和英语发表。

梅诺拉出现于犹太人奋起反抗古代罗马人期间，因此它具有英勇无畏和民族成就的犹太精神。1948 年，梅诺拉成为以色列国家官方标识和以色列国的印鉴。设计图案选自出现在罗马提图斯凯旋门上的烛台图，我在前面已同您讲过。凯旋门上的梅诺拉图描绘了第二圣殿时期罗马征服者从耶路撒冷第二圣殿夺得这一伟大的华丽烛台并与他们的犹太俘虏一起在罗马大街上游行的场面。那付圣殿烛台从此消失得无影无踪。传说一位基督教罗马士兵于公元 3 世纪将烛台带到巴勒斯坦，把它藏在一所基督教修道院的地板下面，修道院就在耶路撒冷附近，亚当偷吃智慧之果的那棵树的地方，因此，传说，耶路撒冷不能说是土耳其与伊朗的边界，还有基督遇难的十字架就是那棵树的木头做的，就是当年那棵结智慧之果的树。然而，到目前为止，修道院里的修道士（我曾几次访问过他们）没有选择破土挖掘寻找这件珍稀文物。

另一组犹太艺术品是打成缏子的蜡烛，至少有两个烛芯和一只香料盒，用于"哈布达拉（*havdalah* 离别）祷告"，这是安息日结束的时候在家里放上酒、香料，点上蜡烛咏诵的祝福祷告。我将在关于安息日结尾的信中为您讲述哈弗达拉祈祷。

"门柱经卷"（希伯来语，*mezuzah*）是用羊皮纸制作的卷轴，上面写上精选的《托拉》诗句。经卷存放在用金属、木料或陶瓷做成的通常装饰华丽的盒子里，固定在大门和房门柱上。我家大门上就放着一个"门柱经卷"。《申命记》中关于上帝的诫命告知犹太人："你要把它们写在家里的门框上和大门上。"门柱经卷包含犹太人的信仰忏悔、《施玛篇》祷告，热爱上帝和研读《托拉》等内容。存放经卷的盒子上面刻着希伯来文"万能的上帝"（*shaddai*）。

那些讲究规矩的犹太信徒中间，进出家门都要用手触摸一下并亲吻挂在门柱上的经卷，表示他们知道他们必须履行上帝的诫命，并表达他们要依赖上帝的保护意愿。

1980年我去波兰旅游，为我的《大屠杀——犹太人的悲剧》一书作调查研究。一天，当我从齐亚洛斯兹（Dzialoszyce）城犹太教堂的废墟中走出来时，街上有一位年轻的波兰天主教徒迎上前来，给我看他手上的一样东西，使我感到有点奇怪。他手里的那样东西是一轴精美的羊皮经卷，即一轴门柱经卷，虽然没有盒子。他是怎样弄到这份东西的，我不知道。他要我买他这轴经卷，我就把他买了下来。

犹太宗教艺术品中还有一样是"雅得"（*yad*），希伯来语的意思是"手"。这是那些诵读《托拉》的人星期六和节假圣日在会堂做礼拜逐句诵读《托拉》经文时用来指字指句的指示棒。

直到1570年，犹太著作中才第一次出现关于"雅得"的记载。从此之后，"雅得"的使用十分普遍，装饰也愈加华丽。有的"雅得"还镶上了半宝石或珊瑚。然而，西班牙系犹太人没有使用"雅得"的传统，他们在诵读经文时，用布或祷告披风的流苏来指点文句。"雅得"上经常刻写的铭文是《申命记》中的一段文字："以上是摩西对以色列人的教诲",另外还有《诗篇》第 19 篇中的一段诗句:"主的训示洁净无疵,使人眼亮心明。"

"雅得"常常是用白银制作的,触摸《托拉》经卷的底端有装饰精美的"手指"。1972 年,我父亲 70 岁的时候,我问他想在哪里享受生日款待,他说伊斯坦布尔。在伊斯坦布尔大棚集市上,一位摊主给我们看了一根十分漂亮的银质"雅得",开价 400 美元。价格似乎太贵了。刚离开伊斯坦布尔,我们就后悔没有把他买下来(他想把它作为礼物送给我;我想把它作为礼物送给他)。

虽然按市价而论,那人出的价格很高,但是那是一件非常漂亮的艺术品,如果买下了它,它就回到了犹太人的手里。自从那时直至今日,我常常后悔失去了那一次机会。每次我再去伊斯坦布尔,我 1976 年逝世的父亲和那"雅得"就会特别生动地浮现在我的眼前。

第一三三封信

亲爱的弗丽大婶:

连接犹太教堂的有一处沐浴室(*mikveh*),常常是教堂不可分割的一部分,用来行"洁净礼"。" *mikveh* "的词义是"蓄"水。犹太男人和女人分别在浴室里洗浴,这是强调洁净的古老传统,是纯洁不可或缺的部分。洁净礼中有一程序是要把身体完全沉浸在水里。

一如犹太教习俗总是源自《圣经》故事,关于犹太人的洁净礼,《利未记》有一段解释:"惟有用泉水、水塘里的水和许多水才能洁净身体。"迈蒙尼德在 12 世纪指出:洁净礼所清除的污垢"并不是水能冲洗掉的泥土或污浊,而是心灵的污垢和违背圣诫的污浊。"

洁净礼的沐浴室也用作妇女月经期的更替。停经后的一个星期内,她要彻底清洗自己的身体,包括清除掉所有的化妆,把自己浸泡在沐浴室里,进行祈祷,然后方可继续与丈夫同房。

有一些，但并不是所有正统派犹太教信徒还要把那些非犹太人制作的或从非犹太人那里买来的新餐具在启用之前拿到沐浴室里清洗。清洗这些餐具时要进行祝福祈祷，感谢上帝"要求我们浸洗器皿"。餐具浸洗之后，才能拿回家中使用。

据说先知以斯拉坚持认为，男人在行房事之后，要洗净身体，才能研读《托拉》，这就是著名的"以斯拉浸洗礼"。迈蒙尼德说他总是遵循这一规矩。虔诚的犹太人也要在赎罪日前的晚上沐浴，以洁净的身体和灵魂迎接那一庄严肃穆的斋戒和祈祷之日的到来。

沐浴室本身，即它的建筑结构，常常用作鉴别早期犹太人社区的稀有线索之一。在科隆发现的一处，其历史可追溯至 1170 年。以色列的考古发现历史上，洁净沐浴室遗址的发现总是让人兴奋不已，尤其是具有 2000 年悠久历史的玛撒达要塞遗址的发现。当正在挖掘玛撒达要塞遗址的亚丁教授发现可能是一处沐浴室之时，立即由知识渊博的拉比组成的专家组在保卫人员的护送下经陡峭的山路——在建造缆车之前，这是唯一上山的路——步行攀登来到现场考量沐浴室的结构。尽管天气炎热、山峰陡峭，当他们丈量 2000 岁古老结构所得到的数据与古代规定沐浴室建筑数据完全符合时，兴奋之情，无以言表。亚丁对我说，那一次拉比们发现沐浴室时表现的热情是我考古生涯中最激动人心的场面之一。

几年前，我是关于耶路撒冷历史的三集电视连续纪录片的讲解。其中有一场景是洁净礼沐浴室，我站在一处沐浴室遗址上，这是在通向大卫城圣殿山的石阶附近发现的，时间追溯至第二圣殿时期，其历史也是 2000 年。

最近一次访问布达佩斯，亲爱的弗丽大婶，我去了离您父亲 70 年前担任圣职的多哈尼街犹太教堂不远的地方，见到了一处沐浴室，在 1944 年"犹太集中营"可怕的日子里，那一处沐浴室当作礼拜集会处，因为集中营里没有其他地方提供足够的空间能让他们举行虔诚的集会。

第一三四封信

亲爱的弗丽大婶：

犹太人只崇拜一位神，然而他们有许多方式崇拜他们的那位神。我在圣日和节日的信中已经提到，德系犹太人和西班牙系犹太人的礼仪和习俗各不相同。近 150 年来，宗教社会经历了许多改革。改革派、保守派和自由派犹太教都很兴盛。我在伦敦这里的教堂是改革派教堂，部分礼拜仪式用英语，传统的会众前面的唱诗班吟唱改为幕后大合唱。

受到法国大革命知识分子的热情的影响，被称作犹太启蒙运动的哈斯卡拉运动确定了犹太宗教改革的方向与轨迹。关于犹太启蒙运动我在前面已给您写过。运动取了希伯来语一个词"*sekhel*"，意思是"知识"或"智慧"。那些跟随启蒙运动的人被称为"智者"（*maskillim*）。《圣经·但以理书》中说："智者将如天光照耀……"

由德国拉比以及思想家参孙·拉斐尔·希尔施（卒于 1888 年）领导的新正统派犹太教主张改革犹太教传统习俗礼仪，使它能适应 19 世纪的风格和礼仪，以及适应世俗教育和宗教理念。希尔施学习过古典语言、历史、和哲学，他相信传统的犹太教完全可以同西方文化共存媲美。但是他反对由他的同学和朋友亚伯拉罕·盖格领导的改革派运动。盖格主张在犹太宗教与犹太人生活的世俗环境之间必须有一座桥梁。盖格（卒于 1874 年）是"犹太科学运动"（*Die Wissenschaft der Judenthums*）的先驱。"犹太科学运动"是采用现代历史学方法检验审视犹太教的渊源和发展轨迹的运动。

"犹太科学运动"的主将是雷珀尔德·聪茨，一位德国犹太历史学家，在柏林改革派新犹太教堂任过两年教士。1832 年，他出版了他关于犹太教历年传教发展历史的研究成果。他是一位造诣很深的犹太历史学家，他写道："倘若困难有等级，那么以色列的等级史无前例;倘若长期耐心忍受悲痛能够使人高尚,那么犹太人可以挑战任何地方的贵族。"

德国 19 世纪初开始出现改革派犹太教会堂。汉堡的一所会堂是于 1818 年建造的,使用自己改编的祷告书。德语和希伯来语分别用于礼拜仪式的不同部分。传统布道用希伯来语,但他们用德语取而代之。1832 年,聪茨出版了一本著作,说明用地方语言布道是现已失传的古代正统派犹太教的传统做法。培训拉比强调学习能够从《塔木德》延伸至世俗和科学研究的知识和能力。1838年,接受过培训的盖格成为德国西雷西亚布雷斯洛改革派社会的拉比。他根据礼仪习俗演变进化理念创造了一套崇拜体系。

正统派犹太教信徒相信,至今仍然相信上帝在西奈山上交给摩西的律法不仅是犹太信仰的基础,而且是不可更改的神圣基础。改革派运动成员不接受《托拉》神授(*Torah Min-Hashamayim*)的观念,即《托拉》来自天堂,是上帝授予犹太人的,是不可更改的,这是他们宗教理念和实践最不愿意接受的观点。他们认为,可以用《圣经》里没有提及的方式崇拜他们的一神——上帝,会众可以用德语、英语以及任何一种他们日常生活中使用的语言崇拜上帝。

美国从 1824 年、英国 1842 年、弗丽大婶,"您"的匈牙利 1867年起,改革派社会缓慢但稳步地壮大,导致了宗教忠诚的分裂,但是以改革派的观点,这给犹太宗教注入了活力。

在美国改革派势力得到了最大的发展。1875 年,培养改革派拉比的希伯来联合学院于俄亥俄辛辛那提成立。1883 年首次拉比圣职授任的宴会上用不洁净的食物招待客人引起了广泛的愤慨,甚至改革派内部也出现了分裂。两年后的 1885 年,改革派运动在匹茨堡代表大会正式宣布——发表于匹茨堡论坛——解除"马赛克式的律法"的羁绊。匹茨堡论坛声称:

> 我们认识到,在心智文化普遍的现代世界里,必须采用相应的方式,实现以色列伟大的弥撒亚理想,为世界全人类建立

一个真理、公正、和平王国……

我们认识到，犹太教是一个进步的宗教，始终努力与理智同步。

改革派崇拜的方式也经常不断地变化。1937 年俄亥俄哥伦布召开的美国改革派拉比代表大会之后的哥伦布论坛对 1885 年的匹茨堡论坛宣言进行了修正。他们强调了一些宗教实践，其中更加强调了"犹太家庭里的道德纪律和宗教信仰。"

变革是改革派犹太教的本质之一，也是与传统的正统派犹太教分歧的核心。近年来的变革在逐渐地靠近传统犹太教的认识。比如，改革派曾经有一度放弃阿布月斋日，认为既然犹太人的生活大部分已经得到恢复，1948 年以色列国家已成立，纪念第一和第二圣殿被毁，颠倒神殿被毁时犹太主权丧失的局面，已经"不合时宜"。然而，近来许多改革派运动成员认为阿布月斋日在日常祈祷活动中应有一席之地，特别是诵读《耶利米哀歌》这部分，尽管他们仍然不太愿意把它当作禁食之日。

第一三五封信

亲爱的弗丽大婶：

在下面的三封信中，我想说说犹太人生活中内容最丰富、人心最激动的安息日。

人类的故事，如《圣经》中描述的那样——我在第一封信中已给您写过——始于上帝创造天地、光、水、植物、动物、男人和女人，然后，在第 7 天上帝停下手中的工作休息。安息日纪念的就是那一个上帝休息的日子，这已成为犹太人每一个星期重要的一天，乃至他们家庭生活和社会活动的中心。

对犹太人而言，安息日始于每星期五的晚上日落至每星期六晚上日落结束。这是一段休息和反省的时间。

安息日的希伯来语是"*Shabbat*",意第绪语是"*Shabbos*"。希伯来语"*Shabbat*"与动词"*shavat*"有关,意思是"终止、停止、休息"。《摩西五经》每一本书中都有庆祝安息日的记载。《利未记》中把安息日同每一个人敬畏父母联系了起来。我想今天我们说"敬畏"而不如说是"尊敬",也许甚至说"热爱"父母,就如您三个儿子爱您一样。

犹太人不仅把安息日看作一个特别的日子,而且还是一个高尚的日子。夜幕降临、安息日开始之前,母亲用手蒙住眼睛点亮两支蜡烛,面对点亮的蜡烛咏诵祝福,感谢上帝的恩惠。

第一支蜡烛代表《出埃及记》里的一条诫命:"你们要记住安息日。"第二支蜡烛代表《申命记》里的一条诫命:"你们要谨守安息日。"在会堂里,每星期五傍晚当太阳落到地平线以下的时候,所有会众——耶路撒冷有些会堂的会众还要面向落日处——开始吟唱祷告,向安息日女王祈祷:"来吧! 我的亲人,去迎接新娘'沙巴特'(安息日)……"

16 世纪时期,加利利北部萨费德圣城有一习俗,在安息日到来之前举行一个特别的仪式(*Kabalat Shabbat*)迎接它的到来。人们来到城外的旷野,面向西方的落日,欢迎安息日,吟唱《诗篇》第92 篇中的诗句:"主啊,赞颂你是多么好!"

夜幕降临之后,家人及他们的客人从教堂回到家中,客人通常是在教堂遇到的那些没有地方去参加安息日晚宴的陌生人,他们围坐在已经点亮蜡烛庆祝安息日的桌子四周。桌子常常是用一块白布覆盖,桌上摆着最好的刀叉,有可能的话是银质刀叉,两座蜡钎,一樽银杯和两片叫做"沙洛特"(*challot*)或"沙洛斯"(*challos*)的花色面包。

家庭庆祝仪式开始之前,人们先离开房间一会儿,去洗手,边洗手边做一个简短的祷告。回到桌子旁坐下之后,父亲向他的儿女们祝福,然后,举起银杯,银杯叫祝福杯或者圣杯(*kiddush*),开始咏诵祝福祷告,首先回忆犹太人出埃及的故事。回忆这段历史故事及咏诵上帝至关重要的干预这部分是犹太教传统的重点。然后，为酒祝福（"祝福你，主啊！我们的上帝，万物的主宰，你创造了琼浆玉液"），接着父亲，或者在场的一位儿女面对两片面包咏诵祝福，撒上盐巴，分给每人一小块，表示好客。

上面所描述的是德系犹太人的传统，弗丽大婶，也就是您的父母亲与我父母亲的传统。西班牙系犹太人的传统不用刀而用手把面包撕成小块，不是递给每个人而是在桌上表面丢给每个人的。两片面包代表在旷野里的犹太人星期五那一天收到的双份吗哪，他们在星期六就不需要再去采集吗哪了。父亲为酒祈祷祝福时，一块装饰布覆盖在面包上面，以免在为酒祝福之际亵渎面包——"维系生命的神粮"。

安息日晚餐即将开始之前，一家之主的丈夫，通常坐在餐桌的首席，面对着妻子，咏诵"贤惠的女人"（*Eshet Hayyil*），赞誉他的妻子。这部分选自《箴言》最后一章，是《圣经》最漂亮的诗歌篇章之一：

谁能找到一位贤惠的妻子？她的价值远远胜过宝石。

她的丈夫信赖她，一无所缺。

她一生使丈夫有益无损。

她采集羊毛和亚麻，高高兴兴地亲手织布制衣；

她像远航的商船，为家人筹集粮食；

……

她向穷人慷慨地施舍，向困苦的人伸出援助的手；

……

她以能力与尊严为衣，满怀欣悦地瞻望未来。

她用智慧讲话，她的话里充满仁爱的教导。

她照顾一家人的生活，不吃闲饭。

她的儿女恭立祝福她，她的丈夫也称赞她：

"贤惠的女子很多，但你比她们更出众。"

娇艳是虚浮的，美貌是靠不住的，只有敬畏主的女子才应
当受赞扬。

愿她所做的这一切收到奖赏，愿她的辛劳使她在城门口
受到赞扬。

在最近的 100 年间，安息日晚餐本身，当然在您匈牙利和英
国，沿袭了传统的烹饪方式：鸡汤（下点面条或馄饨）、鱼，或者鸡
（红烧、白沾、或清蒸）、蔬菜（有时候面条），和布丁（通常是面条布
丁，即"洛克申"（lokshen）布丁，外加提子干。）我小时候曾享用过用
三种面条制成的布丁。

其他一些菜肴常常包含盐渍小红萝卜、牛肝丁、鲱鱼丁、鸡蛋
洋葱丁、腌黄瓜、糖煮胡萝卜（tzimmes），最后是苹果奶酪卷或者水
果拼盘结束晚餐。

安息日晚餐后是"餐后感恩祷告"感谢上帝赐予美味佳肴，感
谢上帝给予仁爱祝福，这是犹太人所有节日盛会中最悦耳动听的
祷告之一。大部分祷告是由出席晚餐的人根据世世代代传承下来
的曲调一起吟唱的。许多曲调和歌词可以追溯到中世纪。餐后感
恩祷告的第一首歌曲是《诗篇》中的第 126 篇：

主把流亡者带回锡安的时候，我们如在梦中！

我们欢笑！我们快乐地歌唱！

列国纷纷传扬：

"主为他们成就了大事！"

主确实为我们成就了大事，

我们多么快乐！

主啊，求你使我们复兴，

就像是河水重新流回干涸的河道。

撒泪播种的人，必欢呼收割；

流着泪带着种子出去的人，

必唱着歌快乐地抱着禾捆回来！

　　这首诗歌是我父亲最喜欢的诗篇。第一次世界大战之前，他曾经在他父母亲伦敦这里的餐桌上吟唱过那首诗歌。一百多年前，他的父母亲曾经在他们父母亲在波兰沙皇俄国统治区的餐桌上吟唱过。

　　星期六傍晚日落时，安息日庆祝仪式降下帷幕，安息日餐桌边开始一个简短但十分动人的告别安息日的祷告仪式，标志休息日和工作日的分界。这叫作"区分"（*havdalah*），包含面对香料的祝福，振奋由于安息日将要离去而悲伤的心情，面对烛光的祝福，祝福点亮的两个以上烛芯的辫状蜡烛，在安息日上，蜡烛可以不点，也可以免去对烛光的祝福，最后还有对酒的祝福。

　　安息日告别仪式原来是安息日结束后在会堂里举行的。但是，根据记载了许多犹太传统以及诠释的宝库、1600年前的耶路撒冷《塔木德》："为了孩子"，告别仪式成了家庭庆祝活动的一部分。告别仪式第一句祷告是："你们将满怀喜悦地从救恩的源泉里取水"。我父亲第二次世界大战前的那本《日常祈祷书》里，当时的大拉比赫尔茨评注"满怀喜悦"这一词语说："犹太人的伦理道德和生活中，欢愉的十分平常的本分。"

　　安息日告别仪式的主祷告是赞美上帝"区分了神圣与世俗、光明与黑暗、以色列国与异教民族、安息的第 7 天与劳作的 6 天"。主祷告完毕，许多家庭吟唱一首获几首歌结束告别仪式。歌曲中有 1089 年逝世的以撒·伊本·夏亚特（Isaac ibn Chayyat）所写的赞美诗，包括下列诗句：

　　　　将我从病疼的魔掌中解放出来，
　　　　将我从黑暗的夜晚领到光明的白昼。

　　正统派犹太女子，尤其是 19 世纪俄罗斯统治下的波兰中部的

犹太妇女,吟唱结尾部分包含相同叠句的意第绪语祷告:

> 愿新的一周来临,
> 身体健康,生活美满,万事如意!
> 愿新的一周来临。
> 好运、财源、救恩连绵。

安息日庆祝活动就此结束。

第一三六封信

亲爱的弗丽大婶:

《圣经》开篇就说明了安息日的来源。《圣经·创世记》第二章第二句说:"在第七天,上帝完成了创世的工作,休息了。"

于是,按照上帝形象创造的人类就模仿上帝,以他为榜样。一如上帝率先在完成他的创始工作之后休息,人类也必须放下手中的工具,休息一天。根据犹太律法(Halakhah),安息日那天,禁止任何在原有基础上的继续工作,也不允许任何制作新东西的工作。其中包括烘烤面包,或者旷野里的以色列人烘烤他们在野地里找到的吗哪,一如摩西的解释"这就是主赐给你们的饼"。

出现吗哪的那第一个星期五,摩西告诉以色列人收集双份的吗哪,他对他们说:"明天是安息日,是为主守安息的圣日,今天,你们要把该烤该煮的食物都弄好,把剩下的留到明天早晨吃。"摩西说,明天安息日地里不会有吗哪。"在那六天里,你们都可以找到食物,只有这第七天什么也不会找到,因为这一天是主的安息日。"

那时候,一如现在,安息日犹太人要休息,从星期五的日落起至星期六的日落止。《圣经》解释说,这样做的理由之一是奴隶和佣人必须有一天休息,一如畜生也必须休养生息,一周休息一天对来访的客人也有益处。《出埃及记》中的表达是:"你们每周可以连续工作六天；第七天不可工作，好让你的奴仆和外族雇工有歇息和恢复精力的时间，同时也让你的牛和驴得以休息。"

《申命记》里有更完全更详细的解释："你们每周有六天可以工作，处理日常事务，但第七天是属于主——你们的上帝的安息日。在这一天，你们和你们的儿女、男女奴仆、寄居在你们中间的外族人，以及你们的牛、驴和其他牲畜都不可做工，好让你们的男女奴仆可以跟你一样休息。"

即便在农忙收割的关键季节也要停止手中的活歇息，甚至建造圣殿，每逢安息日也要停工休息。摩西时代破坏安息日规矩要受到严厉的惩罚。确实，《民数记》里有一则故事讲述了一个人在安息日那天出去拣柴禾被发现后带到摩西跟前。他被禁闭了起来，上帝亲自审判了这个男人，他晓谕摩西："这个人必须处死，全体会众要用石头打死他。"于是他被解到营帐外面被全体以色列人用石头砸死了。

这一事件之后，上帝为了避免类似事件的再次发生，立即命令以色列人在衣服边缝上穗子，"你们世世代代都要这样做"，穗子上边挂一根蓝色的带子，"好让你们看见它就记起我的诫命，不致随意妄行而背离了我。"

这真是严词酷行！后来，先知耶利米指责犹大王国的统治者和臣民在安息日那天允许商品运入国内。"爱惜你们的生命吧，"他警告道："不要在安息日挑什么担子，更不要把担子挑进耶路撒冷的城门。不要在安息日挑着担子出门，也不要做任何工作……"耶利米继续代表上帝告诫以色列人：如果不尊安息日为圣日，"那么，我就要使耶路撒冷的各座城门起火，这火将吞没耶路撒冷的宫殿，没有人能将它扑灭。"

先知以赛亚提出了更加严厉的警告。谨守安息日是犹太民族流亡巴比伦后复兴的先决条件。如果犹太人能谨守安息日，以赛亚把上帝的许诺传达给犹太人："我必使你立于世界之巅，在我赐给你们祖先雅各的土地上享受喜乐。"犹太人流亡归来后，尼希米说必须遵守摩西的"律法、诫命"等,特别提到必须遵守"你的圣安息日"。

作为犹大统领,尼希米积极坚持谨守安息日的规矩。他责问耶路撒冷的犹太人:是不是因为他们的祖先亵渎了安息圣日而上帝"才把灾难降于我们和耶路撒冷城吗?"

来自被同化的威胁和无时无地不在的其他神灵和异教的诱惑强化了谨守安息日的必要性,使它成为维护和统一一神信仰的一项基本特征。圣殿的毁灭以及作为宗教体验核心的圣殿牺牲仪式的终止使谨守安息日成为犹太人宗教信仰新的焦点,他们可以在以色列圣地,即便没有圣殿的情况下,每周谨守安息日,而且,日益广泛流散在海外的犹太人也可以每周谨守这一圣日。

马加比时代和马加比家族反抗塞琉西征服犹大起义成功时期——我在几个月前给您写过——谨守安息日十分严格,他们将它作为复兴犹太民族的一个部分,根据传说,马加比战士遵守安息日的规矩严格到情愿让敌人把自己杀死也不愿起来战斗以致违背安息的圣日。

马加比犹太人独立时期,亵渎安息圣日的惩罚也是死,一如摩西时代。安息日长途跋涉或乘船旅行都要以死谢罪。安息日禁止与妻子同房。但是后来拉比的说教使在安息日行房事成为应受鼓励的行为。

按具有 2000 年悠久历史的拉比传统,遵守安息日规矩等同于遵守《摩西五经》其他律法和诫命。中世纪犹太传统认为世界上每一个犹太人都谨守安息日规矩的第一个安息日,弥撒亚就会降临人间。中世纪犹太哲学家迈蒙尼德说安息日有两重意义:授予上帝创造了世界这一基本道理以及给予人们休息,好让他们养精蓄锐。中世纪另一位犹太贤哲犹大·阿列未(Judah Halevi)视安息日为上帝亲自为人类提供的机会,好让他们身心得到彻底的休息,这是他们生活的六分之一,这是国王与国家领导人享受不到的生活(当然,你们的总理阿塔尔·瓦杰帕伊和我们的首相托尼·布莱尔也享受不到），他们在权力和责任集一身期间不知道甚至根本不懂完全摆脱工作和烦恼这份"珍贵的恩赐"。

至于今天循规蹈矩的犹太人，他们被称为"安息日卫道士"（*shomreh shabbat*），安息日的 24 小时绝对不做任何事情。事实上，稍稍提前一点时间开始守安息圣日以致延长它的圣洁被视为好的行为。安息日严禁做的工作有 39 大类，数百分类：给植物浇水被视作播种这一大类的分类，除草是种植的分类，给灯加油是点灯的分类，打开电器开关是点火的分类，因此，安息日上电灯和电烤箱是不可以开的。

禁止做的大类工作称作"工作之父"（*avot*），分类称作"儿女"（*toledot*）。所有商店打烊关门。身边不带一分钱。重担或沉重的包裹柴捆不能出门。汽车停开。电话不打。手机不带。书信不写。

安息日甚至连饭菜都不做，一如安息日不去旷野里收集吗哪。自中世纪起，许多犹太人安息日基本食粮是一份杂烩在安息日到来之前放入烤箱里慢慢炖一个晚上和一个上午，在中午的时候拿出来食用，一份可口的杂烩，他们称它为"巧伦特"（*cholent*），里面有肉、豌豆、大麦和土豆等掺在一起，香浓味美，还要加上些印度烹饪中的"常客"——蒜泥和洋葱。

希特勒大屠杀之前，整个东欧，还有您儿时的故乡匈牙利，特别是东部各省，安息日那天早晨，可以看到男孩们步行前往社区设在面包房的集体大烤箱领取在那里炖好的热气腾腾的"巧伦特"，把它们放在罐子里拿回各自的家里。年龄在 13 周岁——以色列人成年的年龄——以下的孩子可以拿着重东西在街上行走，这不算违背安息日的规则。

没有人确切地知道"巧伦特"这一名称的来源。有人说，它来自中世纪的法语"chaud lent"（"慢慢煮"）。当然，有许多中世纪法兰西系犹太社区向东迁移到波兰和立陶宛，一部分是被驱逐到那里的，还有一部分是去那里谋求贸易发展的，那里就是"巧伦特"是安息日美味主食的地方。

　　安息日之前做好的另一种食物叫"库格尔"（*kugel*）的布丁，同样是在安息日之前就放在烤箱里慢慢烤煮的食品。常常放上一些提子干或香料，是在饭吃完后吃的甜点，吃完后就开始静养静思半日。

第一三七封信

亲爱的弗丽大婶：

　　安息日结束时，家里要举行一个简短的仪式，叫作"哈瓦达拉"（"*havdalah*"意思是"分别"）。这一习俗已有 1500 年的历史，表明安息日结束，工作的日子开始。仪式上咏诵 4 道祝福，开始 3 道分别面对酒、香料、缤状蜡烛。面对香料祝福时，边抖动香料盒，边闻香料。缤状蜡烛有两个烛芯，祝福前，点亮蜡烛，浸在酒里。

　　三道祝福完毕，进行第四道祝福："保佑你，啊，主——我们的上帝，万物的主宰！你把神圣和世俗分开，你把光明和黑暗分开，你把以色列国和异教民族分开，你把安息的第 7 天和劳作的 6 天分开。保佑你，啊，主——我们的上帝，万物的主宰！你把神圣和世俗分开。"

　　面对酒祝福用的那只酒杯在第四道祝福时被高高举起，而且常常斟满并且溢出，表示希望未来的一个星期内满载好运。传统认为未婚女子把缤状蜡烛举得高，未来的新郎就会是一个高个子。香料是用来振奋精神，驱除安息日结束的悲哀。

　　女人是不喝"哈瓦达拉"酒的；中世纪的迷信认为，女人喝了"哈瓦达拉"酒之后会长胡子。另外有一个传统认为，亚当堕落是因为夏娃让亚当喝了她从葡萄里挤出来的酒，按犹太民间传说，智慧之树就是葡萄藤，因为夏娃这一罪过，女人不喝"哈瓦达拉"酒。

　　"安息日结束了，周复一周，"欧文·格林伯格拉比（Rabbi Irving Greenberg)在他最近出版的著作《犹太人的生活：与圣日同

在》中写道："然而安息日给了人们满足和期待，延续整个星期，直
至下一个安息日的到来。"他进一步写道，阐述极其深刻犹太人民
族亘古至今的渴望与期待：

> 这就是犹太复国之梦能经历 2000 年之久而不衰的缘故。
> 一个民族呼喊"明年耶路撒冷是我家！"1900 年，年年如此，可
> 是他们每年 365 天，天天都在流亡，然而他们从不气馁，仍然
> 坚持不懈地呼喊这一口号，他们是怎样做到的？
>
> 答案是，每一星期安息日的到来，犹太人就预演一次弥撒
> 亚转世现身与犹太民族的复国。安息日那一天，复国后的锡
> 安大街小巷里回荡着人们的欢笑和新郎新娘愉悦的声音。安
> 息日的 24 小时里，神圣的耶路撒冷屹立在世界各地犹太人的
> 心中——在法国和波兰，在也门和孟买。

弗丽大婶，您的孟买（假如我能如此称她），还有您的布达
佩斯。

格林伯格拉比继续写道："毫不奇怪，当通向恢复耶路撒冷主
权之路敞开时，早已有犹太人熟谙所需要做的一切。"

整个千年以来，安息日的神圣影响遍及各行各业、各阶层的犹
太人，遍及流散在世界各地的犹太人，遍及以色列国土的犹太人。
世纪之交的犹太思想家阿哈德·哈阿姆（Ahad Ha-am，"人民中的
一员"）——他在商务活动中的名字叫阿舍尔·金斯伯格（Asher
Ginsberg），在伦敦为俄罗斯犹太茶叶大王维索茨基（Wissotsky）经
营茶叶——说："是安息日更多地维系了犹太人，而不是犹太人更
多地维系了安息日。"

写这封信的时候我在想"Sabbath"（希伯来语，"Shabbat"）这一
个词不是犹太人普通的姓氏。几乎没有犹太望族把它当作自己的
姓氏。有一例外，阿道夫·约钦·撒巴特（Adolf Joachim Sabath），
但他的姓中间只有一个"b"。一如您父母，他出生于奥匈帝国，15

岁移居美国,1905 年,他 50 岁,当选为芝加哥第五区议会民主党议员,连续担任议员 23 任期,直至 1952 年逝世。他是"罗斯福总统新政"的坚强支持者,他也是美国 1939 年军事备战的和美国政府 1941 年给英国发放至关重要的紧急贷款的支持者。

第一三八封信

亲爱的弗丽大婶:

上一封信的结尾提到了美国的议员,现在我给您写第 138 封信——事实上,这是一张我在美国阿拉斯加安克雷奇给您写的明信片,在那里的一条街上我望着介绍以撒多尔"以克"·贝雷斯(生于 1876 年,卒于 1956 年)的名人匾,匾上写着:

"以克·贝雷斯为安克雷奇的社会发展作出了里程碑式的贡献。他出生于立陶宛,于 1899 年第一次来到阿拉斯加。1915 与 1916 年间安克雷奇城镇落成不久,他的服装店就开门营业。他积极帮助城市社团,出任学校董事、八任市政参议会议员、积极参加犹太人社区活动、担任《安克雷奇日报》报社社长、努力促进阿拉斯加的航空事业。

他为促进阿拉斯加和安克雷奇的有序发展和科学管理努力工作,一共服务 50 载。"

伟大的贡献和伟大的人生。

第一三九封信

亲爱的弗丽大婶:

昨天傍晚,安克雷奇犹太社区设宴招待我,餐馆俯瞰鲸鱼出没戏水的安克雷奇海湾——太平洋库克海湾的一部分。海湾另一端是一座死火山,夕阳西下,山峦起伏,霞光万道,金色灿烂。我受到热情款待,这些地球最北端的犹太人给自己起了一个充满智慧的名字"冰点选民",而他们的款待却体现了火一般的热情。

250多年前,犹太人就已涉足阿拉斯加,他们并不是尾随美国人到达那里的,那时候在美国人眼里,阿拉斯加是一块未知的不毛之地,他们是同俄罗斯人一起到达那里的,事实上他们是尾随俄罗斯探险家维图斯·白令到达阿拉斯加的。白令1741的探险激发了俄罗斯获得西伯利亚以远土地的欲望。但是他们在那里没有发现黄金,规模很小的定居点未能昌盛。1868年,他们以720万美金的价格把那一块地出售给了美国。那一年在锡特卡小镇上空伸起星条旗的美国大兵是一位犹太人,便雅悯·利未(Benjamin Levi)。

阿拉斯加发现黄金接下来的几十年中,犹太人,包括列维,是首批探矿队伍的成员,同时又是开店设摊提供食物给养的先驱。1901年,在陶金城诺姆,一些较为富有的犹太人组织建立了希伯来慈善协会,帮助那些落难的犹太同胞。诺姆城里的大百货商店的业主和经营人是一对犹太夫妇,耶塔·克拉科夫和以撒·克拉科夫(Yetta and Isaac Kracower),几乎可以肯定,他们的家族原先来自1867年后划归奥匈帝国的克拉科夫。他们1910年犹太新年贺卡刻在海象牙上。他们的女儿贝拉童年生活在诺姆,后来成为毕业于西雅图华盛顿大学的第一位女药学家。

诺姆成功犹太人士中有一双兄弟,麦克斯·希尔施伯格和查尔斯·希尔施伯格(Max and Charles Hirschberg)。1900年冬天,兄弟两人从育空出发沿育空河骑自行车旅行前往诺姆,历尽两个月的艰难困苦,最终到达目的地,十年之后,他们成了盈利丰厚的"日落矿业公司"的经理。

犹太探矿者和商人涉足淘金地区所有繁忙的城镇,如锡特卡、朱诺、海恩斯、斯卡格威(Skagway)等。1908年,出生于立陶宛的罗伯特·布隆(Robert Bloom)在费尔班克斯建造了第一家犹太教会堂。他打道都柏林经西雅图来到阿拉斯加。我来到安克雷奇第二天为您写的明信片中提到的那位也是出生于立陶宛的以克·贝雷斯于1899年到达阿拉斯加。他父亲阿弗洛伊姆·希瑟尔·贝雷斯(Afroim Hessel Bayless)出生于波兰俄罗斯辖区,他是耶路撒冷的一位拉比。1912 年他在那里逝世,享年 76 岁。以克·贝雷斯最后见到父亲的时候才 14 岁,父亲的死讯 3 天后才到达阿拉斯加。那一年,生活在阿拉斯加的犹太人申请加入美国国籍者中有来自华沙的本·布隆伯格(Ben Bromberg)和来自波兰与立陶宛边界城市苏瓦乌基的撒母耳·阿佩尔堡(Samuel Appelbaum)。

1900 年,两位出生于俄罗斯的兄弟山姆·马吉德和鲍里斯·马吉德(Sam and Boris Magids)从乌克兰来到美国基奈半岛从事用捕兽机捕捉野兽的工作。他们的生意十分红火,在基奈半岛上拥有多个贸易站。山姆 1930 年逝世,10 年后鲍里斯相继逝世。

安克雷奇最难忘的犹太人之一是沙克·路撒(Zak Loussac),他也是在第一次世界大战前的淘金热潮期间来到阿拉斯加的,他在那里从事药剂师的工作。他坚信教育与民主,我在他的媳妇的书店里谈话时,他媳妇告诉我,他确信"图书馆是人们该去的地方",他是安克雷奇市图书馆的捐赠者,图书馆是以他的名字命名的。第二次世界大战后的 3 年里,安克雷奇城市开始大规模扩展时,他担任安克雷奇市市长。

第二次世界大战前夕,一位出生于纽约的犹太人恩斯特·格鲁宁(Ernest Gruening),第一次世界大战中担任炮兵指挥员,并且是位杰出的记者,被选为阿拉斯加总督。在任期间,他竭力主张阿拉斯加加入联邦政府成为美国的一个州,阿拉斯加 1959 年加入联邦成为美国一个州之后,他成为第一届两名参议员之一。在参议院,100 名参议员中间只有两名投票反对授权约翰逊总统发布命令攻打北越的《东京湾决议案》,其中之一是参议员格鲁宁。他反对越南战争的立场导致了他在 1968 年参议员竞选的失败,之后,他撰写了著作《愚蠢的越战》。

第二次世界大战期间,大量美国军队进驻阿拉斯加,抵御日本人的侵犯(日本人确实曾一度成功地占领了两座阿留申岛屿)。战争局势改变之后,阿拉斯加成了轰炸日本的基地。战争年代里新

来者中间有位布尔顿·戈德堡(Burton Goldberg)的犹太人决定在
战争结束后留在阿拉斯加。安克雷奇第一次犹太人集体礼拜仪式
就是于 1958 年在他的客厅里举行的。使他的儿子们感到生气的
是他盖住了客厅里的电视机,就在上面做祷告仪式。他有一个儿
子,亚特·戈德堡,现在是阿拉斯加州自然资源保护官员,他是款
待我的主人之一。

我在阿拉斯加新近重修的贝特苏隆会堂里,即坐落在北灯大
道的和平大堂里作了一次讲演。出席演讲会的会众中有一位叫乔
治·摩尔(George Mohr),他出生于维也纳,战争爆发前夕移居英
国,后又移居美国,于 1952 年随军来到阿拉斯加。

人们说犹太人具有"犹太地理"天赋,两个犹太人有能力通过
第三个犹太人彼此建立联系。乔治·摩尔告诉我说,他曾经在伦
敦待过,那时候他是一名"身无分文的难民",与他的维也纳难友乔
治·威登菲尔德(George Weidenfeld)在一起。1963 年,威登菲尔
德(现在是英国勋爵)出版了我的第一本书,事实上,他还出版了我
后来的许多本书。

出席讲演会的还有一位希特勒大屠杀的幸存者,他出生于克
拉科夫,六岁时被英国军队从贝尔根一贝尔森集中营解救了出来。

麦隆·罗森伯格(Myron Rosenberg)于 1978 年造访阿拉斯
加,后定居在那里。他的阿拉斯加照片十分动人。为会堂讲演那
一天,我去了他在安克雷奇的摄影工作室,虽然不巧他不在家,在
他工作室待一会儿就会使人感到阿拉斯加灿烂的风光和人民活生
生地展现在你的面前。罗森伯格摄影追求将他和他的相机带到了
远至俄罗斯远东地区、中国、马来西亚、土耳其和罗马尼亚等地。
安克雷奇的犹太人十分尊重他。

摩什·达扬(Moshe Dayan)是 20 多年前安克雷奇会堂讲演会上
发言者之一。最近来到安克雷奇的还有两位犹太音乐家鲁巴·阿
格拉诺夫斯基(Luba Agranovsky)和德米特里·卡西克(Dmitri
Kasyuk),他们也是来自以色列,1990 年他们从俄罗斯移居以色列,

还有一位来自魏茨曼学院的神经生物学家,出生于南非的亨利·马克隆(Henry Markrom),他来这里是为了研究阿耳茨海默氏病。①

安克雷奇现在还没有一位拉比,但他们正在积极寻找。安克雷奇的犹太人正在庆祝当前的犹太大圣之日——犹太新年和赎罪日,来自马萨诸塞的访问拉比,74 岁高龄的亚克·斯特恩(Jack Stern)正和他们一起庆祝这些节日。斯特恩拉比在 10 年前退休之前是美国拉比中央委员会道德与投诉委员会主席。他长途跋涉 3500 多英里来到这里履行他的拉比使命。

安克雷奇犹太教堂墙壁上的广告展现了一幅犹太社区活力生动的画面:成人希伯来语补习班、犹太烹饪培训班、安息日晚餐(带上你自己喜爱的奶制菜肴)、专门为年轻人组织的夏令营,地址在附近苏锡特纳(Susitna)山林,活动包括以色列舞蹈和安息日蜡烛的制作等。

在安克雷奇,我作讲演的那个犹太教堂属于保守派教堂,注册家庭有 200 个,除此之外,还有一个极端正宗派洛巴维奇会堂,有一名拉比,注册会众家庭约二十多个。在费尔班克斯,70 个犹太家庭联合在一起,虽然没有拉比,他们租下一间房子,在那里进行崇拜;他们把它称作"北方之光"(希伯来语:*Or Hatzafon*)。朱诺的犹太人也组织在一起祷告,居住在基奈半岛上的犹太人亦然。朝安克雷奇南部开车一小时左右就可以到达四周环绕着最为壮观的太平洋海湾、山脉和冰川的基奈半岛。

第二次世界大战爆发前不久,西沃德商会主动要求接纳犹太难民,并把他们安置在基奈半岛。我在那一个地区游览了冰川、海豹、海鹦之后,在西沃德作了一次讲演。那里有一百多万公顷闲置的可耕地和牧地,从我下榻的阿耳叶斯卡山度假胜地宾馆房间可见其一斑。(我在这里作了题为《丘吉尔与俄罗斯》的报告,后来在

---

① 早老性痴呆病,以德国医生 Alois Alzheimmer 姓命名。(译者注)

安克雷奇犹太教堂所作报告的题目是《丘吉尔与犹太人》,从安克雷奇教堂驾车南行一个小时左右就可到达这里。)

西沃德商会向华盛顿的美国内政部报告渺无人烟的基奈半岛可以"毫不费力地"为 25 万人口提供生机。但是阿拉斯加其他城镇费尔班克斯、朱诺和安克雷奇不想要犹太移民,这一念头就被打消了。

几个月之后,阿拉斯加新任总督恩斯特·格鲁宁——他本身就是犹太人——建议引进德国犹太人开发温泉,犹太人在发展中欧健身美容行业,如卡尔斯巴德、马里恩巴德、诺海因巴德等,起到了举足轻重的作用,他们可以根据中欧的经验开发阿拉斯加的部分温泉,用于健身与美容。华盛顿官僚们说他们要"研究研究",但没有任何下文。

多么好的一次拯救生命的机会就这样丧失了;同时又是一次多么好的发展阿拉斯加的机会就这样丧失了。凝视基奈半岛令人震撼的美景,那一思绪使我感到十分悲哀,比我想象的更加悲哀。

然而,阿拉斯加确实也成了战后个别犹太人的避难所和恢复生机的地方。与我保持经常书信联系的许多大屠杀幸存者中间有一名叫亨利·瓦尔德(Henry Wilde)的捷克犹太人,1945 年,他十多岁时从塞雷斯恩斯塔德(Theresienstadt)集中营得救,现在是朱诺的一名会诊外科医生。

五千年之后,世界各地犹太人的生活继续繁荣昌盛。一如其他犹太人,安克雷奇的犹太人居住在离他们祖先的土地十分遥远的地方,表明在将来很长一段时间里他们将会繁荣昌盛。20 世纪伊始,世界上有 1500 万犹太人,其中 500 万在俄罗斯。1939 年,第二次世界大战前夕,约有 1700 万,其中 500 万生活在美国。经受了大规模屠杀后的今天,21 世纪伊始,一如 1900 年,估计仍然有 1500 万犹太人生活在世界上,其中 500 万在以色列,近 600 万在美国。因此,尽管惨烈的大屠杀,尽管严重的人口(以及宗教)同化,犹太人继续繁衍生息。

这是我关于犹太历史、生活和习俗——是您的,也是我的教友们的习俗——的最后一封信的结尾。明天我将它寄给您，一如以往寄给您的信，我保证给您贴上您孙子喜欢的邮票。

第一四○封信

亲爱的弗丽大婶：

在这最后一封信中，我打算总结我给您讲述的所有这些140封信中的故事，同时展望未来与前景。我将在犹太年历中最肃穆静思的日子里，即新年（6天前）与赎罪日（3天后）之间的"忏悔十日"，把这封信寄给您。在这些日子里，每一位仍然坚信祖先信仰的犹太人，无论多么遥远，都会进入自己的灵魂深处，反思过去的一年中所犯的过失，寻求以更大智慧前行的动力。

犹太历史的核心是一个由一本经书《托拉》，或者说《圣经·旧约》确定意义的民族的故事，这个民族认定经书中所确立的律法，并不断努力理解怎样"完善"这些2000多年前的律法，使它们能够适应现代所有发展与变化了的生活方式、思想意识、道德情操，无论电气化、机械化以及医学发展到可以移植人体器官的水平，也不论（最近出现的）男女同性恋的"婚姻"。所有这些都是实在的问题，每天都会出现的问题，而犹太人能够通过历史悠久的信仰审视这些问题。

现代犹太思想家，如以色列的亚丁·斯坦萨尔茨（Adin Steinsalz），或美国的约瑟·特鲁士金（Joseph Telushkin），或英国的约拿单·撒克斯（Jonathan Sacks），尽力采用犹太教理念这一犹太人生息繁衍之根本解决这些问题。撒克斯在他最近的一本著作《激进主义历史与现状》中写道：由于犹太人"从不忘记他们的理想，即便他们根本没有能力去实现这些理想，他们总是准备着迎接伟大时刻的到来"。撒克斯继续写道："我是犹太人，因为我珍惜《托拉》，知道上帝并不存在于自然力量中，而存在于精神道德的意义之中，存在于经书的语句与篇章、教诲与诫命之中，由于犹太人，尽管其他方面一无所有,从来就把教育视为神圣使命,使犹太人民具有崇高的尊严和深邃的思想。

犹太历史中还有许多不是宗教与信仰方面的事件,一如信中所述,这些事件继续为犹太生活提供灵感,同时使犹太人感到苦恼与迷惑,然而,犹太历史的"主事件",若我能如此称呼,是他们的宗教:上帝将许诺赐予摩西和他的"选民"——上帝选择了犹太人,要求他们履行他的诫命和道德律法,谨守既古老悠久又现代全面的伦理法典。

以一位耶路撒冷拉比拿弗他利·希弗(Naftali Schiff)的话说:"我们必须共同应用的《托拉》是犹太人人生美满的指南,在一个缺失正义价值和前进方向的世界里,它是一个路标。这是前人留给人类以及我们儿女们的遗产。"

我将以此充满睿智的话语在我给您的最后一封信签上我的名字,之后我将飞往您在喜马拉雅山脚边的家去看望您。我要以书信的形式为您写犹太历史的承诺现已完成。我希望这是一次愉悦的旅程,尽管一路上有这样那样艰辛困苦的历史时刻。使我感到非常高兴的是用了比我任何其他著作小的篇幅把所有这些写了出来,如果用心去写一个主题,是能够在较小的篇幅里完成的,至少在 400 页内把它写完,这就是明证。

深爱您的继子——您要我做您的继子,我非常乐意接受您的要求。

您忠诚的

马丁

第一四一封信

亲爱的弗丽大婶:

我给您写的 140 封信出版之后,我从我的笔记中发现我从未给您寄过我答应给您写的那封关于列昂·托洛茨基、西格蒙·弗洛伊德和阿尔伯特·爱因斯坦的信。乐意助人的评论家约翰·格鲁斯(John Gross)发现了这一漏洞,漏掉的还有弗朗兹·卡夫卡,此信补充这些内容。

弗洛伊德1856年出生于摩拉维亚弗赖贝格镇(我在我的一张地图上标出了这一地点)。作为心理分析的创始人,他相信所有人类,不论种族、宗教、国家或意识形态具有同样的欲望与进取。由于他是一名犹太人,他在希特勒占领奥地利之后被迫离开维也纳。他来到伦敦,在那里死于癌症。他的两个姐妹死于德国集中营。

托洛茨基1879出生在乌克兰的亚诺夫卡乡村里,出生时的名字叫列夫·达维多维奇,在他以出色的组织才能全心服务于布尔什维克期间,凡是犹太人的一切他都一概置之不理。布尔什维克于1917年取得政权,那时您才8岁,布尔什维克的胜利,托洛茨基贡献很大。他认为反犹太主义是资产阶级的疾病,随着革命的发生就会消失。1940年他在墨西哥遭暗杀身亡,这是斯大林的命令。

爱因斯坦出生于德国的乌尔姆,与托洛茨基同一年出生。他是一位杰出的物理学家和诺贝尔奖获得者。第一次世界大战前夕,他的和平主张惹怒了许多德国同行。1933年希特勒上台时,他在美国讲学,他就在那里安了家。1952年,他逝世前的3年,他拒绝了出任以色列第二届总统的邀请。

卡夫卡1883年出生于布拉格。他的两部小说充斥着人类苦难、迷惘、绝望之感。1924年逝世,年仅41岁,安葬于布拉格犹太公墓。他的姐妹中有三人死于集中营。"西方的犹太人,"他写道:"从未有过片刻的安宁。一切都得努力争得,不仅现在与将来,而且过去……"

后 记

2001 年夏,在伦敦信箱里投入最后一封写给弗丽大婶的信之后,我飞往德里,乘坐火车和轿车一路北上,来到海拔 6200 英尺高的喜马拉雅山脚下的原英国兵营所在地,即我的收信人的地方。"我现在 93 岁了",当我到达那里的时候,弗丽大婶自豪地说——说话的力量和直率仍然一如 43 年前我们初次见面时。我们一起待了 8 天,我同她在一起时,我的最后一封信到达了。

在她的阳台上,她的客厅里,她的书房和她的餐桌旁,我们谈到了弗丽大婶的家庭,她对匈牙利的回忆和她的犹太出身。1908 年 12 月 5 日,她出生于布达佩斯,原来的名字叫麦格多尔娜·弗里德曼(Magdolna Friedmann),她母亲雷吉娜·尼埃·希尔施菲尔德(Regina neé Hirschfeld)是富豪望族——玩具商贝特尔海姆家族的成员。奥匈帝国时期,他们获得了一项荣誉很高、犹太人很少能得到的权利:使用贵族前缀"冯"(von)。"对犹太人来说,"弗丽大婶回忆道:"这是一项很高的荣誉,因此家族感到非常自豪。"她父亲阿明在多哈尼街犹太教堂的席位"是在第三排、第四排或者第五排",但是,她继续说道:"我去会堂只是在赎罪日那天去接父母亲回家。"每星期五的晚上,他母亲点亮两支银质蜡扦上的安息日蜡烛。

弗丽回忆到 1998 年在德里:"我是一名犹太人,但我对你说我对犹太人一点也不了解。"她父亲把家姓弗里德曼改成弗尔巴特,一如那时许多被同化的匈牙利犹太人,使姓氏听起来少一点犹太人的气息。在学校里读书的时候,年轻的弗尔巴特小姐被人起了一个绰号:"弗丽",取代了"弗尔巴特"。5年后,当匈牙利政府取消犹太人更改姓名的权利之后,弗丽一家的姓氏又改会原来的"弗里德曼",但"弗丽"这一名字已挥之不去了。"这就是整个地球都知道我的经过!"她在写给我的一封信中说。他继续说道:"事实上,父母亲叫我'顿迪'(Dandi),意思是'小胖胖',似乎那时候我是一位可爱的胖小姑娘。"

1919年,弗丽还在小学读书,匈牙利爆发了红色革命,革命领袖是犹太人贝拉·库恩(Bela Kun),革命运动之后紧接着反革命浪潮,遭到杀害的革命者中间有许多是犹太人。"我父亲是革命委员会委员,"弗丽回忆道:"他们曾在大街上巡逻,确保平安无事。父亲每星期一次去乡下取食物,他在巴拉顿湖边有一幢房子。一年夏天,我们乘火车去了那里,看到有人被吊死在树上,对孩子来说,这是十分可怕的。"

作为犹太人,弗丽一家的命运总体还是十分幸运的。两次世界大战之间,她的舅舅阿明,她母亲的最年长的哥哥,第一次世界大战中为奥匈帝国作战,被俄罗斯人俘获入狱,获释后,移居巴勒斯坦。他的儿子后来在墨西哥成了一名音乐教师。她母亲最年轻的弟弟路易是位诗人和集邮专家,移居丹吉尔。弗丽的妹妹卡洛塔去了澳大利亚,与一位远房表兄成了亲。

1930年弗丽与比吉相遇,他们都是伦敦经济学院的学生。"我们在历史图书馆里彼此注意到了对方,"他回忆道:"但在那个年代,除非你正式被介绍给对方,你是不会同一个男孩子主动攀谈的。复活节来到了,图书馆里就剩下我们,他、我和另外一个印度学生。我听到他对那一位印度同学说了些什么,那个同学就离开了,我们互相看了了对方一眼,笑了一笑,自从我们三个月前首次相遇以来,这是第一次相对而笑。"

弗丽与比吉坠入爱河。当她回到布达佩斯,人们说:"一个印度男人可以娶几百个老婆。你可怎么办?"1932年,比吉的父母亲来到布达佩斯见弗丽的父母,"他们来仅仅为了确定我是否值得他们器重,"弗丽说。"他们坐在客厅里,我在我的房间里哭。我未来的婆婆不得不去上洗手间,她路过我的房间——看到了我在哭。她说:'我们必须让他们做他们想做的事情。'我打算去印度一年,看看我能不能适合进入他们的生活。他们得承诺,如果我不能,他们要让我回来。1934 年 1 月我来到了印度——没有回去。"

从 1934 年踏上印度国土的那一刻起,弗丽全心全意地融入印度人民的需求和抱负之中。"你从一种文明脱胎换骨,进入了另一种文明,"弗丽讲这些故事给我听的时候,比吉插话说。她自豪地给我看餐具柜上的铜质的茶碟盘架,这是他们结婚礼物之一,是甘地的一位犹太朋友亨利·波拉克送给他们的。关于亨利·波拉克,我在给她写的甘地与犹太人的一封信中写过。

第二次世界大战前夕弗丽的母亲来到印度,并留在那里。战争给布达佩斯的犹太人带来了恐怖与大屠杀。在危难之际,弗丽的父亲被他的德国房东米密(Mimi)救下,当匈牙利法西斯分子前来把他带走时,房东大声呵斥:"你们闯进来要干什么。这是我的家,我是德国人,而你们不过是匈牙利人。给我滚出去!"于是他们就离开了。弗丽的兄弟约瑟夫是一名匈牙利军官,被他所在部队的指挥官救下——他曾与那位指挥官在晚上玩过桥牌。"他是一名十分聪明的桥牌高手,"弗丽的儿子阿述克(Ashok)说:"想赢就赢,如果出于权宜之计,要输就输。"一天,指挥官对约瑟夫说:"你知道,我可以把你送到毒气室,但是,你去了毒气室,我晚上干什么呢?我少不了你。"苏联红军接近匈牙利中部的时候,那位指挥官对他说:"你赶快走吧!"约瑟夫逃离了战场藏了起来。战争结束后,在印度的弗丽从父亲那里收到一份电报说:"约瑟夫已在家"。战后共产主义统治初期,约瑟夫游过多瑙河逃离了匈牙利来到了捷克斯洛伐克,一路到达维也纳。从那里,他移居澳大利亚,与一位匈牙利犹太姑娘结了婚。

弗丽在匈牙利有一个从 10 多岁起就要好的最好的朋友,犹太姑娘凯蒂(Katy)。她与一位匈牙利人结婚,但后来离了婚。整个二战期间,她都住在布达佩斯。德国军官征用了她的别墅,她把儿子藏在卧室背后的房间里。1945 年 1 月苏联人进驻布达佩斯后,她仍然把儿子藏起来。后来她开车离开了匈牙利,把他藏在箱子里,偷偷运出了国境。他们去了澳大利亚,在那里,凯蒂重新结了婚。凯蒂的妹妹安妮,一如弗丽她自己,在战前嫁给了一名印度人,跟随丈夫居住在印度。我问弗丽在大屠杀中有没有家人或亲戚遇害,她回答说:"以我所知,没有,因为大屠杀开始的时候,他们中大多数已经离开匈牙利,我的朋友们也已离开。他们都幸存了下来。"

在印度,比吉在英国殖民政府里平步青云,官运亨通。1934年至 1939 年,他任相当大的一个区的助理督察,1939 年,任教育、卫生、土地部副部长,1940 年,任财政部副部长,1945 年,他作为印度 3 人代表之一出席在巴黎召开的战争赔偿会,一年后,他出任财政部联合部长。在整个这一时期内,他的堂兄贾瓦哈尔拉尔(Jawaharlal)正在领导反对英国殖民统治的斗争。作为尼赫鲁家族的一员,弗丽亲眼目睹了这场斗争。1947 年 8 月印度获得独立后,她积极参加了保护德里被迫逃往普拉纳奇拉难民营的穆斯林的工作。她是难民应急委员会的成员,应急委员会从事照顾难民的工作,决定每天上午有多少难民可以搭乘火车离开德里前往巴勒斯坦。"你能想象那有多么恐怖?"她问我:"我们听说有一天整列火车的穆斯林都被屠杀了。连续几天,我们没发一列火车。"

随着成千上万巴基斯坦印度教难民涌入印度,弗丽参与建立了一个中心,在那里他们出售他们的刺绣和手工艺品。后来她成为印度全国手工艺董事会(the All-India Handicrafts Board)的创始人之一。比吉是他堂兄贾瓦哈尔拉尔领导的新印度政府的公务员。他的第一次使命是作为代表团成员之一前往伦敦处理印度货币平衡问题。1948 年 1 月甘地遇刺身亡之时,比吉和弗丽都在德里。尼赫鲁让弗丽陪同前来吊唁甘地的国外使节进入甘地的房间。

1949 年,弗丽与她的 3 个儿子回到匈牙利,那时,3 个儿子的年龄分别是 12、10 和 8 岁。她已经有 15 年没见到他父亲了。她在布达佩斯待了 3 个月。"我们第一次见到她穿西服,"阿朔克回忆道:"每一次回家,她都是在哭。她认识的许多人在战争中被杀害了。这是她一段十分不愉快的时光。"战争期间,她母亲的妹妹伊丽莎白听说当军医的丈夫已经阵亡,她就自杀了。但是她丈夫并没有阵亡,在她自杀后不久,他回到了布达佩斯,面对的却是这一可怕的悲剧。他和他的小女儿逃过了战争这一劫难。

无论比吉在印度政府里担任何种公职,弗丽大婶总是与他站在一边,积极投身于社会活动。比吉担任阿萨姆和东部部落地区总督时,她的职责十分艰巨。"在孟加拉国与印度梅加拉亚的边境线上我有 100 万难民,"她告诉我说。比吉担任克什米尔地区总督时,弗丽是克什米尔地区计划生育协会的会长,以及协会社会福利董事会董事长,为边远山村佛教徒子女建立了若干所学校。

正当我们谈话之际,我关于不要在背后说人坏话的那一封信到了。弗丽的媳妇香得(Chand),一如尼赫鲁家族成员,出生于克什米尔婆罗门望族①,她咏诵了一幅梵语对子:"说实话,且说悦耳之实话;讲真言,不讲害人之真言。"弗丽用赞许的口吻说:"在梵语和希伯来语里面,这一道理完全一模一样。"

在我这次访问的中途,又到了我的两封信,一封是关于匈牙利犹太人的信,另一封是苏联犹太人的信,包括芭蕾舞蹈家普利谢茨卡娅。"这是关于匈牙利犹太人的信,"弗丽评论道:"我从来都不知道这些人。甚至普利谢茨卡娅——我从不知道她是一个犹太人。我在大剧院里观看她的舞蹈演出,她来到印度驻莫斯科领事馆,当时我住在那里。我从来没有想过谁是犹太人,谁不是犹太

① 婆罗门族系印度种姓等级中最高等级之族。(译者注)

人,这一问题就是不在我的脑际。"后来,我们又谈到英国经济学家尼古拉·卡道尔(Nicholas Kaldor),一如弗丽,他也是一名出生于匈牙利的犹太人。"他来到印度,比吉与我和他一起待了一段时间,"她回忆道:"我们带他出去野炊,我们不知道他是一个犹太人。"苏联作家以利亚·爱伦堡应邀作为印苏文化协会的客人访问印度时弗丽也遇见过他,但她一点也不知道他是一名犹太人,也不知道虽然表面上他有他是斯大林的"宠儿"这一保护伞,但也饱受苏联犹太人之苦的经历。

比吉聚精会神地听了所有弗丽告诉我的故事后说,前几年以色列驻德里的领事馆举行大屠杀纪念日活动时,"阿述克与我去参加了纪念仪式。以色列大使说他想要颠倒司仪所确定的顺序,想要先唱印度国歌,然后再唱以色列国歌。他解释道,他要这样做是因为犹太人在世界各地遭到迫害,唯独在印度这一个国家,犹太人受到欢迎——在古代受到国王的欢迎。他的话令人十分感动。"

弗丽和比吉回忆起当年他们参观科欣犹太人社区的情景。"这是一个十分冷落的社区,被上帝遗弃的地方,唯有几盏有颜色的灯,"弗丽说:"我们遇到了一位犹太女子,她说'我结不了婚。''为什么结不了?'我问她。'因为这里所有未婚男子都不过是些未成年的孩子。''为什么不去加尔各答找一个犹太男人嫁给他?''我不行。他们是与我们不同的犹太人,我不能嫁给他们。'比吉说:'种姓制把他们压倒了,'他继续说:'科欣的犹太教堂里还有肤色之分。一名黑人,他也是犹太人,他给人们隔离开来,隔在其他人的后面。'"

星期五晚上,我与弗丽大婶和比吉大叔一起吃晚饭,我点亮了两支蜡烛,为面包和酒祝福之后,咏诵道:"你是一个勇敢的女人……"弗丽说点亮蜡烛使她回想起她的母亲80年前点亮蜡烛的情景。正当我们讨论安息日和祝福祈祷之时,弗丽突然问道:"为什么安息日那么特别?每一个人都休息。为什么如此严格?对基督教徒并没有这么严格——但他们仍然会休息。我觉得那里面一定有神圣的东西,不然为什么我要听从——犹太人的安息日是那样严格——你不能做这,你不能做那。安息日不是一个享受的日子,是那么严格。"当我开始解释安息日之美的时候,我才知道,我那封"安息日"的信从未寄到这里。我答应回去后再寄给她一份。

弗丽大婶特别希望我能见见她的朋友旁遮普省省长 J. F. R. (杰克)雅各将军。雅各 1921 年出生于加尔各答疑个犹太人家庭,一如加尔各答许多犹太人家庭,他们原先来自巴格达。1942 年在英国军队服役,任炮兵指挥员,从此开始了他的军旅生涯,积极参与了中东和缅甸战役。30 年前的印巴战争中,当时他任印度东方面军总参谋长,他领导的这支军队在孟加拉国击败巴基斯坦军队的胜利中起了关键作用。1999 出任旁遮普省省长之前,他是果阿省省长。他自豪地告诉我他曾经多年来一直是英国劳动党上议院贵族杰纳勋爵领导的英联邦犹太委员会的成员。

我们在谈论印度犹太人的时候,比吉说他任印度财政部长时有一位他最信任的政府高级官员伊茨拉·考雷特,是一个犹太人,我在写给弗丽的信中提到过他。"他曾常去德里的犹太教堂,"弗丽回忆道,并加上了一句话:"可我没有。"但是她并没有完全把犹太人的传统搁在一边,"我身上犹太人的东西很少,"她说:"但是直至今天我都不跟德国人握手,在华盛顿(比吉任印度驻美国大使),我也没能与他们握手,我会有礼貌地对德国大使说:'晚上好,大使先生,'但就是不愿意同他握手。"后来,她在我的《欧洲列强》——我在 1966 年即给她的———书中翻阅描写她自己部分的时候,偶尔翻到了一张照片,照片里是华沙犹太贫民窟里一名犹太小男孩在枪口下举起双手被迫走出家门的镜头。"这就是我不能与德国人握手的原因,"她说。"这就是我只能说,'晚上好,大使先生'而不与他握手的缘故。"她停顿了一会儿,平静地说:"我有点内疚,我不在那里,我安然无事。这一内疚至今还在我的心里。为什么我没有受难?"

当着来吃午饭的朋友的面,弗丽又一次回忆起 1998 年冬天我俩的谈话:"我对他说我十分难为情,我是一个犹太人,可对犹太人的历史一点也不了解。"那一天晚上,弗丽要我穿上夹克衫,我说天不太冷,她一定要我穿上它,于是她笑着说:"犹太老妈的脾气,改也改不掉。"

附　录

在我给弗丽大婶写信的过程中，我也收到了她寄来的一些信。其中有一封她刚收到我关于阿拉斯加犹太人那封信之后写的信，充分体现了她迥异生动的风格，我把它全文附在这里，展现她的风格和兴趣。

亲爱的马丁：

你的来信一捆捆地到这里，一封比一封精彩。16 日星期六那天来了第八十九到第九十四封（但没有第九十封）的一捆。之前两天，来了你那久违的第六十三封、邮戳时间 8 月 1 日的信。8 月 1 日到 9 月 14 日的信到哪去了？尽管很晚才到，这封讲述英国承诺给以色列自由等重要故事的信最令我喜欢。

我仍然没有收到第五十九、六十八、六十九和第九十封信。它们在哪里？在哪里？在哪里啊？

随同你第九十三封到达的一张便条说你第二天要出发去阿拉斯加与安克雷奇的犹太人会面。就像我对生活的许多事情一无所知一样，我一点也不知道阿拉斯加竟然还会有犹太人社区。我怀着极大的兴趣等待你关于他们的来信。

注意：1967 年，我们去了阿拉斯加，我们直接从瑞士飞往温哥华，在那里搭乘一艘船北上阿拉斯加首府朱诺，把那里作为往返据点，分别在不同时间去了不同的地方（地名记不得了），美军的飞机把我们带到了巴罗角；（他们准备了一个特别的便桶，上面盖上天鹅绒,专门给我用)最后我们南下到达安克雷奇,那里我们有些朋友。这是在那一次糟糕的地震后不久,地震毁掉了不少房屋。

阿拉斯加真是令人惊叹的有趣的一个州。我们遇到了真正的爱斯基摩人,我们为他们的处境感到极为难过和遗憾。然而,那应该是我写一封关于美国原住民的信给你。

你谈到犹太人大流散。我们印度人的流散又怎样呢?就在这一次旅行中(我记不得那个镇子的名字了),我们的飞机在阿拉斯加很北的地方降落,我见到一名女子穿着莎莉来迎接我们。她的故事是她在印度遇见了一位美国年轻小伙子,嫁给了他,他被派往阿拉斯加这一真正最北面的小镇上驻守。比吉出席官方会晤时,我与她一起吃了一顿午饭,吃鲸鱼的膀胱,十分可怕,嚼都嚼不动,这就是那位来自印度的年轻姑娘不得不吃的东西!

我很长时间没有给你写信了(上一次是 8 月 17 日),原因是外在等候你的最精彩的来信。它们一封一封地到——先是第七十九封,然后是第七十封,然后再是第八十封,等等。

邮票越来越漂亮。英国的邮票突然变得如此光辉灿烂,真是赏心悦目。我保存了所有的邮票,如你所希望的那样,我也会把一些重复的邮票给我的孙子阿吉尔。

你把你自己说成是我的继侄儿,可我一直把你当成我领养的儿子。

深深的祝福,深深的爱。

永远爱你的

A.弗丽

参考文献

下面列出的是在写信过程中参阅的文献资料：

参考书目

The Bile: King James Version.

Calvocoressi, Peter. *Who's Who in the Bible*. London: Penguin Books, 1988.

Carlson, Ralph (editorial director). *American Jewish Desk Reference*. New York: Random House, 1999.

Cohn-Sherbok, Dan. *A Concise Encyclopedia of Judaism*. Oxford: Oneworld, 1988.

Comay, Joan. *Who's Who in Jewish History after the Period of the Old Testament*. London: Weidenfeld and Nicolson, 1974

Gilbert, Martin. *Atlas of Jewish History*. 5th ed. London: Routledge; New York: William Morrow, 1993

Jacobs, Louis. *The Jewish Religion, A Companion*. Oxford: Oxford University Press, 1995.

Johnson, Paul. *A History of the Jews*. New York: Harper and Row, 1987.

Millgram, Abraham E. *Jewish Worship*. Philadelphia: Jewish

Publication Society of America, 1971.

Rolef, Susan Hattis (editor). *Political Dictionary of the State of Israel*. 2nd ed. Jerusalem: Jerusalem Publishing House, 1993.

Roth, Cecil (editor in chief). *Encyclopaedia Judaica*, 16 vols. Jerusalem: Keter Publishing House, 1972.

Wigoder, Geoffrey (editor-in-chief). *The Encyclopaedia of Judaism*. Jerusalem: Jerusalem Publishing House, 1989.

——. *Dictionary of Jewish Biography*. New York: Simon and Schuster, 1991.

一般文献

Baron, Salo W. *The Russian Jew Under Tsar and Soviets*. 2nd rev. ed. New York: Macmillan, 1976.

Beizer, Mikhail. *The Jews of St. Petersburg: Excursions Through a Noble Past*. Philadelphia: Jewish Publication Society, 1989.

Chatterjee, Margaret. *Gandhi and His Jewish Friends*. London: Macmillan Academic and Professional Ltd. , 1992.

Chill, Abraham. *The Mitzvot, the Commandments, and Their Rationale*. Jerusalem: Keter Books, 1974.

Cohen, Mortimer J. *Pathways Through the Bible*. Philadelphia: Jewish Publication Society of America, 1946.

Comay, Joan. *The Hebrew Kings*. London: Weidenfeld and Nicolson, 1976.

——. *The Diaspora Story: The Epic of the Jewish People among the Nations*. London: Weidenfeld and Nicolson, 1981.

Falstein, Louis (editor). *The Martyrdom of Jewish Physicians in Poland*. New York: Exposition Press, 1963.

Gilbert, Martin. *The Holocaust: The Fate of the Jews of Europe under Nazi Rule*. New York: Holt, 1987 (published in Britain as *The Holocaust: The Jewish Tragedy*, London: HarperCollins, 1987).

——. *Israel, A History*. New York: William Morrow, 1998; London: Doubleday, 1998.

Goodman, Philip. *The Yom Kippur Anthology*. Philadelphia: The Jewish Publication Society of America, 1971. Philip Goodman has also published *The Rash Hashanah Anthology* (1970) and the *The Shevuot Anthology* (1974).

Grant, Michael. *The History of Ancient Israel*. London: Weidenfeld and Nicolson, 1984.

Greenberg, Rabbi Irving. *The Jewish Way, Living with the Holidays*. New York: Summit Books, 1988.

Howe, Irving (with Kenneth Libo). *World of Our Fathers: The Journey of the East European Jews to America and the Life they Found and Made*. New York: Simon and Schuster, 1972.

Israel, Benjamin J. *The Jews of India, and the Jewish Contribution to India*. New Delhi: Jewish Welfare Association, 1982.

Kolatch, Alfred J. *The Jewish Book of Why*. Middle Village, N. Y.: Jonathan David, 1981.

Levine, Israel. *Faithful Rebels: A Study in Jewish Speculative Thought*. London: Soncino Press, 1936.

Lipstadt, Deborah. *Denying the Holocaust: The Growing Assault on Truth and Memory*. New York: The Free Press, 1993.

Locks, Gutman G. *The Spice of Torah — Gematria*. New York: Judaica Press, 1985.

Millgram, Abraham E. *Sabbath: The Day of Delight*. Philadelphia: Jewish Publication Society of America, 1965.

Moneypenny, W. F. and G. E. Buckle. *The Life of Benjamin*

Disraeli, *Earl of Beaconsfield*. 2 vols. London: John Murray, 1929.

Prager, Dennis, and Joseph Telushkin. *Why The Jews: The Reason for Antisemitism*. New York: Simon and Schuster, 1983.

Rose, Aubrey (editor). *Judaism and Ecology*. London: Cassell, 1992.

Sacks, Jonathan. *Radical Then, Radical Now: The Legacy of the World's Oldest Religion*. London: HarperCollins, 2000.

Sarner, Harvey. *The Jews of Gallipoli*, Cathedral City, California: Brunswick Press, 2000.

Sassoon, David Solomon. *A History of the Jews in Baghada*. Published by his son Solomon D. Sassoon, Letchworth, Hertfordshire, 1949.

Schauss, Hayyim. *The Jewish Festivals: History and Observance*. New York: Schocken Books, 1958 (previously published as *Guide to Jewish Holy Days*).

Scholem, Gershom. *Kabbalah*. Jerusalem: Keter, 1974.

Slater, Robert. *Great Jews in Sport*. Rev. ed. Middle Village, N. Y.: Jonathan David, 1992.

Solomon, Samuel. *Memories, with Thoughts on Gandhi*. London: Counter-Point Publications, 1983

Symons, Alan. *The Jewish Contribution to the 20th Century*. London: Polo Publishing, 1997.

Telushkin, Rabbi Joseph. *Jewish Wisdom: Ethical, Spiritual, and Historical Lessons from the Great Works and Thinkers*. New York: William Morrow, 1994.

Wouk, Herman. *The Will to Live On: This Is Our Heritage*. New York, HarperCollins, 2000.

———. *This Is My God*. New York: Little, Brown and Company, 1959.

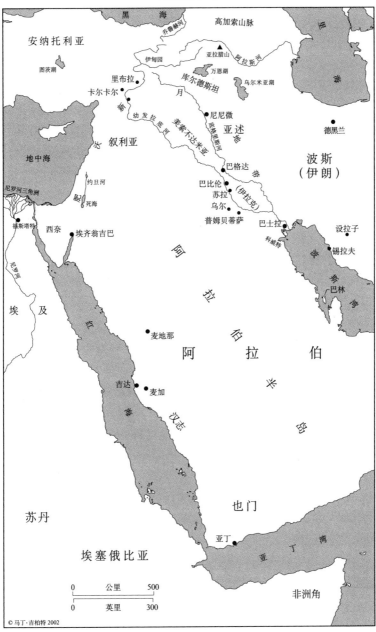

阿拉伯半鸟

黑海

安纳托利亚

高加索山脉

乔鲁赫河

伊甸园

亚拉腊山

阿拉斯河

图茨湖

万恩湖

库尔德斯坦

乌尔米亚湖

里布拉

月

卡尔卡尔

尼尼微

亚述

德黑兰

新

幼发拉底河

美索不达米亚

底格里斯河

叙利亚

波斯

（伊朗）

地中海

约旦河

巴格达

死海

巴比伦

苏拉

（伊拉克）

尼罗河三角洲

乌尔

设拉子

福斯塔特

普姆贝蒂萨

巴士拉

锡拉夫

西奈

科威特

埃齐翁吉巴

巴林

尼罗河

阿

波

埃

及

拉

斯

湾

麦地那

伯

阿

拉

伯

吉达

半

麦加

岛

汉志

也门

苏丹

亚丁

埃塞俄比亚

亚

丁

湾

0   公里   500

0   英里   300

非洲角

© 马丁·吉柏特 2002

埃及、西奈、迦南

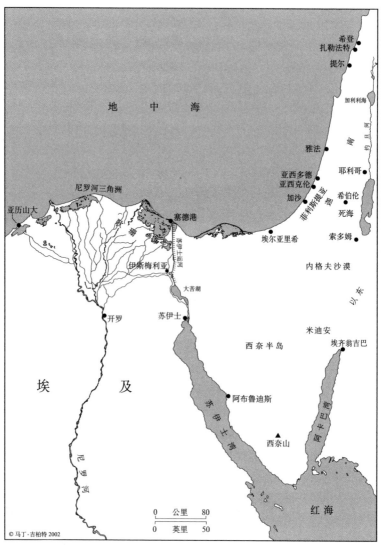

地 中 海

希登
扎勒法特
提尔
加利利海
雅法
亚西多德
亚西克伦
加沙
埃尔亚里希
尼罗河三角洲
亚历山大
塞德港
伊斯梅利亚
大苦湖
开罗
苏伊士
耶利哥
希伯伦
死海
索多姆
菲利斯提亚
迦南
约旦河
内格夫沙漠
以东
米迪安
西奈半岛
埃齐翁吉巴
阿布鲁迪斯
西奈山
尼罗河
埃 及
苏 伊 士 湾
阿卡巴湾
红 海

| 0 | 公里 | 80 |
| 0 | 英里 | 50 |

© 马丁·吉柏特 2002

加利利、撒玛利亚

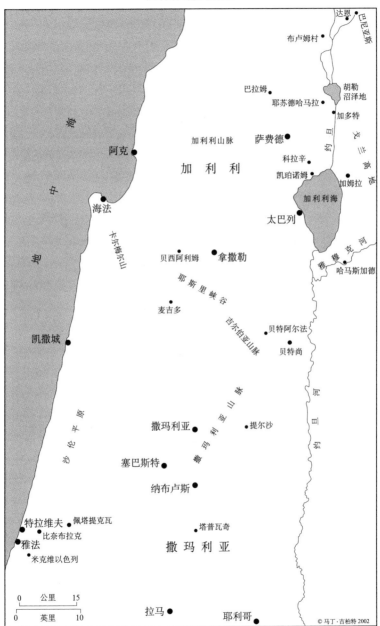

达恩

巴尼亚斯

布卢姆村

巴拉姆

胡勒
沼泽地

耶苏德哈马拉

加多特

加利利山脉

萨费德

加 利 利

科拉辛

凯珀诺姆

加姆拉

约

旦

河

戈
兰
高
地

阿克

中

海

加利利海

海法

太巴列

地

卡东梅尔山

贝西阿利姆

拿撒勒

耶斯里峡谷

雅穆克河

哈马斯加德

麦吉多

吉尔伯亚山脉

贝特阿尔法

凯撒城

贝特尚

约

旦

河

沙

伦

平

原

撒玛利亚

提尔沙

塞巴斯特

撒
玛
利
亚
山
脉

纳布卢斯

特拉维夫

佩塔提克瓦

塔普瓦奇

比奈布拉克

雅法

撒 玛 利 亚

米克维以色列

| 0 | 公里 | 15 |

| 0 | 英里 | 10 |

拉马

耶利哥

© 马丁·吉柏特 2002

朱迪亚

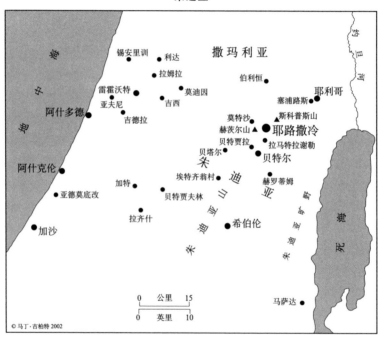

锡安里训　利达　　　　　撒 玛 利 亚

拉姆拉　　　伯利恒

雷霍沃特　　莫迪因　　　　塞浦路斯　　耶利哥

亚夫尼　　吉西

吉德拉　　　　　莫特沙　斯科普斯山

阿什多德　　　　　　　赫茨尔山　耶路撒冷

贝特贾拉　拉马特拉谢勒

贝塔尔　　　贝特尔

阿什克伦

埃特齐翁村　　赫罗蒂姆

加特　　　　　　　朱

亚德莫底改　　　贝特贾夫林　　迪

拉齐什　　　　亚　希伯伦

加沙　　　　　　　　　山

地　　　　　　　　　　　　朱　迪　亚　旷　野

中

海

约
旦
河

死
海

0　　公里　　15

0　　英里　　10

© 马丁·吉柏特 2002

马萨达

俄罗斯、小亚细亚及近东地区

里加

莫斯科

巴尔干国家

维切布斯克 ● 卢巴维奇
里亚迪

明斯克

俄 罗 斯

白俄罗斯

普里皮亚特
沼泽
莫托尔

波博拉布

基辅 ● 赫尔松

乌克兰

克列缅楚格

乌曼

克 地 区

叶卡捷琳诺斯拉夫

哈撒利亚

卡梅尼茨波多尔斯克

比萨拉比亚

顿河畔罗斯托夫

波多利亚
基什尼奥夫 ● 赫尔松

敖德萨

亚速海

克里米亚

高 加 索

塞瓦斯托波尔

黑 海

巴 尔 干

乔鲁赫河

阿拉斯河

亚德里亚诺普尔

萨洛尼加

加利波利半岛

君士坦丁堡
(伊斯坦布尔)

拜 占 庭

伊 甸 园

底格里斯河

爱琴海

小 亚 细 亚

雅典

士每拿

塔尔苏斯

幼发拉底河

塔尔西士

阿勒颇

叙利亚

罗德

克里特

塞浦路斯

贝鲁特
西顿
提尔

黎巴嫩

大马士革

地 中 海

以色列

死海

塞德港
亚历山大

加沙
阿利什

约旦

苏伊士运河

埃拉特

| 0 | 公里 | 500 |

| 0 | 英里 | 200 |

埃及

开罗

© 马丁·吉柏特 2002

西欧、北非

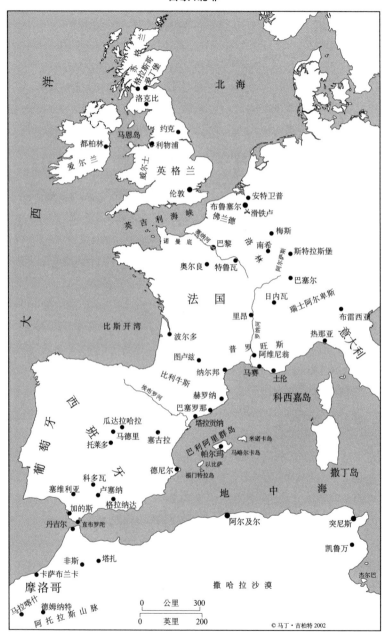

©马丁·吉柏特 2002

德国、中欧

丹 麦

北海

波罗的海

卢贝克

汉堡

梅克伦堡

不来梅

卑尔根－卑尔森

万湖   柏林

阿姆斯特丹

荷 兰

德 国

奥得河

易北河

普利奇

科隆

莱茵河

布痕瓦尔德

巴德瑙海姆

莱茵兰

美因河畔法兰克福

卡尔斯温泉

特里尔

美因茨

美因河

布拉格

沃尔姆斯

马里安温泉

洛林

斯佩耶尔

纽伦堡

梅斯

雷格斯堡

阿尔塞斯

多瑙河

奥格斯堡

慕尼黑

茅特豪森

巴塞尔

康斯坦斯湖

巴伐利亚

奥地利

瑞士

| 0 | 公里 | 100 |
| 0 | 英里 | 75 |

波兰、东欧

瑞典

爱沙尼亚

佩普斯湖

普斯科夫湖

里加

拉脱维亚

波罗的海

立陶宛

涅曼河

科夫诺

维尔纳

柯尼斯堡

苏瓦尔基

但泽

格罗德诺

东普鲁士

犹太海角

什切青

吉德瓦布尼

比亚里斯托克

波

兰

普翁斯克

特雷布林卡

维斯图拉

奥得河畔
法兰克福

奥

得

河

海尔姆

华沙

科布林

科夫林

罗兹

弗沃达瓦

卡利斯

彼得库夫

索比堡

布雷斯劳

塞斯诺维茨
卡托维兹

吉亚洛斯策

马伊达内克

维斯杜拉河

布格河

塞雷希恩斯塔德

贝乌泽茨

沃尔西尼亚

布拉格

克拉科夫

维尔利奇卡

波希米亚

利沃夫

弗赖堡

奥斯威辛

普热梅希利亚尼

塔尔诺波尔

麦吉布茨

摩拉维亚

瓦多维策

东

加

里

西

亚

斯洛伐克

德罗霍别兹

布克萨克斯

喀尔巴阡山脉

米什科尔茨

别列各斯萨斯

维也纳

鲁塞尼亚

锡格特

奥地利

圣瑙河

巴拉顿湖

布达佩斯

匈牙利

罗马尼亚

0   公里   150

0   英里   100

© 马丁·吉柏特 2002

意大利、巴尔干半岛

多瑙河

| 0 | 公里 | 200 |
| 0 | 英里 | 100 |

维也纳

布达佩斯

瑞士阿尔卑斯

奥地利

匈　牙　利

福克沙尼

布雷西亚 维罗纳 帕多瓦

的里雅斯特

萨格勒布

罗马尼亚

曼图亚 威尼斯

波斯尼亚 贝尔格莱德

布加勒斯特

弗拉拉

萨拉热窝

多瑙河

贝尔梯诺罗

塞尔维亚

佛罗伦斯

科索沃

保加利亚

黑海

意

大

利

亚

得

里

亚

海

杜尔西格诺

索菲亚

罗马

斯科普里

色雷斯

伊斯坦布尔

阿
尔
巴
尼
亚

巴
尔
干
半
岛

那不勒斯

萨洛尼卡

土耳其

希

科孚

爱奥尼亚海

伊兹密尔

雅典

西西里

科林斯

科斯

罗得群岛

马耳他

地　　中　　海

克里特岛

© 马丁·吉柏特 2002

北美

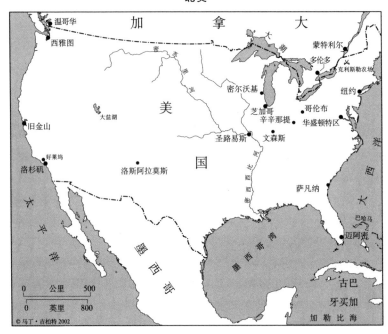

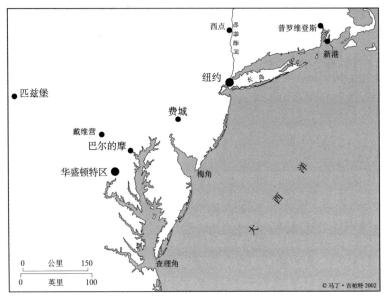

阿拉斯加

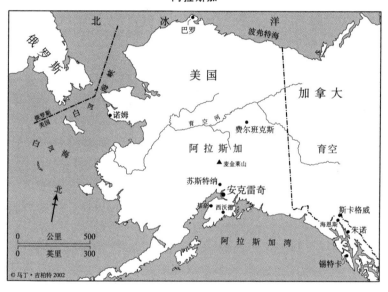

北 冰 洋

俄 罗 斯

巴罗

波弗特海

美 国

加 拿 大

白 令 海 峡

诺姆

育 空 河

费尔班克斯

育 空

白 令 海

阿 拉 斯 加

▲麦金莱山

北

苏斯特纳

安克雷奇

基奈 西沃德

斯卡格威

海恩斯

朱诺

0 公里 500

0 英里 300

阿 拉 斯 加 湾

锡特卡

© 马丁·吉柏特 2002

译后记

　　本书引言和第一部分由袁冰洁负责翻译，其余部分，包括全书统稿校对由蔡永良负责完成。

　　书中《圣经》语录参照比较流行的《圣经》普通话本 2004 年 6 月版译出。文中人名、地名、机构文件等名称参照《圣经》、《简明不列颠百科全书》、《世界地名译名手册》，并根据犹太人姓名、地名等名称翻译传统对有些查找不到的名称作了相应的处理，如 Jonathan 译成"约拿单"，Isaacs 译成"以撒"等。

　　书中有疑问的地方，包括原作的错误，经译者同原作作者联系商榷后作了适当的修正。

　　当译者向原作作者马丁·吉尔伯特勋爵提出请求为本译著作序时，吉尔伯特先生欣然同意，写下亲切感人的中文版序，在此向他表示衷心感谢！

　　由于译者初次接触犹太史，译著谬误与疏漏在所难免，恳请专家、读者批评指正。

译　者

2008 年 5 月于石梅书屋

图书在版编目（CIP）数据

五千年犹太文明史/[英]马丁·吉尔伯特著；蔡永良，袁冰洁
译.—上海：上海三联书店，2021.8 重印
ISBN 978-7-5426-3101-5

Ⅰ.①五… Ⅱ.①马…②蔡…③袁… Ⅲ.①犹太人－民族历史
Ⅳ.①K18

中国版本图书馆 CIP 数据核字(2009)第 114601 号

五千年犹太文明史

著　　者／[英]马丁·吉尔伯特

译　　者／蔡永良　袁冰洁
责任编辑／姚望星
装帧设计／范峤青
监　　制／姚　军
责任校对／张大伟

出版发行／上海三联书店
　　　　　(200030)中国上海市漕溪北路 331 号 A 座 6 楼
邮购电话／021-22895540
印　　刷／上海惠敦印务科技有限公司

版　　次／2010 年 11 月第 1 版
印　　次／2021 年 8 月第 12 次印刷
开　　本／890×1240　1/32
字　　数／276 千字
印　　张／12.75
书　　号／ISBN 978-7-5426-3101-5/K·134
定　　价／49.00 元

敬启读者，如发现本书有印装质量问题，请与印刷厂联系 021-63779028